教育部人文社会科学一般项目“科技研发资助对中小企业自主创新的激励效应及政策建议——基于深圳的实证分析”（12YJA790194）；

教育部人文社会科学重点研究基地重大项目“中国改革开放思想史——十一届三中全会—十八届三中全会”（16JJD790042）；

深圳市哲学社会科学“十三五”规划项目“从经济特区到自贸区：中国改革开放路径与目标的演绎逻辑”（135D009）。

总序：学派的魅力

王京生*

学派的星空

在世界学术思想史上，曾经出现过浩如繁星的学派，它们的光芒都不同程度地照亮人类思想的天空，像米利都学派、弗莱堡学派、法兰克福学派等，其人格精神、道德风范一直为后世所景仰，其学识与思想一直成为后人引以为据的经典。就中国学术史而言，不断崛起的学派连绵而成群山之势，并标志着不同时代的思想所能达到的高度。自晚明至晚清，是中国学术尤为昌盛的时代，而正是在这个时代，学派性的存在也尤为活跃，像陆王学派、吴学、皖学、扬州学派等。但是，学派辈出的时期还应该首推古希腊和春秋战国时期，古希腊出现的主要学派就有米利都学派、毕达哥拉斯学派、埃利亚学派、犬儒学派；而儒家学派、黄老学派、法家学派、墨家学派、稷下学派等，则是春秋战国时期学派鼎盛的表现，百家之中几乎每家就是一个学派。

综观世界学术思想史，学派一般都具有如下特征：

其一，有核心的代表人物，以及围绕着这些核心人物所形成的特定时空的学术思想群体。德国 19 世纪著名的历史学家兰克既是影响深远的兰克学派的创立者，也是该学派的精神领袖，他在柏林大学长期任教期间培养了大量的杰出学者，形成了声势浩大的学术势力，兰克本人也一度被尊为欧洲史学界的泰斗。

其二，拥有近似的学术精神与信仰，在此基础上形成某种特定的学术风气。清代的吴学、皖学、扬学等乾嘉诸派学术，以考据为治学方

---

* 王京生，现任国务院参事。

法，继承古文经学的训诂方法而加以条理发明，用于古籍整理和语言文字研究，以客观求证、科学求真为旨归，这一学术风气也因此成为清代朴学最为基本的精神特征。

其三，由学术精神衍生出相应的学术方法，给人们提供了观照世界的新的视野和新的认知可能。产生于20世纪60年代、代表着一种新型文化研究范式的英国伯明翰学派，对当代文化、边缘文化、青年亚文化的关注，尤其是对影视、广告、报刊等大众文化的有力分析，对意识形态、阶级、种族、性别等关键词的深入阐释，无不为我们认识瞬息万变的世界提供了丰富的分析手段与观照角度。

其四，由上述三点所产生的经典理论文献，体现其核心主张的著作是一个学派所必需的构成因素。作为精神分析学派的创始人，弗洛伊德所写的《梦的解析》等，不仅成为精神分析理论的经典著作，而且影响广泛并波及人文社科研究的众多领域。

其五，学派一般都有一定的依托空间，或是某个地域，或是像大学这样的研究机构，甚至是有着自身学术传统的家族。

学派的历史呈现出交替嬗变的特征，形成了自身发展规律：

其一，学派出现往往暗合了一定时代的历史语境及其“要求”，其学术思想主张因而也具有非常明显的时代性特征。一旦历史条件发生变化，学派的内部分化甚至衰落将不可避免，尽管其思想遗产的影响还会存在相当长的时间。

其二，学派出现与不同学术群体的争论、抗衡及其所形成的思想张力紧密相关，它们之间的“势力”此消彼长，共同勾勒出人类思想史波澜壮阔的画面。某一学派在某一历史时段“得势”，完全可能在另一历史时段“失势”。各领风骚若干年，既是学派本身的宿命，也是人类思想史发展的“大幸”：只有新的学派不断涌现，人类思想才会不断获得更为丰富、多元的发展。

其三，某一学派的形成，其思想主张都不是空穴来风，而有其内在理路。例如，宋明时期陆王心学的出现是对程朱理学的反动，但其思想来源却正是前者；清代乾嘉学派主张朴学，是为了反对陆王心学的空疏无物，但二者之间也建立了内在关联。古希腊思想作为欧洲思想发展的源头，使后来西方思想史的演进，几乎都可看作是对它的解释与演绎，“西方哲学史都是对柏拉图思想的演绎”的极端说法，却也说出了部分的真实。

其四，强调内在理路，并不意味着对学派出现的外部条件重要性的否定；恰恰相反，外部条件有时对于学派的出现是至关重要的。政治的开明、社会经济的发展、科学技术的进步、交通的发达、移民的会聚等，都是促成学派产生的重要因素。名震一时的扬州学派，就直接得益于富甲一方的扬州经济与悠久而发达的文化传统。综观中国学派出现最多的明清时期，无论是程朱理学、陆王心学，还是清代的吴学、皖学、扬州学派、浙东学派，无一例外都是地处江南（尤其是江浙地区）经济、文化、交通异常发达之地，这构成了学术流派得以出现的外部环境。

学派有大小之分，一些大学派又分为许多派别。学派影响越大分支也就越多，使得派中有派，形成一个学派内部、学派之间相互切磋与抗衡的学术群落，这可以说是纷纭繁复的学派现象的一个基本特点。尽管学派有大小之分，但在人类文明进程中发挥的作用却各不相同，有积极作用，也有消极作用。如，法国百科全书派破除中世纪以来的宗教迷信和教会黑暗势力的统治，成为启蒙主义的前沿阵地与坚强堡垒；罗马俱乐部提出的“增长的极限”“零增长”等理论，对后来的可持续发展、协调发展、绿色发展等理论与实践，以及联合国通过的一些决议，都产生了积极影响；而德国人文地理学家弗里德里希·拉采尔所创立的人类地理学理论，宣称国家为了生存必须不断扩充地域、争夺生存空间，后来为法西斯主义所利用，起了相当大的消极作用。

学派的出现与繁荣，预示着一个国家进入思想活跃的文化大发展时期。被司马迁盛赞为“盛处士之游，壮学者之居”的稷下学宫，之所以能成为著名的稷下学派之诞生地、战国时期百家争鸣的主要场所与最负盛名的文化中心，重要原因就是众多学术流派都活跃在稷门之下，各自的理论背景和学术主张尽管各有不同，却相映成趣，从而造就了稷下学派思想多元化的格局。这种“百氏争鸣、九流并列、各尊所闻、各行所知”的包容、宽松、自由的学术气氛，不仅推动了社会文化的进步，而且也引发了后世学者争论不休的话题，中国古代思想在这里得到了极大发展，迎来了中国思想文化史上的黄金时代。而从秦朝的“焚书坑儒”到汉代的“独尊儒术”，百家争鸣局面便不复存在，思想禁锢必然导致学派衰落，国家文化发展也必将受到极大的制约与影响。

深圳的追求

在中国打破思想的禁锢和改革开放30多年这样的历史背景下，随着中国经济的高速发展以及在国际上的和平崛起，中华民族伟大复兴的中国梦正在进行。文化是立国之根本，伟大的复兴需要伟大的文化。树立高度的文化自觉，促进文化大发展大繁荣，加快建设文化强国，中华文化的伟大复兴梦想正在逐步实现。可以预期的是，中国的学术文化走向进一步繁荣的过程中，具有中国特色的学派也将出现在世界学术文化的舞台上。

从20世纪70年代末真理标准问题的大讨论，到人生观、文化观的大讨论，再到90年代以来的人文精神大讨论，以及近年来各种思潮的争论，凡此种种新思想、新文化，已然展现出这个时代在百家争鸣中的思想解放历程。在与日俱新的文化转型中，探索与矫正的交替进行和反复推进，使学风日盛、文化昌明，在很多学科领域都出现了彼此论争和公开对话，促成着各有特色的学术阵营的形成与发展。

一个文化强国的崛起离不开学术文化建设，一座高品位文化城市的打造同样也离不开学术文化发展。学术文化是一座城市最内在的精神生活，是城市智慧的积淀，是城市理性发展的向导，是文化创造力的基础和源泉。学术是不是昌明和发达，决定了城市的定位、影响力和辐射力，甚至决定了城市的发展走向和后劲。城市因文化而有内涵，文化因学术而有品位，学术文化已成为现代城市智慧、思想和精神高度的标志和“灯塔”。

凡工商发达之处，必文化兴盛之地。深圳作为我国改革开放的“窗口”和“排头兵”，是一个商业极为发达、市场化程度很高的城市，移民社会特征突出、创新包容氛围浓厚、民主平等思想活跃、信息交流的“桥头堡”地位明显，是具有形成学派可能性的地区之一。在创造工业化、城市化、现代化发展奇迹的同时，深圳也创造了文化跨越式发展的奇迹。文化的发展既引领着深圳的改革开放和现代化进程，激励着特区建设者艰苦创业，也丰富了广大市民的生活，提升了城市品位。

如果说之前的城市文化还处于自发性的积累期，那么进入新世纪以来，深圳文化发展则日益进入文化自觉的新阶段：创新文化发展理念，实施“文化立市”战略，推动“文化强市”建设，提升文化软实力，争当全国文化改革发展“领头羊”。自2003年以来，深圳文化发展亮点纷呈、硕果累累：荣获联合国教科文组织“设计之都”“全球全民阅读典范城市”称号，原创大型合唱交响乐《人文颂》在联合国教科文组织巴黎总部成功演出，被国际知识界评为“杰出的发展中的知识城市”，三次荣获“全国文明城市”称号，四次被评为“全国文化体制改革先进地区”，“深圳十大观念”影响全国，《走向复兴》《我们的信念》《中国之梦》《迎风飘扬的旗》《命运》等精品走向全国，深圳读书月、市民文化大讲堂、关爱行动、创意十二月等品牌引导市民追求真善美，图书馆之城、钢琴之城、设计之都等“两城一都”高品位文化城市正成为现实。

城市的最终意义在于文化。在特区发展中，“文化”的地位正发生着巨大而悄然的变化。这种变化首先还不在于大批文化设施的兴建、各类文化活动的开展与文化消费市场的繁荣，而在于整个城市文化地理和文化态度的改变，城市发展思路由“经济深圳”向“文化深圳”转变。这一切都源于文化自觉意识的逐渐苏醒与复活。文化自觉意味着文化上的成熟，未来深圳的发展，将因文化自觉意识的强化而获得新的发展路径与可能。

与国内外一些城市比起来，历史文化底蕴不够深厚、文化生态不够完善等仍是深圳文化发展中的弱点，特别是学术文化的滞后。近年来，深圳在学术文化上的反思与追求，从另一个层面构成了文化自觉的逻辑起点与外在表征。显然，文化自觉是学术反思的扩展与深化，从学术反思到文化自觉，再到文化自信、自强，无疑是文化主体意识不断深化乃至确立的过程。大到一个国家和小到一座城市的文化发展皆是如此。

从世界范围看，伦敦、巴黎、纽约等先进城市不仅云集大师级的学术人才，而且有活跃的学术机构、富有影响的学术成果和浓烈的学术氛围，正是学术文化的繁盛才使它们成为世界性文化中心。可以说，学术文化发达与否，是国际化城市不可或缺的指标，并将最终决定一个城市在全球化浪潮中的文化地位。城市发展必须在学术文化层面有所积累和突破，否则就缺少根基，缺少理念层面的影响，缺少自我反省的能力，就不会有强大的辐射力，即使有一定的辐射力，其影响也只是停留于表面。强大的学术文化，将最终确立一种文化类型的主导地位和城市的文化声誉。

近年来，深圳在实施“文化立市”战略、建设“文化强市”过程中鲜明提出：大力倡导和建设创新型、智慧型、力量型城市主流文化，并将其作为城市精神的主轴以及未来文化发展的明确导向和基本定位。其中，智慧型城市文化就是以追求知识和理性为旨归，人文气息浓郁，学术文化繁荣，智慧产出能力较强，学习型、知识型城市建设成效卓著。深圳要建成有国际影响力的智慧之城，提高文化软实力，学术文化建设是其最坚硬的内核。

经过30多年的积累，深圳学术文化建设初具气象，一批重要学科确立，大批学术成果问世，众多学科带头人涌现。在中国特色社会主义理论、经济特区研究、港澳台经济、文化发展、城市化等研究领域产生了一定影响；学术文化氛围已然形成，在国内较早创办以城市命名的“深圳学术年会”，举办了“世界知识城市峰会”等一系列理论研讨会。尤其是《深圳十大观念》等著作的出版，更是对城市人文精神的高度总结和提升，彰显和深化了深圳学术文化和理论创新的价值意义。

而“深圳学派”的鲜明提出，更是寄托了深圳学人的学术理想和学术追求。1996年最早提出“深圳学派”的构想；2010年《深圳市委市政府关于全面提升文化软实力的意见》将“推动‘深圳学派’建设”载入官方文件；2012年《关于深入实施文化立市战略建设文化强市的决定》明确提出“积极打造‘深圳学派’”；2013年出台实施《“深圳学派”建设推进方案》。一个开风气之先、引领思想潮流的“深圳学派”正在酝酿、构建之中，学术文化的春天正向这座城市走来。

“深圳学派”概念的提出，是中华文化伟大复兴和深圳高质量发展的重要组成部分。竖起这面旗帜，目的是激励深圳学人为自己的学术梦想而努力，昭示这座城市尊重学人、尊重学术创作的成果、尊重所有的文化创意。这是深圳30多年发展文化自觉和文化自信的表现，更是深圳文化流动的结果。因为只有各种文化充分流动碰撞，形成争鸣局面，才能形成丰富的思想土壤，为“深圳学派”的形成创造条件。

深圳学派的宗旨

构建“深圳学派”，表明深圳不甘于成为一般性城市，也不甘于仅在世俗文化层面上造点影响，而是要面向未来中华文明复兴的伟大理想，提升对中国文化转型的理论阐释能力。“深圳学派”从名称上看，是地域性的，体现城市个性和地缘特征；从内涵上看，是问题性的，反映深圳在前沿探索中遇到的主要问题；从来源上看，“深圳学派”没有明确的师承关系，易形成兼容并蓄、开放择优的学术风格。因而，“深圳学派”建设的宗旨是“全球视野，民族立场，时代精神，深圳表达”。它浓缩了深圳学术文化建设的时空定位，反映了对学界自身经纬坐标的全面审视和深入理解，体现了城市学术文化建设的总体要求和基本特色。

一是“全球视野”：反映了文化流动、文化选择的内在要求，体现了深圳学术文化的开放、流动、包容特色。它强调要树立世界眼光，尊重学术文化发展内在规律，贯彻学术文化转型、流动与选择辩证统一的内在要求，坚持“走出去”与“请进来”相结合，推动深圳与国内外先进学术文化不断交流、碰撞、融合，保持旺盛活力，构建开放、包容、创新的深圳学术文化。

文化的生命力在于流动，任何兴旺发达的城市和地区一定是流动文化最活跃、最激烈碰撞的地区，而没有流动文化或流动文化很少光顾的地区，一定是落后的地区。文化的流动不断催生着文化的分解和融合，推动着文化新旧形式的转换。在文化探索过程中，唯一需要坚持的就是敞开眼界、兼容并蓄、海纳百川，尊重不同文化的存在和发展，推动多元文化的融合发展。中国近现代史的经验反复证明，闭关锁国的文化是窒息的文化，对外开放的文化才是充满生机活力的文化。学术文化也是如此，只有体现“全球视野”，才能融入全球思想和话语体系。因此，“深圳学派”的研究对象不是局限于一国、一城、一地，而是在全球化背景下，密切关注国际学术前沿问题，并把中国尤其是深圳的改革发展置于人类社会变革和文化变迁的大背景下加以研究，具有宽广的国际视野和鲜明的民族特色，体现开放性甚至是国际化特色，也融合跨学科的交叉和开放。

二是“民族立场”：反映了深圳学术文化的代表性，体现了深圳在国家战略中的重要地位。它强调要从国家和民族未来发展的战略出发，树立深圳维护国家和民族文化主权的高度责任感、使命感、紧迫感。加快发展和繁荣学术文化，尽快使深圳在学术文化领域跻身全球先进城市行列，早日占领学术文化制高点，推动国家民族文化昌盛，助力中华民族早日实现伟大复兴。

任何一个大国的崛起，不仅伴随经济的强盛，而且伴随文化的昌盛。文化昌盛的一个核心就是学术思想的精彩绽放。学术的制高点，是民族尊严的标杆，是国家文化主权的脊梁；只有占领学术制高点，才能有效抵抗文化霸权。当前，中国的和平崛起已成为世界的最热门话题之一，中国已经成为世界第二大经济体，发展速度为世界刮目相看。但我们必须清醒地看到，在学术上，我们还远未进入世界前列，特别是还没有实现与第二大经济体相称的世界文化强国的地位。这样的学术境地不禁使我们扪心自问，如果思想学术得不到世界仰慕，中华民族何以实现伟大复兴？在这个意义上，深圳和全国其他地方一样，学术都是短板，与经济社会发展不相匹配。而深圳作为排头兵，肩负了为国家、为民族文化发展探路的光荣使命，尤感责任重大。深圳的学术立场不能仅限于一隅，而应站在全国、全民族的高度。

三是“时代精神”：反映了深圳学术文化的基本品格，体现了深圳学术发展的主要优势。它强调要发扬深圳一贯的“敢为天下先”的精神，突出创新性，强化学术攻关意识，按照解放思想、实事求是、求真务实、开拓创新的总要求，着眼人类发展重大前沿问题，特别是重大战略问题、复杂问题、疑难问题，着力创造学术文化新成果，以新思想、新观点、新理论、新方法、新体系引领时代学术文化思潮。

党的十八大提出了完整的社会主义核心价值观，这是当今中国时代精神的最权威、最凝练表达，是中华民族走向复兴的兴国之魂，是中国梦的核心和鲜明底色，也应该成为“深圳学派”进行研究和探索的价值准则和奋斗方向。其所熔铸的中华民族生生不息的家国情怀，无数仁人志士为之奋斗的伟大目标和每个中国人对幸福生活的向往，是“深圳学派”的思想之源和动力之源。

创新，是时代精神的集中表现，也是深圳这座先锋城市的第一标志。深圳的文化创新包含了观念创新，利用移民城市的优势，激发思想的力量，产生了一批引领时代发展的深圳观念；手段创新，通过技术手段创新文化发展模式，形成了“文化+科技”“文化+金融”“文化+旅游”“文化+创意”等新型文化业态；内容创新，以“内容为王”提升文化产品和服务的价值，诞生了华强文化科技、腾讯、华侨城等一大批具有强大生命力的文化企业，形成了读书月等一大批文化品牌；制度创新，充分发挥市场的作用，不断创新体制机制，激发全社会的文化创造活力，从根本上提升城市文化的竞争力。“深圳学派”建设也应体现出强烈的时代精神，在学术课题、学术群体、学术资源、学术机制、学术环境方面迸发出崇尚创新、提倡包容、敢于担当的活力。“深圳学派”需要阐述和回答的是中国改革发展的现实问题，要为改革开放的伟大实践立论、立言，对时代发展作出富有特色的理论阐述。它以弘扬和表达时代精神为己任，以理论创新为基本追求，有着明确的文化理念和价值追求，不局限于某一学科领域的考据和论证，而要充分发挥深圳创新文化的客观优势，多视角、多维度、全方位地研究改革发展中的现实问题。

四是“深圳表达”：反映了深圳学术文化的个性和原创性，体现了深圳使命的文化担当。它强调关注现实需要和问题，立足深圳实际，着眼思想解放、提倡学术争鸣，注重学术个性、鼓励学术原创，不追求完美、不避讳瑕疵，敢于并善于用深圳视角研究重大前沿问题，用深圳话语表达原创性学术思想，用深圳体系发表个性化学术理论，构建具有深圳风格和气派的学术文化。

称为“学派”就必然有自己的个性、原创性，成一家之言，勇于创新、大胆超越，切忌人云亦云、没有反响。一般来说，学派的诞生都伴随着论争，在论争中学派的观点才能凸显出来，才能划出自己的阵营和边际，形成独此一家、与众不同的影响。“深圳学派”依托的是改革开放前沿，有着得天独厚的文化环境和文化氛围，因此不是一般地标新立异，也不会跟在别人后面，重复别人的研究课题和学术话语，而是要以改革创新实践中的现实问题研究作为理论创新的立足点，作出特色鲜明的理论表述，发出与众不同的声音，充分展现特区学者的理论勇气和思想活力。当然，“深圳学派”要把深圳的物质文明、精神文明和制度文明作为重要的研究对象，但不等于言必深圳，只囿于深圳的格局。思想无禁区、学术无边界，“深圳学派”应以开放心态面对所有学人，严谨执着，放胆争鸣，穷通真理。

狭义的“深圳学派”属于学术派别，当然要以学术研究为重要内容；而广义的“深圳学派”可看成“文化派别”，体现深圳作为改革开放前沿阵地的地域文化特色，因此除了学术研究，还包含文学、美术、音乐、设计创意等各种流派。从这个意义上说，“深圳学派”尊重所有的学术创作成果，尊重所有的文化创意，不仅是哲学社会科学，还包括自然科学、文学艺术等。

“寄言燕雀莫相啅，自有云霄万里高。”学术文化是文化的核心，决定着文化的质量、厚度和发言权。我们坚信，在建设文化强国、实现文化复兴的进程中，植根于中华文明深厚沃土、立足于特区改革开放伟大实践、融汇于时代潮流的“深圳学派”，一定能早日结出硕果，绽放出盎然生机！

前 言

1547 年，地处地中海沿岸的意大利宣布其西北部热那亚湾的里窝那港为自由港，自此世界经济特区作为资本主义发展的伴生物走过了470 余年的历程。在这漫长的历史发展进程中，经济特区经历了从无到有、从少到多、从低级到高级、从单一功能到多功能综合发展的过程。纵观世界经济特区的发展，尽管类型多样，名称各异，但总的来看，经济特区推动了世界经济的发展和科学技术的进步，加快了世界范围内的资本流动、技术转让和产业结构的升级，促进了设区国或地区的经济繁荣，提高了人们的生活水平。社会主义国家创办经济特区，中国是首创。1978 年 12 月，中共十一届三中全会确立了改革开放的基本国策。为了降低改革开放的风险成本，避免改革开放可能引起的社会震荡，邓小平以一个成熟政治家的聪明睿智提出创办经济特区，以此作为改革开放的突破口，让经济特区发挥“知识、技术、管理和对外政策的窗口”和“试验场”作用。以深圳为典型代表的经济特区肩负重托，不辱使命，在较短的时间内取得了举世瞩目的成就。20 世纪 80 年代的“深圳速度”，90 年代的“一夜城”已不足以代表国际人士对中国经济特区的美誉。深圳的市场化改革经验为全国改革开放树立了标杆，社会主义市场经济体制的建立与完善，丰富了中国特色社会主义的内涵，同时也发展了马克思主义，是马克思主义中国化的具体体现。中国经济特区为何能在如此短的时间内取得如此辉煌的成就？中国经济特区能否在现有基础上百尺竿头更进一步？换言之，经济特区的发展有没有、有哪些内在的发展规律可循？这既是国内外研究经济特区发展的人士关注的焦点，也是笔者长期探寻并试图解决的问题。《特区经济学》一书的突出特点在于其理论体系创新。已有的研究中，对经济特区发展经验的认识更多地理解为经济特区的政策优势和区位优势。至于经济特区为什么要实行特殊政策，更深入的理论研究则不多见。笔者把特殊政策和特殊管理体制上升到特区经济学理论假设的高度，运用区域经济学和制度经济学相关理论进行研究。从某种意义上讲，这在很大程度上解决了人们认识上的一个盲点，从而为中国经济特区未来的良性发展奠定了理论基础。历史的脚步总是那么急匆匆，转眼就到 2018 年，中国将迎来改革开放 40 周年。今天，中国已作为全球化的引领者进入世界舞台的中央，中国经济发展已成为世界经济发展的晴雨表。中国经济特区的成功经验作为中国改革开放的标杆，经济特区模式作为新时期区域发展模式，其普适价值日趋凸显。笔者希望以《特区经济学》一书的问世作为一份薄礼献给中国改革开放 40 周年庆典，并期待有更多的学界同仁关注中国经济特区的发展。

罗清和

2017 年 12 月 8 日

目　录

第一章

导　论

第一节　世界经济特区历史回眸

自从1547年意大利宣布其西北部热那亚（Genova）湾的里窝那（Leghorn）港（佛罗伦萨的外港）为自由港①以来，经济特区②走过了几近五个世纪的历程。世界上的经济特区是随着商品经济的发展和经济活动的国际化逐步发展起来的。虽然它的雏形最早可以追溯到古希腊时代，当时腓尼基人对在泰尔和迦太基两个港口的外国商船，保证它们的航行安全和不受干扰。但是，第一个经济特区则是到了资本主义生产方式诞生以后，根据国际贸易发展的需要，意大利把里窝那港正式命名为“自由港”开始的。可以这样说，经济特区是伴随着资本主义的产生和发展而产生和发展起来的，是商品经济和国际贸易发展的必然产物。

在世界经济特区发展的漫长历史过程中，经济特区经历了一个从无到有、从少到多、从低级到高级的发展过程。最初不仅数量少，而且主要是服务于对外贸易和转口贸易；第二次世界大战以后，其数量大幅度增加，且以发展出口加工工业为主；从20世纪70年代开始，经济特区向高级化转化，出现了以发展尖端技术和技术、知识密集型产品为主要发展方向的经济特区；80年代经济特区

---

① 钟坚：《世界经济特区发展模式研究》，中国经济出版社2007年版，第3页。

② 经济特区是“经济特别开发区”的简称。由于各国设区的目的、条件等不同，其经济特别开发区的名称也不同。以“经济特区”冠名，当属中国专利。

又出现了向综合性发展的趋势，从贸易型、出口加工型、科技型推向贸工农多业并举，一、二、三次产业全面发展的综合型，走上了社会化发展的轨道。概括而言，世界经济特区的发展可以划分为以下四个时期。

一 初创时期

从16世纪中叶至19世纪中叶，资本主义正处于蓬勃发展的阶段。一些具有国际贸易优势的资本主义国家，为了进一步繁荣本国经济，增强本国经济实力，开始在地中海沿岸及其他有关地区的港口，建立自由港或自由贸易区，如德国的汉堡和不来梅、丹麦的哥本哈根、葡萄牙的波尔图、法国的敦刻尔克等。此时的经济特区，主要是发展进出口贸易和转口贸易，试图通过它们本身拥有的地理位置优势和免除关税等政策优势，大量吸引外国商人和商船前来，使它们成为商品的国际集散中心。

二 成长时期

自19世纪中叶至第二次世界大战，资本主义从自由竞争过渡到帝国主义阶段。许多帝国主义国家为了加强资本输出和商品输出，掠夺殖民地和附属国的自然资源和廉价劳动力，攫取更多的经济利益和扩大自己的经济势力，除在本国继续保持和增辟一些新的经济特区外，还将一些殖民地、附属国和租借地的重要港口，单方面开辟为经济特区，发展国际贸易和转口贸易。例如，英、法帝国主义就曾先后把直布罗陀、新加坡、香港岛、槟榔屿、亚丁、吉布提等宣布为自由港或自由贸易区。

三 大发展时期

第二次世界大战后至70年代，经济特区的发展进入了“黄金时代”。一方面，脱离宗主国新独立的国家和发展中国家及地区，为了巩固政治上的独立，谋求经济繁荣，纷纷建立以发展出口加工工业或进出口贸易为主的经济特区，大量引进国外资本和先进技术，发展本国或本地经济。另一方面，一些发达国家，为了进一步增强本国的经济实力，充分利用发展中国家或地区的廉价劳动力和自然资源，获取高额利润，除在本国仍然保持和新增加一些经济特区，使它们继续发挥国际商品集散中心的作用外，还竭力输出资本，把本国一些不适应产业结构变化的劳动密集型产业，向不发达国家或地区进行转移，这又大大推动了这些国家或地区设置更多的以发展出口加工工业为主的经济特区。其中影响较大的有：巴拿马的科隆自由贸易区；巴西的玛瑙斯自由港；加拿大的弓岛市和伊利市的出口加工工业村；美国的纽约 1 号、旧金山 3 号和 3A 号、芝加哥 22 号对外贸易区；爱尔兰的香农出口加工区①；中国台湾的高雄②、楠梓、台中出口加工区；韩国的马山出口加工区；新加坡的裕廊加工区；菲律宾的巴丹出口加工区；斯里兰卡的卡的图纳亚克投资促进区；泰国的叻甲邦出口加工区；马来西亚的笞六拜出口加工区；南也门的 5 个自由贸易区；等等。

四　高级化发展时期

随着第三次科技革命浪潮的兴起和经济全球化的发展，特别是 20 世纪 70 年代以后，经济特区开始进入了向高级化发展的阶段。其显著特征为发展尖端技术和技术、知识密集型产品成为经济特区

---

① 世界上第一个以引进外资发展出口加工工业为主的经济特区。香农原是爱尔兰西部海滨的一个小镇，由于北美飞越大西洋的航班必经此地，20 世纪 30 年代，这里建起了机场，成为国际航空的转运中心。当地政府利用机场开设免税商店，赚取过往旅客的外汇。后因喷气飞机的出现，原作为飞越大西洋航线加油站的国际机场地位下降。为促进当地经济的发展，1959 年，爱尔兰政府成立“香农免税航空港股份有限公司”，在机场周围划出一定范围，采取免税及提供各种方便等措施吸引外商在此设厂办企业，发展加工、制造、旅游、服务等业务。至此，香农自由区已不再是单纯贸易的性质，而是具有贸易、加工、制造兼营的工贸型出口加工区性质，因而被认为是世界上第一个出口加工区。

② 世界上第一个以出口加工区命名的经济特区。高雄是中国台湾最大的商港，台湾铁路的主干“纵贯线”和公路干线均以高雄港作为终端出海口，此外，还建有仅次于桃园的大型国际机场。1965 年 3 月，台湾当局设立了高雄出口加工区管理处筹备办事处，将高雄中州地区 69 公顷土地划为建筑工程用地。高雄出口加工区三面环海，一面与临海的工业区相接。1969 年 1 月，台湾当局委托高雄出口加工区管理处筹备建立楠梓出口加工区。楠梓位于高雄出口加工区以北约 15 公里，占地面积约 90 公顷。同年 8 月，台湾当局又委托高雄出口加工区管理处，将台中市以北 10 公里的潭子工业区，改建为台中出口加工区，占地 23 公顷。

发展的中心。其中著名的有：美国加利福尼亚州的“硅谷”[①]；英国的“苏格兰硅谷”；日本的筑波科学城；中国台湾的新竹科学工业园[②]等。

目前，全世界大约有各类经济特区近千个，其中大约1/3分布在发达国家，2/3分布在发展中国家或地区。在区域经济集团化和全球经济一体化的趋势下，经济特区的作用在日益增强，集中表现在以下六个方面：一是推动了国际贸易的发展。二是促进了各国或地区之间的经济、技术与文化交往，加强了各国人民之间的往来与了解，增进了合作与友谊。三是创造了较多的就业机会，解决了大量人员的就业问题。据统计，1982—1983年，仅亚洲的出口加工区就有50万人被直接雇佣。[③] 四是加速了经济特区本身的建设和发展。五是增加了外汇收入。六是对设区国来说，通过吸收外资和引进先进技术，推动本国或本地区传统工业改造和创建新产业等。

第二节　经济特区类型与特征

经济特区是指在主权国家或地区范围内，在其对内对外经济活动中，为了实现特定的经济目标而开辟的实施特殊的经济政策和特殊的经济管理体制的经济性区域。世界各国所设立的经济特区，由于各国的经济发展水平和产业结构不同，拥有的自然资源和社会条

---

① 世界上第一个科学工业园区。“硅谷”原来是一个连名字都没有的果园，位于美国西部加利福尼亚州的旧金山以南的圣克拉拉县帕洛河地区。1951年，坐落该地区的斯坦福大学出租校园的一块土地，建立以技术研究和产业开发为主体的科学工业园区，1954年，正式命名为斯坦福科学工业园。园内以研究与生产电子工业、半导体工业为中心。世界著名的电子高技术公司英特尔公司、仙童半导体公司、休利特—帕卡德电子公司、苹果计算机公司、先进微器件公司都跻身园内。因园区是东西两面环山中的一块盆地，生产电子产品的基本元件的芯片的材料是高纯度的硅，而硅是从黄沙中提炼加工而成，故斯坦福科学研究工业园被称为“硅谷”。

② 新竹科学园位于中国台湾新竹市，纵贯全岛的陆路干线经此通过，距台湾最大的桃园国际机场55公里，距台北仅有90分钟的车程，距台中和基隆也都只有90公里的距离。园区占地面积400公顷，是台湾高等院校和科研机构的密集区。1980年开园至今，时间虽短，却已发展成为台湾高科技重镇，在世界高科技领域占有一席之地。

③ 高同星等主编：《中国经济特区大辞典》，人民出版社1996年版，第87页。

件不同，具体设置特区的目的和要求不同，其名称并不完全一样。如自由港、自由区、自由带、自由贸易区、自由过境区、自由边境区、自由关税区、自由工业区、工业自由区、出口自由区、出口加工区、保税仓库区、投资促进区、保税区、国际航空港、科学城、科学工业园区、硅谷等，不一而足。

一　经济特区类型

不同的经济特区尽管其建区的目的和发展方向差距甚大，但基本上可以概括为以下四种类型。

（一）贸易型

贸易型经济特区主要通过发展对外贸易和转口贸易，从中获取商业利益。自由港、自由贸易区、自由边境区、保税仓库区、对外贸易区等均属于这一类型。在这些特区内，早期允许对商品进行挑选、改装、加工等经济活动，但有严格限制。一切活动仅限于方便商品的销售，加工方面不允许对商品进行装配加工、制造、生产等，不允许商品有本质的增殖。第二次世界大战结束后，上述纯粹从事商业贸易的经济特区已不能适应国际经济、政治发展的形势。于是，这类经济特区出现了新的变化，尽管名称未变，但经营内容大大放宽，其经济活动不再局限于商业贸易，增加了装配加工、制造、生产等内容，允许商品有本质的增殖。

1. 自由港

自由港又称自由口岸，通常是指在一个国家境（国境）内关（海关）外，允许外国客商、货物、资金自由进出的港口区。在港口区内，过往的外国商船在遵守该国卫生、移民等法律的前提下，可以自由进出，所载货物可以免征关税进出口，还可以进行加工、制造、贮存、分级、改装修理等活动。从历史发展看，自由港可分为完全自由港和有限自由港两种。完全自由港是指在本国或本地区关境以外的不属于任何一国海关管辖的港口区。目前这种完全自由港已不多见，绝大多数自由港属于有限自由港。有限自由港是指一个国家或地区专门划出的港口区，区内除了少数指定的进口商品按照规章征收关税或实施不同程度的贸易管制以外，绝大多数商品享受免税待遇，其他优惠条件与完全自由港一样。

2. 自由贸易区

自由贸易区又称免税贸易区、自由区、免税区、对外贸易区等，一般是指划在境内关外，与自由港具有同等地位的地区。外国商品可以免税自由进入该区，并且允许在区内储存、分级、装配、取样、加工、装卸、重新包装、刷唛头、贴标签等，然后免税出口。但是东道国禁止进出口的商品不能进出该区。区内商品进入所在国海关管辖区内，必须按照规定办理进口手续，缴纳关税。自由贸易区是自由港的进一步发展，是一种比自由港更高一级的经济特区。它除了自由港的特点外，还可以利用港口运输的便利条件，大量吸引外资集中设厂，发展出口加工工业，允许外商建立大商业和金融中心，开放证券市场，建立国际贸易的中转中心等，如巴拿马的科隆自由贸易区。

（二）出口加工型

出口加工型经济特区主要发展以出口为目的的加工工业和制造业，以促进设区国或地区整体经济的繁荣和发展。一般而言，出口加工区是工业区和自由贸易区的结合体，它首先必须提供良好的投资环境，吸引外商前来投资发展出口工业。因为出口工业的迅速发展，必须同时发展进出口贸易。出口加工型经济特区的基本形式是出口加工区。

出口加工区亦称加工出口区，是指一个国家或地区划出某一区域，通过提供优惠的经济政策和低廉完备的厂房、水电、道路、通信等基础设施，吸引外商投资办厂，发展在国际市场上有竞争力的出口加工工业，其产品主要用于出口的经济特区。出口加工区是在自由贸易区的基础上发展起来的。自由贸易区的传统功能是通过对进出口商品免税和提供设施和便利，发展转口贸易，增加商业性劳务收益。而出口加工区则允许生产用机器、设备、原料及中间产品自由进出，以促进区内加工工业的发展。较之自由贸易区，出口加工区内商品的自由流动已向生产要素自由流动进化。出口加工区在提供一般关税优惠的同时，还提供生产所需的一切社会基础设施和较之设区国其他地区更优越的投资环境。因此，这种形式的经济特区更便于吸引外资、先进技术与管理经验，利用当地的廉价劳动力，发展出口加工工业和对外贸易，如新加坡的裕廊工业区。

（三）综合型

综合型经济特区是指以一业为主，多种经营，多层次、多功能、规模较大的经济特区。它除了发展对外贸易、重视出口工业的生产以外，还兼营金融、房地产、旅游、农牧、科技、文教、卫生、服务等各种行业。较之自由港、自由贸易区、出口加工区，综合型经济特区具有促进生产发展、繁荣经济等更为有利的条件。主要表现在：一是该类经济特区允许区内一业为主，多业并存，各行各业多层次发展。这有利于各行业之间以及某一行业的不同层次之间相互补充和促进，使特区在经济结构上向多元化发展，有利于各行业的综合、配套，使之有更大的发展前景。二是该类经济特区在基础设施、经济优惠政策条件方面，在自由港、自由贸易区、出口加工区的基础上，还必须提供有利于发展其他多种行业所需的必要条件和政策措施。显然，综合型经济特区所提供的政策和优惠条件比自由港、自由贸易区、出口加工区更为全面、更为灵活多样，因而对外商及外资具有更大的吸引力。三是该类经济特区需要有较大的区域。这不但有利于特区内的多种行业同时发展，而且有利于特区内发展多层次、多功能的产业。既可以发展劳动密集型产业，又可以发展技术密集、知识密集型的产业。同时，由于综合型经济特区的区域大，有利于特区建设与城市建设同步发展。

由于综合型经济特区的功能比较多样化，这不仅可以比较灵活地适应经济调整和变幻莫测的国际经济形势，而且对于毗邻地区，甚至对设区国或地区整个经济和社会的发展，都有较大的影响，如深圳经济特区是中国建立的第一个综合型的经济特区。

（四）科技型

科技型经济特区又称智密区、科学园区、科技园、科学城、高新技术开发区等，是指把科研、生产与教育紧密相连，以发展尖端技术产业与产品为主要方向的经济特区。该类经济特区通过各种优惠政策，把智力、资金高度集中，专门从事新技术、高技术的研究、中试和生产的新兴产业开发。20 世纪 50 年代初美国斯坦福大学在其校园内创办世界第一个专门化的科学研究公园——斯坦福研究公园（Stanford Research Park），即后来发展成为举世闻名的“硅谷”，自此以后，特别是80年代以来，科技型经济特区如雨后春笋般地在世界各地建立（见表1—1）。

表1—1　**世界主要国家或地区兴建科学工业园区数量统计**　单位：个

国家或地区	第一个园区建立年份	园区数（1992年底）	国家或地区	第一个园区建立年份	园区数（1992年底）
美国	1951	358	中国台湾	1980	1
俄罗斯	1957	12	德国	1983	101
丹麦	1965	1	芬兰	1985	6
澳大利亚	1965	17	意大利	1982	6
加拿大	1977	23	荷兰	1980	7
法国	1969	35	西班牙	1985	5
以色列	1970	1	爱尔兰	1985	1
英国	1972	43	新加坡	1985	1
比利时	1972	9	挪威	1985	4
韩国	1974	2	保加利亚	1985	5
日本	1963	45	中国大陆	1985	52
瑞典	1983	12	其他国家		55
总计：802个					

资料来源：顾朝林等：《中国高技术产业与园区》，中信出版社1998年版，第47—48页。

与其他类型经济特区相比，科技型经济特区不是国际贸易扩大的直接结果，而是新技术革命和高科技竞争的产物。如日本筑波科学城是继美国“硅谷”之后又一典型代表。

二　经济特区特征

尽管各类经济特区千差万别，特点各异，但以下主要特征则是它们共有的。

（一）特殊的经济政策

经济特区既不同于非经济特区，更不同于行政特区（行政特区意味着在政治上、行政上可以搞特殊化）。根本的差别在于经济特区在经济上具有特殊性，即实行特殊的经济政策。这种特殊政策只限于特区范围内，一般不惠及非特区。比如在经济特区内，普遍实行减免关税和其他税收，放宽海关管制和外汇管制，货物进出自由，可以从事产品的转口、储存、加工、装配、制造、包装等经济活动，并提供各种优惠的设施、服务和经营条件等，这些政策其他地区则不予实行。当然，随着经济特区经济发展水平的提高以及特区发展的外部条件与设区目的的变化，某些特殊政策经过特区试验证明对整个国民经济的发展有利时，也可以惠及非经济特区而成为普遍实行的政策。此时，经济特区的特殊政策就需要做出某些调整，但这种调整决不意味着取消经济特区的特殊政策。因为，取消经济特区的特殊政策，实质上就等于取消了经济特区。

（二）特殊的管理体制

由于任何经济特区都不是独立的社会经济形态，因此，在社会政治经济制度上必须服从于设区国或地区的社会经济政治制度。设区国或地区社会制度的性质决定了所建立的经济特区的性质。但是，经济特区主要是面向国际市场，特区经济活动的开放性决定了特区管理体制的相对独立性和灵活性，这意味着经济特区在管理体制上不可能与非特区一致而可以“跳出现行体制之外”。因为，外商是否到经济特区来投资和从事其他各种经济活动，并不直接取决于设区国或地区的主观愿望。在国际市场竞争日趋激烈的背景下，只有在管理体制等方面保持相对独立性和灵活性，区内企业才能适应国际市场上的瞬息万变，经济特区才能吸引大量外商前来投资办厂。

（三）特定的区域范围

特殊的经济政策决定了经济特区地域范围必须特别界定。这是因为关税减免、资金自由流动等各种特殊、优惠政策的实施，一般只限于经济特区范围之内。为了防止逃避海关监督和减免税商品大量流入设区国国内，减少对国内市场的冲击，避免不必要的经济震荡，就必须明确划定经济特区的区域范围。通过设置有关关卡和障碍将特区与非特区严格隔离，使经济特区成为独立的封锁区。

（四）外向型经济活动

尽管各设区国的动机和目的千差万别，但设置经济特区的基本目的不外乎两方面：一方面，充分利用国际上的资金、技术和科学的经营管理方法，大量吸收外商来特区投资办厂，兴办各种企事业，加速本国或本地区的经济发展；另一方面，通过经济特区，把本国或本地区生产的产品，销往国际市场，赚取更多的外汇，以便在国际市场上争得一席之地。因此，经济特区的一切经济活动，首先必须着眼于国际市场，特区政策的制定、措施的实行、法规的颁布以及各种服务设施的配备，都必须有利于外资的引进和产品的外销。

第三节 经济特区的作用

纵观世界经济特区的发展，尽管类型多样，目标各异，总的来看，经济特区推动了世界经济的发展和科学技术的进步，促进了设区国或地区的经济繁荣昌盛，提高了人们的生活水平。

一 促进世界范围内的资本流动、技术转让和产业结构的升级

特别是第二次世界大战结束以后，世界经济一体化进程加快，第三次科技革命浪潮此起彼伏，国际经济技术合作广泛展开，世界各国之间的经济联系日益紧密，资本在国家间的流动量飞速增长。

伴随着世界范围内的资本流动，技术转让在国家间也在加快进行。尽管发达国家到其他国家或地区的经济特区投资的主要目的，是为了利用当地的廉价劳动力、低廉的地租和减免税等优惠条件，降低生产成本，提高产品在国际市场上的竞争力，以便牟取更多的利润，不可能转移他们最先进的技术和专利。但是，这对于那些生产力水平低、经济技术落后、资金匮乏、失业严重的发展中国家和地区来说，在其设置经济特区的初期，能够引进一些劳动密集型的

生产设备和相对先进的加工技术，则是它们梦寐以求的。随着这些国家或地区经济的发展、产业的升级、劳动力素质的提高，它们不会满足于此，必然要求引进更为先进的技术和设备，来提升经济发展的档次，从而使技术转让在更高层面上得以进行。例如，亚洲和南美洲许多出口加工区都是通过最初发展纺织、服装和其他一些简单装配的加工工业，实现了向半导体、家用电器、食品乃至光电子技术工业的转变，有的甚至出现了以发展尖端技术及其产业为主的科学工业园区。

第三次科技革命的浪潮推动了世界范围内的产业结构调整和产业升级。信息技术、新能源技术、新材料技术、生物技术、空间技术和海洋技术等新兴技术产业，日益成为美国、德国、日本等发达国家的主要产业。这些国家为了保持技术上的垄断和经济上的优势，其原有的以劳动和资本密集型为主的一些传统产业不得不向劳动力价格低廉和具有各种优惠待遇的发展中国家或地区转移。发展中国家或地区在承接了发达国家淘汰的产业之后，经过若干年（一般在20年左右）的发展，逐步成为新兴的工业化国家或地区（如“亚洲四小龙”的中国香港、新加坡、韩国、中国台湾），一些具有较高技术的产业如精密仪器、电子工业等逐步成为它们的主要产业，其原有的以劳动、资金密集型为主的产业又开始向经济更为落后的发展中国家或地区转移。因此可以说，各类经济特区，尤其是出口加工区，对于世界范围内的产业结构调整和产业升级起到了催化剂的作用。

二 加快国际贸易的发展和国际市场的开拓

由于经济特区较之非经济特区有更为优惠的待遇和更为便利的条件，因此，世界各国的投资者、商人和游客，更愿意到这些特区及其所在地去投资办厂、购销商品和旅游观光，从而有利于国际市场的开拓，加快国际贸易的发展进程，使国际贸易量急速增加。

据有关资料统计，全世界经济特区的贸易总额占世界贸易总额的比重分别为：1979 年为 7.7%，1986 年为 20%，1990 年为 33%，1993 年为 40%。韩国的马山出口加工区，在设区之初的

1971年，出口额仅有85.36万美元，1974年增至1.78亿美元，1982年又增加到6亿美元，在短短的10年里，增加了近700倍。中国台湾的高雄、楠梓、台中三个出口加工区，1971年的出口额只有1.63亿美元，产品也只销往十几个国家和地区；到1982年，不仅出口额增加到16.26亿美元，而且产品外销的国家和地区也多达140余个。不仅如此，这三个出口加工区1966年到1982年的累计出口额多达101.9亿美元，累计进口额为7.8亿美元。另据统计，1967—1989年，台湾出口加工区累计出口额超过200亿美元，顺差超过90亿美元，约占台湾同期累计贸易顺差的1/4 。①

三　刺激设区国或地区经济发展和经济效益的提高

外资和先进技术设备的大量引进，为经济特区的经济发展和经济效益的提高创造了重要条件，从而加快了设区国或地区经济发展的进程和经济效益提高的速度。例如，韩国马山出口加工区，在1969—1973年，社会总产值年平均增长51.4%，建筑业产值年均增长74%，税收收入年平均增长18.3%。中国台湾的高雄、楠梓、台中三个出口加工区，1966—1982年累计贸易顺差44.1亿美元，外汇收入32亿美元。②

四　推动劳动就业扩大、自然资源开发和居民生活水平提高

随着经济特区的经济不断发展，各行各业兴旺发达，劳动就业机会也不断增加，为劳动就业提供了广阔的门路。例如，马来西亚的槟榔屿在未开辟成出口加工区以前，共有居民60万人，失业率高达15%。1971年辟为出口加工区以后，就业率急剧上升，到1980年不仅解决了失业问题，甚至还出现了劳动力的短缺。新加坡自1968年设置裕廊工业区以后，不仅解决了本国的劳动就业问题，到70年代中期，在劳动力日趋紧张的情况下，不得不开始雇用马来西

① 张敏如等：《特区经济教程》，广东高等教育出版社1993年版，第13页；高同星等主编：《中国经济特区大辞典》，人民出版社1996年版，第86—90页。

② 本节所用资料除注明出处外，均引自张敏如等《特区经济教程》，广东高等教育出版社1993年版，第13—15页。

亚、菲律宾、印尼、印度等国的劳工。

对发展中国家或地区来说，由于资金匮乏，技术落后，拥有大量宝贵的自然资源却对经济于事无补，出现“抱着金碗讨饭吃”的现象不足为怪。经济特区的建立，不仅提供了大量的就业机会，还促进了设区国或地区自然资源的开发和利用。如菲律宾棉兰老岛的达沃、三宝颜在20世纪80年代以前，虽然拥有丰富的农渔业资源，但经济却十分落后。80年代以后，随着出口加工区的建立，这些资源得到了充分利用，经济发展水平迅速提高。韩国马山出口加工区，1971年采用本地原料和元器件生产的比重只占28%，到1978年则上升至48%。中国台湾的高雄、楠梓、台中三个出口加工区，采用本地原料和半成品的比重，1967年只有2.1%，1980年则增加到34%。

随着就业人数的增加、自然资源的开发利用、外汇收入的上升和经济效益的提高，经济特区乃至设区国或地区广大居民的生活水准也有了大幅度提高。例如，新加坡、韩国、中国香港、中国台湾，在20世纪70年代以前经济还比较落后，在出口加工区的带动下，经济迅速腾飞，现已成为新兴的工业化国家或地区，并以“亚洲四小龙”著称于世界。其中，中国香港的人均国民生产总值，1966年只有666美元，到1986年则上升到6768美元，20年几乎增加了10倍。1993年，中国香港人均国民生产总值达到1.5万美元，1997年则达到13198美元，已进入世界发达国家或地区行列；中国台湾人均国民生产总值，1952年只有196美元，1985年上升到2868美元，1997年达到13198美元；韩国1960年人均国民生产总值只有82美元，1986年则达到2170美元，1997年，韩国在亚洲金融风暴的巨大冲击下，人均国民生产总值仍达到5400美元；至于新加坡，1986年人均国民生产总值更多达7000美元，成为亚洲仅次于日本的高收入国家，1997年，新加坡人均国民生产总值达到22759美元。①

① 《中国统计年鉴1999》，中国统计出版社1999年版。

第四节 中国经济特区的建立

从世界经济特区的历史发展过程来看，可以这样说，经济特区是伴随着资本主义的产生、发展而产生和发展起来的。那么，作为社会主义国家，中国为什么要建立经济特区？中国为什么直到20世纪80年代初才建立经济特区？中国建立经济特区，是当时高层决策者的一时冲动，还是历史的必然选择？了解这样的问题对理解本书后面的内容至关重要。

一 背景分析

为了对上面提出的问题有一个较为深刻的认识，本书以国际背景为经，以国内背景为纬，试图勾画出中国创办经济特区时的时代网景。

（一）国际背景：传统社会主义模式的形成及其困境

早在19世纪中叶，马克思、恩格斯在《共产党宣言》中就指出："资产阶级，由于开拓了世界市场，使一切国家的生产和消费都成为世界性的了。不管反动派怎样惋惜，资产阶级还是挖掉了工业脚下的民族基础。古老的民族工业被消灭了，并且每天都还在被消灭。它们被新的工业排挤掉了，新的工业的建立已经成为一切文明民族的生命攸关的问题；这些工业所加工的，已经不是本地的原料，而是来自极其遥远的地区的原料；它们的产品不仅供本国消费，而且同时供世界各地消费。旧的、靠国产品来满足的需要，被新的、要靠极其遥远的国家和地带的产品来满足的需要所代替了。过去那种地方的和民族的自给自足和闭关自守状态，被各民族的各方面的互相往来和各方面的互相信赖所代替了。"① 根据当时的环境和条件，马克思提出了社会主义"多国胜利学说"，即社会主义在几个发达资本主义国家同时取得胜利。马克思、恩格斯关于未来社会

① 《马克思恩格斯选集》第1卷，人民出版社1972年版，第254—255页。

主义社会的描绘是基于西欧较发达国家的经济、政治和文化状况而提出的有待实践验证的科学假设和价值理想（实践证明这一理想在很大程度上仍带有空想性质）。这样的社会主义本身就是世界性的，因而也就不存在对外开放的问题。

随着资本主义从自由竞争向垄断过渡，资本主义国家政治、经济发展不平衡已经成为帝国主义的绝对规律。列宁及时发现并总结了这一规律，并在此基础上提出了“一国胜利学说”，即在资本主义政治经济发展不平衡规律的作用下，社会主义革命可以在资本主义统治最薄弱的国家首先取得胜利（俄国“十月革命”的胜利和“二战”以后东欧、中国、朝鲜等国社会主义革命的成功，证明了列宁对马克思理论的“修正”是正确的）。至于无产阶级夺取政权以后如何建设社会主义的问题，列宁曾经提出过至今看来仍具有现实意义的主张，如社会主义国家需要并且可以利用外资为社会主义建设服务。列宁指出：“在一个小农生产者占多数的国家里，实行社会主义革命必须经过一系列特殊的过渡办法，这个办法就是应该利用资本主义（特别是把它引导到国家资本主义的轨道上去），作为小生产和社会主义之间的中间环节，作为提高生产力的手段、道路、方式和方法……”① 在利用外资的方式上，列宁认为租让制②是国家资本主义的一种最简单、最明显、最清楚和一目了然的形式。遗憾的是列宁辞世过早，后来斯大林却把在国内战争这一特殊历史条件下不得不采取的组织和管理苏维埃经济的做法加以继承、发展，并在理论上予以论证。这种肇始于“战时共产主义”经济政策，定型于斯大林时代，第二次世界大战后又逐渐扩散到其他社会主义国家的第一个具有完整的理论形态和实践范型的社会主义建设模式，就是

---

① 《列宁全集》第32卷，人民出版社1986年版，第34页。

② 所谓租让制，就是指苏维埃国家政权同外国资本的经济合作，通过合同方式把苏维埃国家的工矿企业、森林、油田、土地等资源，在一定期限内租给外国资本家经营，使用权、经营权给外国资本家，所有权仍归苏维埃国家所有。承租人可以按资本主义方式经营，可以获得一般资本家所得不到的高额利润，可以获得难于得到的原料。苏维埃政权则以此作为对外国资本家“赎买”的代价，获得的是发展生产力。

通常所称的“传统社会主义模式”[①]。

传统社会主义模式是在多种历史因素的作用下形成的。历史地看，在一个经济文化较为落后的国家，无产阶级夺取政权以后，通过实行高度集中的经济和政治体制，可以保证在一定时期内最大限度地集中起人力、物力和财力，迅速建立起社会主义的工业基础，冲破帝国主义的包围和封锁，巩固新生的社会主义政权。因此，传统社会主义模式对世界范围内的社会主义事业的发展曾起到过不可磨灭的历史作用。但从经济发展的长期过程来看，由于传统社会主义模式在经济上的有效运作，是以假设全体公民利益一致、需求统一、境界高尚，以及“社会中心”对安排生产计划所需的一切信息完全对称为前提。而事实上，这些假设并不成立。因此，这一模式必然隐含着不可避免的弊端。具体表现为：由于权力过分集中，政企不分，国家直接主宰企业的经济活动，而国家计划部门又根本不可能及时、全面、准确地掌握瞬息万变的生产和需求信息，这就难免造成计划脱离实际；由于排斥了市场机制和价值规律的作用，不能灵活有效地配置资源；由于企业没有自主权和独立的经济利益，从而缺乏竞争的压力，不能激励生产单位有效地利用其所掌握的生产资料；由于吃“大锅饭”，干多干少、干好干坏甚至干与不干都一个样，抑制了劳动者的生产积极性和创造性，从而在根本上窒息了企业的生机与活力。至于政治上由于高度集权和党政不分所带来的民主意识的退化、官僚主义的滋生以及决策的失误则更是显而易见。

当历史进入20世纪70年代末80年代初的时候，社会主义所固守的传统的经济和政治体制与生产力发展之间的矛盾日趋加剧。此

① 传统社会主义模式在经济上的主要特点表现为：在体制上，实行高度集中统一的计划经济，排斥商品生产和商品交换，将计划与市场绝对对立；在所有制结构上，片面追求单一的公有制，甚至追求单一的全民所有制，并把全民所有制规定为国家所有制，认为所有制越大越公越纯越好；在管理方式上，基本实行部门管理原则，政府通过各专业经济管理部门直接指挥和控制企业，企业缺乏应有的自主权；在分配方式上，职工工资按国家统一规定，企业和地方无用工和工资分配权。在政治上的主要特点是：权力过分集中，个人专权、官僚主义、家长制、干部领导职务终身制以及形形色色的特权现象较为严重。

时的苏联，国民经济中的农、轻、重比例关系严重失调，经济发展速度急剧下降，人民生活必需品的供应严重不足。东欧许多国家也都债台高筑，经济发展停滞不前，通货膨胀严重，人民生活水平大幅度下降，民族关系日趋紧张。例如，匈牙利1979年国民收入只增长1.8%，1980年则下降了0.5%，从1979年到1982年，日用消费品价格则提高了33%；波兰、南斯拉夫的经济都陷入了混乱状态，波兰1980年外债高达235亿美元，南斯拉夫1981年外债高达192亿美元。①

然而，历史从来不会同情弱者。当世界社会主义体系逐渐陷入严重的经济困境时，西方主要资本主义国家却正致力于开展高科技革命，并加快资本的国际化进程。特别是第二次世界大战结束以后，世界进入了一个相对和平与稳定的发展时期。战前，美国、德国、日本等国奉行对外开放的基本国策，在经济上迅速赶上并超过了老牌资本主义国家英国和法国。战后，作为战败国，日本和德国损失惨重，经济萧条，人民生活困苦不堪。为了摆脱困境，他们在美国的帮助下，紧跟第三次科技革命的浪潮，使其经济迅速得到恢复和发展。而美国为了继续保持世界政治霸主与经济火车头的地位，则进一步提高其开放度。在欧洲，美国通过“马歇尔计划”，以援助欧洲重建为名，扩大其在欧洲的势力范围；在亚太地区，美国不惜穷兵黩武，出兵朝鲜，把军舰开进中国台湾海峡，在日本、新加坡、菲律宾、中国台湾等国家和地区建立军事基地，并在经济上给予其“援助”，帮助他们完成战后重建任务。西方主要资本主义国家通过开拓世界市场，借助科技革命的强大动力，进一步调整生产关系，使经济的发展一度出现高速增长的“奇迹”。尽管在20世纪70年代曾出现了经济的震荡，但西方资本主义世界所遇到的经济困难远没有当时人们所想象的那样大，西方经济的周期性波动也远没有传统理论所定义的“危机”那么惨烈。

面对一方面传统社会主义陷入困境，另一方面资本主义不仅“垂”而不“死”，而且大有欣欣向荣之势，社会主义的建设者们有

① 邵汉青主编：《探索者之路》，海天出版社1995年版，第4页。

彷徨，但更多地在探寻出路。第一个站出来对传统社会主义模式提出挑战的是南斯拉夫人。20 世纪 50 年代初，他们提出了改变“国家集权式”社会主义，探索一条在落后国家“鼓励和动员所有潜在力量来解决困难”的社会主义建设道路，即所谓“自治社会主义”。由于这一改革触及了所有制、国家职能等问题，给人以振聋发聩的启示，因而受到苏联共产党的激烈批判。50 年代中期，苏共二十大批判了对斯大林的个人崇拜。此后，东欧国家掀起了反对苏联控制、冲破传统模式的浪潮。“波兰事件”和“匈牙利事件”是这一时期的典型案例。1956 年 6 月，波兰西郊城市波兹南发生的示威和流血事件以及当年 10 月发生的匈牙利游行、冲突和暴力事件，从本质上讲，反映的是人民对旧体制的不满和要求改革、走民主化道路的呼声，并且强烈地表现出了维护民族主权的情绪。这自然也遭到苏联共产党的粗暴干涉和压制。60 年代以后，东欧社会主义国家再度掀起了以“布拉格之春”[①] 为标志的改革浪潮。这一所谓的“离心”倾向最终以苏联悍然出兵入侵而横遭扼制，使得东欧社会主义国家的改革暂时都停顿下来。

当历史的车轮驶入 20 世纪 70 年代末 80 年代初的时候，由于传统社会主义模式一直未能走出困境，加上苏联自身的经济、政治和民族矛盾日趋紧张，苏联共产党的权威日渐削弱，此时要求冲破传统社会主义体制的改革呼声已经成为无法阻挡的世界性潮流。这场改革较之以前具有以下显著特点：（1）广泛性。即改革已不再是少数国家，而是包括苏联在内的大多数社会主义国家。（2）全面性。改革已涉及经济体制、政治体制、文化体制的全方位内容。（3）深刻性。改革触及的是传统社会主义体制的根本弊端及其理论基础。（4）复杂性。改革已不再单纯是共产党自身在理论上和政策上的调整和完善，而是交织着国际和国内的复杂的阶级斗争和民族斗争。（5）艰巨性。共产党执政的社会主义国家第一个反对党波兰“团结

---

① “布拉格之春”事件的实质内容是新任捷克斯洛伐克共产党第一书记杜布切克推行经济改革，强调对全面性的问题自由发表意见和公开辩论，改善共产党的领导，坚持民主和法制，主张走“捷克斯洛伐克的社会主义道路”。其目的是要摆脱苏联共产党的控制，走自己的发展道路。

工会”① 开始出现。当然，在这场改革中，苏联和东欧社会主义国家的运行结果是政治上实行西方式的多党议会民主制；经济上实行以私有化为目标的市场经济；在社会制度上实现由社会主义向资本主义的彻底转轨。让人困惑的是，这场改革以完善社会主义制度为起点，却以放弃社会主义制度而告终。

（二）国内背景：计划经济体制的形成及其弊端

中华人民共和国的建立，揭开了中国现代史上新的一页。但在如何建设新中国的问题上，对第一次作为执政党的中国共产党来说，是毫无经验可言的。中国共产党从 1921 年建党至 1949 年中华人民共和国成立，一直处于地下党和非法组织的地位。中华人民共和国成立以后，非常时期、非常条件下成长起来的中国共产党，面对的是一个饱受几十年战争之苦、千疮百孔、国民经济处于崩溃边缘的乱摊子。在复杂的国际国内形势下，为了巩固新生政权，年轻的中国共产党别无选择地选择了当时苏联高度集权的计划经济发展模式。中华人民共和国成立初期和第一个五年计划期间，面临实现全国财政经济统一，以及对资本主义工商业进行社会主义改造和发展大规模经济建设的繁重任务。由于坚持从中国实际出发，在许多方面尚未统得过死，特别是在进行社会主义改造的方法步骤上还有很大的创造，形成了中华人民共和国成立初期初步繁荣的局面，并逐步建立起全国集中统一的计划经济体制。但是，随着社会主义改造的基本完成和经济发展规模的扩大，经济体制方面统得过死的弊端逐渐显现出来。1956 年，中共八大前后，中央虽然已经觉察到这些问题，并提出了某些改进措施，但由于对如何进行社会主义建设毕竟经验不足，特别是 1957 年以后党内“左”的思想的影响，长期以来对社会主义的理解上形成了若干不符合实际情况的固定观念，甚至把搞活企业和发展社会主义商品经济的正确措施当作资本主义来批判。结果使经济体制上过度集中统一的问题不仅长期得不到解决，反而越来越突出。其间虽然多次实行权力下放，但都限于

① “团结工会”是瓦文萨领导的波兰第一个、也是共产党执政的社会主义国家第一个以夺取政权为目的的反对党组织。“团结工会”一成立，波兰共产党遂将瓦文萨逮捕。20 世纪 80 年代末，当东欧社会主义阵营瓦解以后，瓦文萨当选为波兰第一任民选总统。

调整中央与地方的管理权限，并未触及企业自主权、计划与市场等要害问题，因而也就跳不出原计划经济体制的框框。

原有计划经济体制的主要弊端集中表现为：政企职责不分，以党代政、以政代企；条块分割，地方保护主义盛行；国家对企业统得过多过死；忽视甚至否定商品生产、价值规律和市场的作用；分配中的平均主义十分严重。这就必然造成企业缺乏应有的自主权及企业吃国家的“大锅饭”、职工吃企业的“大锅饭”的局面，严重压抑了企业和职工的生产积极性，使本来应该生机盎然的社会主义经济在很大程度上失去了活力。

二　走自己的路，建设有中国特色社会主义

1978 年 12 月，中国共产党召开了具有划时代意义的十一届三中全会。全会对中国社会主义革命和建设的历史、理论和现实进行了深刻反思，冲破了教条主义和个人崇拜对人们思想的长期束缚，强调实践是检验真理的唯一标准，要求完整准确地理解和掌握毛泽东思想的科学体系，并对我国原有体制的弊端进行了初步的分析，废止了“以阶级斗争为纲”的指导思想，做出了把工作重点转移到经济建设上来的战略决策，明确提出了对经济体制以及党和国家的领导体制进行改革的历史任务，并把对外开放作为一项长期的基本国策确定下来。

1979 年 3 月，中国共产党第二代领导集体的核心人物、中国改革开放的总设计师邓小平在全国理论工作务虚会上提出：“过去搞民主革命，要适合中国情况，走毛泽东同志开辟的农村包围城市的道路。现在搞建设，也要适合中国情况，走出一条中国式的现代化道路。”① 1982 年 9 月，中国共产党召开了第十二次全国代表大会，大会明确提出了建设有中国特色社会主义的指导思想。邓小平在大会开幕词中对中国的改革开放大业做了具有纲领性意义的精辟论述：“我们的现代化建设，必须从中国的实际出发。无论是革命还是建设，都要注意学习和借鉴外国经验。但是，照抄照搬别国经

① 《邓小平文选》第 2 卷，人民出版社 1994 年版，第 163 页。

验、别国模式，从来不能得到成功。这方面我们有过不少教训。把马克思主义的普遍真理同我国的具体实际结合起来，走自己的道路，建设有中国特色的社会主义，这就是我们总结长期历史经验得出的基本结论。”①

走自己的路，建设有中国特色的社会主义，意味着中国的社会主义现代化建设既不能因袭传统社会主义的模式，也不能走苏联、东欧正在走的路，而是要走出一条合乎中国国情，体现中国特色的，有民族个性的社会主义道路。

三　创办经济特区：中国改革开放的突破口

中国幅员辽阔，人口众多，生产力水平低，且地区之间发展极不平衡。在经过30年的封闭之后，如何把改革开放的交易成本降到最低，避免出现大的社会摩擦与震荡，首先必须寻找突破口。

1979年1月，广东省提出了在广东创办经济特区的设想。交通部招商局首先在与香港一水之隔的广东省宝安县蛇口公社划出一块地方创办蛇口工业区。同年4月，在北京召开的中央工作会议上，广东省委主要负责人习仲勋、杨尚昆向中央汇报工作时提出建议：广东临近港澳，可以发挥这一优势，在对外开放上做点文章。邓小平听后当即表态：“可以划出一块地方，叫做特区。陕甘宁就是特区嘛。中央没有钱，要你们自己搞，杀出一条血路来。”②

“杀出一条血路”，这反映了当时中国面临的改革形势是何等严峻，同时也体现了改革开放总设计师邓小平谨慎务实的治国方略。邓小平希望通过办经济特区来探索一条建设有中国特色社会主义的成功之路，以赢得与资本主义相比较的优势。

中央工作会议后，根据邓小平的建议，中共中央书记处书记、国务院副总理谷牧率工作组到广东和福建进行考察，并同两省领导同志和专家一道就创办经济特区问题进行了认真的调查和可行性研究，并将研究结果由两省分别给中央写报告。1979年7月15日，

---

① 《邓小平文选》第3卷，人民出版社1993年版，第2—3页。

② 中共深圳市委宣传部编：《一九九二春　邓小平与深圳》，海天出版社1992年版，第18页。

中共中央和国务院经过慎重研究，发文批准了广东、福建两省的报告，正式同意在广东的深圳、珠海、汕头和福建的厦门划出一部分地区试办“出口特区”。在部署上，中央认为，可先在深圳、珠海试办，待取得经验后，再考虑在汕头、厦门设置的问题。4 个特区的建设，深圳先行一步。在深圳的建设中，又以蛇口工业区起步最早，它是从 1979 年 7 月开始动工的，被称为“试管特区”。最初定名为出口特区的主要目的，是为了区别资本主义国家的“出口加工区”。1980 年 3 月，中共中央在广州召开了粤、闽两省工作会议，总结两省在对外经济活动中实行特殊政策和准备试办出口特区的进展情况，讨论创办经济特区的一些具体措施和问题。后来邓小平提出将“出口特区”改为“经济特区”。1980 年 8 月 26 日，全国人民代表大会常务委员会通过并颁布了《广东省经济特区条例》。《条例》规定：“为发展对外经济合作和技术交流，促进社会主义现代化建设，在广东省深圳、珠海、汕头三市，分别划出一定区域，设置经济特区。特区鼓励外国公民、华侨、港澳同胞及其公司、企业，投资设厂或者与我方合资设厂、兴办企业和其他事业，并依法保护其资产应得利润和其他合法收益。”与此同时，中国第一个经济特区——深圳经济特区正式诞生。同年 10 月，珠海经济特区正式动工兴建；1981 年 10 月，厦门经济特区破土动工；同年 11 月，汕头经济特区也开始建设；1988 年 4 月 13 日，海南经济特区成立。

四　经济特区：中国改革的“试验场”和对外开放的“窗口”

当历史的年轮转到 20 世纪 70 年代末 80 年代初，社会主义运动无论是理论上还是实践上都面临一个两难选择：要么坚持传统模式，这意味着社会主义将被历史淘汰出局；要么放弃传统模式，这意味着可能背叛社会主义。苏联和东欧社会主义的发展实际昭示人们：只有对传统社会主义经济和政治模式进行解构和重塑，建立充满生机与活力的社会主义新的经济和政治体制，社会主义才能走出困境，社会主义生产力才能向前发展。这种解构与重塑，意味着社会主义的深刻变革。尤其是像中国这样的发展中的社会主义大国，不改革就没有出路，不开放国家的现代化就没有希望。中国共产党第二代领导集体的核心人物邓小平以其政治家的杰出才干敏锐地意识到这一点，并且把改革看作是中国的“第二次革命”。因为社会主义革命的根本目的就是为了解放和发展生产力。因此，“改革的性质同过去的革命一样，也是为了扫除发展社会生产力的障碍，使中国摆脱贫穷落后的状态。从这个意义上说，改革也可以叫革命性的变革”[①]。改革的实质从客体上看是体制的重塑，从主体上看是人们利益的大调整。在邓小平看来，“改革涉及人民的切身利害问题，每一步都会影响成亿的人”。作为一位务实、谨慎的政治家，他所采取的方略是“胆子要大，步子要稳，走一步，看一步”[②]。于是，邓小平选择经济特区作为中国改革的“试验场”。他曾强调：“深圳经济特区是个试验，路子走得是否对，还要看一看。它是社会主义的新生事物……”[③] 中国经济特区建立之初，中央政府就明确指出，特区要“跳出现行体制之外”。为了试验，经济特区可以“特事特办，新事新办，立场不变，方法全新”，要为中国经济体制改革探索道路，积累经验，充分发挥“试验场”的作用。

改革怎么改？改什么？没有现成的路标可参照。由于经济特区的资金来源以外资为主，产品以外销为主，特区的经济活动主要是围绕国际市场的变化而展开的。因此，改革的同时需要开放。深化改革与扩大开放具有内在的一致性。对此，邓小平曾敏锐地指出：“现在的世界是开放的世界。”[④] “关起门来搞建设是不能成功的，中国的发展离不开世界。”[⑤] “任何一个国家要发展，孤立起来，闭关自守是不可能的，不加强国际交往不行，不引进发达国家的先进经验、先进科学技术和资金，是不可能的。”[⑥] 因此，创办经济特区的一个主要目的就是要把它作为当代中国对外开放的一个突破口和大通道。可以说，中国的对外开放大业正是从创办经济特区起步的。1984 年，邓小平第一次视察经济特区后指出：“特区是个窗口，

---

① 《邓小平文选》第 3 卷，人民出版社 1993 年版，第 135 页。

② 同上书，第 113 页。

③ 同上书，第 130 页。

④ 同上书，第 64 页。

⑤ 同上书，第 78 页。

⑥ 同上书，第 117 页。

是技术的窗口，管理的窗口，知识的窗口，也是对外政策的窗口。从特区可以引进技术，获得知识，学到管理，管理也是知识。特区成为开放的基地，不仅在经济方面、培养人才方面使我们得到好处，而且会扩大我国的对外影响。”①

① 《邓小平文选》第3卷，人民出版社1993年版，第51—52页。

第二章

特区经济学基本假设：特殊政策

在导论部分讨论经济特区的一般特征时，我们已明确认识到特殊政策对经济特区的重要性。事实上，离开了特殊政策这个基本的假设前提来讨论经济特区的发展问题，无异于讨论怎样建造空中楼阁。同理，没有经济特区的存在，作为研究特区经济发展的学科——特区经济学，也就失去了存在的意义。既是经济特区，实行特殊的政策当属题中之义。不过，人们在理解经济特区的特殊政策时，往往普遍狭隘地理解为经济特区实行某些优惠政策，进而造成地区间为了自身利益而竞相采取盲目性的优惠政策攀比态势。其实，经济特区的特殊政策，实质上反映的是经济政策的区域性差异。一般而言，区域政策有广义和狭义之分。广义的区域政策包括区域经济政策、区域社会政策、区域生态政策、区域政治政策、区域文化政策等，其中区域经济政策在区域政策中占主导地位。因为区域问题首先表现为区域经济问题，区域其他问题在某种程度上是由区域经济问题引发而产生的。区域经济政策不仅具有经济效应，而且还有社会、生态等其他方面的效应。狭义的区域政策即指区域经济政策。

区域经济政策是指中央政府旨在改善一国范围内经济活动地理分布的所有公共干预行为。就其实质而言，区域经济政策力图纠正市场机制造成的某些空间后果，以此达到经济增长和区域均衡发展两个相互关联的总目标。经济政策的区域性差异是指在经济上相互联系着的地区之间政府干预在形式、内容、性质和程度方面的差异。从国际经济学和区域经济学的角度看，这种差异的存在，强化或抵消了不同地区之间的比较优势从而引起资源以及产品、劳务相互流动状况的变化，影响着地区间的经济联系和各自的经济发展。由于各自条件的必然差异，在不同地区之间存在着政策的差异是必然的。政策作为一种资源，同样存在优化与合理的有效配置问题。

第一节　特殊政策的基础：经济优惠政策

任何区域经济政策都是针对区域问题而设计的。区域经济面临的最基本的问题是区际差异。这种差异更多的是指区域之间的经济差异，一般不涉及社会、政治、文化等方面的差异。迄今为止，世界各国制定区域经济政策的主要目的，就是为了降低区际发展水平的差异。影响区际差异的众多因素归纳起来可分为固定因素、变动因素和集聚因素三类。①

纵观世界经济特区的发展历程不难发现，无论是早期的自由港、自由贸易区，还是现代的出口加工区、智密区（科学园、科学城、硅谷等），其实行的特殊政策都是以一定的优惠政策作为基础。所谓经济优惠政策是指设区国或地区为达到吸引外商前来投资，发展经济的目的，通过法定程序颁布实施的有关法令、条例、政策、措

① 固定因素是指短期、长期内皆难改变的因素，主要是指区域自然条件和自然资源因素。包括自然条件，诸如气候、土壤、地形、水文、海拔的差异；能源资源，诸如煤炭、石油、天然气、水资源分布的差异；矿产资源，诸如金属和非金属矿产分布的差异；生物资源，诸如动物和植物分布的差异。变动因素是指短期内不可改变、但长期内可以改变的因素。一般分为实体因素和媒体因素两类。区域实体因素指劳动力、资金和技术。由于劳动力增长、技术进步和资金增长因区域而异，各个区域的经济增长中各种要素的贡献度又各不相同。因此，实体因素差异是影响区域发展差异的主导因素。区域媒体因素是指交通、流通和信息三个方面。媒体因素不是把自己凝集在实体因素身上，而是使自己活跃在这些因素以及其他因素之间，通过实际增加它们之间的空间联系和经济互动，发挥自己特有的作用，以此促进区域经济发展。集聚因素是指经济活动倾向于向原有基础较好的工业地区或者大中城市集中的趋势。集聚地区具有多种外在经济可供利用，诸如技术性外在经济、金融性外在经济、劳动力外在经济和基础设施外在经济，等等。集聚因素具有“马太效应”，它起着加速区域经济不平衡发展的作用，是扩大区际差异的一只“无形的手”。参见陈栋生主编《区域经济学》，河南人民出版社 1993 年版，第 247—249 页。

施等，从而明确具体地规定外商在特区所享有的优惠待遇。

一　经济优惠政策的内涵

经济优惠政策是指能够给投资者直接带来经济效益的那部分经济政策，包括税收优惠，金融优惠，减少土地、厂房租金，加速固定资产折旧，允许外资及其外商合法收益自由汇出境外，允许外资企业雇用一定数量的外籍员工，允许巨额投资者取得永久居留权、国籍或自由出入境，对使用东道主的生产资料的外商给予一定补贴，在经营方式上允许外商采取合资、合作或独资经营的方式，等等。其中，税收（主要是关税和所得税）优惠又是构成优惠政策体系的基础。这是因为，税收的强制性、无偿性、固定性三大特征，直接影响到投资的盈利水平从而影响投资者投资的积极性。一般而言，经济特区建立初期，投资环境急待改善，投资期较长，投资回报率相对较低，因而投资风险相对较大。为了鼓励投资者特别是外国投资者前来特区投资的积极性，尽可能降低投资者投资的风险系数，东道主做出一定的让步乃至做出一定的牺牲是完全必要的。这种让步和牺牲实质上构成经济特区发展的成本。虽然成本并不直接决定效益，但从规模经济分析，一定规模的成本投入，与效益总量的增加总是成正比。由此不难理解，各国经济特区在提供优惠政策方面竞相攀比，目的当然只有一个：吸引更多的投资者。

二　制定优惠政策必须遵循的原则

强调优惠政策在特殊政策中的基础地位，并不意味着政策优惠越多越好。从长远的发展来看，如果提供优惠所获得的收益小于因优惠所做出的牺牲（所付出的成本），那么，建立经济特区就成为一件毫无意义的事情。由于经济特区的优惠对象主要是外国投资者，而外国投资者并不都是慈善家，国际资本的本性就是为了追逐高额利润。因此，在制定优惠政策时，必须充分认识到这一点。既要让外资有利可图，尽可能吸引到更多的外资，又要有利于本国或本地区的经济发展，尤其是长远的发展问题。损害国家主权和民族利益的事情绝对不能干。为此，以下几项基本原则是必须考虑的。

（一）国际竞争力原则

由于资本的本性是为了追逐高额利润，因此，利润率高的地方总是国际资本积极寻求的场所。这就决定了东道主在制定经济特区的优惠政策时，必须首先充分考虑该区在吸引国际资本方面的竞争能力。既不能凭主观想象，也不能感情用事。而必须在调查研究的基础上，充分了解其他国家或地区的相关情况，从而制定出既符合本国国情，又具有国际竞争力的优惠政策。

（二）平等互利原则

国际竞争力原则并不意味着为吸引外资而一味迎合外资的要求。建立经济特区的基本目的是为了利用区外资本（尤其是境外资本）和先进技术来推动本国或本地区经济的发展。因此，制定经济特区的优惠政策时，还必须坚持平等互利的原则。既要考虑如何把外资吸引进来且让其有利可图，又要考虑有利于本国或本地的经济发展；既不能为了迎合外商而把优惠条件定得过多、过宽，也不能过分考虑本国或本地区的利益而将优惠条件定得过少、过严。畸轻畸重，都于事无补。

（三）法制性原则

国际流动资本遵循的是市场经济规律，而市场经济的本质是法制经济，市场经济的游戏规则是通过法律规定下来的。朝令夕改，政策没有相对稳定性，是令外国投资者最头疼的事情。国际资本选择投资地区一般都是那些法制建设比较健全的国家或地区。这就要求东道主在制定优惠政策时，不能搞口头承诺，而应该通过立法形式即用法律形式把它规定下来，制定出有关的法律、政策、条例，同时还应制定其实施细则。这些优惠政策一经立法程序予以制定、公布、实施，对主、客双方都具有约束力。对于那些法制建设不太健全，“人治”大于“法治”的国家或地区来说，强调法制性原则尤为重要。

（四）动态性原则

国际市场的变幻莫测，令投资者对投资环境的要求越来越高。一方面，某个时期对投资者具有诱惑力的某些优惠条件，随着国际、国内经济形势的变化和发展，会逐步失去它的吸引力。所以，适时调整或者增加某些优惠政策是必要的。另一方面，设区国或地区制定经济特区的经济政策目标具有不同的层次和等级水平。一般而言，制定区域经济政策的基本目标是追求经济效率和社会公平的最大化。由于这双重目标之间既有统一的一面，又有矛盾的一面。因此，在实际执行过程中，经济效率与社会公平目标孰先孰后，两者如何结合、兼顾，是制定区域经济政策的首要问题。当经济特区得益于优惠政策使得经济发展水平提高到一个较高层面，特区与非特区之间出现了新的较大不均衡时，减少、调整乃至取消某些优惠政策，就成为决策者不得不慎重考虑的问题。

第二节　特殊经济政策不等于优惠政策

我们知道，经济政策是政府根据本国或本地区的资源禀赋、社会经济制度、经济发展水平、近期与长期的发展目标，以及与相关国家和地区的关系等多种因素而制定的经济活动准则。特殊经济政策则是指中央政府针对本国不同地区、不同部门、不同行业的资源禀赋不同、经济发展水平不同，以及发展目标的差异而制定的只适用于某个地区、某个部门、某个行业或产业的经济活动准则。换言之，特殊经济政策是相对于普遍适用的一般经济政策而言。

一　特殊经济政策包含优惠政策

一般来说，特殊经济政策往往体现出中央政府的决策偏好。这种偏好主要取决于决策者的目标追求。例如，为了从根本上解决科技与经济脱节的问题，充分估量未来科学技术特别是高技术发展对综合国力、社会经济结构和人民生活的巨大影响，把加速科技进步放在经济社会发展的关键地位，通过深化改革，从根本上形成有利于科技成果转化的体制和机制，加强技术创新，发展高科技，实现产业化，解决我国经济发展面临的深层问题，进一步提高国民经济整体素质和综合国力，实现跨越式发展，应对国际竞争，确保中华民族在新世纪立于不败之地。1999 年 8 月 20 日，中共中央、国务院做出了“关于加强技术创新，发展高科技，实现产业化的决定”[1]。该决定在“采取有效措施，营造有利于技术创新和发展高科技、实现产业化的政策环境”部分，明确强调要实行财税扶持政策、实施金融扶持政策、完善科技人员管理制度、对科研机构转制为企业的给予专项政策扶持、正确评价科技成果和进行科技奖励、加强对知识产权的管理和保护。这里，既有一般经济意义上发展高科技产业的优惠政策（如财税扶持政策、金融扶持政策），又有管理体制和制度方面的特殊政策（如完善科技人员管理制度、对科研机构转制为企业的给予专项政策扶持、加强对知识产权的管理和保护），同时还有激励机制方面的特殊政策（如正确评价和进行科技奖励）。

二　特殊经济政策不等于优惠政策

由上述可见，特殊经济政策包含优惠政策，但不等于优惠政策。当某个地区、某个部门、某个行业或产业通过实行某些优惠政策得到了快速发展或超前发展时，如果继续实行这些优惠政策，将会加剧地区之间、部门之间、行业之间的不均衡发展态势。此时，调整甚至取消某些优惠政策就成为决策者不得不考虑的问题。但这并不意味着全部取消对该地区、该部门、该行业的特殊经济政策。因为，实行特殊经济政策的地区、部门、行业或产业之所以能够得到较快发展，正是以这些特殊经济政策作为支撑点。缩小差距、平衡发展不能以牺牲发展快的地区、部门、行业为代价。况且，特殊经济政策作为一种特殊资源，并不是在所有地区、所有部门、所有行业都能够发挥其同等效用。因此，保持一定程度上的政策差异，有利于地区、部门、行业之间持续、协调、健康发展。

随着中国全方位、多层次、宽领域的对外开放新格局的形成，随着建立社会主义市场经济体制的改革的不断深入，中国经济特区创办初期所享有的部分优惠政策已经惠及非经济特区。然而，优惠政策模式的淡化，并不意味着经济特区完全丧失政策优势。经济特

① 《中共中央、国务院关于加强技术创新，发展高科技，实现产业化的决定》，《深圳商报》1999 年 8 月 25 日第 1 版。

区本身就是特殊政策的产物。只要经济特区还存在，特区实行某些特殊政策就是必然的。问题的关键不在于要不要实行特殊政策，而在于实行哪些特殊政策。因此，当“优惠的财政政策”被淡化的时候，强化经济特区的“特殊权力政策”就显得更为重要。在这里，“权力”也是“政策”。例如，要使经济特区发挥“示范”“辐射”作用，就必须赋予它充分的改革“试验权力”；要使经济特区发挥“带动”作用，就必须赋予它“先富”起来的政策和重新分配社会财富的权力；要使经济特区发挥对港澳回归的“衔接”功能和维护港澳长期稳定和繁荣的保障作用，就必须赋予它更大开放度的权力；要使经济特区发挥精神文明建设的“前列”作用，就必须赋予它某些政治体制改革的权力。[①] 对此，中央政府明确表示：“中央对发展经济特区的决心不变，中央对经济特区的基本政策不变，经济特区在全国改革开放和现代化建设中的地位和作用不变。”“三个不变”之间存在着一种有机的必然的内在联系，构成一个整体，决定着经济特区再发展的大方向和大战略。其中“决心不变”是经济特区再发展的基础；“基本政策不变”是经济特区再发展的关键；“地位和作用不变”是经济特区再发展的方向。[②]

第三节　经济政策区域性差异的分类

要对经济政策的区域性差异进行鉴别识类，在理论上着实不是一件容易的事情。这里参照关智生分类方法[③]，也许有助于对问题的认识。

① 苏东斌：《特殊政策·特别功能·特定作用》，《特区与港澳经济》1996 年第 6 期。

② 曾崇富：《浅谈三个“不变”的内在联系》，《深圳特区报》1994 年 10 月 10 日第 3 版。

③ 参见关智生《经济政策的区域性差异与特区经济学》，《中山大学学报》（社会科学版）1994 年第 3 期。

一 表象差异与实质差异

根据地区间政策差异的状态以及这种状态对两地经济所造成的特定影响，经济政策的区域性差异可分为表象差异和实质差异。表象差异是地区之间在同一经济领域里政府政策特征的差异。如一国可能制定并宣布其货币汇率自动与某一外币挂钩的政策，而另一国未曾宣布有此政策，却随时调整本国币值，经常保持与某一外币的兑换比率；又如一国对外资企业的所得税率是15%，同时用增加基础设施投资的方式吸引外资，另一国对外资企业的所得税率为20%，吸引外资的方式是减免土地使用费等。实质差异是由政策造成的不同地区之间原有市场比价的变动值，它是政策差异和政策作用的市场价格反映。例如，对某项进口商品增减从价或从量的关税，必将引起该商品进口价格从而引起进口数量和总额的一定变化。在这里，增减关税的形式是表象差异，价格变化是实质差异，进口数量和金额的变化则是由政策差异所造成的经济变动。

二 外部差异与内部差异

根据政策差异范围与政策制定者（决策主体）之间的关系，经济政策的区域性差异可分为外部差异和内部差异。外部差异是指不同地区之间由于存在相互独立的决策主体而产生的差异。典型的情况是两个独立的国家之间的政策差异；具有一定政策制定权的地方政府（如省、市政府）运用权力所造成的本地与其他地区之间的政策差异也属此类。内部差异指的是不同地区之间只有一个决策主体并因决策者选择差别政策而产生的差异。中国对经济特区及沿海开放地区实行的优惠政策等就具有这种性质。外部差异通常体现的是经济利益和权力的分散与独立，因而可控程度较低；内部差异则更多地体现经济利益和权力的集中与统一，因而可控程度较高。

三 静态差异与动态差异

根据政策差异与政策变动之间的关系，经济政策的区域性差异可分为静态差异和动态差异。静态差异是指地区间不发生任何政策变动时已经存在的差异，因而即是地区间既有政策的差异。动态差异指的是地区之间由于至少一方的政策发生变化而引起的差异变动。由于经济的持续变化，经济政策也会经常地发生调整和变动，而且每一项细微的政策变动（如税率提高一个百分点或利率降低一个百分点）能引起一地经济的全面变动，这又将引起该地区与其他地区之间乃至其他各地区之间的关系变动。因此，差异一般来说总是动态的。但是，在差异变动并非普遍发生或影响较小的时期和领域，静态差异的分析就有着重要的意义。与此同时，当我们对某项具体的政策变动进行分析时，也只有将对既有政策的静态差异分析作为基础和前提，才有可能获得有关变动意义的认识。对动态差异的认识，又将成为对未来政策变动进行分析的静态出发点。

四　主动差异与被动差异

根据决策者与因政策变化引起的差异变动之间的关系，经济政策的区域性差异可分为主动差异和被动差异。主动差异是指决策者在其管辖或控制范围内行使权力中运用影响力所引起的地区之间差异变动。如一国中央政府对地方政策的调整；一国或地区单独改变政策导致与他国或他地区差异关系的变化；以及一国以实力相逼使他国采取的政策调整，对本国或本地区而言都属于主动差异。被动差异是主动差异的对立物，指的是由于管辖、控制范围外的决策者（他地政府或他国中央政府）改变政策或因外部实力相逼使自己不得不调整政策所造成的差异变动。一般来说，主动差异通常使自己处于较为有利的地位，被动差异则相反，往往处于不利地位，而实际差异的变化则往往是互动（双方协商让步或同时做出针对性反应）的结果。一国或一地要使政策的区域性差异对自己有利，或使某一主动差异不招致强烈的对抗性反应，往往取决于自身的经济实力、潜力和该项差异给对方带来的合理利益。

第四节　保持经济特区政策差异的理论意义

如前所述，影响区域性差异的因素可以分为固定因素、变动因素和集聚因素三大类，它们的综合作用决定了区域性差异是客观存在的。换言之，无论是资本主义国家还是社会主义国家，在经济发展过程中都面临着程度不同的各区域发展水平的差异问题。任何经济活动都必须在地理空间进行，任何国家都有一个社会资源的空间配置问题。同时，为了管理上的方便，国家往往划分成若干个区域，各个区域由于固定因素、变动因素和集聚因素的不同，发展过程不可避免地呈现出不平衡性，以及由此而引致的区域差异问题。问题的关键在于如何缩小区际发展水平的差异。对此，不同社会经济制度的国家有着不尽相同的理论和做法。

一 不同社会经济制度下的区域经济政策

（一）计划经济体制下的区域经济政策

区域经济政策或者区域计划①最早出现在计划经济国家里。在早期的苏联和东欧社会主义国家，一方面，市场经济在理论上被认为是资本主义国家的“专利品”，在实践中被看作是“洪水猛兽”；另一方面，计划经济覆盖整个社会的各个方面。在这种情况下，区域计划当然是国民经济计划体系中不可缺少的一部分。区域问题，尤其是区域差异问题，自然成为区域计划对象，不过，它在区域计划中只占很少一部分。在某种程度上可以说，苏联和东欧社会主义国家不是因为存在区域问题而有区域政策，而是因为实行计划经济才产生了与此相适应的区域计划。1920 年，苏联制订的俄罗斯电气计划是世界上第一个国民经济长远规划，也是第一个区域化的计划，它把俄罗斯分成八个区，作为发展的框架。此后，苏联在经济区划、生产力布局方面做了大量的尝试，形成了由全苏联生产力布局纲要、各共和国地域计划、经济区域规划等构成的比较完整的区域政策计划体系和一整套复杂的区域计划方法。区域经济政策成为苏联在地理空间上指导社会经济发展的行动准则、对策与计划。

① 从广义上说，区域经济政策包括了区域计划，但在实际使用中，区域经济政策侧重于行动准则与对策，区域计划则侧重于方案和行动程序。在区域科学文献中，人们有时不加区别地使用这两个术语。参见陈栋生主编《区域经济学》，河南人民出版社 1993 年版，第 247 页。

在这一政策体系中，区域计划的主要功能表现为：通过生产力的合理布局，实现社会资源在空间的有效配置和开发利用；通过计划指标的区域分解，确保国民经济计划的完成；通过区域社会经济生活的全面计划，指导区域发展方式；确保国家发展重点，加快不发达地区的发展，逐步缩小区际差异。需要指出的是，在苏联历史上的不同时期，区域计划有时受重视，有时不受重视，而且以上几方面功能受重视的程度也不一。

（二）市场经济体制下的区域经济政策

1929 年至 1933 年的世界经济大危机是西方市场经济国家区域经济政策或区域计划产生的转折点。大危机以前，英国古典经济学家亚当·斯密（Adam Smith）的“看不见的手”的理论[①]被认为是市场经济的“圣经”，市场经济被标榜为“灵丹妙药”，而任何类似于国家发展计划的东西都被视为异端。20 世纪 30 年代的大危机沉重打击了原来对市场经济的迷信。在这种情况下，凯恩斯[②]（John Maynard Keynes）提出国家干预的政策主张为西方大多数国家所接受。“凯恩斯革命”为西方发达国家区域经济政策的兴起奠定了理论基础。它强调国家对经济活动实行干预，为区域经济政策和区域计划开辟了道路。因此，在市场经济发达国家，对于如何缩小区际差异问题，存在着两种截然不同的认识。

---

① “看不见的手”及其意义：这是英国古典经济学家亚当·斯密 1776 年在其著作《国民财富的性质和原因的研究》中提出的一条原理。“看不见的手”意指非自觉因素，即市场。斯密认为，在完全竞争的市场经济条件下，每个生产者、每个个人所追求的都是其自身的利益。当人们这样做时，常常被一只看不见的手引导着去增进所有人的最大利益。斯密反对政府对经济的干预，认为政府干预经济必将减少财富的增长和不适当使用资源。政府只应创立一种法律机构，以便充分地允许个人行为，这样才能使经济资源得到最合理的利用。“看不见的手”充分体现了亚当·斯密经济思想的中心内容，即自由放任的经济思想。但是，这种思想具有一定的历史局限性。因为市场这只“看不见的手”在有利于经济的自由发展的同时，也会对社会资源造成巨大的浪费和破坏。参见亚当·斯密《国民财富的性质和原因的研究》，商务印书馆 1997 年版。

② 1929—1933 年爆发了资本主义历史上最严重、最持久、最广泛的经济危机。传统的经济理论无法解释大萧条中出现的各种经济现象。1936 年，英国经济学家凯恩斯发表了《就业、利息和货币通论》，从而引发了经济理论上的一场革命。凯恩斯认为，资本主义不存在自动达到充分就业均衡的机制，主张政府干预经济，通过政府的政策特别是财政政策来刺激消费和增加投资，以实现充分就业。

20世纪30年代大危机以前，西方经济学家大都把区际差异看作是一种暂时性现象，市场经济机制被赋予了与现实经济生活脱节的一系列假设，如完全竞争、劳动力和资本充分流动且要素流动是无成本的，等等。在这种“假设状态”下，假如区域劳动力和资金市场出现失衡，但由于市场上的信息是完全灵通的，而且不存在要素流动的成本和障碍因素，劳动力、资金只对价格信号做出反应，因而不同地区的价格差将会诱导劳动力和资金流动，即高工资区域将有更多的劳动力流入和资金流出，低工资区域则有更多的劳动力流出和资金流入，这样的流动会持续到价格差消失为止。此时，区域之间便达到了一个新的均衡状态。因此，从长远来看，区域之间的发展是一个由不均衡走向均衡的过程，市场机制将会使区际差异自动趋于缩小。

然而，市场经济发达国家的实践表明，在资本主义经济繁荣时期，区际差异不但不会因市场机制的作用而得到某种程度的缓和，反而会愈演愈烈。针对这种现象，瑞典经济学家缪尔达尔（G. M. Myrdal）在1957年出版的《经济理论与不发达地区》一书中明确指出“市场力的作用倾向于扩大而不是缩小地区间的差别”。在缪尔达尔看来，在地域空间里，经济发展不是同时产生并均质扩散，市场经济的作用力一般是趋向于更强化地区的不平衡性，一旦某些地区由于初始的优势而比别的地区领先发展，由于既得优势，这些区域还将继续超前，并将萌发一系列发达区域和不发达区域两者之间的空间互动作用，表现为两种不同的效应：回波效应和扩散效应。

回波效应是指发达地区对周围地区的阻碍作用或不利影响。扩散效应是指发达地区对周围地区的带动作用或有利影响。在现实经济活动中，物质、能量、信息客观上存在着向发达地区集中的趋势。这种集聚过程既包括人才、资金、能源、原材料等流入造成周围地区缺少人力、物力、财力而降低发展速度的回流效应，也包括因发达地区经济实力增强带来资金、技术、设备向外分散而促进外围地区发展的扩散效应。正是由于发达地区对其所在区域或更大范围内正反两方面的波及影响，才使区域经济发展呈现了不同的空间格局和态势。缪尔达尔认为，强大的回流效应和弱小的扩散效应是区域经济发展不平衡的重要原因。如果单凭市场力量的作用而不进行政府和人为的干预，结果势必造成发达地区和不发达地区、中心地区和外围地区的差距越来越大。

美国经济学家赫希曼（Hirschman）1958年在《经济发展战略》一书中也提出了类似的观点。赫希曼把发达地区与不发达地区之间的两种作用称之为极化效应和涓滴效应，分别与缪尔达尔的回波效应和扩散效应相对应。在赫希曼看来，一个国家如果发达地区的扩张有赖于不发达地区的话，涓滴效应最终会大于极化效应，从而缩小区域之间的差异。当现实中涓滴效应小于极化效应时，则需要国家采取经济手段来抵消和阻隔极化效应，以抑制劳动力和资本向发达地区的流动，甚至可以使劳动力和资本出现逆流趋势。诺贝尔经济学奖获得者、美国著名区域经济学家弗里得曼（Friedman）1966年在其出版的《区域发展政策》一书中认为，在工业化转化过程中，会出现两极分化，即发达的中心和停滞、衰落的边界的二元结构，此时市场均衡力量过于弱小，区际收入趋同趋势不会自动出现。因此，在这一阶段，国家的区域政策是绝对必要的。

从苏联及东欧和西方资本主义国家区域经济政策起源比较看，在市场经济体制下，区域经济政策是为了纠正“市场缺陷”而出现的，与市场机制作用的方向相反，因而体现了一种区域“补偿原则”。在计划体制下，区域经济政策是为了替代“市场机制”而出现的，因此，客观上它有与市场机制作用方向相一致的方面。以后，随着社会主义各国市场经济成分在国民经济中逐步加大的进展，市场缺陷问题随之暴露出来。因此，区域经济政策开始具有纠正“市场缺陷”的作用，与市场机制作用方向相反。

二　保持经济特区特殊政策的理论意义

由于经济特区处在与外部世界交流的最前沿，它所承担的历史使命已经远远超过了它自身的发展。这就要求我们在研究特区经济的发展中，必须坚持从世界经济、国民经济和地区经济三个不同而又相互联系的层面[①]进行分析。在中国和当今世界许多国家和地区，通过建立经济特区所制造的内部差异，一般都在保持与非特区适当联系的同时，努力加强经济特区与世界市场的联系，这就必然会产生经济特区与内地、经济特区与外国以及本土与外国几种不同的政策差异，经济特区因此成为中央政府通过制造内部差异以引起本国与外国的外部差异的形式。当差异出现时，设区国与特区处于主动的地位，内地及其他国家则处于被动的地位。由于差异不仅是表象的和名义的，而且还是实质的和实际的。因此，市场的地区间比价就必然在世界经济和国民经济层面上发生变动并引起资源的重新配置。变化的结果可能只对经济特区或设区国有利，也可能是互利的。无论结果如何，其他国家或国内其他区积极和消极的反应，又将使经济特区和设区国进入一个新的外部与内部环境。

（一）从世界经济层面上看，特区政策是影响国际贸易与国际资本的流量与流向的重要力量

政策差异将会引起国际资本、技术从而生产集中于经济特区的趋向。由于特区政策乃是由独立的决策主体即各设区国政府制定的，因此，不能断言生产向经济特区集中的趋势必然能导致国际经济联系的加强和国际经济关系的合理化。因为经济特区作为贸易自由主义和保护主义两种政策相结合的特定形式，在强化了设区地经济比较优势的同时，也可能相应地抵消该国其他地区及其他国家的相对优势，其他国家或该国其他地区也可能挟其原有优势而采取各种政策与特区竞争。为了确保特区政策导致合理的国际分工格局，需要对特区的历史、功能定位，以及某种形式的国际管理或约束加以深入的研讨。

（二）从国民经济层面上看，特区政策在改变了一国对外经济关系的同时，也改变了自身内部的各种经济关系

因此，特区政策的对外有效性和对内合理性就成为决策者考虑的重要问题。当投资者获得的利润增量只是相等于政府的免税额时，优惠就只是一种纯粹的补贴。当特区内经济的迅速发展同时是

① 关智生：《经济政策的区域性差异与特区经济学》，《中山大学学报》（社会科学版）1994 年第 3 期。

以内地经济的相对停滞为代价时，当特区的新兴产业崛起同时导致全国的产业结构与布局不合理地倾斜时，当各地为能够享受优惠政策或成为特区而展开激烈的竞争时，设置经济特区的决策可能只是在破坏国内市场的统一性及其功能。针对上述问题，决策者做出对经济特区原有政策的调整就成为必然和必要的了。或者增减经济特区的数量和范围，或者调整经济特区政策（减少对原经济特区的优惠或增加对非特区的优惠），以保证整个国民经济协调有序地发展。

（三）从地区经济层面上看，经济特区作为吸纳投资的“洼地”，就像是市场上待售的商品一样

特区所在地政府的努力方向或预期目标就是使这一“商品”的生产成本降低，同时又以其优于其他地区的效用或质量而在国际市场和国内市场竞争中卖得一个好价钱。因此，如何充分有效地运用政策差异，结合经济特区拥有或可能获得的资源，确保经济特区在众多竞争者并存时的优势地位等问题，决定着对经济特区内商品、资金、劳动力市场以及产业、产业政策、行业结构的运行或变化规律的具体研究，从而也成为经济特区所在地政府制定有关的体制、政策、法规和规则的立足点。

在中国这样一个人口众多，生产力布局和地区经济发展水平极不均衡的农业大国，要实现经济现代化，不可能实行（也从来未实行）一刀切的经济发展政策。保持经济政策一定程度的区域性差异，既是中国历史发展的客观要求，也是未来发展的必然选择。

第五节　挖掘特区政策差异的潜能，再造中国经济特区发展新优势

中国自20世纪80年代初创办经济特区以来，经济特区在特殊的政策优势和区位优势的支撑下，经过30多年的发展，已率先在全国基本实现了现代化。与此同时，经济特区与非特区之间的非均衡发展态势渐趋加剧。为此，中央政府已对特区政策做了某些调整，有些优惠政策已经普惠至非特区，有些优惠政策被取消。进入21世

纪以来，中国经济特区的发展面临新的挑战。

一 面临的挑战

（一）来自外部世界的挑战

1. 区域经济集团化与全球经济一体化趋势加剧

20 世纪 90 年代以来，世界政治、经济格局正处于一个旧秩序被打破而新秩序尚未建立的动荡时期，世界经济的区域经济集团化和全球经济一体化趋势日趋加剧。北美自由贸易区的崛起，为美国实现“所有拉美国家贸易自由化”和建立“美洲自由贸易区”的计划迈出了重要的第一步；欧洲共同联盟的加强，则使一个经济、货币、政治、科技、防务等全面区域化和一体化的欧洲正在实现；东南亚经济共同体、独联体与伊斯兰经济联盟、亚太自由贸易区、印度洋自由贸易区、环亚太经济圈等区域集团的建立和形成，这一切将导致贸易保护主义倾向日趋严重。

而世界贸易组织的成立，则进一步推动全球经济一体化的进程。1996 年年初世界贸易组织成立后，为了及早跃上全球经济和电讯产业一体化这条快车道，迅速来了个“快三步”：第一步，在 1996 年年底，以欧美为主的 28 个国家通过一个前所未有的全球性协议，决定在 2000 年，取消所有的电讯技术产品关税，实现自由贸易；第二步，1997 年 2 月，69 个国家签署了开放全球电讯市场的自由化经营协议，这被美国贸易代表巴尔金夫斯基誉为“21 世纪最重要的贸易协议之一”；第三步，世界贸易组织的目标是在全球开放金融市场。与此同时，世界范围内的产业升级换代和产业结构调整正在进行，尤其是亚太地区作为世界经济发展中的最活跃地区，也在进行第二次产业结构的大规模调整。全球经济一体化展开的实质是一场以发达国家为主导的全球产业结构调整运动。其基本内容是：劳动和资源密集型产业向发展中国家转移，少数发达国家借以实现技术和资本密集型的产业升级。其支撑性数据如下：1961—1991 年，制造业就业总额在美国下降了 1/3，在法国下降了 25%，在德国和意大利下降了 15%；与之相反，在韩国增加了 4 倍，在马来西亚增加了 2 倍，在中国台湾和新加坡各增加了 1 倍；1993 年，发展中国家在世界工业生产中的比重超过20%，而发达国家的比重则从1973年的72%下降到1993年的64%；1970年，东南亚国家和中国只占世界制造业总产出的4.2%，1994年则上升到10.5%。1965—1995年，亚洲新工业化经济在世界贸易中的份额增加了3倍。在发展中国家蓬勃兴起的主要是劳动和资源密集型产业，而在发达国家，制造业投资则越来越集中在资本和技术密集型产业：1975年，发达国家资本技术型产业的外商直接投资占其投资总额的27%，1990年占40%。国内投资更为明显，以美国为例，1970年，计算机投资只占全国非住房投资的1%，1995年陡升到12.8%；1970年至1995年，美国生产耐用品设备的投资翻了两番；信息处理设备投资增长了20倍，这一行业在1993年占全国非住房投资的11.7%。这样投资的结果，1995年美、日、德、英、法、意六国信息技术的出口占全球市场的77%，1996年，美国、日本和欧盟占全球通信市场的74%。进入20世纪90年代以后，美国经济已经从80年代以来的经济不景气中复苏过来，并进而提出了“生产率时代”的口号，美国非农产业部门的生产率增长达到2.2%，是过去20年平均数0.8%的2.75倍。[①] 毋庸置疑，美国生产率水平的提高，主要得益于以计算机为主的信息技术革命的进步，得益于战略资源的全球分配，得益于产业结构的国际调整。

2. “九七”“〇八”金融危机的负面效应

在国际政治、经济形势影响下，国际资本出现了一系列不利于中国吸引外资的新的分流趋势。尤其是1997年下半年在亚洲爆发的金融风暴，对中国经济发展产生巨大影响。是次金融危机从东南亚肇始，北移韩日、西走欧美，股市指数从香港到澳洲，从纽约至拉美，当即反应，同涨同跌。东南亚货币危机对中国经济的影响主要有三：一是贸易转移。在世界市场上，就劳动密集型产品如服装、鞋、玩具等而言，中国同印尼、菲律宾和泰国有着激烈竞争。此次危机，这些国家货币以40%以上大幅度贬值，无疑会使发达国家经营该类商品的进口商从中国转向这些国家。二是外商投资

---

① 冯苏宝等：《全球信息化：金融风暴的技术平台》，《深圳商报》1997年12月1日《经济瞭望周刊》。

转移。此次危机毫无疑问会使外商投资于该地区的速度放慢，包括中国在内。尽管外商投资转移对中国国内固定资产投资总水平的影响相对较小，但对以利用外资为主的中国经济特区而言，影响却甚巨。三是中国在国际资本市场上的融资成本上升。中国企业像其他东南亚国家企业一样，为获得贷款付出较高的风险成本。在世界证券市场上，这些企业受欢迎的程度会有所下降。[①] 2008年美国次贷危机引发的全球金融危机对世界经济造成了前所未有的不利影响，一些发达的资本主义国家如美国、法国、西班牙、希腊等多国甚至出现了国家主权信用下降。这些使经济特区以吸引外资和扩大出口为主要内容的开放型经济发展战略的实施面临十分严峻的挑战。

（二）来自内部局势的压力

外部的不利因素影响对经济特区来说固然不可忽视，然而，更严峻的挑战主要还是来自内部格局的变化。

1. 上海浦东新区的开发，标志着中国全方位开放新格局的重点转移

1990年4月18日，中国政府向全世界宣告加快开发上海浦东。中共十四大为上海及浦东的发展描绘出如下宏伟的战略蓝图："以上海浦东开发区为龙头，进一步开放长江沿岸城市，尽快把上海建成国际经济、金融、贸易中心之一，带动长江三角洲和整个长江流域地区经济的新飞跃。"[②] 上海浦东新区的开发开放标志着中国改革开放进入一个崭新的历史发展时期。1991年8月，李鹏总理指出："浦东的建设是中国今后10年开发的重点。"[③] 1994年，江泽民总书记在视察上海时明确指出："开发、开放浦东不仅关系到上海的发展，而且是中国改革开放的重要标志。"[④] 如果说在20世纪80年代，经济特区处在中国改革开放格局中的最高层次，特殊的优惠政

① 刘遵义：《东南亚货币危机对中国经济的影响》，《深圳商报》1998年2月16日《经济瞭望周刊》。

② 江泽民：《中共十四大政治报告》。

③ 吴玉民主编：《中国经济特区21世纪发展战略研究》，华南理工大学出版社1996年版，第13页。

④ 同上书，第320页。

策，优越的地理位置，再加上百万大军南下特区，建设特区，使经济特区成为中国改革开放的一枝奇葩的话，那么进入90年代以后，随着中央做出开发上海浦东的决定，上海凭借其雄厚的工业基础、优秀的科技人才等优势后起直追，力图重振20世纪30年代远东国际金融、商贸中心的雄风。上海作为长江流域乃至整个中国改革开放的"龙头"，在未来的发展中将会发挥越来越大的作用。此外，大连、天津、广州等沿海城市的崛起，也将会使全国改革开放的重心发生新的变化。20世纪80年代经济特区一枝独秀已为90年代上海浦东、经济特区、沿海开放城市、内陆开发区等百花争艳的新局面所代替。这使特区经济发展面临着强手如林，竞争异常激烈的严峻挑战。

2. 特区政策普惠化，使特区在政策优势上处于特区不"特"的不利局面

20世纪80年代以来中国经济特区经济奇迹的取得，说到底有两个因素：一是特殊的区位优势，二是特殊的政策优势。而后者对经济特区来说尤为重要。在80年代的梯度开放格局中，作为改革开放的最前沿，经济特区享有中央给予的一系列有别于内地的特殊政策和灵活措施，在税收征管、土地使用、外汇管理、银行信贷、劳动用工、人员出入境等方面都拥有相当优惠的政策；在经济活动、经济管理体制和政策方面"特事特办、新事新办"，享有许多自主权，包括项目审批权、进出口权、外汇管理权、人员因公出境审批权和其他经济管理权等。然而，随着新的全方位开放格局的形成，过去经济特区独享的许多经济优惠政策已逐步惠及全国，有些地方（如浦东）甚至享有比经济特区更特的政策（如允许浦东的外资银行经营人民币业务）。当年创办经济特区，中央只给政策不给钱，只能靠自己"杀出一条血路"；而浦东开发，中央既给政策又给钱，优势显现。此外，中国为争取"入世"而对外经贸政策进行了调整和统一。所有这些，使经济特区未来的发展不可能再走20世纪80年代主要依靠政策优惠的路子。

3. 随着全国社会主义市场经济体制目标的确立，经济特区改革从"跳出现行体制之外"变为"回到现行体制之内"

20世纪80年代至90年代初，当全国还处在计划经济为主的旧体制框架内时，作为经济特区，中央允许其走“市场取向”的改革之路。因而特区的经济运行机制处在全国旧体制之外，具有较大的灵活性、自主性、超前性和试验性。进入90年代以后，当中央提出全国建立社会主义市场经济体制的改革目标时，经济特区的改革就从“体制之外”走向“体制之内”，原有的体制之外的灵活性、自主性、超前性和试验性大打折扣，失去原有的优势。

4. 随着改革开放的不断深入，一些原来并不凸显的隐性矛盾在改革开放新格局中日趋显现出来

其中较为突出的矛盾是经济特区与内地、经济较发达地区与经济落后地区的贫富差距越来越大，这令经济特区未来的发展不可能像创办初期那样重点谋求自身发展，而是要放在全国“共同富裕”的新格局中求发展。换言之，20世纪80年代国家强调的主要是鼓励部分有条件的地区先富起来，而未来的重点将逐步转向强调富裕地区要“为促进和带动全国其他地区的共同发展、共同繁荣做出新的贡献”（江泽民语），这将成为中国今后长期的政策基调。经济特区得改革开放之先，占尽天时、地利、人和，在全国的大力支持和自身的艰苦努力下，经济得到迅速腾飞，成为有目共睹的较早富裕起来的地区。面对国家政策的调整，经济特区未来的发展必然面临新的选择。

5. 随着产业结构的调整及劳动力成本的提高，经济特区面临经济运营成本上升、竞争力下降的巨大压力

20世纪80年代经济特区产业结构承接世界尤其是“亚洲四小龙”产业结构转型换代，主要是劳动密集型产业为主。这在当时全国数以百万计的低质、廉价劳工南下经济特区及经济特区低地价、低房租的支撑下，经济发展仍具有强劲的活力。进入90年代以后，经济特区产业结构面临从劳动密集型产业向技术密集、知识密集、资本密集型产业转换。在此过程中，一方面由于素质低下的廉价劳工难以适应转型要求，经济特区不得不以较高代价招揽人才；另一方面随着经济的发展，劳动力成本不断上涨，再加上地价、房租不断攀升，从而使特区经济运营的综合成本大为提高。如深圳80年代

劳工工资仅相当于香港的1/10，进入90年代中期以后，深圳劳工工资已提高了一倍多，只相当于香港的1/5左右。深圳的房租地价也随着“九七”香港的回归而不断攀升，现与香港相差无几，有些黄金地段的地价已超过香港的平均地价。生产成本的提高将严重影响经济特区产品在国际国内市场上的竞争能力。

上述表明，国际国内形势的变化，无疑给经济特区未来的经济发展带来巨大的压力。然而挑战从来就是与机遇并存。经济特区只有审时度势，认清自己的地位，抓住机遇，面对挑战，才能变压力为动力，继续保持经济快速发展的良好态势。

二　增创新优势，更上一层楼

如前所述，中国经济特区经济超常规发展赖以存在的政策优势在新的历史条件下正逐步淡化和削弱。其实，这只是问题的一个方面。事实上，暂时撇开以某种形式（如以《特区条例》的形式）的承诺，但由于实施条件暂不具备，或由于牵涉的关系极为复杂而暂时未能到位的政策措施不说，经济特区现有的某些特殊政策仍存在着某种程度的利用不足问题。如国家赋予经济特区的有关外贸外汇、基建投资、金融信贷、机构设置、制度创新等方面的特殊政策或自主权的某些方面并未完全落实。这里既有体制不顺（涉及“条块”关系、一般与特殊的关系等）的原因，也有实际操作上的问题。从体制上看，目前经济特区尚不能说完全摆脱了旧体制的束缚，已按社会主义市场经济体制运行。无论是在企业体制方面，政府管理经济的体制方面，还是在市场体制以及相应的配套改革如社会保障制度建设、法规体系的完善等方面，都还存在着一些同非特区虽程度有别但大体类似的问题。例如，在企业体制建设上，良好的财产组织形式并未真正形成，相当一部分企业的产权关系仍不清晰，或者看似清晰实际模糊，除非它是十足的私人经济。科学的内部管理与运作制度也未真正建立。如何既按市场经济要求办事，又有效理顺企业内部各职能机构之间的关系，形成合力，尚未找到一条切实可行的路子。与此相联系，政企关系尚未根本理顺，“三级管理模式"[①]并未解决国企老板"真假"的问题。从对外开放方面来看，无论是开放的程度、开放的内容，还是相应的管理体制的建设方面，尽管总体上比非特区超前一些，但还都没有达到应有的高度。在着眼于构造外资进入的投资环境与法制基础，着眼于形成与国际通行的规则与合理的市场关系对接的机制与体制等真正涉及开放的本质方面，还比较薄弱。此外，如何把市场经济的一般要求与中华民族的传统美德如互助互爱的团体精神、舍己利人的奉献精神和现代文明如民主管理、科学管理等有机结合起来，经济特区尚有许多艰难的工作要做。而且，其现实紧迫性远比非特区强烈得多。因此，从既有的发展历程看，尽管经济特区成就不凡，经验颇多，但在改革开放乃至发展的许多关键问题上，一般地区没能解决的，经济特区也没有从根本上有效地解决。换言之，经济特区在用足已有的特殊政策推动改革开放进程深化方面，仍然有相当大的潜力可挖。经济特区伴随着中国社会主义现代化建设的整个过程，为着某些特殊使命（主要是试验）仍然需要某些新的特殊政策，特区有政策之"特"，完全符合中央对特区的"基本政策不变"的本来含义。因此，经济特区在实现未来的发展战略目标过程中，无须自怨自艾，应鼓足精神，重塑自我。用好用足既有的政策，为着"试验"争取新的特殊政策，是经济特区未来政策选择的不可忽视的基本点之一。当然，未来经济特区的发展将不再依赖于以减税让利为中心的优惠政策，而应把新的立足点转向提高综合素质，增创新的优势方面。

（一）增创体制新优势

经济特区作为中国改革开放的"试验田"，拥有超前改革开放的试验权，这是特区最大的政策优势，这种政策优势随着改革开放的深入将日益显示出强大的生命力。因为中国新一轮的改革开放需要更高层次的试验。因此，经济特区应该在国家对其"基本政策不变"的基础上，继续发扬既有的"敢闯"和"敢试"的大无畏精神，密切关注全局性的改革和发展问题，在改革开放中大胆地闯，

① 从1994年开始，深圳对国有企业试行三级管理改革模式，即由国有资产投资公司、国有资产经营公司和国有企业三级架构组成。

大胆地试，为中央的决策和内地的发展探索新路。继续发挥改革的“试验场”和“排头兵”的作用，是经济特区增创新优势的重要环节。从政策优势走向体制优势，从体制优势再进一步走向新的政策优势，这是中国经济特区未来发展面临的基本选择。要增创特区新优势，主要不再依赖中央给予更多的优惠政策。在这样的大背景下，特区未来发展的驱动力历史地必然落在构造体制优势上，即率先建立社会主义市场经济新体制。经济特区要继续“特”下去，必须加大改革开放的力度，在如何充分发挥特区的“试验场”作用上把文章进一步做深、做足、做大，增创体制优势。

需要强调的是，经济特区在增创体制优势过程中，不能忽视制度创新和政治体制的配套改革。市场经济的本质是法制经济，社会主义市场经济也不例外。没有完善的法律制度，就不能保障市场经济的顺利运行。无论是经济发展还是社会发展都需要制度的支撑和护卫。邓小平早在20世纪80年代就强调指出：“只搞经济体制改革，不搞政治体制改革，经济体制改革也搞不通”，“不能使经济体制改革继续前进”。邓小平甚至认为：“我们所有的改革最终能不能成功，还是决定于政治体制改革。”① 制度创新过去是经济特区的强项，在由政策优势向体制优势转换的转型时期，对经济特区来说，制度创新更是不可或缺的。经济特区应以制度创新为突破口推进政治体制改革。能否在政治体制改革方面有所建树，增创一些制度优势，不仅关系到经济特区当前增创新优势的成败，而且更加维系着其长久优势的确立。

（二）增创经济增长方式新优势

转变经济增长方式是经济体制改革不断深化的客观要求和必然结果。经济增长方式受经济体制的影响和制约，有什么样的经济体制，必然有相应的运行机制和相应的经济增长方式。传统的计划经济体制，助长了传统的粗放型经济增长方式，决定了主要依靠生产要素的数量扩张来实现经济的增长。在市场经济体制下，优胜劣汰和追求经济效益最大化的市场配置资源的基本法则，决定了必然实

① 《邓小平文选》第3卷，人民出版社1993年版，第164、176页。

行集约型的经济增长方式。粗放型的经济增长方式不可能实现国民经济持续、快速、协调、健康发展。

中国经济特区创办初期就确立了以市场为取向的目标，在改革开放的许多领域先行一步，在全国率先建立了社会主义市场经济体制的基本框架，整体经济素质和市场化程度比较高。但是，无论从宏观层面还是微观层面上看，都尚未完全摆脱计划经济旧体制的束缚，其经济发展也没有从根本上摆脱依靠增加投入、铺新摊子的粗放型经济增长方式。从宏观层面来看，还没有建立起完善的以间接调控方式为主的宏观调控体系，政府职能的转变还不能完全适应市场经济体制的要求。在微观层面上，国有企业改革步履维艰，转换企业经营机制、建立现代企业制度尚未取得决定性进展，社会保障制度等配套改革还刚刚起步，离建立市场经济体制的目标差距甚远。因此，对经济特区而言，加速经济增长集约化进程的压力很大，紧迫感比过去任何时候都强，因而增创经济增长方式新优势是解决经济生活中深层次矛盾和问题的根本出路。

（三）增创对外开放新优势

1996 年 4 月 3 日，李鹏总理在经济特区工作会议上代表中央政府再次强调："经济特区是对外开放的'窗口'，应该在提高对外开放水平方面走在全国的前面"，经济特区"要增创对外开放的新优势"[①]。经济特区得益于改革开放先行一步，外向型经济已具规模。在增创对外开放新优势方面，特区应该重新认识对外开放的含义。一是对外开放不能理解为单方面的"外引"（对外引进），它同时也包含"外流"（向外流动），即特区资金、技术、人才、信息等生产要素进入国际市场，参与国际大分工，发挥"外引"与"外流"的联动效应。二是对外开放不仅包括对国际市场的开放，而且也应包括对国内市场的开放。因为对经济特区而言，国际市场和国内市场都是区域外部环境，加大"内联"的发展，同样也应是对外开放的内涵。因此，经济特区要增创对外开放的新优势，一方面，必须在加快"外引"的基础上加大"外流"的力度，尤其是要大力发展国

① 李鹏：《努力把经济特区办得更好》，《人民日报》1996 年 4 月 5 日第 1 版。

际直接投资，走跨国经营之路。另一方面，在发展“内联”方面，加快“三点一线”战略（内地—特区—国际市场）的实施，发挥特区的带动、辐射作用。

（四）增创城市功能新优势

就一般意义而言，特区与城市的结合是中国经济特区发展的典型形态，也是推动特区经济超高速发展的重要保障。经济特区作为全国改革开放的“试验场”“排头兵”和“窗口”作用与特区城市带动和组织区域经济发展相结合，特区作为改革开放的试验区、先行区、示范区的地位与特区城市作为区域经济中心的地位相结合，使特区城市成长为中国目前最具活力和发展潜力的经济中心城市。在特区城市化发展进程中，特殊的经济政策和超前的改革开放起着巨大的推动作用。一方面，经济特区的政策效应引发了特区城市的集聚效应；另一方面，特区城市的集聚效应又强化了经济特区的政策效应。

中国经济特区从无到有，主要走的是外延式的发展道路，经济特区大力加强基础设施建设，逐步形成较好的投资环境和城市面貌。经济特区经过30多年的发展，基本完成了从农村到城市、从农民到市民的两个转变，城市化建设取得了在国际城市建设史上通常需要百年左右的时间的建设成就，被誉为“一夜城”。目前，现代化的大都市在各个经济特区已粗具规模。未来经济特区要实现建成现代化的国际性城市的宏伟目标，还需苦练内功，充分利用已有的条件，走内涵式的发展道路。要进一步完善城市基础设施和口岸管理体制，全面提高城市规划和城市管理的整体水平，增强城市服务功能，增创城市功能新优势。充分发挥其作为区域经济中心在扩大对外开放，主导区域经济结构的调整升级，促进区域经济的快速发展中的作用，更好地起到在全国改革开放中的“试验场”和“示范”“带动”作用。

（五）增创科技创新新优势

在未来功能型的城市发展道路上，经济特区应加快实施“科教兴市”的发展战略。在加速技术进步，促进经济与科技的结合上发挥“排头兵”作用，在更高层次上参与国际分工。要把科技进步作为加速经济和社会发展的巨大动力，推动科技与经济的紧密结合，推进经济增长由粗放型、速度型向集约型、效益型转变，实现再造科技进步新优势来发展特区的新特色。为此，要深化科技体制改革，建立与社会主义市场经济和科技自身发展规律相适应的科技运行机制；建立与社会主义市场经济体制和集约型经济增长方式相适应的企业技术进步机制；形成以企业为主体的技术改造、技术开发、技术投入和产业应用体系，建立企业技术进步的激励机制。启动企业依靠科技求发展的动力，鼓励科技力量进入经济建设主战场。促进科技成果商品化、产业化，使科技进步成为促进产业升级、推动国民经济和社会发展的力量源泉。进一步扩大对外科技合作与交流，加快引进国外先进技术设备，同时进一步发展与内地的科技合作。要抢占科技与经济发展的制高点，加快高新技术产业的发展步伐，使高新技术产业成为经济特区的先导产业，提高经济的整体素质。争取经过10—15 年的艰苦努力，把经济特区建成全国的高新技术产业基地。

（六）增创精神文明新优势

精神文明建设的好坏，直接影响经济能否持续、稳定、健康发展。经济特区在过去30 多年的发展中，经济建设和物质文明建设所取得的成就有目共睹。但在精神文明建设方面与其他地区相比，坦率地说并无优势可言。所谓增创精神文明新优势，是指在新的历史发展时期，经济特区如何争取创造精神文明建设的优势，以保障经济持续、快速、健康发展。

中国经济特区目前最大的忧患可以说不在经济领域，而在精神文明建设严重滞后于物质文明建设，造成投资环境的劣化，直接影响和威胁着经济特区未来发展能否百尺竿头更进一步。官僚主义严重盛行，腐败行为蔚然成风，腐朽思想滋长蔓延，丑恶现象死灰复燃，这样的评价绝不是对经济特区已有成就的诋毁，更不是危言耸听。精神文明建设不力和滞后，可以说是经济特区在总体上腐败问题和治安问题较其他地区更加突出、严峻的深层原因。这种现状如不尽快改变，不仅难以“增创新优势”，而且还会有使原有的优势日渐削弱，甚至丧失殆尽的危险。物质文明的发展不能以削弱和牺牲精神文明为代价。精神文明在一定程度上是物质文明的前提和条件。没有先进的思想意识，没有高尚的道德情操，没有丰富的科学文化知识，没有良好的社会风气和人文环境，是不可能建设高度的物质文明的，即使建立起来了，也难以维持下去。

因此，经济特区需花大力气，下大决心集中较多的物质力量和精神力量抓好精神文明建设。要遵照邓小平“两个文明建设都搞好，这才是中国特色的社会主义”和“两手抓，两手都要硬”的精神，充分认识到：“不加强精神文明的建设，物质文明的建设也要受破坏，走弯路。”①

经济特区不仅要探索一条建设中国特色社会主义物质文明的道路，使社会主义能够获得比资本主义更高的劳动生产率，而且要在精神文明建设方面超过资本主义。经济特区不仅增创经济优势，而且要增创文化优势、思想政治优势、社会全面进步优势，走出一条中国特色社会主义精神文明建设的道路。这也是经济特区的历史使命所在。为此，要把精神文明建设纳入整个国民经济和社会发展的规划之中，把精神文明建设作为整个城市经济和社会发展不可分割的部分，并当作一项十分复杂的社会系统工程来营造。在加大有关基础设施（如文化、教育、艺术设施等）建设力度的前提下，重点建立和完善有关精神文明建设的四大体系：思想教育体系、文化艺术体系、国民教育体系、理论研究体系。② 精神文明建设作为一项社会工程，需要强有力的宏观调控保障其顺利实施。精神文明建设的调控，就是政府综合运用上述手段对精神文明建设的全过程包括精神文化产品的生产、流通、消费进行管理和监督。只有建立和健全这些调控手段，并且加以综合运用，才能发挥其整体效益，使精神文明建设沿着正确、健康的轨道前进。要围绕经济建设，服务改革开放，努力把经济特区建设成为经济发达、社会稳定、科技先进、文化繁荣、风尚良好、环境优美、生活丰裕的社会主义现代化国际性城市。

---

① 《邓小平文选》第3卷，人民出版社1993年版，第144页。

② 厉有为主编：《深圳经济特区的探索之路》，广东人民出版社1995年版，第226—227页。

第三章

特区经济学限界条件：特殊管理体制

经济特区有了特殊的政策，并不意味着特区经济就一定能够得到长足的发展。因为，有了特殊政策，还有一个如何保证这种政策的实施问题，即实施这种政策的制度保障问题。现代经济发展表明，制度安排与制度创新对经济发展的作用愈来愈重要，以至于制度经济学派已经成为现代经济学的主要流派。特区经济学的发展更不例外，特殊的管理体制不仅是特区经济发展的重要保障，同时，也是特区经济学的又一个重要的限界假设。

第一节　制度安排与制度创新的经济学分析

现代经济发展理论认为，扩大人类的经济选择范围是经济发展的基本目标之一。而影响人类经济选择范围的主要因素有三个方面，即“经济增长本身通过扩大资源基础和积累资本而形成人类选择的重要扩展；人力资本的改善如教育、技术和健康等使得个人更有力量而同样扩展了选择；制度结构是第三个因素”①。制度对人类选择的影响是通过信息和资源的可获得性、塑造动力以及通过建立社会交易的基本规则来实现的。经济发展中制度的创新通过提供更有效率的组织经济活动的途径而对发展做出贡献，而这些途径通常

① 国际经济增长中心：《制度分析与发展的反思：问题与抉择》，商务印书馆 1992 年版，第 1 页。

导致经济基础性的调整。基于经济发展中制度安排的重要性，在把经济制度的安排纳入现代经济发展的理论分析时，需有以下基本经济概念作为分析基础。

交易费用。交易费用（或交易成本）是与生产成本相对应的。凡是人与自然发生关系所耗费的成本称为生产成本；涉及人与人的关系所耗费的成本则称为交易成本。经济分析中的交易费用就一般而言具有两层含义：从狭义上看，交易费用指的是某一项交易所需花费的时间、精力；从广义上说，交易费用是一个社会制度运行所耗费的资源的价值，包括所有那些不可能存在于没有产权、没有交易、没有任何经济组织的经济运行中的成本。根据这两层含义，一般认为现代经济发展理论分析中的交易费用是指一系列制度成本，包括信息费用、谈判时间、拟定和实施合约的成本、界定和控制产权的成本、监督与管理的成本、制度结构变化的成本等。总之，交易成本包括了不直接发生在物质生产过程中的成本。[①]

产权界定。理论界对产权界定问题的分析是建立在对交易费用分析的基础上，其影响最大的是科斯定理。[②] 科斯认为："合法权利的初始界定会对经济制度运行的效率产生影响。权利的一种安排会比其他安排产生更多的产出。但是，除非这是法律制度确认的权利调整，否则通过转移和合并达到同样后果的市场费用如此之高，以至于最佳权利配置和由此而来的更高产出将永远无法实现。"[③] 由此可见，产权界定是市场交易的基本前提。在交易成本大于零的现实经济发展中，产权界定直接影响市场的有效运行以及经济发展的最终结果。

制度。制度一词的定义有多种说法。诺斯（D. C. North）认为：

---

① 1937年，罗纳德·科斯（R. H. Couse）在其经典之作《企业的性质》中提出"交易费用"的概念，为产权经济学奠定了基础。参见伍海华《现代经济发展》，青岛出版社1995年版，第204页。

② 科斯定理是关于交易费用、产权界定和资源配置效率三者之间内在联系的定理。通常科斯定理分为两个定理，科斯第一定理是指：如果交易费用为零，那么产权无论如何界定，市场机制都会自动使资源配置达到最优；科斯第二定理是指：如果交易费用大于零，不同的产权界定将会导致不同的资源配置效率。参见常修泽等《产权交易——理论与运作》，经济时报出版社1995年版，第2页。

③［美］科斯：《财产权利与制度变迁》，上海三联书店1991年版，第20页。

“制度提供了人类相互影响的框架，它们建立了构成一个社会，或更准确地说一种经济秩序的合作与竞争关系”；“制度是一个社会的游戏规则，更规范地说，它们是为决定人们的相互关系而人为设定的一些制约”①。舒尔茨（T. W. Schultz）则将制度定义为一种行为规则，这些规则涉及社会、政治及经济行为。② 不过，将制度概括为约束人们行为的一系列规则，已成为多数人的共识。制度可以分为两类：一是指行为准则，一旦它对支配特定行为关系，包括合作与竞争的方式做出具体规范，它就是一种制度安排；二是指法规、政策等规则，它决定、影响具体的制度安排，我们称这类制度为制度环境。③ 基于对交易费用和产权界定的分析，经济制度分析对制度的本身结构进行了讨论，认为“制度可定义为行为规则，这些规则是有关社会、政治和经济行为的”④；“制度是一系列被制定出来以约束行为主体福利或效用最大化的个人行为的规则、守法程序、道德和伦理的行为规范”⑤。

一　制度安排在现代经济发展中的地位和作用

（一）制度安排是资源有效配置的基本前提

经济发展的理论与实践均表明，资源有效配置与经济增长密切相关。经济增长虽然是土地、劳动、资本与技术等多种要素相互作用的结果，但是经济增长速度的快慢决定于生产要素的配置效率，其中制度性因素起着基础性作用。就资源配置的主体而言，一般来

---

① 前者见［美］道格拉斯·C. 诺斯《经济史中的结构与变迁》，上海三联书店1991年版，第225页；后者见［美］道格拉斯·C. 诺斯《制度、制度变迁与经济绩效》，上海三联书店1994年版，第3页。

② ［美］T. W. 舒尔茨：《制度与人的经济价值的不断提高》，载《财产权利与制度变迁》，上海三联书店1991年版，第253页。

③ David Feeny（1988）将制度分为三个层次：宪法规定的秩序、其他一般的制度安排和行为规范。参见国际经济增长中心《制度分析与发展的反思：问题与抉择》，商务印书馆1992年版，第134—135页。

④ ［美］舒尔茨：《制度与人的经济价值上升》，《美国农业经济杂志》1969年第50期。

⑤ ［美］道格拉斯·C. 诺斯：《制度、制度变迁与经济绩效》，上海三联书店1994年版，第3页。

说，政府、企业和家庭是进行资源配置的三类主体。企业作为生产单位决定产品的生产及相应的供给能力大小，家庭决定产品的消费及相对应的需求，政府决定社会总供给及相应总需求的计划与结构安排。这三者在资源配置中的作用不同，其对应的功能划分便主要地决定于社会经济运行中的制度安排。就资源配置的机制而言，市场机制与计划机制作为社会资源配置机制的两大类别，各有利弊。只有两者取长补短，进行有机而合理的搭配，才能达到资源有效配置的要求。而两种机制合理搭配的具体选择则决定于一国或地区在一定时期的经济发展中的制度安排。

（二）制度安排是影响经济增长速度快慢的决定性因素

如前所述，在经济发展中，资本、技术进步以及人力资本的质量都是影响经济增长的重要因素。但是，这些因素都属于技术性因素，只有制度安排这一制度性因素才能凌驾于各种技术性因素之上，对经济增长起关键性的决定作用。下面两方面的分析足以说明这一点。

一是在经济发展的历史中，生产要素供给规模不变的情况下也存在经济增长的事实。例如，在1600年至1850年，世界海洋运输业中并未发生用轮船代替帆船之类的重大技术进步。但是，这一时期世界海洋运输的生产率却有了很大程度的提高。分析这一历史现象，其根本原因在于尽管这一时期内海洋运输技术没有发生重大变化，但由于海洋运输变得更为安全和市场经济制度更为健全，航运制度和相应的市场制度发生了根本性变化，从而导致了海洋运输业的生产率大大提高。这一史实表明了在技术进步等生产要素并不发生重大变化的情况下，制度的有效安排也能够导致经济的快速增长。

二是从经济发展中政府功能的发挥来看，在经济增长过程中，政府是界定及实施产权的主体单位，其对经济增长的作用不可低估。政府组织与实施产权的功能，关键性地决定于制度性的因素而非技术性的因素。根据现代产权理论，如果政府是经济运行的中立者，在经济发展中，在现存技术、信息成本与未来不确定性等因素相互约束下，在资源稀缺与充满竞争的经济运行中，解决问题的成本最少的产权组织形式是最有效率的。因此，政府必须对产权的组织进行明确的界定。但在现实经济发展中，政府并不是经济发展的中立者，它不仅介入经济生活，而且还直接或间接地干预经济运行。政府决定产权的组织及实施，并对相应的经济增长及其对应的产权组织效率负责。其中，政府经济职能的发挥显然地并非技术进步等技术性因素所能为，而主要决定于经济运行中的制度安排。

（三）制度安排中的产权组织是市场交易及现代企业制度的基础

产权①作为现代经济发展中的一种社会工具，具有帮助人们形成与他人交易的理性预期的经济功能。因为，当人们在与他人交易发生权利的交换时，总要形成某种经济上的预期。产权界定越明确，产权就越能得到法律上的强制保护，产权所有者对于拥有产权的排他的使用权、收益的独享权及自由的转让处置权就越能形成稳定性的预期。因而产权所有者就更有动力将资源配置到最有效的经济用途上去，这有利于经济资源的配置。由于产权赋予其所有者的行为权利总是受到一定的限制与约束，因此，产权界定了人们在经济发展中受损或受益的权利，进而也就界定了为了调整人们采取相应的经济行动谁应该赔偿谁的问题。这样，经济运行中的产权界定问题也就相应地规定了经济的责任问题。此外，产权为实现外部性经济问题②的更大内在化提供了有效的刺激。只要经济运行中存在外部性经济问题，就总会有一些成本及收益得不到充分有效的考

---

① 关于“产权”的定义，西方学者具有权威性的论述是阿尔钦（A. Alchain）所概括的：“产权是一种通过社会强制而实现的对某种经济物品的多种用途进行选择的权利。”《新帕尔格雷夫经济学大辞典》第3卷，经济科学出版社1992年版，第1101页。美国经济学家德姆塞茨（H. Demsetz）认为，产权是一种社会工具，其重要性就在于事实上它们能帮助一个人形成他与其他人进行交易时的合理预期，规定其受益或受损的权利。参见《财产权利与制度变迁——产权学派与新制度学派译文集》，上海三联书店1991年版，第97页。有关中国学者对“产权”的理解，有兴趣的读者可参见常修泽等《产权交易——理论与运作》，经济日报出版社1995年版，第4—8页。

② “外部性”是指在相互作用的经济单位中一个经济单位对其他经济单位产生影响，而该单位又没有根据这种影响向其他单位支付赔偿。例如，造纸厂排放的污水污染了河流，使下游的养鱼场的产量减少或使沿河居民的身体健康受到损害。外部性的产生是由于经济主体的“活动空间”不明确，由此而使得侵犯他人的利益成为可能。而产权的功能之一就是清楚界定每个人受益或受损的权利，使外部性得以内在化。

虑。但如果允许进行产权交易，就会提高经济内在化的程度。其中，外部性的内在化是指一种产权转化的过程，它能够使得外部效应[①]在更大程度上为所有发生相互关系的人们所承担，从而更为有效地提高了经济运行中的效率。

产权的界定及明晰为现代企业制度的建立与发展创造了有利条件。一方面，私有产权对于从企业生产专业化中实现较大收益极为重要，私有产权的可分割性、可转让性及其相应的特征正是现代法人组织建立与运行的前提。另一方面，现代企业制度的合作性生产活动不是削弱而是加强和维护私有产权的社会可接受性。

（四）制度安排具有矫正市场价格信号失真的功能

在现代市场经济条件下，经济运行中的价格扭曲现象并不鲜见，市场价格信号失真造成价格参数不能准确有效地反映对应物品及劳务的供求状况。即使在发达的、最有效的经济运行中，由于公共物品的非排他性和非竞争性、经济运行中的外部性问题、经济信息的不对称及不完备等问题存在，市场失效的潜在可能性依然很大。而且，随着政府规模在经济发展中的扩大及相应的政府对经济生活干预权力的加强，政府权力机构及其经济预算也可能导致经济价格扭曲。换言之，只要政府的公共政策取决于非市场的力量，在缺乏严密监督的条件下，政府的经济行为就有可能导致价格扭曲。再则，由于经济运行中的各种经济行为是一个连续而非离散的过程，当资本市场、经济合约体系、产权等经济制度都设法通过实施经济规则来规范相应的经济交易行为时，经济的运行则很可能因其建立秩序所固有的惯性而引致对市场效率的偏离。

在市场经济不发达的国家或地区，由于多方面的原因，构成社会政治、经济基本结构的法律秩序并不健全，因而极有可能造成价

① 外部效应是一个比较模糊的概念，它包括外在费用和外在收益的总和。“外部负效应”指私人成本低于社会成本（这将导致资源存量的浪费）；“外部正效应”指私人收益低于社会收益（这将致使对从事该项经济活动的主体激励失灵）。产权格局的调整，意义在于将这些与外在效应相关的成本和收益纳入当事者的私人成本和私人收益中，使之与社会成本和社会收益接近或相等，从而改变当事者的决策行为，提高资源配置的有效性。参见常修泽《中国企业制度创新的三大理论支柱》，《天津社会科学》1994 年第 4 期。

格上的根本性扭曲。市场价格信号失真造成经济运行中供给与需求相互作用的严重脱节，使市场价格不能真实准确地反映相应商品的稀缺或盈余的程度。因此，选择正确的经济价格以减小经济稀缺或实现其他一些经济目标，实际上是选择正确的经济制度。由此可以认为，矫正经济价格不仅是个经济发展中的调控问题，更是个经济制度问题，即是如何建立一套规则和权利以支配个人选择的过程以及在一个变化的相互联系的世界决定每个人可以做些什么的经济问题。矫正正确的经济价格的关键在于选择正确的制度结构以收集、解释和传递信息，向经济决策者提供激励并使决策者随时做出正确的选择。

（五）制度安排影响人类选择并提供选择的行为规则

在现代经济发展中，不同的经济制度体现着不同的产权结构，这使得经济发展过程中的决策者面临不同的获利机会，从而影响决策者的选择。如产权制度影响人们的各种经济上的考虑，包括产品的质量、数量及相应的价格，经济投入要素的数量及其相对应的成本，新技术的开发利用，对经济资源在现在及未来进行消费的分配考虑等。不仅如此，经济发展中的制度安排的结构①在一定程度上还制约着人们的非经济性选择。制度实际上是在个人与资本之间、资本存量与商品以及劳务产出与收入分配之间的一种过滤器。通过经济制度的安排，制度本身可以通过影响信息及资源的可获得性、通过塑造经济发展的动力及建立社会经济交易的基本规则来有效地影响人类的各项选择。制度创新还通过提供更为有效的经济组织来促进经济发展、促进制度结构的调整。创新将会扩大人类在经济、政治、法律、文化等领域的选择机会从而实现经济全面发展的要求。

在短缺普遍存在的发展中国家，人们不得不为了分享现有的经济资源而彼此间进行竞争，并力图通过专业化和交易来增进自身的

① 所谓制度结构是指其相对应的决定经济绩效的基本特征，包括政治制度、经济制度、技术、人口和意识形态等。其基本内容有：宪法秩序、在宪法秩序框架内的法律安排、公共品的提供、人力资本积累机制、经济风险分担机制、社会意识形态。伍海华：《现代经济发展》，青岛出版社 1995 年版，第 205—206 页。

经济利益。生产的专业化使个人能够从事那些可以充分发挥自身优势的经济活动，从而增加总产出；交易则可以使每个人获得他所偏好的商品或劳务，从而又激励专业化并达到更高的生活水平。虽然在发展中国家，市场机制也能通过市场价格参数来有效地配置社会上的各类经济资源，缓解商品或劳务供给短缺对经济发展的制约，为经济主体提供各种经济刺激与信息，但是市场的有效性在根本上决定于产权的界定及交易成本高低等制度性因素。因此，任何社会尤其是发展中国家均须建立一套引导竞争和解决经济冲突的行为规则，以便于社会经济资源的最有效配置。

二　制度创新的理论基础：均衡理论

现代经济发展中的制度创新，是指对现存制度的变革，这种变革能够为创新者带来额外收益。一般来说，只有在制度创新预期带来的收入大于为进行制度创新所付出的成本时，制度创新才有可能。换言之，制度的创新并不是制度本身变化的结果，而是指在经济发展中制度的演变、更新与发明。制度创新与技术创新作为现代经济发展中创新的两种主要形式，既有一致之处，又有不同之处。其一致性表现为：制度创新与技术创新都是对原有格局的一种突破，且个中原因均程度不同地在于创新的结果能给创新者带来预期的纯收益；其差异性则在于：技术创新的时间主要依赖于物质资本的寿命长短，制度创新的时间则不取决于物质资本寿命的长短，而是决定于制度本身的安排是否合理等有关因素的综合作用。制度安排的时间性特征决定了制度安排随着时间的推移的变动性，某个时期合理的制度安排可能因时间、条件的变化而表现出落后性，这为制度的创新提出了客观要求。

均衡理论可以作为制度创新在现代经济发展中的经济学分析的理论基础。因为制度创新的变迁分析实际上就是研究某一种经济制度如何从制度供给与制度需求的失衡到均衡，再由均衡到新的失衡、再到新的均衡的动态过程。因此，在研究制度创新时，运用均衡理论不仅能有效分析制约制度创新的相关因素，而且有助于研究制度落后的原因及制度变迁的趋势。

（一）制度创新的需求分析

现代经济发展对制度创新的需求，决定于制度创新的结果能够给创新者带来预期纯收益的增加。如果制度创新所需付出的成本大于相应的预期收益，即制度创新的纯收益为负值时，那么经济学意义上的制度创新便没有意义。如果某一项制度创新的预期收益大于所对应的付出成本，则人们就会产生对该项制度创新的需求。且预期纯收益越大，对此项制度创新的需求就越强烈。在影响制度创新的其他条件不变的情况下，制度创新的需求与相对应的制度创新成本呈负相关变化，与制度创新的纯收益呈正相关变化。

根据上述分析，在现代经济发展中影响制度创新需求变化的主要因素有四：

1. 宪法秩序的变化

宪法秩序作为经济发展中制度安排的重要组成部分，其本身制约着对经济发展中制度创新的需求。因为“宪法秩序的变化，即政权的基本规则的变化，能够深刻地影响创新的制度安排的预期成本和收益，因而也就深刻地影响对新制度安排的需求”①。

2. 市场规模的变化

随着经济发展及市场规模的相应扩大，市场上商品与劳务的交易规模也随之扩大。由于经营管理方面的某些成本的增长率是递减的，或者说在成本方面做等量的投资可以引起收入的更大幅度的增长，这些因素相互作用就会产生变革现存社会经济制度的需求，即人们希望通过对现存制度的创新而获取更多的预期收益。

3. 生产技术的变化

一方面，生产技术的进步使生产扩大以获取更多的利益，从而使较复杂的生产组织与经营管理形式变为有利可图；另一方面，生产技术的进步将引起社会生产的积聚，使人口集中于大城市及工业中心，从而提供了一系列新的投资盈利机会。结果是有力地促进了制度创新以取得预期的经济收益，增加了对制度创新的需求。

① 国际经济增长中心：《制度分析与发展的反思：问题与抉择》，商务印书馆 1992 年版，第 141 页。

4. 社会集团预期收益的变化

如果一定社会集团对未来某一时期的收入预期发生了变化，这将导致它们对现存制度结构下的成本与相应的收益的比较准则进行修正。这样，它们就需要有制度创新来使自己适应预期收入改变后的地位，或者阻止预期收入继续朝着不利于自己的方向变化。

(二) 制度创新的供给分析

现代经济发展中制度创新的供给主要决定于政治秩序提供新的安排的能力和意愿，这种能力和意愿又主要取决于制度创新供给者对制度创新的成本与收益的比较分析。作为供给者，如果制度创新所带来的预期收益大于供给者为新的制度安排而付出的成本时，制度创新的供给者就会极力推行制度创新。反之，如果制度创新所带来的预期收益小于供给者为新的制度安排而付出的成本时，制度创新的供给者就会极力阻碍制度创新。因此，在影响制度创新其他条件相对稳定的情况下，制度创新的供给与相应的制度创新成本成反比，而与制度创新的收益成正比。换言之，如果制度创新的成本大于相应的制度创新提供给制度创新供给者的收益时，那么经济学意义上的制度创新供给就不复存在。

基于上述分析，现代经济发展中的制度创新供给来源于对现存制度的现状分析。一般来说，影响政治秩序提供制度创新的能力及意愿的重要因素有：制度设计成本、实施新制度安排的预期成本、现有的知识积累、宪法秩序、现存的制度安排、规范性的行为准则、公众的一般态度以及居于支配地位的上层强有力决策集团的预期净收益等。其中最基本也是最重要的有两个。

1. 成本因素

制度创新的成本包括制度设计成本和制度实施成本。制度设计成本主要决定于设计新制度安排的人力资源和其他资源的要素价格。“一般而论，如果处于下列这样的环境之中，即要保障某种新制度安排的供给是非有高度熟练而尖端的劳动投入不可的，那么这种新制度安排的设计耗费必然很大；如果反之，有欠熟练的劳动投入也就足够了，这种设计耗费自然小些。”① 如果影响制度创新的其他因素相对保持不变，则制度创新的供给与制度创新中的制度设计成本呈反向变动。制度实施成本是指实施新制度安排的预期成本而非制度实施中的实际成本。这种成本的大小主要决定于社会上的公共行政管理效率的高低。分析表明，现代经济发展中的制度实施成本与制度设计成本是制度创新成本的主要组成部分，其在数量上的变化与制度创新的供给呈反方向变动。

2. 收益因素

制度创新供给的收益主要是指在经济发展中居统治、支配地位的上层决策者的预期净收益。对此，经济学家拉坦（V. W. Ruttan）等人的分析是再明确不过的：“重要的制度创新的供给，必然包含政界企业家和创新者的诸多政治手段的动用，制度创新的供给表是由面对政界企业家的边际成本表所决定的。从这方面来考虑是有用的，政界企业家试图设计新的制度和解决各种既得利益集团之间的冲突（或必要时禁止反对党）。我们假定，如果政界企业家由制度创新得到的预期收益超过动用采用此项创新所必需的资源的边际成本，则制度创新的供给将有保障。鉴于政界企业家的私人收益不同于社会收益，制度创新的供给是不会达到社会最佳水平的。由此可见，制度创新的供给主要决定于一个社会的各既得利益集团的权力结构或力量对比。”② 因此，在影响制度创新供给其他因素相对稳定的情况下，制度创新的供给与对应的社会上层决策者的预期纯收益呈正比例变化。

从上述对制度创新的需求和供给的分析来看，制度创新的均衡是在制度创新的需求与制度创新的供给的动态变化中实现的，即制度创新的均衡只有在制度创新需求者与制度创新供给者都乐于接受的条件下才能达到。换言之，如果说经济发展中的制度创新达到了均衡，即是说在此状态下的制度创新既反映了制度创新需求者的要求，同时又反映了制度创新供给者的意愿与能力的大小。一旦条件

---

① 国际经济增长中心：《制度分析与发展的反思：问题与抉择》，商务印书馆 1992 年版，第 145 页。

② 拉坦等：《诱致制度创新》，《发展研究杂志》1984 年第 4 期。

发生了变化，不论是需求者的要求有了新变化，还是供给者对需求者新的要求的可接受程度的变化，原来的制度创新的均衡便又遭到破坏，社会各既得利益集团就会讨价还价，使既有的权力结构或力量对比发生新的变化。当制度创新需求者新的要求与力量对比发生了变化情况下上层决策者的收益预期趋于一致时，制度创新的新均衡又会形成。这是一个动态的、循环往复的发展过程。现代经济发展就是在这样一个过程中不断地从较低水平逐步达到较高的发展水平。

第二节　特殊管理体制是经济特区制度创新的基础

一　经济体制的内涵

经济体制是指在一定的社会经济制度下，组织经济运行的方式、方法、规则的具体形式。经济体制的主要内容是确定以什么方式、方法来组织管理社会的生产领域和流通领域的各种经济活动。

由于建立经济特区的主要目的是为了达到一定的经济目的，因此，经济特区的特殊管理体制就主要体现在经济体制上。当然，随着特区经济发展水平的不断提高，经济发展对政治体制的要求也会随之不断提高。此时，变革原有政治体制中落后的东西，就成为不以人们的主观意志为转移的客观要求。

二　经济体制与经济制度的关系

经济体制是经济制度的具体体现。经济制度是决定于生产关系性质的社会经济的组织规则和组织状况。考察经济制度，应结合生产力和生产关系两方面的相互关系以及生产力和生产关系各自内部的各个组成要素的个别特点来进行。否则，很难解释为什么同是生产资料私有制，有奴隶社会、封建社会和资本主义社会三种社会经济制度之分。同理，为什么同是生产资料公有制，又有原始社会、社会主义社会和共产主义社会三种社会经济制度之分。同一经济制度之下，可以有不同的经济体制，它们或者是人为选择的结果，或者是经济内部的内在要求的产物。比如，在资本主义经济制度的范围内，有自由竞争资本主义经济体制和国家干预的资本主义经济体制的区分。在社会主义经济制度范围内，有传统的计划经济体制和社会主义市场经济体制的区分。在传统的计划经济体制之下，又有高度集中的计划经济体制（如由中央统一计划调节的苏联模式）、分散决策型计划经济体制（如以企业自治制度和市场调节为主的南斯拉夫模式）和集中与分散相结合的计划经济体制（如以中央决策和企业分散决策相结合、计划调节和市场调节相结合的匈牙利模式）。由于经济过程的复杂性，在组织经济运行的某一个方面或某一个环节中的相应的方式、方法和规则，又构成经济体制的子系统。经济体制就是由这些不同的子系统组成的有机整体。如就业体制、财政体制、金融体制、流通体制、教育体制、社会保障和社会保险体制等。

经济特区的经济活动主要是围绕国际市场的变化进行的，这就要求经济特区的管理体制能够适应国际市场瞬息万变的状况，并及时做出调整。在对外经济活动中，从管理体制上讲，涉及海关、边检、卫检、动植物检、工商、税务、金融、外汇等众多部门。因此，如何协调各部门之间的关系，尽可能减少摩擦成本，降低交易费用，将直接关系到经济特区的国际竞争力。尤其是在计划经济体制下所创办的经济特区，对管理体制的特殊要求就更为强烈。正因为如此，各国在设置经济特区的管理架构时，通常是由中央政府部门主要官员直接组成管理委员会，并赋予常设管理机构很大的权力。由于各设区国或地区的历史与国情不尽相同，各经济特区的特点各异，因而其管理体制也呈现多样性。

第三节　亚洲出口加工区管理体制比较

尽管亚洲各国或地区出口加工区设置的管理机构名称繁多，如称管理局、管理处、管理所、管委会，还有的称之为公司。但归纳起来，其管理体制主要有三种类型。[①]

一　亚洲出口加工三种主要管理体制

（一）行政型管理体制

行政型管理体制是由设区国或地区的政府作为出口加工区的直接管理者，全面负责特区的一切事务。这种管理体制的特点是管理机构一元化和管理工作一体化。管理机构一元化是指出口加工区管理机构独揽出口加工区的行政管理权力，其他与出口加工区有关的管理机构均归出口加工区管理机构统一指挥与协调。管理工作一体化是指出口加工区管理机构将有关投资申请、进出口申请、报关、外汇管理、商品检验、外籍人员入境等手续在一个办公楼内一次完成，即为投资者提供一条龙服务。韩国和中国台湾的出口加工区都属于这种管理模式。韩国出口加工区管理所在工商部的指导和监督下，负责加工区的经营和管理，管理所主任除了领导本机构的行政管理部门之外，还有权对设在区内的海关、邮政、银行、消防、警察所、出入境管理、检疫、劳动管理等机构进行监督和指导。中国台湾"经济部"加工出口区管理处是加工区最高行政机关。根据台湾"加工出口区设置管理条例"规定，举凡区内的工程建设、投资审核、外汇贸易管理、物资进出口签证、工商登记、产品检验、产地证明核发、劳工行政、仓储运输、防止走私、公共福利及各自的事业分支单位的指导监督等，全部归其掌管，以发挥事权统一的功能。

（二）公司型管理体制

公司型管理体制是以非营利性的公司作为出口加工区的开发者和组织管理者，负责区内的基础设施开发建设，经营区内的各项业务，管理区内的经济活动，提供各种所需的服务。公司不属于政府机构，而是一个拥有法人地位和权力的经济实体，其性质多为国营或合营，一般按企业经营方式来组织出口加工区的管理工作。整个管理机构是由政府指示的一个董事会或理事会来领导，聘请和雇用

---

① 钟坚：《台湾经济性特区的发展与转型研究》，中国经济出版社 1999 年版，第 374—376 页。

经理及专业人员组成执行办事机构。公司型管理机构既能得到政府及有关部门的大力支持和资助，同时又受到上级和有关部门的领导和监督。其典型代表是菲律宾巴丹出口加工区。此外，像约旦、伊朗、马来西亚的出口加工区也都实行公司型管理体制。

（三）混合型管理体制

混合型管理体制是介于企业型与行政型之间或两者结合方式来管理出口加工区的经营管理体制。这种体制在机构设置上，有主管和分管的明确分工，根据工作性质设置职能部门机构。承办者、管理者和经营者以及监督者和协调者各自分工负责相应的工作，但又统一于政府所属的行政部门。一般而言，涉及决策、规划和审批等事项采用行政管理的程序；涉及业务经营活动则采用企业管理方式，或者直接承包给私人企业经营。目前采用这种管理体制的已不多见。

二 亚洲出口加工区管理体制主要特点

综观亚洲出口加工区的管理体制，呈现出以下一些特点。

（一）级别高、权限大、层次少

如菲律宾出口加工区的最高决策机构是理事会，直接接受总统领导并向总统负责。理事会6人全部由副部级人士担任。理事会下设出口加工区管理局，该局被赋予相当广泛的权力。除拥有对各出口加工区进行垂直领导和管理外，还拥有领导司法、行政、警察、治保等权限，是管理出口加工区的最高权力机构。斯里兰卡投资促进区的管理体制与菲律宾类似。投资促进区由大科伦坡经济委员会领导，该委员会又直属总统领导，5名委员由副部级人士担任。委员会权限很大，全权管辖特区内投资的一切事宜。区内实行的政策法令完全独立于斯里兰卡全国统一政策法令之外，不受国内法律的约束，甚至可以按区内的实际需要，采取变通办法修改有关法律。韩国和中国台湾的出口加工区管理机构虽然级别稍低，但权力相当大，有关区内的一切事务皆由其管理和经营，仅向其上级部门负责。

（二）反应敏捷、决策果断、讲究效益

菲律宾出口加工区理事会，斯里兰卡的大科伦坡经济委员会，都是以法人身份的企业公司出现的，完全独立于政府行政部门之外；韩国和中国台湾的出口加工区管理机构虽然隶属于有关政府部门，但不受其他政府行政机构约束，实际上也具有商业机构特征。新加坡工业区的管理机构——经济发展局和裕廊镇管理局，都是通过国会立法建立起来的，都属于半官方法人机构。既拥有法律赋予的行政权力，又是独立核算、自负盈亏的企业公司。而企业公司和商业机构是以效益最大化为基本原则，讲究的是企业精神和经济效益。

（三）管理工作法律化、规范化

对加工区的管理，不仅有完备的立法，还有详细具体的实施细则。凡是涉及管理机构的设置及其职责范围、各种收费标准、工资制度等问题，都以法律形式做出明文规定。这样，管理工作有法可依、照章办事，管理程序规范明了。中国台湾和新加坡在这方面有口皆碑。

不过，由于管理体制不顺，管理机构重叠造成摩擦成本与交易费用过高，效率低下，从而未能达到设区目的的经济特区，在亚洲也不乏其例。例如，印度坎得拉自由贸易区，该区的管理体制由管理局、委员会、管理厅三级构成。自由贸易区管理局局长由工商部副部长担任，其他中央政府有关机构如财政部、工业开发部、国家计划委员会以及古吉拉特邦的矿山电力局、海关、港务局、管理厅均派代表出任管理局理事。管理局的主要任务是：定期讨论自由贸易区的工作，决定自由贸易区的扩建；调查、研究其他国家和地区在设立出口加工区方面所提供的优惠待遇政策及其成功和失败的原因；采取必要的财政政策，增加区内投资；决定自由贸易区的方针、政策，审查其下属机构的决议。自由贸易区委员会主任由工商部副部长出任，委员的组成同管理局理事的组成类似。委员会的主要任务是受理和批准以下事项的申请：新投资企业，进口生产设备，合办企业，大型企业在区内投资设厂，进口原材料，区内企业要求取得出口贷款，不符合出口规格质量的商品、次品及废品在国内市场处理的限度。自由贸易区管理厅是在管理局和委员会两个机构的双重领导下，负责处理区内的日常管理工作。它是与投资企业直接发生关系的管理机构，本应发挥重要作用，但由于权力有限，在办事过程中得同设在区内与它权力差不多的60个协作机构打交道。因此，办事手续异常烦琐，行政效率极低。

第四节 中国经济特区的管理体制

中国建立经济特区是一项史无前例的新生事物，中国经济特区除了具有一般经济特区的功能和作用外，更因为它是社会主义制度下的第一次尝试，因而肩负着特殊的历史使命。它既要承担起发展经济的任务，更主要的还是为中国的社会主义现代化建设探路搭桥，同时，还要为“一国两制”战略的实施做出贡献。它既要借鉴和学习资本主义国家办经济特区的经验，又不能完全照搬资本主义国家的那一套。因此，如何认识中国经济特区的性质，将事关中国经济特区的前途和命运。

一 中国经济特区的性质

任何国家或地区设置经济特区，都是与本国或本地区的社会制度联系在一起的。资本主义国家建立经济特区是以生产资料资本主义私有制为基础的，资本主义国家相互之间引进资金和技术，其目的是为了利用外资来发展和巩固资本主义制度，因而他们的经济特区就其本性来说是资本主义。在以生产资料公有制为基础的社会主义国家，经济特区引进外国的资本以后，这种经济特区的性质该如何认定呢？笔者以为，正确区分经济特区的性质和特区经济的性质，将有助于对这个问题的认识。

经济特区的性质和特区经济的性质是两个既有联系又有区别的概念。经济特区的性质是指特区的社会（主要是社会制度）性质；而特区经济的性质，是指特区经济成分（主要是所有制结构）的性质。

中国的经济特区是中华人民共和国的一个组成部分，它是在中国共产党的领导下，在人民民主政权的管理下，服从和服务于社会主义现代化建设的需要而创办的特殊地区。经济特区的“特”，主要是指在经济上实行特殊的政策、灵活的措施，采取特殊的管理体制等，而不是说可以脱离社会主义轨道。首先，社会主义公有制在经济特区的主体地位没有变。有些地区即使非公有制占的比重较大，但依然受中国整个经济、政治条件的制约，处于从属于社会主义经济的地位。其次，经济特区的政权掌握在中国共产党手里，党领导的政府在经济特区行使着完全的主权，掌握着全部立法权、司法权和行政管理权等一切权力。同时，特区的经济活动是在遵循中国对外经济关系的基本原则的前提下进行的。外商在经济特区投资办厂，必须遵守中国的宪法和法律。再次，经济特区建设的实践表明它符合三个“有利于”。邓小平指出：对于姓“社”还是姓“资”的问题，“判断的标准应该主要看是否有利于发展社会主义社会的生产力，是否有利于增强社会主义国家的综合国力，是否有利于提高人民的生活水平”。特区建设的实践表明，经济特区有利于社会生产力的发展，有利于综合国力的增强，有利于人民生活水平的提高。正因如此，邓小平指出：“特区姓‘社’不姓‘资’。”①

至于特区经济的性质，经济特区与非特区相比，有更多的资本主义经济成分；经济特区与国外资本主义相比，则有更多的社会主义经济成分。从所有制结构来看，经济特区与非特区虽然都有多种经济成分并存，但内地是以公有制为主体的多种所有制结构，而经济特区则是以国家资本主义（主要是三资企业）为主体的多种所有制结构。当然，外国资本家在经济特区投资办企业，并不能随心所欲，随意生产，随便流通，而必须接受我国的管理，遵守我国的法律、法令和特区的法律法规，只能依法经营。从市场关系来看，经济特区产品以外销为主，特区市场与国际市场联系紧密，国际市场价格的变化和价值规律的运动，直接影响经济特区的生产和流通。当然，特区市场也不能离开全国经济的总体规划（包括特区的发展方向、发展目标、发展规模、产业结构、引进项目的选择等），它必须符合全国社会主义现代化建设的需要。因此，在经济特区，价

① 《邓小平文选》第3卷，人民出版社1993年版，第372页。

值规律、剩余价值规律并不能像在资本主义条件下那样完全自发地发生作用。由此可以得出结论：中国特区经济的性质，是以国家资本主义为主要经济成分的经济。这种国家资本主义既有别于资本主义国家的国家资本主义，又区别于我国社会主义改造时期的国家资本主义。其“区别就在于我们无产阶级国家不仅掌握了土地，而且掌握了一切最重要的工业部门”。这种国家资本主义“就是我们能够加以限制，能够规定其活动范围的资本主义，这种国家资本主义是同国家联系着的，而国家就是工人，就是工人的先进部分，就是先锋队，就是我们”①。

二 经济特区不同于旧中国租借地

中国的经济特区与旧中国的租借地有着本质的区别，这种差别集中表现在以下几方面。

一是产生的基础不同。旧中国租借地是帝国主义列强在中国通商口岸所霸占的特定地区，是帝国主义通过炮舰强迫旧中国政府签订不平等条约而强加在中国人民头上的。经济特区是中国政府独立自主地在自己主权管辖的领土上划出的一定区域，实行比非特区更加开放的政策，加速经济的发展。

二是主权掌握者不同。旧中国租借地的政治、经济、军事、文化等主权都操纵在帝国主义列强手中，他们拥有行政、立法、司法权，设置所谓“工部局”（行政机关）、“巡捕厅”（警察机关）和“会审公堂”（法院），以保护其利益，镇压中国人民。在租借地，外国人不受中国法律的约束，中国人反倒要受外国法律约束，向外国人纳税。经济特区则是由中国政府全面行使主权，外商在经济特区除按合同规定享受经济优惠外，不享受任何政治、经济、军事、文化、外交方面的特权。享受的经济优惠要以有利于中国社会主义现代化建设和保障外商企业的合法经营及其正当权利为限。外商在经济特区必须遵守中国法律法规和条例，其经济活动也受到中国政府的监督和管理。

① 《列宁选集》（第二版）第4卷，人民出版社1972年版，第670、725页。

三是资本与劳动关系不同。在旧中国租借地，劳动人民处于完全无权和被奴役、被剥削的地位。在中国经济特区，劳动人民是主人，政治经济权利受到国家法律保护，外商不得侵犯劳动者的权利。

四是意识形态不同。旧中国租借地由帝国主义掌握宣传、出版、文教大权，实行奴化教育，传播资产阶级的腐朽没落的思想。中国经济特区坚持四项基本原则（坚持社会主义道路，坚持无产阶级专政，坚持共产党的领导，坚持马列主义、毛泽东思想），建设社会主义精神文明。

三　中国经济特区的管理体制

鉴于中国经济特区是在特殊的历史背景下创办，同时考虑借鉴国际上的有关经验，从经济特区建立开始，中国政府就对经济特区实行一种特殊的管理体制，即在国务院专门成立特区办公室，作为负责经济特区和国务院批准的开放地区对外开放有关经济事务的办事机构。各个经济特区分别成立管理委员会，具体负责本特区的事务。

经济特区需要同其他政府部门打交道时，由国务院特区办公室统一协调。因此，国务院特区办是经济特区的最高权力机构。国务院特区办的前身是国务院办公室特区工作组，1984 年 7 月特区办成立的同时，特区工作组撤销。特区办下设秘书局、经济特区司、沿海和沿江开放地区司、综合司、研究室和机关党委。其主要职能有十个方面。

一是按照中共中央和国务院的决策，负责协调对外开放有关经济工作。会同有关部门研究开放地区经济发展战略及由沿海向内地扩大开放的部署。会同有关部门研究开放地区需要由国家解决的重要政策问题并及时向国务院提出建议。

二是调查广东、福建两省经济实行特殊政策、灵活措施以及改革开放、进行社会主义市场经济综合试验的情况。协调有关方面的工作关系，协调解决有关问题，及时总结经验。

三是调查研究经济特区的有关方针、政策及其实施情况，会同有关部门研究制定经济特区的发展方针、政策、措施和中长期发展规划。

四是调查研究开放地区的有关政策及其实施情况，协调对外开放方面的有关工作，协调解决有关问题，及时总结经验。

五是会同有关部门调查研究经济特区和开放地区利用外国投资工作的情况及改善投资环境方面的措施，协调解决有关问题，及时总结经验，向国务院提出建议。承办国务院交办的有关利用外国投资的全国性政策、法规的协调工作。

六是组织和参加对外开放有关工作的政策、法规拟定工作。

七是调查研究国外办经济特区、开展国际经济技术合作方面的情况、经验和发展动向。

八是组织开放地区干部培训有关工作和与国外合作培养人才有关项目的实施，承办有关的涉外事宜。

九是组织并会同有关部门开展关于经济特区、对外开放的理论研究和对外宣传工作，为国内外人士提供有关政策和投资环境的咨询服务。

十是承办国务院交办的其他事项。

第五节　中国经济特区发展的动力源：制度创新

经济特区实行特殊的管理体制，意味着对传统的管理体制带来冲击。冲击传统管理体制的实质就是制度创新。中国经济特区能够在短短的30多年间取得举世瞩目的骄人成就，原因是多方面的。既有中央给予的特殊政策的扶持，又有特区的区位优势，更有全国的大力支持，等等。其中至关重要的是制度创新，即经济特区充分发挥改革先行区和“试验场”的作用，敢闯敢冒，勇于创新，大胆探索。在经济体制改革方面先行一步，率先冲破传统计划经济体制的束缚，率先进行社会主义市场经济体制的尝试。以改革促开放，以开放促发展，以发展为改革开放创造条件。从而为经济特区的超常规发展创造了一个良好的制度环境，并为全国的经济体制改革指明了路标，提供了许多可资借鉴的宝贵经验。社会主义市场经济体制的逐步形成和不断完善，为特区的经济发展注入了巨大的活力。它有效地吸引了特区内外各种生产要素和资源，促进了经济发展规模的迅速扩大；它通过市场机制合理配置资源，提高了企业和整个地区的经济效益；它提供了平等竞争和多种选择的机会，调动了劳动者的积极性和创造性；它为企业经营提供了良好的外部环境和平等竞争的条件，使市场的主体在竞争中不断发展壮大；它促进了政府职能的转变，加强了对经济的宏观管理与调控，使整个国民经济持续、协调、健康发展。

一　对经济特区制度创新的基本评价

如前所述，经济特区的制度创新是围绕着建立社会主义市场经济体制基本框架而进行的。30 多年的创新实践，无论是对经济特区的建设和发展还是对全国的改革与开放都起到了十分重要的作用。

首先，极大地促进了经济特区国民经济持续、快速、协调、健康发展，外向型经济格局已基本形成。中国经济特区的建设是与城市建设同步发展，这是中国经济特区不同于世界其他经济特区的重要方面。例如，在短短的30 多年时间内，深圳走过了世界城市发展史上需要百年才能走过的路程，由一个落后的边陲小镇发展成为一个粗具规模的现代化大都市，综合经济实力跃居全国大中城市的前列。这一成就的取得，一个重要的原因，就是始终坚持以市场为取向的改革与创新。改革与创新是特区经济发展的动力源，没有改革与创新，就没有经济特区的今天。经济特区地处中国对外开放的最前沿，在对外开放方面迈出的每一步，都与经济体制改革密切相关。可以反证：经济特区如果不是通过建立和完善市场体系，转变政府职能，推进与市场经济相适应的财税体制、金融体制、口岸管理体制等改革，形成一个良好的投资环境，就不可能达到今天的开放度，经济特区也不可能在短短30 多年的时间内初步建设成为现代化大都市。

其次，证明了市场经济能够与社会主义制度相结合，完善了邓小平建设中国特色的社会主义理论。始于20 世纪 70 年代末 80 年代初的中国经济体制改革的基点就是如何冲破传统的计划经济模式，这意味着新体制的建立必须选择市场机制。但是，几百年来，市场经济总是建立在私有制基础之上，能否创造出一个市场经济与社会主义公有制相结合的新模式？这是中国社会主义发展给经济特区提出的重大历史课题。邓小平关于市场经济思想和特区建设思想作为中国特色的社会主义理论的重要组成部分，也要求经济特区为它提供实践的佐证。对此，经济特区不负重托，特区人“敢”字当头，敢为天下先，从开始允许外资企业的经济活动以市场调节为主，到放开物价由市场调节，再到扩大企业自主权，改革用工制度和金融管理体制等，最后到对国有企业实行股份制改造，建立现代企业制度，实现深层次的产权关系改革。同时加快生产资料、劳动力等生产要素市场化的步伐，并在培育市场体系方面采取了一系列改革举措，从而建立起社会主义市场经济体制的基本框架。经济特区的成功实践，不仅证明了市场经济能够与社会主义制度相结合，而且为邓小平关于市场经济和特区建设思想的发展与完善提供了有价值的实践材料。

然而，建立社会主义市场经济体制是一项前无古人的壮举，不可能一蹴而就，需要几代人坚持不懈的拼搏奋斗。经济特区经过30多年的努力，虽然已基本完成了从计划经济向社会主义市场经济的过渡，经济运行机制发生了根本性的变化，市场开始在资源配置中发挥基础性作用，以十大体系为主要内容的社会主义市场经济体制基本框架初步形成。但是，离全面建成完善的社会主义市场经济体制的要求还相去甚远。

其一，以公有制为主体、多种经济成分共同发展的格局基本形成，但各种经济成分平等竞争的环境尚需继续完善，尤其是市场经济所要求的法制环境建设仍滞后于经济发展。在现代市场经济中，竞争并不意味着无规则、无秩序的你争我夺。公平、公正的竞争是一种有规则、有秩序的较量和竞赛。这在客观上要求创造一个良好的竞争环境和条件，包括要有独立自主的市场主体作为竞争者；竞争者不受垄断力量的干预；每个竞争者都有同等地位，都既要负盈又要负亏包括承担风险；政府对价格的控制要适当，微观价格尽量放开；政府不要随意干预市场，以便于打破地区封锁；等等。经济特区各种经济成分为特区经济的高速发展均做出了巨大贡献。① 但是，各类企业的生产经营环境有失公平。目前，各种不同类型的企业在贷款条件、调工调干、参与对外经贸活动等方面，还存在着较大差异。“三资”企业既存在低国民待遇问题，也有超国民待遇现象，公平竞争的法制环境还需下大力气去营造。

其二，以间接管理为主的政府宏观调控体系初步形成，但与市场经济发展的要求相比，还有相当的差距。首先，政府职能转变尚不能完全适应宏观经济调控的要求。企业作为市场主体，虽然拥有较大自主权，经营机制也较灵活，但不必要的行政干预依然存在。有些经济活动仍需经过行政审批，政府部门的职能交叉、办事效率不高、工作作风欠佳仍然令众多投资者不快。其次，政府宏观调控政策与法规不健全、不配套，企业的监督约束机制尚不完善，产权关系不清与分配的非市场化问题依然存在。再次，社会监督体系的功能还有待进一步加强，已有的社会监督机构还没有形成独立运行机制，未能很好地发挥其职能，引导企业和其他社会组织遵循法律、法规开展经济活动和社会活动，形成严格的约束机制。最后，在宏观调控方式上，指导性计划的诱导功能还比较微弱。在以国家银行为主体的金融活动方面，金融税收与调控手段的运用受到国家宏观调控的制约，调控能力有待加强。计划、财政、金融之间尚未建立起既相互配合又相互制约的新机制。

其三，以养老保险、医疗保险、失业保险、住房“双轨三类多

---

①　例如，深圳市国有经济从1980年至1996年，市属国有企业的总资产由1.61亿元增加到1329亿元，年平均递增52.1%；国有净资产由0.61亿元增加到226亿元，年均递增46.31%；实现利润由0.15亿元增加到45.9亿元，年均递增43.01%。深圳市非公有制经济作为经济发展的生力军，发展迅猛，其中外商投资经济在所有制结构中具有特殊地位。从1979年到1996年，深圳累计利用外资178.68亿美元，建立外商投资项目1.8万个。1996年，深圳市工业总产值中，外商投资经济所占比重31.2%，港澳台投资经济51.9%，两者合计83.1%。私营经济也发展迅速，1996年实现工业总产值145.5亿元，占全市工业总产值的13.7%，全员劳动生产率为21.5万元，比全市同一指标高出4倍多。1996年全市私营企业营业总额915亿元，上缴国家税收11.27亿元。参见张思平等主编《十大体系——深圳社会主义市场经济体制的基本框架》，海天出版社1997年版，第40—46页。

价制”[①] 为主要内容的社会共济与自我保障相结合的社会保险制度改革逐步深入。以按劳分配为主体，工资收入、要素收入以及其他收入等多种分配方式并存的收入分配制度已经形成，但离建立比较完善的社会主义市场经济体制的要求尚有较大的差距。

就社会保障制度而言，社会保障的覆盖面不够宽；社会保障基金的运营尚未真正步入市场化、规范化的轨道；多层次的社会保障体系比较薄弱。

与社会保障制度相比，收入分配制度改革则相对更加滞后。目前分配体制尚不完善，调节手段也不健全，在个人收入分配方面的不合理、不合法现象还普遍存在。主要表现在以下几方面：一是部分失业职工的生活水平较低。随着市场经济的发展和经济结构的调整，经济特区近年来下岗职工和失业人数不断增加。政府虽然建立了失业保障制度，但由于保障费水平有限与物价较高水平的差异，令他们的基本生活难以保障。二是少数人非法暴富，引起社会的强烈不满，成为社会不安定因素。非法暴富的主要手段有：权钱交易、贪污受贿、侵吞国有资产、挪用公款、走私贩私、商业回扣等。尽管政府加大了打击力度，但由于体制等深层次方面的原因，仍收效甚微。三是一些因行业垄断或享受国家优惠政策、享有特殊经营权的企业个人收入远高于一般竞争性行业。如金融、证券、保险、电信等行业的员工工资水平比一般性行业高出一倍以上，比国家公务员高出数倍。尤其是这些单位的经营者，其实际收入水平高于一般企业员工和政府公务员几倍甚至几十倍。政府对此没有采取有效的监督和调控措施，以至于形成特殊的既得利益阶层。这种由于竞争条件不平等而造成的收入差距，包含了大量的非劳动因素，使得政府公务员和部分条件处于劣势的企业员工难以接受。四是企业和机关职工除工资外，灰色收入迅速增加，分配的透明度低。职

① “双轨三类多价制”是深圳市推行住房制度改革的一种模式，“双轨”是指从城市规划及用地管理的实际出发，规定住房只能由两个渠道提供：一是政府统一建房，二是专业房地产公司统一建房。“三类多价制”是指根据常住户口、暂住户口和外籍人士等不同情况，针对不同需求者分别供应福利商品房、微利商品房、市场商品房三类不同的住房，实行相应不同的房价政策。

工从单位获得的工资以外的收入的比例不断增加，其中有些是合理不合法，有些是既不合理又不合法。五是税收对收入差距的调节力度不够，尤其是对高收入者来说，税收没有调节到应该调节的重点。目前，个人所得税主要是向国有企业职工和政府公务员征收，而这部分人往往不是高收入者。而收入较高的个体经营者、私营业主偷税漏税现象则十分普遍。因此，如何加强对收入分配的调节，规范收入分配的秩序，已成为政府必须解决的重要问题。

其四，国有资产三级授权经营的管理体制①基本建立，但实现国有经济运行机制和经济增长方式的根本转变的任务还很艰巨。国有企业的规范性运作与《公司法》的要求仍有距离，法人治理结构有待健全完善，企业内部动力机制与监督约束机制仍需强化。“国有资产管理委员会（国资办）—国有资产经营公司—国有企业”三个层次的国有资产管理体制建立之后，如何搞好国有资产的管理和经营，政府怎样扮演好出资者的角色，以及如何建立起一种有效的激励机制与约束机制，使国有资产代表真正担负起对国有资产保值增值的责任，还需寻找更为有效的方式方法。

二　经济特区制度创新的目标选择

中共十四届五中全会在经济体制转变方面提出了两个阶段的目标：一是到2000年，全国初步建立社会主义市场经济体制；二是到2010年，形成比较完善的社会主义市场经济体制。江泽民总书记指出：“从现在起到下世纪前十年，是我国向第三步战略目标迈进的关键时期。在这个时期，能不能成功地建立比较完善的社会主义市场经济体制，能不能保持国民经济持续快速健康发展，是我们

① 1987年7月深圳在全国率先成立国有资产管理专门机构——深圳市投资管理公司，并依据国家关于“国有资产国家统一所有，政府分级监管，企业自主经营”的原则，不断探索、实践和完善，以1992年市国有资产管理委员会建立为标志，初步形成了“三级授权经营”的国有资产管理新体制。基本架构为：第一级：国资委对全市国有经营性资产、非经营性资产、资源性资产进行宏观的、全方位的监督和管理；第二级：市国资委授权市级国有资产经营公司专司经营市属经营性国有资产，代表市政府行使国有资产所有权；第三级：市级国有资产经营公司授权向国有企业颁发“国有资产授权占用证书”，让企业行使法人财产权，具体进行生产经营活动。

必须解决好的两个关键性问题。"[①] 根据全国改革总目标的要求，结合经济特区体制改革的实际进展情况，经济特区下一步的制度创新总目标定位是：在进一步完善已形成的社会主义市场经济体制基本框架的基础上，尽快在全国率先形成比较完善的社会主义市场经济体制。具体目标是：

一是以公有制为主体、多种经济成分共同发展的格局从制度上加以巩固，各种类型的企业在法律框架内平等竞争。现代企业制度完善定型，国有企业真正成为"产权清晰、权责明确、政企分开、管理科学"的法人实体和市场竞争主体。

二是以按劳分配为主体，多种分配方式并存的分配格局制度化，各种收入实现货币化。个人所得税成为有力的调节工具，分配制度达到效率优先、兼顾公平的要求。社会保障体系在经济生活中充分发挥作用。

三是政府管理经济的职能有根本性转变，政府的行为符合市场经济的要求。以间接调控为主的宏观调控体系健全，各种经济杠杆能够有效地发挥作用，政府对经济总量和经济结构能够进行灵敏而有效的调控。

四是高度开放、竞争有序的市场体系进一步完善，各种商品和生产要素的价格都能反映市场的供求状况，价格的信号功能得以充分发挥。全方位、多层次、多形式的对外开放格局进一步发展，与国际经济全面接轨，普遍实行国民待遇，充分利用国际国内两种资源和两个市场。

五是社会监督服务体系比较完善，各类经济监督服务组织比较健全，运作规范有序，形成完整配套的适应社会主义市场经济要求的法律体系。依法行政，依法治理，经济管理法制化程度达到较高水平。

三　经济特区制度创新的难点与对策

上述目标选择是一项系统工程，不仅涉及经济体制改革的进一

① 张思平主编：《十大体系——深圳社会主义市场经济体制的基本框架》，海天出版社 1997 年版，第 340 页。

步深化，而且对政治体制的改革也提出了更高的要求。因此，要在较短的时间内实现上述目标，应集中主要精力打攻坚战。加快建立现代企业制度步伐，以国有企业改革为突破口，围绕产权制度、领导体制、分配制度和监督约束机制的建立与完善，重组国有企业法人治理结构，从根本上解决国有企业“内部人控制”的控制问题。与此同时，政治体制的改革方面也需同步进行。因为经济体制改革的最终成败，取决于政治体制变革的结果。

（一）企业制度建设方面

国有企业改革是建立现代企业制度的关键。经济特区虽然在这方面改革已取得了一定的进展，如建立了三级授权经营的国有资产管理新体制。但正如前面所分析的那样，这一体制虽然解决了所有者的“缺位”问题（即所有者代表问题），但尚未解决所有者代表的尽责问题；三级授权经营管理体制虽然在一定程度上确立了国有企业的自主经营地位，但难以保证国有企业的经营效益；这种体制虽然在一定程度上打破了政企不分与政资不分的格局，但它不能保证避免代理人与委托人相勾结的集体寻租活动的发生，从而造成国有资产的流失。因此，在国有企业改制问题上，根据国有企业的基本目标是以实现社会效益为主还是以利润最大化为主，可将国有企业分为四个层次。

第一层次：国有独资公司。即由经济特区所在市一级政府直接投资，垄断经营的少数几家企业。这些企业以执行政府政策、服务社会为唯一目标，经济效益仅作为开展成本核算、评价工作质量高低的标准之一。其组织形式以《公司法》中国有独资公司规定或《企业法》为准，公司领导由政府直接委派，并向政府负责，接受来自政府的直接监督。

第二层次：以混合经济为特征的公司制企业。改造应从初始的产权界定环节入手，具体来说，所有的市属一级公司和区级直属企业，包括已改制的股份公司、上市公司，除已确定国有产权完全退出或属于第一层次的以外，都应引入非国有成分。非国有成分的加入，可以是增量性净资产扩张，也可以是国有存量的产权变卖。对象既可以面向国内，也可以利用特区优势向港澳台及华侨、外国资本开放。要打破行业界限，竞争性行业允许民营经济和外资介入。

第三层次：由国有企业转化为股份合作制企业。股份合作制是以资本联合和劳动联合为标志的集体经济。需要强调的是，股份合作制绝不能仅仅理解为由企业员工认购股份，或将现有净资产折价卖给员工以求员工利益与企业利益的结合，在组织形式上照搬公司制治理结构。合作制是与公司制完全不同的另一种现代企业形式。员工直接参与决策是区别于公司制企业的经营者决策中心，因而总经理在二者间的地位与功能差异很大。股份合作制企业的最高决策层必须建立在一人一票的直接选举基础上。

第四层次：部分国有企业通过规范破产、拍卖、整体转让予私营经济和外商，实现竞争性领域国有产权的完全退出，以增加政府实行宏观调控和加强社会服务功能的财力基础。

（二）国有资产管理体制改革方面

针对“三级授权经营”体制所存在的问题，重点从以下几个方面进行突破。

首先，加快国有资产管理委员会与国有资产经营公司的职能分离。健全国有资产管理委员会的办事机构“国资办”，建立和完善各项工作制度，重点是强化对国有资产的宏观管理和监督职能，建立国有资产经营公司的考核指标体系和奖惩制度，确保国有资产的安全和增值。要放宽市国有资产经营公司自主投资权限，进一步明确资产经营公司的投资主体地位及其“投资、管理、监督、服务”的基本职能。除此以外，不应再赋予其更多的其他职能。把资产经营公司塑造成只具有经济功能的、按市场经济原则组建、经营、管理的企业。

其次，促进国有产权的交易，形成合理的分散化的股权结构。具体途径包括国有股权与非国有法人股、个人股的交易和国有股份内部流动。充分利用经济特区非国有经济比重较大的优势，使国有股的退让有了接退者，加大国有股与非国有股的交易力度。关于国有股份的内部流动，可以通过建立多个资产经营公司，先在资产划拨时限制其中具体行业中的控股比例，使一个行业或一个企业的资产掌握在多个资产经营公司手中，改变现有的一个行业只受一家公司控制的格局。然后，鼓励各资产经营公司间相互持股控股，降低集中程度，实现股份多元化。这样既可以通过所有权与经营权比较彻底的分离，落实企业法人财产权对经营者形成较大的激励（可支配权力扩张的激励），又能对经营者形成更大的所有权约束。

再次，加大国有企业领导体制改革的力度，引进人才竞争机制。加快建立和完善高级经理人才市场，形成以市场招标为主的市场化的、开放式的用人制度。同时打破能上不能下的格局，一旦经营失败，定要加重对其经济上的处罚甚至免除其职务，淘汰出局。通过企业家市场竞选制度，加强对经营者的激励和约束。

（三）重组国有企业法人治理结构方面

要加强对国有企业"内部人控制"的控制。国有企业要建立现代企业制度，在形式上就是把原有的企业改革为公司制企业。公司制的突出特点有二：一是公司是一个具有独立财产和独立生命的法人组织，公司股东对公司债务所负的责任以他投入公司的股本为限；二是公司不是由业主直接经营，而是通过公司治理结构，由专职经理人员经营管理。公司治理结构主要由所有者（股东大会）、法定代表人（董事会）、高层执行官员（总经理等）和监事会组成的机构，并通过公司章程确定分别行使权力机构、决策机构、执行机构和监督机构的相关权责，形成相互独立、相互制衡和相互协调的一种法人治理机制。这种法人治理结构一般涉及以下内容：企业控制权的配置和行使；对董事会经理人员和工人的监控及对其工作绩效的评估；激励方案的设计与推行。一般来说，良好的公司治理结构能够利用这些制度安排的互补性质，并选择一种结构来减低代理人成本。

过去十多年的国企改革主要是围绕"放权让利"进行的，这对调动经营者的积极性和发挥他们的信息优势起了重要作用。但是，由于政府对企业难以实施有效的监督，或监控的成本过高（包括测度费和观察费用），企业经理人员实际上占有剩余份额远比政策上规定的和统计上显示的要大。这种事实上的占有可能导致资源配置的扭曲，经济学上称为"内部人控制"（insider control)。即在企业化过程中，经理人员和工人事实上或依法掌握了控制权，内部人既不是他们所使用的资产的所有者，也得不到其所有者的有效监控，但却掌握着相当大部分的剩余控制权和剩余索取权，因而给内部人以寻租和侵占国有资产的机会。①“放权让利”的结果，形成了目前这种一方面企业受到上级机关的多方面干预，缺乏应有的自主权；另一方面在企业治理结构上对“内部人控制”失去控制的局面。

国有企业治理结构出现的“内部人控制”现象是向市场经济转轨过程中所固有的一种潜在可能的现象，是从计划经济制度的遗产中演化而来。制度学派代表人物之一诺斯在《制度、制度变迁与经济绩效》一书中发展了制度演进理论，认为在制度变迁中，存在着报酬递增和自我强化的机制。这种机制使制度变迁一旦走上某一路径，它的既定方向会在往后的发展中得到自我强化。沿着既有的路径，经济和政治制度的变迁可能进入良性循环的轨道，迅速优化，也可能顺着原来的错误路径往下滑，甚至还可能被锁定在某种无效率的状况下。要扭转既有的方向，往往要借助外部效应，引入外生变量或依靠政权的变化。

因此，要解决国有企业治理结构中的“内部人控制”问题，首先，要积极培育外部法人股东，使其有效地对“内部人控制”进行外部控制。利用国有企业解决资产负债率高而进行债务重组这一机遇，让银行通过参与企业的债务重组，在公司治理结构中作为所有者扮演对“内部人控制”进行控制的主要角色。其次，积极发展和完善有效率的证券市场，使其具有评定公司和转移公司的控制权的功能。把“内部人控制”的不良行为的后果包含在股票价格中，如果该公司的股价比不上竞争对手的价格，“内部人”的机会主义行为就会被反映出来。股东可以选择卖掉他在该公司的股票或者选择在股东大会上反映或者选择去控制公司。再次，加速建立竞争性的经理人才市场。经理人员要获得经营资格，需要投入很高的“专用

① 林国春：《转轨经济中的国有企业法人治理的重组——兼论控制“内部人控制”》，《特区经济》1996 年第 7 期。

性资产”[①]。当所有者对经理人员即委托人对代理人的评价下降到一定程度时，经理人员即代理人就不得不考虑改变职业，这时就有一个改变职业的成本问题。因此，竞争性经理人才市场的建立，不仅保证了代理人的经营努力，而且约束了代理人目标与委托人目标的偏离，减少“败德行为”[②]，从而有利于控制“内部人控制”。

（四）政治体制改革方面

当经济体制变革进入到更深层次的时候，政治体制对经济发展的影响已越来越引起人们的关注。不少西方学者改变过去将制度变量作为公理性的假定由此存而不论的做法，开始研究政治体制对经济增长和加速发展的影响。西蒙·库兹涅茨认为，主要有两类因素限制了现代经济增长的扩散：一是这种增长要求有一稳定的然而又是有伸缩性的政治和社会体制，能够促进结构的迅速变化，并解决它所造成的冲突，同时还鼓励社会中促进增长的各个集团。而这种体制是不容易建成或不能迅速建立的。二是发达国家越来越带民族色彩的组织，使得它们对待世界其他国家的政策在许多领域内显然是抑制性的。[③] 而瓦西里·里昂惕夫进一步认为：持续经济增长和加速发展的主要限制，在性质上是政治的、社会的和制度的，而不是物质的。他说：“为了保证加速发展，必须有两个一般的条件：第一，在发展中国家，要在社会、制度和政治三方面进行影响深远的内部改革；第二，在世界经济秩序中要进行重大的变革。要使加速发展能大大缩小发展中国家与发达国家之间的收入差距，只有同时具备这两个条件才行。”[④] 劳埃德·雷诺兹则说得更为具体：“在这个时代，有些国家进步得比别的国家快，而有些国家则根本没有

---

① “专用性资产”是指很难转向其他用途，或即使能够转作他用也要受到很大损失的那种资产。资产专用性概念是由美国经济学家、新制度学派代表人物之一威廉姆森首创的。其基本含义是：有些投资一旦形成某种特定资产就难以转向其他用途，即使进行再配置也会造成重大的经济损失。资产专用性越高，改变职业的成本也就越高。

② 败德行为也称道德风险，是指经济代理人在使其自身效用最大化的同时损害委托人或其他代理人效用的行为。

③ 陈宗胜等：《新发展经济学：回顾与展望》，中国发展出版社 1996 年版，第 269 页。

④ ［美］W. 里昂惕夫：《世界经济的未来》（联合国的一项研究）（中译本），商务印书馆 1982 年版，第 30、33 页。

进步。这些差别的解释，似乎主要不在于要素赋有领域。有些国家(地区)，天然资源很贫乏，例如韩国和中国台湾，却成绩卓著；有些资源丰富的国家，例如扎伊尔，却仍然在艰苦挣扎。我的假设是，唯一最重要的可以用作说明的变量，是政治组织和政府行政能力。”①

根据上述制度创新的目标指向，经济特区有必要在政治体制改革方面敢于探索。尤其是在中国目前法制建设相对滞后于经济建设、“人治”现象较为普遍的情况下，变革政治体制中不适应市场经济运行的障碍因素就显得更加重要。当然，变革政治体制中不适应的部分，并不意味着搞政治特殊化。特区是经济特区而不是政治特区，中国经济特区的存在和发展是以坚持两个“基本点”② 为前提的。但是，目前经济特区要实现在更宽的领域和更高的层次上的改革开放，就必须在政治体制改革方面同步进行。因为政治体制改革同经济体制改革相互依赖、相互配合。“只搞经济体制改革，不搞政治体制改革，经济体制改革也搞不通，因为首先遇到人的障碍。”③

---

① 劳埃德·G. 雷诺兹：《经济增长向第三世界的扩散》，《经济学文献杂志》1983年第9期。

② 两个基本点是指四项基本原则和改革开放。

③ 《邓小平文选》第3卷，人民出版社1993年版，第164页。

第四章

经济特区与投资环境

资本流动总是流向那些最有利的投资场所。如何判断是否“有利”，有多大利，实质上涉及的是对资本运动的外部条件优劣的判断。特区经济外向型特征的重要内容之一，就是资金来源是以利用外资为主。能否吸引到足够多的外资，成为衡量经济特区办得成功与否的标准之一。本章将要讨论的是经济特区投资环境如何影响资本的运动以及如何营造一个良好的投资环境。

第一节　投资环境的内涵及其分类

随着区域经济集团化和全球经济一体化进程的加快，国际资本流动的规模迅速扩大，速度加快，且流向呈现多元化格局。既有发达国家的资本流向发展中国家，又有发达国家之间的资本流动，还有发展中国家之间的资本流动，更有发展中国家的资本流向发达国家。正因为如此，对投资环境的研究日益受到人们的普遍重视。

一　投资环境的内涵

投资环境一词虽然被广泛应用，但迄今为止尚未有统一的定义。就见于有关文献的讨论来看，多数是从东道国的角度出发，围绕外国投资者这一主体展开论述的。综述各种观点，具有代表性的有以下几种：

“投资环境是指在对外开放中为外国投资者提供的与投资活动有关的各种条件，通常指围绕投资主体形成并影响投资活动的所有因素的总和。”①

“所谓投资环境，就是特定国家通过一定的法律体制和规定所体现的对外国投资的一般态度（积极的或消极的），特别是指对外国投资者期待的利益可能给予的态度。”②

投资环境必然同吸引外商投资有着密切关系，这是毫无异议的。一般来说，重视投资环境的改善，大多也是从有利于吸引外资出发的。所以，把投资环境当作是吸引外商投资的环境，自然是情理之中的事情。但严格说来，这种认识并不确切。应该说，投资环境是对所有投资者而言，既包括国外投资者，也应包括国内投资者。正因为如此，有些学者从资本运动的角度提出：

“投资环境是指影响资本获利的各种社会、政治、经济、自然地理和物质技术等因素的综合。”③

“投资环境是指决定和影响资本增殖的各种政治、自然、经济和社会因素相互作用而形成的矛盾统一体。”④

资本的本性是最大限度地追逐利润。资本要达到自身增殖的目的，只有通过资本运动（及资本循环）才能实现。在资本循环过程中，任何一个环节发生问题，都会影响资本运动目的的实现。因此，研究投资环境，应该围绕影响资本运动过程的各种因素来考察。由此，本书对投资环境定义如下。

所谓投资环境，通常是指东道国或地区影响资本尤其是外国资本实现资本循环过程的各种因素的综合，包括政治、经济、法律、自然地理、社会文化等各种条件。这些影响资本活动的因素和条件仅仅是指资本活动的外部环境，不包括影响投资活动的内部因素和条件，如资本规模、经营理念等。

二　影响投资环境诸因素分析

一般来说，影响投资环境的外部因素和条件主要包括以下几个

① 阎正：《投资环境理论研究述要》，《社会科学评论》1987 年第 5 期。

② 姚梅镇：《国际投资法》，武汉大学出版社 1987 年版，第 33 页。

③ 张敏如等：《特区经济教程》，广东高等教育出版社 1993 年版，第 286 页。

④ 张敦富、杨世祺主编：《中国投资环境》，香港吴兴记书报社 1996 年版，第 137 页。

方面。

（一）自然条件

自然条件包括自然资源、地理位置、自然气候、风景名胜等。自然条件是构成投资环境最基本的因素。其自然属性决定了人们一般只能在既定的自然条件下，利用其特点，发掘潜力，发挥其自身的优势。不过，随着科学技术的发展和周边条件的变化，自然条件中的有些因素也会随之发生变化。例如，由于新技术的推广和应用，使原来未被利用的资源得到开发和普遍利用；随着周边地区乃至本地港口、铁路、高速公路以及航空港的建设与发展，改变了原先偏僻封闭的原始状态；交通的发展也使原来贫瘠之地的利用价值增加；等等。由此可见，自然条件固然重要，但并不是唯一的条件。许多自然因素也是可以改变的。关键在于要充分利用自身的特点，发挥自身的优势，变不利条件为有利条件。

（二）经济基础环境

经济基础环境是投资环境因素中对投资活动影响最大的因素，良好的经济资源环境状况是投资效益的关键。经济基础环境包括经济发展阶段、经济发展水平、劳动生产力水平、产业基础，以及与投资活动有关的基础设施、交通运输、邮电通信、咨询服务等。根据经济增长的特征，人们通常把经济发展分为三个阶段：准备条件阶段、高速增长阶段、稳定增长阶段。

一般来说，经济处于高速增长阶段是资本进入的黄金时期。无限的商机给投资者提供了更多的获利机会。产业的现状对未来的投资者产生两方面的影响：一是来自原有产业的竞争。如果一个投资者进入一个具有一定基础的产业领域，他将遇到原有产业的竞争，原有产业基础越雄厚，其遇到的竞争就越激烈；如果原有产业基础较差，其竞争阻力相应减少。二是产业间的协作。任何一个企业的生存和发展，都需要其他企业的协作。如果没有协作，其发展将是十分困难的。如果一个地区产业基础的现状较好，新加入者将能得到良好的协作。反之，则难以得到协作。因此，投资者充分了解某个地区的产业基础状况，就会减少其投资的风险。基础设施是一项社会性资本，它涉及的领域多，是投资环境的重要组成部分，尤其是对外国投资者更是如此。基础设施建设集中表现在交通运输设施和邮电通信设施两方面。其中交通运输设施主要由两部分组成：交通建筑设施（包括公路、铁路、码头、机场等）和运输设备（包括车、船、飞机、管道等）。邮电通信是信息传递的重要手段。现代社会是信息社会，因此，邮电通信状况的好坏直接关系到投资环境的优劣。

（三）文化背景

社会文化状况包括民族特点、人口构成、语言文字、宗教信仰、历史传统、教育水平、科技水平、风俗习惯、医疗卫生条件以及文化娱乐、体育运动设施等。社会文化现状对经济发展影响重大。其中，教育、科技水平尤为重要。因为它直接关系到劳动力的素质，更关系到产业发展的物质基础。

（四）社会环境

从广义的角度来讲，社会环境所包含的内容极为广泛，上至意识形态、政治法律制度，下至社会组织结构、居民生活水平及社会文化心理，等等。一个稳定和谐的社会环境，是正常的投资活动获利的必要条件。因此，社会环境的稳定与否，往往是投资者首先考虑的问题之一。在社会环境中，投资者关注更多的是社会秩序、政策的连贯性、管理体制及管理水平、政府机关的作风和办事效率、对财产的保护等。一个廉洁高效的政府，不仅得到本地人民的拥护，更受到外来投资者的青睐。

（五）市场因素

任何一个投资者在进行投资前，都必须对投资地区的市场潜力进行调查。投资者不仅要了解投资地区的市场规模，而且更要分析和研究其市场结构，以确定各类市场的大小。市场结构状况对投资者来说更为重要，因为任何投资者都是瞄准某一特定市场来进行投资。市场规模反映的是一个地区市场容量的大小，市场结构则反映的是商品的需求结构，它与地区人均收入水平的构成状况和人口的年龄结构有关。资本品市场结构与产业结构密切相关。对于投资者来说，如果其投资目的是获取或打入某一资本品市场，他就必须对一个国家或地区的产业结构现状及发展趋势有充分的了解，并且能够对其产业的技术装备状况有一个正确的评估。消费品市场结构与居民的收入水平关系密切。随着经济发展水平的不断提高，居民的收入水平差距也会不断拉大，形成多层次的消费结构。既有收入较高的高消费阶层，也有收入较低的中低消费阶层。这对投资者来说，提供了两个富有前景的投资机会：一个是投资开发高档消费品，以满足高消费阶层的消费需求；另一个是投资开发一般消费品市场，以满足中低收入阶层的消费需求。

（六）法制环境

法制环境是投资环境中不可缺少的重要组成部分。尤其是对于那些法制建设不健全，“人治”大于“法治”的国家来说，必须充分认识投资法制环境在投资环境中所占有的重要地位。不仅现时有利于投资的各种因素需要借助法律手段确定下来，并在一定时期内保持相对稳定，使投资安全可靠，有利可图；而且投资环境的改善或改变，也需要借助法律手段推动实现。

投资法制环境的基本内容，即投资行为和投资关系中需要法律明确规定的内容主要包括：（1）投资主体及其地位。即哪些主体可以从事投资活动，参加投资关系，在投资过程中分别享受何种权利，承担何种义务和责任。（2）投资方式。即以何种方式投资，是直接投资还是间接投资；是独资经营还是合资经营或者合作经营；是股票投资还是债券投资或者贷款。（3）投资范围。即可在哪些产业、行业和地区投资；禁止或限制在哪些产业、行业和地区投资。（4）投资者权益。即投资者对投资的权利收益，主要是对投资的处分（投入、转让或回收）和收益，国家对投资是否实行国有化或征收。（5）与投资行为密切相关的问题。如市场的发育程度、经济运行状况、劳动力供应、原材料供应、涉外投资涉及的出入境管理、外汇管理等。投资法制指依法投资的制度，包括投资立法、投资执法和投资司法三个环节。其基本要求是在投资行为中有法可依，有法必依，执法必严，违法必究。

三　投资环境分类

投资环境可以按照投资环境各个因素的性质、功能进行分类。

分类的目的在于深入地研究投资环境的各种属性，了解投资环境各种属性的意义和作用，根据各地不同的实际情况和经济发展的需要，研究制定改善投资环境的各种措施。

（一）按照投资环境作用的范围，可分为国际投资环境和国内投资环境

国内投资环境还可分为全国的、地区的以及本地的投资环境。一般而言，大范围的投资环境比较难以改变，尽管它对投资活动有影响或影响很大。人们更多地只能在深入了解的基础上加以适应，并利用其对我有利的方面。例如，国际投资环境中的许多因素，一个国家或地区是无法左右也无法改变的，但可以利用国际投资环境出现的各种机遇。如第二次世界大战结束以后，国际资本流动规模扩大、流速加快的大环境，给经济欠发达国家和地区带来利用外资加快本国或本地区经济发展的大量机会。同理，国内投资环境相对于国内各地区而言，其提供的投资机遇也是不言而喻的。如 20 世纪 70 年代末中国奉行对外开放的基本国策，给 80 年代初中国经济特区的建立和发展提供了机遇。不过，最能施加影响和加以改善的还是本地区的投资环境，即人们通常所说的营造良好的投资小环境。

（二）根据投资环境各种因素的属性，可分为自然环境、经济环境和社会环境

自然环境指与投资活动有关的自然地理条件，如地理位置、资源状况、气候风景等因素。自然环境是客观存在的，通常情况下难以改变。经济环境包括经济发展水平、资源开发程度、市场发育状况、经济管理制度和政策、能源、交通运输、通信，以及生产性基础设施和卫生娱乐性设施等。经济环境是投资环境中最重要的部分，也是与投资活动最有直接关系的。人们对经济环境的改造和改善具有很大的能动性，因而是研究改善投资环境的主要对象。社会环境指的是历史文化传统、政治的稳定性、法律体系的完整性、政府机构的办事效率和工作作风、劳动力的状况（数量和质量）等。在这些因素中，历史文化传统改变的难度较大，但有一个引导和利用的问题。至于政治体制、法律制度、文化教育水平以及工作效率等，通常可以通过人为的努力而加以改造。因此，改善投资环境，

主要是改善经济环境和社会环境。

（三）参照电脑“硬件”“软件”的分类标准，可分为投资硬环境和投资软环境

投资硬环境是指一个国家或地区的地理位置、资源状况（自然资源和人力资源），以及基础设施，如厂房、道路、生活和娱乐设施、港口、码头、机场、邮电通信设施等因素；投资软环境指的是投资的管理体制、投资政策、优惠条件、法制建设、市场环境、政府机构的办事作风和办事效率等。在投资环境中，硬环境是投资活动的物质前提和物质基础。没有这个基础，一切投资活动都不可能进行。但是，在一定意义上说，投资活动所需的硬环境条件比较容易营造。真正困难的是搞好软环境建设。因为，营造良好的投资软环境，涉及理念的更新，政治及经济体制改革的深化，正确的经济发展战略、方针、政策的制定，以及市场体系的培育，精简机构，简化手续，克服官僚主义作风，防止各种腐败现象等。所有这些不经过艰苦的努力是很难达到的。

值得注意的是，把投资软环境营造仅仅看作是提供更多的优惠条件的做法并不鲜见。例如，许多经济特区为了吸引更多的外资，竞相提供各种优惠，如减免税收、降低地价、租金和劳动价格。在中国，一些非经济特区甚至不顾国家和民族的利益，纷纷出台一些比经济特区还要特的各种优惠条件，形成优惠政策的攀比态势。不可否认，在一定的时期内，一定的优惠条件对投资者来说固然是重要的。但随着经济的不断发展，投资者更多关注的是投资软环境方面。比如，在香港，其地价、税率、工资比其他地区高，外资却仍源源不断地流入香港。究其原因，在于香港实行高度开放的自由港政策，市场体系十分发达，政府尽可能减少对投资活动的干预。

第二节　投资环境的评估方法

目前，国际上对投资环境的评估方法虽然很多，但是还没有形成一个权威的评估标准。比较流行的有下列几种。

一 “等级尺度法”

“等级尺度法”是目前流行最广的一种对投资环境的评估方法，最早见于1969年美国《哈佛商业评论》上。该方法是由美国学者罗伯特·斯托伯（Robert B. Stobaugh）提出来的。罗伯特认为，影响一个国家投资环境的主要因素有下列八大类：资本抽回、外商股权、法令条例之公允性、货币稳定性、政治稳定性、保护关税、当地筹资、近5年通货膨胀率。每大类因素又分成若干子因素，然后根据它们对投资环境的影响程度不同进行评分（表4—1）。

表4—1 等级尺度法投资环境评估表

资本抽回	0—12分
无限制	12
仅有时间上之限制	8
资本上有限制	6
资本及得利皆有限制	4
限制繁多	2
禁止资本抽回	0
外商股权	0—12分
准许并欢迎全部外资股权	12
准许全部外资股权但不欢迎	10
准许外资占大部分股权	8
外资最多不得超过股权半数	6
只准外资占小部分股权	4
外资不得超过股权之三成	2
不准外资控制任何股权	0
法令条例之公允性	0—12分
外商与本国企业一视同仁	12
对外商略有限制但无管制	10
对外商有少许管制	8
对外商有限制并有管制	6
对外商有限制并严加管制	4
对外商严格限制并严加管制	2
禁止外商投资	0

续表

货币稳定性	4—20 分
完全自由兑换	20
黑市与官价差距小于一成	18
黑市与官价差距在一成至四成之间	14
黑市与官价差距在四成至一倍之间	8
黑市与官价差距在一倍以上	4
政治稳定性	0—12 分
长期稳定	12
稳定但因人而治	10
内部分裂但政府掌权	8
国内外有强大之反对力量	4
有政变或激变可能	2
不稳定，激变或政变极可能	0
保护关税	2—8 分
给予充分保护	8
给予相当保护以新工业为主	6
给予少许保护以新工业为主	4
甚少或不予保护	2
当地筹资	0—10 分
成熟之资本，市场公开之证券交易所	10
少许当地资本，投机性之证券交易所	8
有限当地资本，少许外来资本（世界银行及美援等）	6
极有限之短期资本	4
资本之管制甚严	2
高度资本之逃避	0
近 5 年通货膨胀率	2—14 分
小于 1%	14
1%—3%	12
3%—7%	10
7%—10%	8
10%—15%	6
15%—35%	4
35% 以上	2
总计	8—100 分

资料来源：郑天伦主编：《中国经济特区投资环境》，同济大学出版社 1990 年版，第 10—11 页。

“等级尺度法”站在宏观的角度，采取定量分析的方法对一个国家的投资环境进行分析。该方法所考虑的因素比较符合跨国公司对外投资的实际，所列八大因素都是跨国公司对外投资所需考虑的基本因素，而且这些因素的资料相对比较容易取得，分析也比较具体，可以量化，因而被较多地采用。

二 “冷”“热”因素分析法

“冷”“热”因素分析法是由美国学者伊西·利特法克（Isiah A. Litvak）和彼得·班廷（Peter M. Banting）提出来的。他们根据美国、加拿大、南非等国资料的分析，认为影响一国投资环境的因素主要有七个，并将七个因素由“热”到“冷”进行排列。“热”国的投资环境优良，“冷”国的投资环境恶劣。这七个因素是：

（1）政治稳定性。一国政府由各阶层代表组成，深得民心，支持工商业发展，政局稳定，是为“热”因素。

（2）市场机会。该国有众多需求尚未满足，且有购买力，市场机会大，是为“热”因素。

（3）该国经济发展较快且比较稳定，有较高的生产效率，是为“热”因素。

（4）文化一元化。一国各阶层人士的处世哲学、价值观念等都是由其传统文化所陶冶的，即文化一元化程度高，是为“热”因素。

（5）法令障碍。一国法令繁多，且对企业生产、经营阻碍大，此为“冷”因素。

（6）实质障碍。一国地处高山峻岭，气候恶劣，实质障碍大，对企业生产不利，此为“冷”因素。

（7）地理及文化差距。外国投资者所在国与东道国相距遥远，文化各异，社会风俗、语言文字等差异很大，此为“冷”因素。

“冷”“热”因素分析法也是侧重于宏观分析的一种定性分析方法，该方法简单明了。但由于有些因素如政治稳定性和经济发展水平等，很难简单定性为是“冷”还是“热”，这就使得投资者难以准确地对投资环境优劣做出判断。

三　美国道氏化学公司评估法

如果说等级尺度法和“冷”“热”因素分析法侧重于宏观分析而比较抽象的话，那么，美国道氏化学公司投资环境分析法则是侧重于微观方面。该方法把影响跨国公司投资企业经营的因素分成两大类，一类是企业业务条件，另一类是企业的外部压力。每大类又细分为四十个子因素。在对这两大类因素进行评价分析后，再提供方案供投资者决策（见表4—2）。

表4—2　**美国道氏化学公司评估法**

1. 企业外部条件	2. 引起变化的主要压力	3. 有利因素汇总	4. 预测方案
估价以下因素： （1）实际经济增长率 （2）能否获得当地资产 （3）价格控制 （4）基础设施 （5）利润汇出规定 （6）再投资自由 （7）劳动力的技术水平 （8）劳动力的稳定性 （9）投资刺激 （10）对外国人的态度 ……	估价以下因素： （1）国际收支结构及趋势 （2）被外界冲击时易受损害的程度 （3）经济增长相对于预期 （4）舆论界领袖观点的变化 （5）领导层的稳定性 （6）与邻国的关系 （7）恐怖主义骚乱 （8）经济和社会进步的平衡 （9）人口构成和趋势 （10）对外国人和外国投资的态度 ……	对前二项进行评价后，从中挑出8—10个在某个国家的某个项目能获得成功的关键因素（这些因素将成为不断查核的指数或继续做评估的基础）	提出四套项目预测方案：（1）未来的7年中关键因素造成的“最可能”方案。（2）如果情况比预期的好，会好多少？（3）如果情况比预期的坏，会坏多少？（4）使公司“遭难”的方案

资料来源：郑天伦主编：《中国经济特区投资环境》，同济大学出版社1990年版，第12页。

由于道氏化学公司的评估方法是从企业投资的角度，侧重于具体的、软环境条件的分析，其所列的企业内外部条件的因素，可以根据实际情况选定，所以表4—2中没有将其全部列出。结论性的预测方案，是企业投资决策的主要依据。因此，这种分析与评估方法具有一定的参考价值。

四 中国投资环境评估方法

目前，中国尚没有一个统一的、被普遍采用的投资环境评估方法。但对投资环境评估方法的研究并不少见。下面介绍其中的两种比较有影响的方法。

（一）软硬环境条件评估法

软硬环境条件评估法[①]认为，根据中国实际，良好的投资环境应包括保证投资者顺利经营的硬环境和软环境。

1. 硬环境应具备的基本条件

（1）比较优越的自然条件，包括地理位置、气候环境、物产资源、土地资源、人口资源；

（2）完好的基础设施，包括生产厂房、仓库、住宅、供水、供电、陆海空交通、邮电通信、商业服务设施、旅游宾馆、康乐设施等；

（3）较强的教育和科技力量，包括学校教育、科技研究设施、科技人员的数量与质量、外语普及程度、技术工人的数量和素质等；

（4）一定的经济发展基础，包括第一、第二、第三产业发展状况，重点产业发展状况，人均GNP水平等。

2. 软环境应具备的基本条件

（1）稳定的政治环境。包括政局稳定、良好的社会治安、开放政策的稳定性和连续性，以及政治经济体制能否有利于外资企业的发展等。

（2）稳定的经济环境。包括经济政策稳定，有比较明确和正确

---

① 参见郑天伦主编《中国经济特区投资环境》，同济大学出版社1990年版，第13—14页。

的经济发展战略，较高的经济增长速度和发展潜力，较低的通货膨胀率等。

（3）发育的市场环境。包括拥有比较发达的生产资料市场、资本市场、外汇市场、劳务市场、科技信息市场，以及容量较大的国内商品市场，为商品销售提供较大的市场机会。

（4）优惠的外资政策。包括税收、地价优惠，有利于外资经营的控股规定、外资企业经营自主权，方便的进出口管理，允许外汇兑汇和利润汇出。

（5）有效的金融服务。包括比较发达的银行制度，资金筹措和外汇兑换方便以及良好的保险服务、咨询服务等。

（6）健全的法律制度。包括完善的法律体系，严明的执法制度，对外商财产的法律保护，按国际惯例办事等。

（7）较高的办事效率。包括简便的审批程序，较少的政府干预，比较方便的出入境手续等。

在评价投资环境时，除了对上述基本条件进行全面分析外，还应该考虑到不同地区投资环境的突出优势。例如，有些地区具有某种藏量丰富的自然资源，具有自然资源优势；有些地区科技教育比较发达，具有科技优势；有些地区具有良好的港口和其他交通设施，具有交通运输优势；有些地区具有大量未开发土地和剩余劳动力，具有土地和劳务优势；有些地区具有丰富的历史古迹、美丽风光和旅游资源，具有旅游优势；等等。这些突出的优势，如果辅以必要的其他条件，往往就能形成优良的投资环境，成为各国资本竞相投资和开发的理想场所。

（二）地区投资环境评价指标体系①

评价某地投资环境的优劣，必须有一定的评价指标体系，而且为使最终得出的结论具有准确性和科学性，这一评价指标体系应越综合全面越好。地区投资环境评价指标体系包括以下 5 个方面。

1. 地区经济基础及现状水平

具体包括下述几个评价指标：（1）人均国民收入水平；（2）近

---

① 张敦富、杨世祺主编：《中国投资环境》，香港吴兴记书报社 1996 年版，第 96—97 页。

5 年该地区国民收入的年递增速率；（3）人均工业固定资产原值拥有量；（4）地区经济效益水平（可从农业劳动生产率、工业劳动生产率、工业百元资金利税率等方面加以评价衡量）。

2. 地区经济社会发展条件

具体包括下面几个评价指标：（1）地区交通运输条件的好坏，这里用交通便利指数[①]来表示；（2）劳动力资源丰度，用该地区成人识字率与劳动力总数之积表示；（3）地区科技水平，该指标用该地区每千人中科技人员所占数量与每千人专利获批准量的几何平均值表示；（4）市场容量，用该地区人均社会商品零售总额和人口密度两个指标的几何平均值表示。

3. 资源丰度

具体由以下几个评价指标组成：（1）矿产资源丰度，用地区 45 种主要矿产资源储藏价值总量（用人民币元表示）和人均总量的几何平均值表示；（2）水资源，包括水能资源和水量资源两个方面，其丰度指标均用资源总量和人均总量的几何平均值表示；（3）土地资源，包含耕地、林地、草地三个方面，各自的丰度亦都用资源总量和人均总量两个指标的几何平均值表示。

4. 吸引外资的位置、政策条件与现状水平

具体的评价指标包括：（1）地理位置，主要从交通方便和经济开发中所处位置的有利与否等角度来衡量其好坏；（2）国家对该地区采取的优惠投资政策；（3）该地区目前已吸引利用的外资数额大小。

5. 经济活力

其评价指标包括：（1）地区经济开发程度指标，由地区单位国土面积社会总产值与地区全员劳动生产率的集合平均值表示；（2）地区经济自我发展能力，用地区自我积累表示。地区自我积累率等于地区国民收入与地区消费两者差值与总国民收入之比。

---

① 一地交通便利指数 $= \left(\frac{\text{该地铁路、公路、水运总长度}}{\text{地区国土面积}}\right) \div$ 货物平均运距，

其中货物平均运距 $= \frac{\text{地区货物总周转量}}{\text{货运总量}}$。

上述五大方面的评价指标是从宏观的角度对一地的投资环境进行综合透视评价，没有考虑微观方面的因素。

第三节　完善的投资环境是吸引资本的决定性因素

如前所述，影响投资环境的因素很多，这些因素相互影响，相互制约，共同构成一个有机整体。不同的投资环境，各有其具体的条件和要求，这就形成了投资环境自身的基本特征。

一　投资环境的基本特征

（一）综合性

投资环境的基本特征之一，就是它的系统综合性。我们知道，投资环境是由众多因素构成的一个有机整体，这些因素之间又是相互联系、相互制约的。例如，没有良好的基础设施，即使拥有优惠的政策，也没有任何实际意义。同样，有了较好的基础设施，但是没有政策的优惠，这些设施也难以发挥其应有的作用。至于基础设施的各个组成部分之间，软环境的各个因素之间，也都存在着同样的情形。良好的投资环境，是各种因素的综合体。因此，在营造投资环境时，要有总体的、系统的观点，特别要注意各种因素的配套建设，才能发挥投资环境整体的优势。在实际建设过程中，尤其是要注意及时发现投资环境中的薄弱环节，尽快加以改进和改善，使影响投资环境的各个因素相互促进，协调发展。

（二）差异性

投资环境的基本特征之二，是它的差异性。一方面，投资环境有总的要求和标准，这是投资环境的共性；另一方面，每个地区的投资环境又是具体的和各不相同的，这是投资环境的特性。由于各地的自然环境、地理环境、社会文化条件、经济发展条件和发展模式、经济结构以及经济发展水平不同，因而各地投资环境之间存在着很大的差异性，各自有不同的要求。例如，有的地区有利于综合发展，有的地区有利于重点发展某一个或某几个行业；有的地区发展工业具有较大优势，有的地区发展农业则优势更加显著；有的地区适宜于发展旅游业，有的地区则发展其他第三产业更有利；等等。重要的是必须从实际出发，制定具体的发展战略和发展模式，形成各具特点的投资环境。只有这样，才能充分发挥各地的优势。

（三）动态性

投资环境的基本特征之三，是其动态性。所谓良好的投资环境，总是相对而言的，因为投资环境总是处在不断变化的过程之中。一般来说，自然地理因素比较稳定。但是，随着经济的发展和科学技术的进步，人们认识自然改造自然的能力不断增强，自然地理因素也会发生很大的变化。至于社会条件和经济条件，则处于变动的常态之中。在投资环境系统中，某些因素的变化，会相应引起其他因素随之发生变化。投资环境的动态性，要求把改善投资环境作为一项长期的工作，经常自动或主动地调整投资环境各因素的结构，尽量减少由于某些因素的变化对投资环境整体所产生的不利影响，以适应新的形势和投资者的要求。

二　完善投资环境的基本原则

（一）高度开放原则

随着国际分工的高度发展和资本在国家间的大量流动，世界各国之间的相互交往和相互依赖日益加强，经济活动的国际化已经成为世界经济发展的主流。任何国家、任何地区的生产、分配、交换和消费，都不可能独立于世界之外，而必须与外界交往，实行全方位开放（包括对外开放和对内开放）。只有高度开放，才能充分利用别的国家和地区的资金、技术和资源，取长补短，加速本国或本地区的经济建设进程。一般来说，经济特区处在开放的前沿，开放的程度很高。因为只有高度开放，特区市场才能与国际市场衔接，按照国际惯例办事，才能扩大与其他国家或地区之间的科学、文化、经济与技术交流，加速发展对外贸易，实现资金、技术的转移。而资金、商品、人才的自由流动，又是开放市场经济内在的基本要求。这种自由流动的程度对吸引外国投资具有很大影响。一个自我封闭或开放程度很低的地区是没有吸引力的。

（二）系统性原则

这是投资环境的内在要求。投资环境是由众多因素组成的有机整体，其中一个因素独具优势并不能说明投资环境的优劣。但其中任何一个因素有明显的不足，则都会影响到投资环境整体的优劣。这正如“水桶原理”① 一样。因此，对投资环境进行改造，必须对其所有因素进行通盘考虑，决不能只片面地突出某一个因素。改善投资环境是一项系统工程，它涉及众多部门，如规划、财政、金融、工商、税务、海关、商检、边检、环保、法律以及生活服务等部门，需要这些部门的密切配合。投资环境又是一个动态的发展的系统，是在激烈的国际国内竞争中形成起来的，并在激烈的竞争中显示出不同投资环境的优劣。这种国际国内竞争，不是某一个方面的竞争，而是整体性竞争。充分认识这种竞争性，才能对投资环境的改善持积极的态度。除了国际和国内竞争外，在特区内部还存在各行各业之间的竞争，这就要求中央和地方政府在制定有关法律和政策时加以协调，以便引导外资投向符合既定经济发展战略的行业或产业。

（三）大小环境相结合原则

一国的投资环境相对于国际投资大环境而言是小环境，经济特区的投资环境相对于全国来说是区域性的小环境。区域性投资环境的改善，是为外资的进入和生存提供条件。如完善基础设施、实施某些优惠政策、实行特殊的管理体制等。设置经济特区，是为了在较短的时间内营造一个适宜外商投资的“小气候”。但是，区域投资环境特别是投资软环境受全国投资环境的影响很大。在一个政局动荡不稳、国内骚乱和恐怖活动不断的国度里，无论其设置的经济特区的投资环境多么优越，条件多么优惠，国际游资是很难涉足此地的。区域投资环境的局限性和依赖性，集中表现在全国利用外资的战略、管理体制、政局的常态、领导层的变更等大环境或“大气候”。全国“大气候”的变化对经济特区“小气候”的影响极大，而这些又不是特区本身所能为的。所以，改善经济特区的投资环境

① “水桶原理”的基本内涵是指水桶的最大容积是由构成水桶的多块木板中最短的一块决定的。

决不仅仅是特区自身的事情，国家也要在全国范围内造就良好的“大气候”。

第四节　经济特区投资环境比较研究

自1547年意大利热那亚湾里窝那港建立世界上第一个自由港以来，自由贸易区、自由关税区、出口加工区、投资促进区、科学工业园区等各种类型的经济性特区如雨后春笋般地迅速发展起来。建立经济特区已经成为一种世界性潮流，不论是发达国家还是发展中国家，都设有各种类型的经济性特区。据不完全统计，目前，全世界已经建立了各种类型的经济性特区600多个，遍布世界各大洲。其中以美国为最多，仅自由贸易区就有90多个。[①] 经济特区的创办，为设区国（特别是发展中国家）和地区发展对外贸易，引进外资、技术和管理经验起到了极大的促进作用。

一　中外经济特区投资环境比较

投资环境的优劣直接决定吸引资本能力的大小。从根本上说，无论哪种类型的经济特区，都必须为投资者提供一个良好的投资环境。营造理想的投资环境，就是通过降低投资者的投资风险和成本，提高其利润率，从而吸引更多的投资。与国外经济特区尤其是与“亚洲四小龙”相比，中国经济特区的投资环境具有以下特点。

（1）政局稳定，经济持续稳定上升，国内资源比较丰富，市场潜力很大。这个“大环境”是任何亚洲国家和地区所无法比拟的，因而引起国外投资者在中国投资的广泛兴趣。中国是一个拥有众多人口和资源比较丰富的大国，国内市场容量和发展潜力很大，经济正以前所未有的速度持续稳定增长，这些都是有利于吸引投资的宏观环境。

（2）特区地理位置得天独厚，基础设施建设粗具规模。中国的5个经济特区均位于华南沿海风景秀丽的港口和主要进出口岸，其

① 高同星主编：《中国经济特区大辞典》，人民出版社1996年版，第86页。

中深圳和珠海毗邻港澳地区，而且是著名的侨乡，具有地理、社会、历史、自然的独特优势。自创办经济特区以来，中国几个经济特区始终把基础设施建设放在重要地位上。目前，几个特区分别建有机场、港口、码头、高速公路，交通十分便利，城市基础设施建设也成就斐然，高楼林立的现代化都市已经成型。

（3）投资政策优惠，投资者深感有利可图。与亚洲其他国家和地区相比，中国经济特区在税收、土地开发、使用和标准厂房出售、租赁、劳工工资等方面都具有优势（见表4—3、表4—4）。

表4—3　　**中外经济特区税收优惠政策比较**

项目 国家或地区	关税和工商统一税（货物税、营业税）	企业所得税	个人所得税	工人月工资（港元）
中国台湾	生产资料进口免征货物税、关税、营业税；加工区内产品出口免征出口税	25%，高科技工业和工业园为22%	6%—60%	2300
新加坡	除烟、酒等26种限制进口的商品课税，余者均免征	40%，免税期5—15年	4%—45%	3000
中国香港	除烟、酒等少数商品征税外，其余均免征进出口税	无限公司为15%，有限公司为18.5%，利息税10%	5%—25%	2900
韩国	生产资料进口免征关税，产品出口免征出口税	所得税6%—58%，利息税为20%—40%	8%—70%	1570
菲律宾	同上	法人税为10%—35%	3%—70%	235
深圳	对17种限制进口商品征工商统一税，对烟、酒和其他生活资料在额度内减半征收	15%，利息税10%	月收入800元以上为5%—45%	800—1000

资料来源：转引自张敦富、杨世祺主编《中国投资环境》，香港吴兴记书报社1996年版，第139页。

表4—4 **“亚洲四小龙”土地、标准厂房的售价和租金与中国经济特区比较**

项目	台湾地区		香港	韩国（马山）	新加坡	深圳特区	备注
	加工区	工业园					
土地开发费	16. 2	38. 7	133. 5		32. 4	68. 6	台湾为三个出口加工区的平均数，深圳为三类地区的平均数，台湾地区和韩国为60年代数据
土地使用费	0. 73	1. 2		0. 64	地产税税率25	0. 46	
厂房年租金	4	25. 9—28. 5	26. 3—46. 3	5. 16	58. 2—96. 2	33. 9—36	
厂房平均售价			413. 9	63. 2	428. 8	171. 4—200	
土地使用年限		1997年前	30		30		

资料来源：郑天伦主编：《中国经济特区投资环境》，同济大学出版社1990年版，第13页。

（4）加强法制建设，保障投资者的合法权益。中国自实行对外开放的基本国策以来，先后颁布了如《中华人民共和国中外合资经营企业法》（1979）、《广东省经济特区条例》（1980）、《中华人民共和国涉外经济合同法》（1985）、《中华人民共和国外资企业法》（1986）、《国务院关于鼓励中外合资经营企业外汇收支平衡问题的规定》（1986）、《国务院关于鼓励外商投资的规定》（1986）、《中华人民共和国中外合作经营企业法》（1988）、《外商投资开发经营成片土地暂行管理办法》（1990）、《国务院关于鼓励投资开发海南岛的规定》（1988）、《中华人民共和国外商投资企业和外国企业所得税法》（1991）等有关涉外经济法律、法规50多个。为了加快经济特区法制建设，全国人民代表大会先后给予深圳、海南、厦门几个经济特区省级立法权。各个经济特区根据自身的实际情况，也已制定了若干地方性法规、条例、办法和实施细则等，这些法律法规对投资者的合法权益提供了法律上的保障。

（5）在社会环境方面，尚有许多不尽如人意之处亟待改进。集中表现在如下方面：一是管理体制还不能完全适应外向型经济发展的要求。经济特区建立以来，其管理体制虽然进行了积极的探索和大胆的改革，但还没有完全跳出原有体制的框框，新的体制尚未完全形成，特区的特殊政策和灵活措施未能有效地贯彻执行。政府机构庞大、官僚主义作风、管理方法落后、办事效率低下以及各种腐败现象严重，绝不是对经济特区的诋毁。二是缺乏比较完备的法规体系。现有的法律法规还不很完善，有些法规、条例没有实施细则，操作起来比较困难。对法律法规的宣传力度也不够，致使投资者普遍感到法律的透明度不高。同时，在执法过程中，有法不依、执法不严、权大于法、“人治”大于“法治”的现象时有发生。三是投资服务质量欠佳。与“亚洲四小龙”相比，中国经济特区的投资服务远远不能满足客商的要求。尤其是对外商而言，他们来特区投资，人地生疏、语言不通、风俗各异、沟通困难，因而特别希望得到当地政府部门的帮助。在这方面，台湾地区的做法值得借鉴。台湾地区的出口加工区之所以能吸引大量的外资，其中一个很重要的原因就是他们为外商提供优良的“一条龙”服务。凡是想来台湾投资的外商，从他产生投资欲望的时候开始，直到投资活动完成，无论遇到什么困难，大至有关法律，小到个人生活细节，都能得到免费服务和热情的帮助。中国经济特区目前还没有这种完善的服务，使外国投资者裹足不前。

二　中国经济特区投资环境综合评价

中国经济特区投资环境的评价，属于地区性投资环境评价的范畴。各个经济特区的投资环境具有一些共同性，如政治制度、文化观念和宏观市场容量等。此外，还有许多因素如地理位置、资源条件、投资的优惠政策等无法量化评价。这里选择三大类、12 个可以量化的指标[①]（见图 4—1）来进行综合评价（各指标的分值见表 4—5）。

① 参见王益平、倪云虎《我国东南沿海城市台商投资环境的综合评价》，《浙江大学学报》（社科版）1992 年第 3 期。

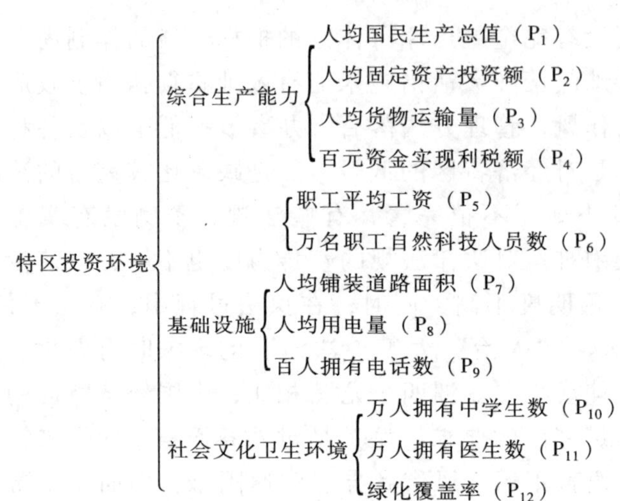

图4—1 中国经济特区投资环境综合评价体系

表4—5 **中国经济特区投资环境综合评价指标确定分值**

确定分值	5	6	7	8	9
指标	P_3、P_9、P_{11}、P_{12}	P_6、P_7、P_8、P_{10}	P_4、P_5	P_2	P_1

中国五个经济特区投资环境综合评价的分值如表4—6。

表4—6 **中国经济特区投资环境综合评价分值**

特区	P_1	P_2	P_3	P_4	P_5	P_6	P_7	P_8	P_9	P_{10}	P_{11}	P_{12}	总分
深圳	9	8	5	3	5	1	6	6	5	6	5	5	64
珠海	7	8	4	2	5	5	6	6	5	6	3	3	60
汕头	2	8	1	3	6	1	3	1	3	4	2	5	39
厦门	4	4	3	7	7	2	6	3	2	4	3	5	50
海南	1	1	4	1	7	1	4	1	2	4	2	3	31

资料来源：根据《厦门经济特区年鉴》（1991）、《汕头经济特区年鉴》（1991）、《海南统计年鉴》（1991）、《广东省统计年鉴》（1991）整理。转引自张敦富、杨世祺主编《中国投资环境》，香港吴兴记书报社1996年版，第137—138页。

从评价结果来看，五个经济特区的得分均不算高。得分最高的深圳经济特区为64分，为满分75分的85%，其他几个特区的得分更低。海南经济特区得分最低，仅为31分，仅为满分的41%。即使是得分最高的深圳经济特区，也不是说投资环境的所有内容都好。例如，深圳科技人员占职工人数的比例得分仅为1分。此外，还有许多不可量化的因素或多或少存在着这样或那样的问题。因此，如何进一步完善投资环境，仍是中国经济特区所面临的一项长期任务。

第五章

利用外资与特区经济发展

特区经济发展的重要特征之一是建设资金以利用外资为主。因此可以说，能否吸引更多的外商来经济特区投资，是衡量经济特区建设成功与否的一个重要标志。本章围绕利用外资这个中心，从利用外资的形式、利用外资的宏观管理以及经济特区发展对外投资几个方面，探讨经济特区如何做好利用外资工作，解决经济特区建设所需资金不足的问题。

第一节　利用外资的内涵及其分类

一　利用外资的内涵

所谓“外资”，通常指的是一个国家或地区从境外引入的资金或资本的总称。外资一般包括以下三种形式：一是货币资本。包含外商直接投资于企业或其他领域的货币资本、企业和政府在国外的借款，以及接受的馈赠（货币）。二是实物资本。包含机械设备（如生产线、装配线以及各种设备和零部件）、原材料、半成品等。三是无形资本。主要包含知识产权（如专利权、技术诀窍、商标使用权），以及生产、技术等方面的信息、服务（提供市场渠道、销售技术、传授技术、培训人才、提供咨询）等。

利用外资是指资本输入国或地区借用外国或地区资本的活动。从狭义上讲，利用外资与引进外资同义；从广义来看，利用外资不仅包括资本“输入”，而且还包括资本“输出”。即不受国土疆域的限制，到其他国家或地区进行投资活动而利用当地的资本或资源。

从资本运动以及资本的物质内容来看，资本输入国或地区利用外资实际上是利用资本输出国或地区的部分生产要素。对资本输出国来说，则是通过对外投资或贷款而利用资本输入国或地区的部分生产要素。经济特区的发展，是与充分有效地利用外资分不开的。

二　利用外资的分类

根据不同的分类标准，利用外资可以做多种划分。根据中国经济特区的实际情况，同时也为了适应统计指标的口径，利用外资一般可分为直接利用外资和间接利用外资两大类。

（一）直接利用外资

直接利用外资是指资本输入国或地区吸引国外资本直接投入本国或本地区企业或其他有关单位，用于生产和经营，并允许投资者参与经营管理、分享经营成果的吸引外资方式。其基本形式主要是开办“三资”企业，即合资经营企业、合作经营企业和外商独资经营企业。此外，“三来一补”和国际租赁这种投资方式，对外国投资者来说，也属于直接投资的范畴。

1. 合资经营企业

又称股权式合营企业，是指两国或地区或两国以上的投资者——企业和其他经济组织或个人，在平等互利原则的基础上，根据国际惯例及东道主的法律，通过签订合同而举办的共同投资、共同经营、共担风险、共负盈亏的合营企业。这种合营企业的合作各方不论以何种形式的资本（如货币、实物、知识产权以及技术专利等）投资，都必须作价计算出各自出资的股权比例，并按照这种比例分享利润，分担风险。合资经营企业在合作期满以后，可以续约继续合作。如果合同终止，在对企业的处置上，则必须首先对企业进行清产核资，然后对企业的债权债务根据合作各方出资的股权比例进行分摊，同股同权同责。如深圳旭日印刷有限公司，是由深圳石油化学工业公司与香港旭日株式有限公司合资经营的，公司协议投资 1420 万港元，双方各出资 50%，合营期限 15 年。

2. 合作经营企业

又称契约式合营企业，是一种以比较灵活的方式组织起来的具有有限责任的国际经济合作形式。在这种合作形式下，各方当事人以签订协议或合同的方式来具体规定合作各方的权利和义务。一般来说，这种合作方式由外国投资者提供资金、技术、设备、原材料、知识产权等，东道主一方则负责提供土地、厂房以及其他可以利用的设施和劳动力。合作期满以后，既可以续约继续合作，也可以终止合作。如果合作终止，企业则无偿交给东道主一方所有。

合作经营企业与合资经营企业的主要区别在于，合作经营企业不是用货币计算股权，也不按股权比例来分享利益和分担风险，而是按照协议来确定投资各方的权利和义务。如深圳饮乐汽水厂就属于这一类。该厂由中方提供生产场地、仓库和办公用地（不计折旧与使用费），提供劳动力和相应的管理人员，负责进出口报关手续，采购国内能够提供的原材料、物品等。外商负责提供罐装、瓶装生产流程的整套先进机器设备费用和技术，负责安装费用和技术指导，提供维修配件和维修工具，提供附属设备及化验仪器，提供厂内生产、生活用运输工具及空瓶、空罐、包装材料，负责培训生产技术工人，提供 50 万美元流动资金（年利率为 7 厘，在合作厂的纯利中分期分批偿还）。合作期 15 年。企业利润分成头 5 年中方分 55%，外商分 45%。5 年以后，中方分 60%，外商分 40%。合作期满后，该厂全部财产设备归中方所有。

3. 外商独资经营企业

它是外国投资者按照东道主的有关法律规定在东道主境内兴建的全部资本由外国投资者投资的企业。这类企业由外国投资者独自经营、自负盈亏，企业的产、供、销均由外国投资者自行负责。企业在依法经营、照章纳税的前提下，东道主一般不得随意干预企业的生产和经营活动。如由泰国和美国投资者投资组成的正大康地有限公司在深圳投资兴建的饲料加工厂、种猪场和种鸡场就是这种类型的企业。

4. “三来一补” 企业

通常是指来料加工、来样加工、来件装配和补偿贸易。来料加工指外国投资者提供部分或全部原材料、辅助材料和包装材料，必要时提供设备。东道主企业按照合同规定的质量、规格和式样进行加工，产品交给外国投资者，东道主收取加工费。来样加工指东道主企业按照外国投资者提供的样品款式、规格等进行加工生产，产品交给外国投资者，东道主收取材料费和加工费。来件装配指外国投资者提供装配所需的零部件、元器件，必要时提供技术和设备，东道主企业按照外商的要求进行装配，产品交给外商，东道主企业收取装配费。此外，在农业方面，还有一种来“种”饲养，即由外商提供优良种畜、种禽、种苗以及饲料等，由东道主企业进行种养。生产出来的农副产品交给外国投资者，东道主企业收取种养费。以上通称“三来企业”。

“三来企业”的共同特点是，外国投资者提供原材料、样品或零部件，必要时还提供有关的机器设备、工具，东道主企业按照外商的要求加工生产，产品全部交给外商销售。东道主企业对生产的产品没有所有权，也不参与产品的流通过程，只收取加工费。

补偿贸易是在易货贸易的基础上发展起来的一种与信贷相结合的贸易方式。即买方在信贷基础上从卖方进口机器、设备、专利和劳务等，然后用商品或劳务支付贷款。其中，买方以进口设备生产的产品支付货款的，称为“回购”；买方用双方商定的其他商品和劳务支付货款的，称为“互购”。补偿贸易是外商在东道国直接投资的一种形式，其特点是，东道国不需要使用现汇，一般由外国投资者提供生产设备和技术，东道国企业负责组织生产，以返销其产品或由双方商定的其他方式分期偿还对方提供的设备、技术价款。如深圳光明华侨畜牧场的牛奶场，就是与香港豆品公司合作，由外商提供4600万港元，引进新西兰良种奶牛1750头，引进具有国际先进水平的瑞典制造的“鱼骨式”自动挤奶机和其他先进设备，生产瓶装和纸盒装的“维他纯鲜牛奶”，由港商在香港销售。

补偿贸易不同于来料加工等形式。在补偿贸易形式下，东道国虽然贷款没有付清，但对设备和物资拥有完全的所有权和使用权。用这些设备和物资兴建的企业完全归东道国所有，东道主自己管理，自负盈亏。而来料加工等形式对进口物资不具有所有权，只有使用权。如果使用不当、保管不善或加工时超过正常的损耗，则需赔偿。补偿贸易与“三来企业”一起，通称为“三来一补”。

5. 国际租赁

它是一种把商品贸易与一定时间内出让资产使用权相结合的贸易方式，也是一种利用外资和引进技术的形式。国际租赁通常是指拥有资产所有权的出租人，在一定时间内（一天、一月、一年不等）将其资产使用权提供给承租人使用，并向承租人收取预定的租金。其具体做法，有的是由外国投资者与东道国共同组成租赁公司；有的是直接由外国投资者向东道国开展租赁业务，将一些机器设备、交通工具甚至整个工厂交给东道国和承租方使用。除了机器设备以外，有的还可提供相应的技术服务、原料、燃料和零部件等。在租约期满后，承租方可以用较低的价格把租赁的东西买下来，也可以归还给出租方。

国际租赁的特点是，东道国不需要花费外汇购买机器设备或其他东西，只采用支付租金的形式，即可获得这些资产的使用权来发展生产。如深圳工业发展公司与日本伊藤忠商事株式会社等7家日本租赁公司合资兴办的中日（深圳）租赁有限公司，主要经营建筑工程机械的租赁和维修，建筑机械、材料和零部件的出售，有关工程技术信息的咨询以及提供生产线成套设备、电子计算机等租赁业务。

（二）间接利用外资

间接利用外资是指资本输入国或地区通过国际的信贷关系或国际经济援助引入外国资本的利用外资方式。这种投资方式，对外国投资者来说，属于间接投资。其具体形式有国际贷款、国际证券投资和国际无偿援助。

1. 取得国际贷款

包括外国政府贷款、国外商业贷款和国际金融组织贷款。

外国政府贷款是指一国政府用其预算资金向另一国政府提供的优惠性贷款。这种贷款利率低，贷款期限长，包含了很大的赠予成分（一般在25%以上），具有双边经济援助性质。在政府贷款中，绝大部分是发达国家向发展中国家的援助性贷款，少部分为发展中国家向其他发展中国家提供的属于南南合作的贷款。政府贷款在国际资金市场中所占比例很少，但对发展中国家来说仍是一种条件优惠的利用外资途径。

国外商业贷款是指借款者为了本国或本地经济建设的需要，支持某一个建设项目或其他一般用途而在国际资金市场上向外国银行商借的贷款。这种贷款的借款人通常是企业，贷款利率由国际资金市场供求关系确定。在中国，目前企业还不能直接向外筹资，一般都是通过银行进行的。所以，这种贷款基本上是一种银行间的信贷。国外商业贷款方式大体上分为两种：一种是双边的，即由两国银行间签订信贷协议；另一种是多边的，即由几家银行（可分属于几个国家）组成银行集团提供贷款（也称银团贷款）。银团贷款一般金额较大，贷款期限较长。

国际金融组织贷款主要有国际货币基金组织贷款、国际复兴开发银行贷款、国际开发协会贷款、国际金融公司贷款以及一些地区性国际金融组织的贷款。

国际货币基金组织是第二次世界大战之后，由以美国为首的44个国家发起，于1945年在美国布雷顿森林会议上成立的世界性国际金融组织。该组织的贷款，主要用于解决会员国短期的国际支付困难和稳定汇率。由于它的贷款条件比较苛刻，并且经常以检查借款国的调整计划和政策措施为名，干预借款国的内政，因此曾引起许多发展中国家的不满。但是它的贷款规模较大，利率较商业贷款低，甚至比其他国际金融组织贷款都低，因而又受到不少借款国的欢迎。

国际复兴开发银行（又称世界银行）于1945年12月与国际货币基金组织同时成立。它有两个附属组织：国际开发协会和国际金融公司。三者合称“世界银行集团”。这3个国际金融机构提供的贷款各不相同。

世界银行的主要作用是向成员国政府（或经政府担保的私人企业）提供中长期贷款，协助成员国的经济复兴、资源开发。贷款期限可长达25年，贷款利率随国际金融市场的利率变化定期调整，贷款的使用须由世界银行监督。

国际开发协会向最贫穷的发展中国家（有会员国资格）提供长期贷款。贷款条件比世界银行优惠，贷款期限一般为50年，不收利息，只收取0.75%的手续费。而且可以用借款国货币偿还，但贷款的金额不大。国际开发协会的贷款具有援助性质。

国际金融公司的主要业务是专门对成员国及其私人企业进行贷款和投资，不需要成员国政府担保。贷款期限一般为7—15年，贷款利率视资金投放的风险及预期收益等因素来决定，一般说来略高于世界银行贷款。国际金融公司的贷款条件并不优惠，利率基本上同国际资金市场利率不相上下。唯一的优点是，在提供贷款的同时，还提供技术援助和进行投资。

2. 吸收国际证券投资

国际证券投资是指以购买国际有价证券的形式而进行的投资。一般由两大部分组成：国际债券投资和国际股权投资。

国际债券投资指的是在国际债券市场上购买国际债券。吸收国际债券投资，就是在国际债券市场上发行国际债券吸引外国人来购买。国际债券按发行场所与面值货币不同，可分为外国债券和欧洲债券。20世纪60年代欧洲债券产生之前，国际债券只有一种形式，即所谓外国债券。它是指一国借款者在另一个国家发行的以这个国家货币计价的债券。外国债券的特点是，债券的发行单位属于一个国家，而债券的面值货币和债券的发行地点则为另一个国家。外国债券市场主要有美国、瑞士、德国和日本四大市场。以新发行的外国债券总额计算，四大市场占整个外国债券市场发行额的95%。欧洲债券是20世纪60年代出现的一种新型债券。它是指一国债券发行人在外国的债券市场上以欧洲货币（第三国货币）面值发行的债券。欧洲债券也包括投放在中东和亚洲美元区的债券。欧洲债券的特点是，债券发行单位、债券面值货币、债券发行地点（即债券市场所在地）分属不同国家。

此外，国际债券还可按期限长短不同，分为中期债券（1—5年）和长期债券（5年以上）；根据发行人的性质不同，国际债券还可分为政府债券（中央或地方政府发行的债券）和公司债券（由银行、企业等非政府法人发行的债券）；按照发行方式不同，国际债券又可分为公募债券（在证券交易所上市的债券）和私募债券（不在证券交易所上市的债券）。

国际股权投资是指在股票市场上购买上市的外国企业股票。所谓吸收国际股权投资，就是在本国股票市场上或外国股票市场上出售本国企业的股票，以吸引外国投资者前来购买。其中在外国股票市场上，一般可直接用外国货币购买；在本国股票市场上，外国投资者可将外汇兑换成本国货币或直接用外汇来购买。

需要指出的是，在国际股权投资时，投资者购买别国企业的股票，如果达到足以对该企业进行控制时，一般算作国际直接投资。至于需要拥有多少股权，各国的规定不尽相同。如美国规定凡拥有外国企业股权大于10%以上为直接投资，不足10%的属于国际证券投资中的股权投资。

3. 接受国际无偿援助

国际无偿援助，包括外国政府的、国际组织的和私人的无偿援助。一般来说，这种援助通常是某个国家或地区在遇到天灾（如地震、洪涝灾害、海啸、干旱等）或者人祸（如内乱、政变、种族大屠杀、教派互相残杀等）时，由国际社会无偿提供。其中外国政府提供的无偿援助考虑更多的是双边关系，而国际组织和个人则主要是从人道主义的角度出发提供无偿援助。这种援助既有货币形式的，也有物资、技术形式的。国际无偿援助的特点是无偿性，即受援者不需要付出任何代价，也没有任何附加条件。因此，这种援助对受援者来说，可谓是“韩信点兵，多多益善”。

三　利用外资是对外开放的重要形式

（一）对外开放，利用外资，是现代经济发展的必然趋势

随着社会化大生产的不断发展，商品市场的进一步扩大和科学技术的巨大进步，任何一个国家要加快经济建设，都不可能孤立于世界范围之外，总是要同其他国家或地区发生经贸往来，且紧密相连，相互促进。早在19世纪40年代，马克思、恩格斯在《共产党宣言》中指出：资产阶级由于开拓了世界市场，使一切国家的生产和消费都成为世界性的了。尽管在这个过程中资产阶级使用了经济和超经济的最残暴手段，建立了殖民体系，在经济上和领土上瓜分世界，但同时也打破了民族的闭关自守的状态，促使了各民族之间

经济上的互相依赖，逐步取代了原来闭关自守、与世隔绝和自给自足的状态。这就是说，资本主义的发展和生产的社会化，不仅冲破了国与国之间的界限，而且世界经济也变成了一个相互依存、不可分割的整体。在这统一的世界经济体系中，不论是资本主义国家还是社会主义国家，也不论是发达国家还是发展中国家，彼此之间都必然要发生各式各样的联系。特别是在当代世界科学技术高度发展，各国之间的经济文化交流日益广泛的情况下，更不能闭关锁国，隔绝于世。因为，不论哪个国家，都不可能拥有发展本国经济所需的全部资源、资金和技术，总是有自己的优势和劣势。有的国家在经济技术上可能比较发达，但在自然资源和人力资源方面则可能比较贫乏；有的国家在自然资源上比较丰富，但在技术方面可能比较落后。即使有的国家经济技术力量比较雄厚，各种资源也比较丰富，也不可能一匡无遗。这就需要利用别的国家的长处来弥补自己的不足，以加快自身经济的发展。

因此，对外开放，大量利用外资，实际上已经成为世界不可阻挡的潮流和社会历史发展的必然趋势。哪个国家对外开放，引进外资，紧紧地把本国的经济建设同国际经济技术合作联系在一起，它就会很快得到发展；哪个国家闭关自守，采取封闭式的经济发展战略，它就必然落后。

（二）实行对外开放，大量利用外资，是中国现代化建设的客观需要

中国是一个历史悠久的文明古国，曾经有过辉煌的时代闻名于世。但自近代开始，中国逐渐落伍于世界。中华人民共和国成立之前，一方面由于外部帝国主义列强尤其是日本帝国主义的武装侵略，另一方面由于内部国共两党长期内战特别是规模空前的三年解放战争，使得整个国民经济面临着崩溃的边缘。中华人民共和国成立以后，在中国共产党的领导下，经过全国人民的共同努力，国民经济虽然有了很大的发展。但是，中华人民共和国是在半殖民地半封建社会的基础上建立起来的，不仅底子非常薄弱，而且对如何建设社会主义也缺乏经验。再加上中国是世界上人口最多的大国，长期以来来自于意识形态领域的纷争，又严重阻碍了社会生产力的迅

速提高。直到20世纪70年代末，中国除了生产水平、技术水平、管理水平大大落后于发达国家外，社会主义现代化建设所需的资金十分匮乏。在这种情况下，要想从根本上改变中国经济落后的状况，彻底摆脱贫困局面，就不能故步自封，关起门来搞建设。必须实行对外开放，把视野从国内范围扩展到世界范围。引进外资，引进先进技术，引进科学的经营管理方法，以及引进各种新知识、新观念、新文化、新思想，取人之长，补己之短。对此，1983年9月3日，《中共中央 国务院关于加强利用外资工作的指示》明确指出："利用外资，引进先进技术，对于加快我国社会主义现代化建设具有重要的战略意义。我国在实现四个现代化的过程中，面临着资金不足和技术落后的问题。解决这些问题，主要应当依靠我国自己的力量。同时又要积极利用外资，引进先进技术，发展生产，以保证90年代的经济振兴和到本世纪末实现工农业的年总产值翻两番的宏伟目标，使社会主义现代化建设事业得到更迅速的发展。"

应当指出，实行改革开放，从国外大量引进资金、先进技术和科学的管理方法，不但有利于我国社会主义现代化建设，而且也是符合马克思主义的基本原理。早在俄国"十月革命"胜利后，列宁根据当时的国际形势和俄国革命的实践，就曾创造性地提出利用资本主义来建设社会主义的问题。列宁指出："在一个小农生产者占多数的国家里，实行社会主义革命必须通过一系列特殊的'过渡方法'，这个办法就是应该利用资本主义（特别是把它引导到国家资本主义的轨道上去），作为小生产和社会主义之间的中间环节，作为提高生产力的手段、道路、方法和方式……"① 列宁强调："当我们国家在经济上还极其薄弱的时候，怎样才能加速经济的发展呢？那就是要利用资产阶级的资本。"② 列宁甚至提出：社会主义等于"苏维埃+普鲁士的铁路管理制度+美国的技术和托拉斯组织+美国的国民教育+……"③ 因为科学技术和先进的经营管理经验都是人类在长期的生产斗争和科学实践活动中创造的，是人类的共同财

① 《列宁全集》第32卷，人民出版社1963年版，第342页。

② 《列宁全集》第31卷，人民出版社1958年版，第392页。

③ 《列宁文选》第3卷，人民出版社1972年版，第94页。

富，本身并没有阶级性，资本主义可以用，社会主义也完全可以用。邓小平同志指出："要弄清什么是资本主义，资本主义要比封建主义优越，有些东西并不能说是资本主义的。比如说技术问题是科学，生产管理是科学，在任何社会，对任何国家都是有用的。我们学习先进的技术、先进的科学、先进的管理来为社会主义服务，而这些东西本身并没有阶级性。"① 当然，资本家不是慈善家。外资、国外的先进技术设备和科学的经营管理方法是掌握在外国资本家手中，从他们那里引进，不可避免地要付出一定的代价。但从长远来看，可以加快我国社会主义现代化建设，因此做出一点让步也是必要的。对此，列宁曾指出："让步就是使外国资本家有利可图，因为外国资本家如果没有起码的活动条件，是不会到我们这里来的。"②

更何况，资本主义已经发展了几百年，拥有了比较雄厚的物质基础、先进的科学技术和丰富的经营管理经验。如果对这些不学习、不吸收，甚至拒之于千里之外，不但与马克思主义关于批判、继承的观点背道而驰，而且也使社会主义要在劳动生产率上，在经济发展速度上赶上乃至超过资本主义将遇到很大困难，社会主义的优越性也将变成一句空话。正如列宁所说：假若苏维埃政权"没有外国的装备和技术帮助，我们单靠自己的力量，就无法恢复破坏了的经济"③。"已经夺取政权的工人阶级……给自己提出的任务，是要把资本主义所积累的一切最丰富、历史上是我们必需的全部文化、知识和技术，由资本主义的工具变成社会主义的工具。"④

---

① 《邓小平文选》（一九七五——一九八二年），人民出版社 1983 年版，第 310 页。

② 《列宁选集》第 4 卷，人民出版社 1972 年版，第 632—633 页。

③ 《列宁全集》第 30 卷，人民出版社 1963 年版，第 171 页。

④ 《列宁选集》第 27 卷，人民出版社 1963 年版，第 396 页。

第二节　经济特区利用外资的宏观管理

一　利用外资宏观管理的目标与原则

（一）利用外资宏观管理目标

管理目标是经济运行过程中的出发点和归结点，往往由一个总目标和多个局部目标（分目标）共同组成。经济特区利用外资宏观管理的总目标是：保证外资与特区内的其他经济力量协调均衡地运行，充分发挥外资对促进特区经济发展的积极作用，消除其可能扰动经济的消极因素，使特区经济健康发展。对外资宏观管理的局部目标有两类：一是系列性目标，包括引导外资的投向，形成合理的产业结构，利用外资促进先进技术和适用技术的引进，提供更多的就业机会，推进出口创汇的发展，以及提高效益、增加财政收入等。二是阶段性目标，即经济特区在不同发展阶段通过利用外资要达到的目标或发展战略如进口替代，出口导向等。总目标与局部目标的关系是辩证的，紧密相连的。总目标寓于局部目标之中，总目标的内涵决定了局部目标的内容和方向，局部目标的实现又促进总目标的实现。

必须强调指出，外资活动只是特区各种经济活动中的一部分，具有区别于其他经济活动的特殊性。所以，为保证外资宏观管理目标的实现，必须处理好以下两方面的关系：

一是外资管理与经济特区国民经济管理的关系。相对于外资活动而言，经济特区的国民经济运行乃是一个大系统，外资的运行只是这个大系统中的一个子系统。所以，对外资宏观管理的目标，实际上只是这个大系统中的系列目标之一，必须服从于特区国民经济管理的总目标。当然，这种服从不是完全被动的，而是能动地与总目标一致。外资管理总目标的实现，有助于特区国民经济总目标的实现。因此，在制定利用外资的政策、规章、制度和各种管理措施时，必须注意与特区国民经济管理的总目标保持一致。

二是外资宏观管理与外资企业微观活动的关系。微观经济活动通常是指单个企业、单个市场主体的活动，主要解决企业的生产动机、品种和数量等问题。外商投资的动机多有不同，外资企业的微观活动也是多姿多彩。根据日本对其本国 118 家对外投资企业的动机调查，这些企业海外投资的动机虽然不完全一样，但有一点是共同的，那就是或多或少都会给东道国带进一些不利因素，如占领当地市场，冲击东道国的民族工业等。① 所以，外资企业的微观活动与东道国对外资的宏观管理目标经常会出现一些摩擦，发生矛盾。这就要求在对外资活动进行宏观管理时，既要使外商有利可图以便吸引他们积极到特区来投资，又不能对外资企业放任自流。必须按照一定原则，运用各种管理手段，调节外资企业的活动，找出宏观管理目标与外商投资动机的结合点，把外资企业活动引导到与宏观管理总目标一致的方向上来。

（二）宏观管理外商投资的基本原则

1. 必须符合特区利用外资发展战略

经济特区利用外资的发展战略，是利用外资工作的指导方针。各国或地区兴办经济特区，都有一个宗旨，即从世界经济环境与本国或本地区的实际情况出发，把经济特区的发展目标与促进本国或本地区经济的发展紧密联系起来。由于不同时期的国际经济环境和不同国家或地区的经济需求并不相同，因而不同经济特区的发展战略又不完全一样。

一个国家或地区采取哪种类型或以哪种类型为主的利用外资发展战略，主要取决于国际经济环境和本国或本地区经济发展水平、产业结构、自然资源与劳动力资源等因素。利用外资的发展战略确定之后，还必须制定具体的发展规划（包括长期规划和年度计划）。这种规划应该是动态的、滚动的，根据国际国内形势的变化不断修订，使对外资的宏观管理具有科学的依据。

2. 善于运用市场机制

市场是商品交换关系实现的纽带。经济特区市场具有高度的开放性，一方面与国内市场相联系，另一方面又与国际市场紧密相

① 张敏如主编：《深圳利用外资的探索》，广东高等教育出版社 1993 年版，第 92 页。

连。经济特区市场成为国际国内两个市场的交汇点，具有双向辐射性。外资来源于国际资本市场，外资的一切活动都是围绕市场进行的。因此，作为宏观调控部门的特区所在地政府，既要充分认识和遵循价值规律、供求规律、竞争规律等市场规律在特区经济活动中的作用，又要很好地运用各种经济手段调节外资在特区的活动。

3. 按照国际惯例管理外资活动

经济特区要发展外向型经济，必须实现经济国际化，把特区经济纳入国际分工和国际市场体系之中，包括经济意识国际化、人才素质国际化、城市功能国际化、市场体系国际化、经济管理国际化等。使特区经济按照国际惯例运行，外国投资者能够按照国际惯例在经济特区从事生产和经营活动。

一般认为，国际惯例就是大多数公司通行的行为。按照国际惯例管理外资，首先，管理者要进一步破除小生产的狭隘封闭思想，改革过去管理方法中不科学的内容，适应新形势，不断学习和掌握参与国际竞争的“共同规则”的知识和技能，树立国际化的新观念。其次，政府宏观管理的方法和内容要国际化，传统的行政手段和计划手段已不适应市场经济的内在要求。为了符合国际经济规律的要求，无论对外资的鼓励或抑制，都要更多地运用经济手段和法律手段。经济法规要具体化、规范化，以便与国际上通行的法律接轨。法规的国际化是实现特区经济国际化的重要保证。总之，要把国外的科学管理方法和国际通行的经营管理准则移植到特区的管理体制之中，为外商创造一个“按国际规则打篮球”的“球场”。

4. 以追求宏观的社会经济效益为最终目标

宏观社会经济效益是从国家或地区和社会角度来考察的效益，既包括能够通过经济指标反映的经济效益，也包括经济指标难以反映的与人民生活密切相关的其他社会效益。追求宏观社会经济效益，既是管理目标，也是管理活动中必须遵循的原则。因此，管理外商投资活动，既要注重经济效益，也要注重社会效益，使利用外资的速度与效益、宏观效益与微观效益、长期效益与短期效益统一起来。

二　利用外资宏观管理的机构设置与管理手段

（一）利用外资宏观管理机构的设置

管理机构是运用管理手段实现管理目标的政府运作机构。它的设置和职责，随管理对象的不同而不同。外资活动有其自身的特殊规律，因此，一些开放国家或地区大都设置专门主管外资的政府部门。如新加坡的经济发展局，韩国的工业区管理局，泰国、印度尼西亚、马来西亚的投资委员会，中国台湾的“经济部”审议委员会等。在世界上众多的经济特区中，韩国的工业区管理局和新加坡的经济发展局，被公认为是办事效率最高的外资管理机构。

韩国在借鉴国际上尤其是台湾地区设立出口加工区的成功经验的基础上，于1970年1月1日颁布《韩国自由出口区设置管理条例》，正式设立马山出口加工区。同时成立马山出口加工区管理局，与其他类型的工业管理局同属于工商部领导。为了集中管理所有出口加工区，1973年，韩国解散了各管理局，成立工业区管理局，归辖于工商部，统管全国所有出口加工区的全面开发工作。各加工区设立管理处，拥有批准投资申请、外汇结算、颁发进出口许可证、颁发建筑许可证和入境居留许可证等特权，并拥有对海关、劳工局、移民局、警察局等机构的监督权。

新加坡是一个土地和人口较少、资源也较贫乏的自由港型的国家，外资是促进其经济发展的主要原动力。因此，新加坡政府十分注意引进外资，并对负责引进外资的机构赋予独立处理问题的权力。全国的引进外资项目，均由隶属于工业与贸易部的经济发展局负责。该局成立于1961年，担负着全部执行新加坡工业化计划的任务，拥有拟定鼓励投资政策和具体执行各项发展政策的权力。经济发展局属下的国际业务署，全权负责利用外资工作。它在海外设立的事业处，可以直接同外商进行初步谈判，谈判结果当天就可以报到经济发展局。经同意后便可为外商代办签证，邀请外商到国内签约。外商一般只在机场停留一天，上午谈判，下午送主管副局长审批，晚上就可以携带批准合同回国。

中国对外开放时间较晚，外资管理机构也几经变化。1979年成立外国投资管理委员会，1983 年改由对外经济贸易部主管。同时，为了统一管理经济特区、开放城市和开放区，国务院还专门成立了特区办公室。1986 年 10 月，又成立了“外国投资工作领导小组”，其成员由国家计划委员会、国家经委、特区办、经贸部、劳动人事部、城乡建设环境保护部、中国人民银行、中国银行、海关总署、国家工商行政管理局和国家外汇管理局的负责人组成。“外国投资工作领导小组”的主要任务是：对中国利用外资方面的方针、政策、规划等重大措施进行研究，向国务院提出建议；督促检查各地区、各部门在利用外资方面的工作；协调、仲裁和解决有关重大问题；组织有关部门搞好利用外资工作的宏观指导；督促有关部门加强有关的海外经济立法和司法工作。这个小组的成立，有利于协调各部门统一行动，提高工作效率。

由于外资与国际市场联系密切，因此，对外资主管部门的基本要求是：精练、集权、高效。也就是说，外资管理机构层次要少，机构要简，权力要大而且集中，避免机构重叠和责权冲突。

（二）利用外资的宏观管理手段

所谓管理手段是指为了保证管理系统沿着预定的目标发展所采取的执行管理原则和职能的方法与途径，即对管理对象进行干预的方法。经济特区利用外资的宏观管理手段，按其内容和施加影响的性质与方式不同，主要有经济手段、法律手段、行政手段和计划手段。

1. 经济手段

经济手段是指按照客观经济规律的要求，运用经济杠杆来调节经济关系的管理经济活动的方法。经济手段的核心是贯彻物质利益原则，并以此来处理国家、企业和个人（包括企业主和职工）之间的各种经济关系。运用经济手段管理外资，就是要把外资企业和外商的利益同经济特区的利益、国家的利益有机地结合起来。

经济手段是经济特区宏观管理外资的最重要的方法。一方面，外资是否到特区投资、投向哪里，最终是为了获取更多的经济利益；另一方面，外资的经济活动，与特区市场、内地市场和国际市场均有着十分密切的联系，它非常注重各种市场的变化，具有浓厚的市场性。而经济杠杆不仅是经济利益的调节者，而且也具有引导市场的功能。通过税收、价格、信贷、利率、工资等经济杠杆作用的发挥，在很大程度上会影响到外商到特区的投资以及他们的生产与经营活动。

运用经济手段管理外资，在充分发挥各种经济杠杆作用的同时，还必须密切注意它们之间相互制约的复合作用。因为每种经济杠杆虽然都有其特殊的功能，但它们又是紧密相连、相互制约的。所以，为了避免互相牵制而抵消整个经济杠杆的力量，既要注意发挥各种经济杠杆的特殊作用，又要重视它们的复合作用。只有这样，才能充分发挥经济手段调节外资经济活动的威力。

2. 法律手段

法律手段是指通过立法，运用法律规范来约束政府、企业及个人的经济活动的工具及手段。法律手段在管理经济上，主要有经济方面的立法，以及民事法律和部分刑事法律。运用法律手段管理外资，实际上就是运用法律形式来调控外资的经济活动及其与其他经济实体和有关部门之间的关系。由于特区经济是以市场经济为基础，运用法律手段管理经济，在客观上要求法律体系必须健全，结构必须完整，条文必须规范，细则必须具体，执法必须严肃。这样才能更好地约束政府及经济人的行为。

中国自对外开放、兴办经济特区以来，已经颁布了一系列涉外经济法规。如利用外资的优惠措施，外资在中国的大致投向（包括投资范围、投资重点、鼓励或限制或禁止的投资行业、项目等内容），建立外资企业的程序，利用外资的合同签订，房地产的使用，劳动工资管理，技术引进，外汇进出口管理，涉外经济纠纷的仲裁处理等。这使外资的宏观管理逐渐走上了法制轨道，大大提高了利用外资宏观管理的水平。但是，由于中国发展市场经济的时间毕竟还不长，在对外资的管理方面还存在着很多亟待解决的问题。如涉外法规体系尚不完善，特区不少管理人员法制观念不强，在审批项目、处理涉外经济纠纷时不依法办事，法律机构不完整等，这些都有待于进一步提高。

3. 行政手段

行政手段是指政府凭借其政权力量，通过制定与发布命令、指示、规定等形式干预和控制经济活动的一种方法。简单地说，就是行政机关按照行政方式来调节和管理经济活动。其特点具有很大的强制性。它的实施是通过行政系统、行政层次及行政区域中的行政组织对其所属机构进行调节来完成的。这种调节是通过纵向性逐级下达而实现的，它一般直接调节对象，很少经过中间层次。科学的行政管理方法，有利于指导、协调、调节各地区、各部门、各企业之间的经济活动，在一定程度上可以保证国家有关方针、政策的贯彻执行。

外商到经济特区来投资，最终是为了利用东道主廉价的劳动力以及丰富的资源、原料，生产出的产品或者返销国际市场，或者以特区为跳板推向内地市场，以牟取尽可能多的利润。因此，对外商而言，什么行业、什么项目容易赚钱，他们就会投向什么行业、什么项目。为了引进更多的外资、先进技术和科学的经营管理方法，加快经济特区乃至整个国家国民经济的发展，同时又不能让外商无利可图，就必须对外商活动加以引导，不能放任自流，使他们投资于对我有利的行业，形成合理的产业结构。为此，在主要运用经济手段和法律手段管理外资的前提下，有时需要辅之以必要的行政手段。因为行政手段在一定情况下比其他手段更加快捷有效。

4. 计划手段

计划手段是指通过科学的预测，结合总体经济发展的需要，编制经济和社会发展规划或计划，使未来的经济活动纳入预期轨道的一种经济管理方法。经济特区利用外资，不能盲目进行。为了使外商在特区投资朝着合理的方向发展，特区所在地政府还需要采用计划手段，编制利用外资计划，包括利用外资的长远规划、年度计划、对外开展工作项目计划以及对外债偿还计划等。长远规划的制定，主要是根据国民经济发展战略目标以及国家对外开放的方针、政策来进行的。如在编制特区经济发展的“五年计划”时加上利用外资计划的内容，包括利用外资的规模、使用方向、实现规划目标需采取的重大措施等。年度计划中利用外资的实施计划，是长期规划的具体化。对外工作项目计划，主要是为了选好利用外资的重点建设项目，做好前期准备工作。对外债偿还计划主要是针对利用外国间接投资而言，包括对借款的规模、还本付息的期限等方面的内容做出预测和规定。

编制科学的计划，可以使外资和技术的引进、外资的行业投向、利用外资的规模和速度及其与特区经济发展的综合平衡有一个科学的依据，避免盲目引进和重复引进，争取获得更大的利用外资效益。

三　利用外资宏观管理的内容

对外资的管理，涉及面广，内容相当丰富。概括起来，主要体现在投资项目选择、投资方式选择、投资规模管理、投资方向管理、投资效益管理和技术引进管理六个方面。

（一）投资项目选择

选择外资投资项目，实质上是选择投资市场和投资机会。项目的确定受各种条件的制约，因此，在利用外资方面，选好项目是合作的重要前提。提高项目的洽谈效率协议的履约率，保证项目的成功和实现预期的经济效益，都与项目的选择直接相关。

一般而言，在选择利用外资项目时，应该考虑以下几个方面的问题。

1. 善于利用自己的优势

引进外资项目，不能盲目跟风，人家搞什么项目自己也跟着引进什么项目。要善于利用自己的优势，包括天时、地利、资源、技术等方面的优势。因此，在确定外资引进项目时，应该考虑：选择国际市场上畅销、热门的产品或有发展前景的产品；选择有利于发挥特区本地优势的产业；就地取材，从小到大，逐步发展。

2. 综合考虑项目的内容

总的要求是，技术上可靠，具有先进性或实用性；经济上合理，具有竞争性和赢利性；生产上灵活，具有潜在的应变性和延伸性。具体说来，在选择项目内容上不应忽视：经营管理能力方面，原则上自己没有技术管理能力，不熟悉的或与企业主业联系不紧密的项目最好不选，尽量选择驾轻就熟的项目；市场因素方面，项目的产品市场不明朗、不确定，原材料供应渠道不明确，能源、电力、水源、交通有困难的项目尽量不选，如要选择，最低的要求应该弄清楚解决困难的办法；社会经济因素方面，特别是政策因素方面，如产品出口有限制，内销有政策规定的项目，一定要慎重考虑，同时还必须把汇率、利率的调整、物价水平等因素加以考虑，对社会精神文明建设和环境有污染的项目坚决不选。

3. 慎重考虑项目方案

在市场经济条件下，决定项目可行性的重要因素有三：贷款利率的变化；未来价格的变化；国家或地区以及国际经济发展的变化。为了加强项目方案的宏观管理，避免“主观风险”带来的损失，应把项目方案交给合作各方“行为人”、银行、咨询机构、民间团体等不同类型的代表来共同确定。因为这些参与者由于各自所站的角度不同会有不同的考虑：“行为人”往往偏重投资利润率的高低；银行则更多地重视投资回收期；技术人员一般多强调性能指标、技术参数；政府管理人员则就社会政治和环境因素考虑更多。不同的参与者对项目的优劣有不同的看法，综合各方面的意见，才能做到不就项目论项目，尽可能将局部利益和全局利益、短期利益和长远利益、经济效益和社会效益结合起来。

（二）投资方式选择

外商投资方式多种多样，各种方式各有利弊。因此，选择何种各方面都能接受的投资方式，一开始就必须认真考虑。根据中国经济特区建设的实践，在利用外资方式的选择上，主要是吸引外商直接投资。也就是说，在相当长的时期内，外商直接投资将是利用外资的主要形式。但在具体方法上，不应局限于引进“三来一补”项目和兴办“三资”企业，积极发展国际租赁和允许特区企业发行外资股票也是值得提倡的利用外资方式。另外，间接利用外资也不失为利用外资的一种快捷方式。在具体实施时，不应局限于向外资银行或银团贷款，要努力争取优惠利率的政府贷款和国际金融组织贷款。同时，可以积极试行以买方信贷和发行国际债券来引进外资。

（三）投资规模管理

利用外资规模管理，是指把外资流入量控制在特区经济实力所能承受的合理规模内，避免出现债务危机。由于外商在经济特区的直接投资不会形成特区的直接债务，不存在偿还问题。所以，对外资的规模管理，实际上是指对外借款的控制。

对外借款规模究竟控制在什么范围比较合理，国际上习惯用外债偿还率来推算。偿还率的计算公式有多种，常用的有：

$$偿还率=\frac{当年外债余额}{当年国民生产总值}\times 100\% \quad 或$$
$$=\frac{当年还本付息额}{当年出口创汇额}\times 100\%$$

一般认为，外债的适度规模，是指把偿还率控制在5%—20%之间，25%是临界点，即危险点。

为了避免外债可能给经济特区带来的风险，在对外资的规模管理上通常应注意以下几点：

1. 确定合理的借款计划

对未来若干年的举债规模，要进行科学测算，以便从宏观上安排对外借款计划。对外借款的总规模要与经济实力相匹配。反映经济实力的主要指标有：国民生产总值及其增长速度；人均国民生产总值及其增长速度；出口创汇及外汇储备的增长状况；国际收支的顺差和逆差平衡度等。只有经济实力增强了，偿还能力才会增强，借债规模才可以扩大。

2. 安排好债务结构

债务结构包括债务来源结构、债务币种结构、利率结构、偿还期结构等。应尽可能分散由于借款可能带来的债务风险。

3. 建立专门的管理机构

该机构的职责包括：预测特区对外举债的规模；规定外债的最短期限，确定借债的额度；建立信息网络，为借债单位提供国际金融市场信息；监督举债建设项目的生产和还债情况；等等。

（四）投资方向管理

对外资投资方向的管理，是从经济特区发展的需要出发，运用经济手段、法律手段、行政手段、计划手段等多种手段，鼓励、限制或禁止外资投向某些行业，使外资的活动与特区产业结构保持一致。外资在特区的投向，不仅直接影响特区产业结构的变化，甚至还会改变特区的社会经济结构。因此，要从战略的高度出发，加强对外资投向的宏观指导，依靠各种管理手段，把外资引向国民经济发展所需的产业部门，使特区产业结构趋向合理。

（五）投资效益管理

追求经济效益，用最小的投入获取最大的产出，是一切社会经济活动的出发点。外商到东道国投资，关心的是项目利润的最大化，东道国则希望通过引进外资取得最大的社会经济效益。利用外资的宏观经济效益（社会经济效益）是由外资企业的微观经济效益组成的，但又不等于微观经济效益的简单相加。当两种经济效益相对一致时，可以互相促进、共同提高；当两者相悖时，就会产生矛盾。因此，为了使利用外资的微观效益与宏观效益保持一致，主管外资活动的部门就必须运用各种管理手段，对外资追求微观经济效益的活动加以引导，使之符合宏观经济效益的要求，实现利用外资的宏观管理目标。为此，必须处理好以下几方面的关系。

1. 处理好社会经济效益与企业经济效益的关系

利用外资的效益管理，要充分估计到企业经济效益和社会经济效益不一致的因素，运用经济手段、法律手段和计划手段，必要时采取行政手段，将利用外资的社会经济效益与企业经济效益统一起来。

2. 处理好短期利益与长期利益、局部利益与全局利益的关系

利用外资是特区经济发展的一项长期战略决策。在引进外资时，既要重视项目的近期效益，但又不能急功近利。特别是对一些近期效益不明显而长期效益良好的项目，应该积极扶持。同时，经济特区是全国的特区，兴办特区的主旨是希望特区能够发挥对外开放的传导作用，促进全国参与国际分工的进程。因此，特区在利用外资时，必须从国家大局出发，把特区效益置于国家整体效益之下。

3. 对外资的管理要遵循资本的运动规律

利用外资的经济效益，是在资本运动过程中实现的，即在生产过程、交换过程和分配过程中，依次实现其增殖效果。因此，利用

外资效益管理的展开，应当遵循资本的运动规律，从而实现利用外资的总效益。

（六）技术引进管理

技术引进是一个系统工程，包括引进前的选择与决策，引进技术成果的消化吸收与创新等内容。技术引进前后环节的衔接，各方面关系的协调等，均需要政府加强控制和指导。为此，在对技术引进的管理上，至少应当做好以下两方面的工作。

1. 制定技术引进的战略规划，使之符合特区经济发展战略目标和特区产业结构布局的要求

经济特区产业结构发展规划，是技术引进的目标和方向。技术引进规划的制定，应当为特区产业结构调整服务。同时，经济特区技术引进还担负着向内地辐射转移的任务。因此，经济特区的技术引进规划，应当包括引进技术的结构，技术的消化、吸收、转移和创新等方面的内容。目前，世界各地技术引进结构主要有“高新技术引进模式”和“适用技术引进模式”两种。从战略发展的长远眼光看，经济特区技术引进的方向应该是高新技术。但从经济特区的现实情况考虑（包括经济水平、技术水平和生产结构），特区在积极引进高新技术的同时，大力引进适用性技术仍然是大有可为的。

2. 在引进形式上要做到主要形式与辅助形式相结合

技术引进的方式很多，主要有兴办“三资”企业和“三来一补”企业，租赁、购买成套设备，许可证贸易和聘请顾问开展技术服务等方式。在一般情况下，经济特区建立初期主要是通过兴办“三资”企业和“三来一补”企业以及购买成套设备、生产线等方式引进技术。这些方式对特区经济的快速发展虽然起到过相当重要的作用，但是，通过这些方式所引进的技术，大多数并不先进，而且多为硬件技术。国际上一般是通过许可证贸易方式取得先进的技术专利和技术诀窍的。例如，日本就是通过购买大量技术专利的方式引进外国的先进技术，使其经济在“二战”以后得到迅速恢复和发展。目前，中国经济特区的技术基础已经大有改善。因此，在新的形势下，特区应该努力创造条件，使许可证贸易逐渐成为主要引进方式。聘请顾问、派员出国学习培训、技术考察虽不能直接引进

完整的技术，但也可以获得一些关键技术、最新信息和培养急需的人才，推动技术进步。

第三节　对外投资是利用外资的进一步拓展

对外开放，积极参与国际竞争和国际分工，是当今世界经济发展不可阻挡的历史潮流。在区域经济集团化和全球经济一体化的进程中，发展对外投资，已经成为利用外资的必然趋势。对外投资作为跨国公司的主要经营活动，有其特定的内涵。狭义上的对外投资，是指资金的外投，进行跨国经营。从广义上来理解，对外投资则包括资金的外投、技术的输出、劳务的出口并以此作为参与全球经营活动的手段，从而达到生产要素在全球范围内的合理配置，取得最佳经济效益。

一　发展对外投资是充分利用外资的必然趋势

（一）发展对外投资有利于扩大利用外资渠道

对外投资，首先意味着一定数量资金的外流。对于那些发展中国家或地区而言，往往对此认识有失偏颇。在资金和外汇严重匮乏的情况下，何以支撑对外投资？实际上，这两者在一定意义上是相辅相成、相得益彰的。因为在海外直接投资同样包含了对外资的利用，只是利用外资的场所、形式不同而已。从许多国家的跨国经营来看，对外投资并不需要从本国输出大量资金，而是通过在国际金融市场上借款，利用海外子公司、分支机构自身的积累。此外，在东道国借款或向第三国举债以及争取国际金融机构的资助，也都是获取海外投资的重要渠道。当然，在对外投资的初始阶段，必然要向外输出部分资金。但从跨国经营的整个过程来看，并不占主体。大多数发展中国家在海外兴办的合资企业中，大多以实物和人力资本作为主要投资条件（将机器设备、技术诀窍和商标牌号的资本化作为投资手段），只有很少部分用现汇投资。例如，中国到1987年底，共批准在国外开办非贸易性生产企业385家，分布在66个国家和地区，集中在制造业、自然资源开发和新技术三个方面，对外投资企业资金累计17亿美元，中方实际投资6.2亿美元，实际上等于中国在境外利用外资10.8亿美元，相当于同期外商在中国直接投资85.5亿美元的12.6%。[①] 不仅如此，随着国外资本的形成，还会产生强有力的外汇本利回流，在一定程度上弥补国内建设资金的不足。

（二）发展对外投资有利于促进技术的引进

当今国际竞争日趋激烈，技术转让相对垄断加强，发展中国家通过传统方式引进技术已不尽如人意。西方许多发达国家对高技术的转让，特别是转让给社会主义国家不仅实行严格限制，而且根据西方流行的产品生命周期理论，通过吸收国外直接投资一般只能引进到一些已经标准化的甚至已经被淘汰的技术，不可能得到最新最精尖的技术。相反，发展对外投资，则是获得高精尖技术的一条捷径。因为，对外投资于发达国家技术先进的公司，作为合作者，除了能引进更先进的技术外，还可以有目的地向国内提供更多的有关技术引进的反馈信息。因此，利用对外直接投资来弥补技术引进之不足，并把经过消化吸收改造的工程技术向外出口，是加速发展中国家或地区现代化进程的一个重要手段。例如，中国兵器工业部通过在香港的合营企业发现中国民用炸药在生产和销售环节上的差距。经过研究改进，很快就达到了国际先进水平，使中国民用炸药向香港的出口值在短期内从几百美元上升至逾亿美元，并进而向东南亚扩展了销路。[②]

（三）发展对外投资有利于开发利用国外资源

资源在地球上的分布存在着极大的不均衡性。对于任何一个国家或地区来说，其经济发展所需要的资源条件不可能完全依赖自身的资源禀赋而得到解决。相对而言，每个国家或地区都有自己的相对资源优势。中国是一个人口众多、资源相对匮乏的发展中大国。各类自然资源就其种类和总量来说可谓比较丰富，如果按人均拥有

① 张敏如等：《特区经济教程》，广东高等教育出版社1993年版，第316页。

② 李坚照：《深圳特区对外投资问题研究》，载《经济学硕士论文选》（《深圳大学学报》增刊），1991年，第204页。

量来衡量，则许多资源种类大大低于世界人均占有水平（见表5—1）。

表 5—1　**中国主要资源人均占有量占世界平均水平的比重**

资源种类	中国人均占有水平占世界平均水平的比重
森林蓄积量	13%
煤（经济可采储量）	40%
石油（地质储量）	32%—64%
铁矿（探明储量）	49%
铜（探明储量）	29%
铝（工业储量）	33%
锡（探明储量）	70%
镍（探明储量）	25%
铅（探明储量）	54%
硫（探明储量）	85%
磷（探明储量）	52%
锌（探明储量）	100%
钛（探明储量）	100%
钨（工业储量）	225%

资料来源：转引自张敏如等《特区经济教程》，广东高等教育出版社 1993 年版，第 317—318 页。

从表 5—1 可以看出，中国除了个别资源人均占有水平高于世界平均占有水平（如钨的工业储量）或与世界平均占有水平持平（如钛和锌的储量）外，其他自然资源的人均占有水平都低于世界平均占有水平。为了弥补国内自然资源的不足，中国需要通过对外投资对国外丰富的资源进行开发利用，以便保证国内稳定的资源供给。例如，中国国际信托投资公司与美国的 MD 公司合资经营的西林公司，在美国西部进行森林采伐，以解决国内对木材需求的不足。目前，中国在国外开办的一些海外渔业捕捞、林业资源开发和矿业资源开发等合资企业，就肩负着改善国内资源短缺状况的重任。

（四）发展对外投资有利于拓展出口市场、增创外汇

对外直接投资直接影响着进出口贸易，这种影响可分为三种情况。

一是增加商品出口。特别是带动机器设备、半成品和原材料、辅助材料以及技术的出口。因为对外直接投资总是伴随着投资方向其海外企业输出机器设备、原材料等。具体的输出途径有三：其一，投资方以技术、机器设备和中间产品作价入股，以及合作伙伴另外拿出部分资金购买投资方设备。其二，通过设备更新配套带动出口，尤其是那些经营期限长的海外企业，其设备更新、零配件补充更换都需要从投资方购买，以便与原设备配套。其三，对外直接投资还可以替代国外的潜在生产，优先占领海外市场，进而带动国内商品出口。

二是不影响进出口贸易。有些投资国为了在较长时期内以较低的价格获得稳定的、数量可观的资源，从事资源开发型对外直接投资。在这种情况下，对外投资一般并不影响进出口贸易。

三是减少商品出口。当投资方的某一种商品在国际市场上具有较强的竞争能力而又没有遇到任何出口障碍时，再建立生产该种商品的海外企业就会受到影响，从而减少本国的出口贸易。事实上，这种情况不可能出现。因为它同对外直接投资的直接目标相背离。

因此，对外直接投资，有利于增加商品出口，尤其是带动技术、机器设备、半成品和原材料及辅助材料的出口。特别是当正常的贸易手段无法绕过高额关税和配额限制时，对外直接投资更是“撬开”对方市场大门的绝招。与此同时，海外企业的利润汇回，技术服务费以及派出人员的工资和劳务收入是投资方外汇收入的一个重要来源。

（五）发展对外投资有利于增加就业机会

对外承包工程即向海外输出劳务是对外投资的一项重要内容。对于那些人口多、经济水平较低、就业压力大的国家和地区来说，通过对外承包工程，不失为解决劳动力过剩所带来的就业压力的重要途径。据有关资料统计，截至1984年，劳务输出人数超过百万的国家和地区有：埃及（350万）、巴基斯坦（321万）、土耳其

（250万）、印度（120万）、印度尼西亚（100万）、菲律宾（100万）、韩国（100万）等。[①] 中国是世界上人口最多的国家，人力资源十分丰富，但就业压力也十分突出。如何利用这些宝贵财富，变不利因素为有利因素，开展劳务输出至少在一定时期内是一个好办法。随着劳务输出，不仅减缓了国内的就业压力，而且还可以因此而带来大量的外汇收入。此外，通过对外承包工程，还可以带动成套设备、原材料及辅助材料的出口，扩大国内生产，从而增加国内的就业机会。

二　发展对外投资是中国经济特区拓展利用外资的必由之路

大量利用外资，积极发展外向型经济，加快经济体制改革，尽快把自己建设成为中国特色的社会主义现代化示范区，是中国建立经济特区的总体目标。中国经济特区创办以来，随着投资环境的不断改善，在引进外资方面取得的成就举世瞩目。但是，随着国际环境的变化和国内改革开放新格局的形成，中国经济特区原有利用外资的方式已经遇到了严峻的挑战。一方面，国际形势的变化，出现了多个投资热点。特别是东盟国家尤其是泰国、越南、菲律宾和马来西亚，近年来积极改善投资环境，成为香港地区、台湾地区、韩国、日本的新投资热点。它们已建立起一大批劳动密集型企业和其他企业，大有与中国经济特区争夺投资来源之势。尤其是泰国和越南，其良好的投资环境与优惠的投资条件吸引大量外资蜂拥而至，被誉为“新投资天堂”。另一方面，中国国内随着改革开放的深入和全方位对外开放新格局的形成，使经济特区初创时期所具有的“一枝独秀”地位不复存在。特别是在新的世纪来临之际，中国做出了西部大开发的战略决策，这意味着中国国内的投资热点也会从东南沿海逐步转移到西部地区。面对如此严峻的形势，积极开辟新的利用外资渠道，走出国门到境外投资，就成为中国经济特区在新形势下更好利用外资的另一条重要途径。

---

① 李坚照：《深圳特区对外投资问题研究》，载《经济学硕士论文选》（《深圳大学学报》增刊），1991年，第207页。

第四节 组建企业集团，积极参与跨国经营

企业集团反映的经济现象始于19世纪末20世纪初，即资本主义的发展从自由竞争向垄断过渡阶段。列宁曾在《帝国主义是资本主义的最高阶段》中指出："资本主义发展到了最高阶段，有个极重要的特点，就是所谓联合制，即把不同的工业部门联合在一个企业中，这些部门或者是依次对原料进行加工（如把矿石炼成生铁，把生铁炼成钢，可能还用钢制造各种成品），或者是对另一部门起辅助作用（如加工下脚料或副产品；生产包装用品等等）。"① 列宁并引述了希法亭的意见，认为联合制可以把各种行情拉平，从而保证联合企业有更稳定的利润率；可能改进技术以获取超额利润；具有强大的渡过萧条时期的能力。实际上，这种"联合制"就是企业集团的雏形。

半个多世纪的历史表明，在社会生产力发展过程中，企业集团作为企业的一种经营方式有一定的普遍性。不过，不同国家由于政治经济制度不同和文化环境等因素的差异，企业集团形成的历史渊源、名称、风格和表现形式也不完全一样，它们具有鲜明的国家或地区特色。例如，在名称上，联邦德国称企业集团为"康采恩"；美国则称之为"金融集团"。只有日本从20世纪50年代中期开始，才正式使用"企业集团"一词。企业集团的这种差别，不只表现在称谓上，还表现在其基本含义上。甚至在一个国家之内，对企业集团也有不同解释。如日本在20世纪50年代以后的30多年里，对"企业集团"的解释一直众说纷纭，莫衷一是。有的认为："企业集团的含义大体上指大企业所滋生的集团"②；有的则认为："所谓企业集团，是从技术或其他经营方面的职能出发，以经营补充为目的，以各参加成员（各集团企业）的自主性为方针，在平等的原则

① 《列宁选集》第2卷，人民出版社1972年版，第89页。

② ［日］日本和平经济计划会议垄断白皮书委员会：《日本垄断企业集团》，商务印书馆1983年版，第14页。

下持续联合的经营结合形态，是一种经营合作体制。”①

20 世纪 70 年代初，苏联出现了由工业企业、科研组织、规划设计组织、工艺组织以及其他企业组成的统一的生产经营综合体。这种生产经营综合体，从其经营方式上看，也可以认为是一种企业集团。中国使用“企业集团”这个词，是从 1987 年国家体改委和国家经委《关于组建和发展企业集团的几点意见》中开始的，该文对企业集团的概念做了如下表述：企业集团通常是指适应社会主义有计划的商品经济和社会化大生产的客观需要而出现的一种具有多层次组织结构的经济组织。

一　企业集团的基本特征

企业集团的成长，可以说主要是在发达资本主义国家里发展起来的。从其成长过程来看，企业集团具有下述几方面的特点。

（一）规模大型化

在发达资本主义国家里，企业集团虽然数量不多，但其规模之大，十分惊人。例如，西门子康采恩是联邦德国最大的电气、电子企业集团，也是联邦德国第二大工业企业集团。它拥有的国内子公司和参与公司多达 200 多家，并在世界上 140 多个国家和地区设立子公司和参与公司。1980 年，该集团的营业额就高达 340 多亿马克，职工人数 34.8 万人（其中 40% 是国外职工）。仅在巴西一个国家，西门子康采恩就有工厂 11 家，职工 1.4 万人，1980 年的营业额达 12 亿马克。②

（二）经营多样化

发达国家的企业集团尽管形成的历史渊源各有不同，形式各异，但在经营方向上是一致的，即多样化经营。这里的多样化经营，包括经营环节（层次）的多样化和经营产品的多样化。如西门子康采恩，不但生产电子、电气产品，而且还生产医学、建筑、照明等领域的产品。美国波士顿集团的特克斯特隆公司，既生产宇宙飞船、

① ［日］小田一郎：《企业集团经营论》，日本丸善股份发行公司 1971 年版，第 31 页。

② 张敏如等：《特区经济教程》，广东高等教育出版社 1993 年版，第 327 页。

电子仪器等尖端产品，又生产纺织机器、家具、拉链、钟表发条等日用工业品；既从事工业生产，又经营家禽等农牧业生产；既搞批发，又进行投资银行业务；既提供电子计算机设备和服务，又从事科学研究，成为一个跨国集团。

（三）垄断资本化

企业集团化的过程，实际上反映了金融资本和产业资本融合生长的过程，即垄断资本的生长过程。在这一过程中，垄断资本一般采取两种形式：资本参与和人事交织。资本参与是在银行资本和产业资本相互之间融合进行的，即你中有我，我中有你。如日本三菱银行是三菱集团的核心企业之一，在三菱银行的所有股份持有者中，三菱重工业是最大的股东，占1.2亿股。而从集团内部相互持股来看，持股率最高的当推金融机构。这也是“资本主义发展成为资本帝国主义的基本过程之一”①。产业资本与银行资本双方的人事交织是垄断资本生长过程中的另一种形式，即互相在对方的最高领导层次中派驻重要人物，实行直接或间接控制。对此，在企业集团形成初期，列宁就有详细的论述：“银行同最大的工商业企业之间的所谓个人联合也发展起来，双方通过占有股票，通过银行和工商业企业的经理互任对方的监事（或董事），而日益溶合起来。……柏林6家最大的银行由经理作代表，参加了344个工业公司，又由董事作代表，参加了407个公司，一共参加了751个公司。……另一方面，在这6家银行的监事会中（在1910年）有51个最大的工业家，其中有克虏伯公司的经理，大轮船公司的经理等等。”②

（四）资本国际化

资本的国际化是指企业集团的资本经营国际化。列宁曾经指出：“国内交换尤其是国际交换的发展，是资本主义的具有代表性的特征。”③ 在这种交换中，一般采用两种基本形式：商品输出和资本输出。“自由竞争占完全统治地位的旧资本主义的特征是商品输出。垄断占统治地位的最新资本主义（帝国主义——引者注）的特征是

① 《列宁选集》第2卷，人民出版社1972年版，第753页。

② 同上书，第763—764页。

③ 同上书，第783页。

资本输出。”[①] 在资本输出中，不仅从事资本输出的企业多，而且数额巨大。以日本为例，据日本官方1980年的统计资料，到1979年3月，三井物产在海外投资的子公司有228家；三菱商社在海外投资的子公司有227家；伊藤忠商社在海外投资的子公司有210家；松下电器公司在海外投资的子公司有48家；东芝电气公司在海外投资的有29家。到1982年，日本这类垄断企业直接对外投资的金额达454亿美元。[②]

（五）行为国家化

企业集团在形成过程中，一般自愿将监事的位置让给很有声望的人物和过去的政府官吏，这些人可以使公司在同行政当局交涉的时候得到不少的方便。甚至在大银行或大企业的监事会里，由国会议员直接出任监事。例如，德国的西门子公司长期以来在联邦议院中有自己的代表。又如支配日本的力量是所谓政党、官府、财团复合体，其中财团的力量特别大。1980年日本内阁经济审议会共有委员30人，其中财团就占20人。该委员会直接隶属于首相，权力很大。各大财团通过选派自己的代表人物参加政府咨询机构，与政府官僚相结合，影响政府，为政府制定内外政策。如拟定经济发展的中长期计划、长期性的施政方针以及为实现经济计划的各项政策和保证措施等。有的国家如美国的大财团直接派自己的代表出任国家和政府的首脑。这样，一方面资本主义国家依靠垄断财团的经济实力和政治影响维护资产阶级的统治；另一方面资本主义国家又通过税收、贷款、津贴等方式对国民收入进行有利于垄断资本集团的再分配。如在金融、货币、信贷等政策中，对垄断集团提供优惠；通过财政预算，扩大军费开支，增加军事订货，为垄断财团提供原料、市场和利润保障；通过科研开发，为垄断集团无偿提供大量科研经费，并将科研成果无偿转让给大垄断集团；通过国家资本输出，为垄断集团的对外扩张、渗透提供各种方便条件；等等。正因为如此，列宁曾戏称资本主义国家的所谓政府是“百万富翁的全国委员会”。

---

① 《列宁选集》第2卷，人民出版社1972年版，第782页。

② 张敏如等：《特区经济教程》，广东高等教育出版社1993年版，第329—330页。

二　中国经济特区企业集团参与跨国经营的选择

21 世纪的世界竞争，将不再是两大阵营的冷战对峙，也不是上百个国家的各自为政的分散竞争，而是数十个利益集团的多极化竞争。面对国际经济大循环、大传递和大协作以及包含其中的经济割据、区域壁垒和集团同盟，面对世界区域经济一体化的进程以及亚太地区复杂的市场形势和特点，中国经济特区企业集团作为跨国经营的规模经济实体，应当积极关注国际市场尤其是亚太市场动态，对亚太地区的一些合作机构，如联合国系统的亚太经济社会理事会、亚太协议会、太平洋论坛、环太平洋能源资源委员会、太平洋地区经济委员会、太平洋科学协会，尤其是太平洋经济合作会议等机构，注意其动态、提案或倾向，获取有关信息、资料和渠道。以双边或多边的交往形式，与亚太地区相关的国际组织、民间机构、政府部门或半官方机构实施沟通与协作，深化与亚太地区的国际往来和国际合作。同时，重新检讨自己的经营战略、产业布局和经营方式，做出既能适应世界大势，又能适应亚太地区特点的选择和安排。[①]

（一）贸易方式选择方面

特区企业集团在贸易方式选择方面，应注重远洋贸易、区域贸易与周边贸易相结合。企业集团的外贸出口要坚持以国际市场的需求为导向，优化出口结构，开拓多元市场。在远洋贸易方面，应拓展欧洲、美洲和澳洲市场。在区域市场方面，注意日本扩大内需开放市场的动态，同时深化与“亚洲四小龙”、东盟、中东等国家和地区的贸易合作，注意避开中间商和减少中间环节，减少转口贸易，发展直接的远洋贸易和区域贸易，以降低成本，增加创汇。随着中国与周边国家睦邻友好关系的发展和对外开放新格局的形成，在中国漫长的内陆边境线上，已经形成东北、西北和西南三大开放带，昔日以货易货的零星贸易正在发展成以边贸为先导、以内地为依托、以高层经济技术合作为重点、以开拓周边国家市场为目标的

① 参见魏达志《经济特区的跨国经营》，载《区域经济前沿》，经济管理出版社 2000 年版，第 377—380 页。

新格局。如云南目前有 17 个对外开放口岸，广西在中越边境上有 20 多个贸易点，东北以满洲里、黑河、绥芬河、珲春四个城市为龙头，新疆亦开通了 8 个通商口岸，沿海地区的辽东半岛、山东半岛及京津唐地区又与日本、韩国相呼应，往来不断增多。面对这种格局，经济特区企业集团应当抓住时机，以自身技术、资金、产品和人才优势，大力参与并发展周边贸易，或与沿边省、市联手协作，优势互补，以多种方式开拓周边贸易。大力开展周边贸易，不仅有利于抗击来自北美、西欧地区的贸易报复和不合理的摩擦，而且还有利于巩固周边局势并发展区域经济。

（二）投资方式选择方面

经济特区企业集团在投资方式选择上，应注重对外贸易、对外投资与多种经营相结合。特区企业从事跨国经营，应当以贸易为先导，以贸易带动投资并多元拓展的方针，来调整特区自身的经济结构。当前，亚太地区已经成为世界新的投资热点。美国、日本和“亚洲四小龙”均是亚太地区的投资大国或地区，尤其是日本正力图通过大量对外投资形成新的分工体系和多层次合作。另外，特区企业也应创造条件对外投资。利用各种渠道，走出国门，发掘优势，注意利用当地资金、技术、劳动力，或以工贸、技贸、合资、合作的方式强化对外经济协作，将直接投资和间接投资结合起来；注重学习发达国家的先进技术和管理方法，在发展中国家开办加工制造业以开拓当地市场；注重开发运用亚太地区丰富的资源弥补国内资源的短缺。通过对外投资、对外合作或对外援助，绕开贸易壁垒，占领国际市场。同时，根据当地实情，选择薄弱环节，发展多种经营，促进特区企业网络式的跨国发展并向跨国公司过渡。

（三）技术发展选择方面

中国经济特区企业集团在技术发展选择方面，应当注重技术引进、技术开发与技术输出相结合。特区建立以来，与其他要素市场相比，技术市场发展相对比较缓慢。目前，特区的技术市场正在不断完善。不仅注意专利技术、知识产权的管理，技术拍卖也做了有益的尝试。企业的技术开发也正在形成层面、形成体系，将技术转化为先进的生产力已经被大众所认同。根据亚太地区国家的技术水平层次，中国经济特区企业应当将技术的引进、开发与对外输出结合起来，将对发达国家出口和对发展中国家出口结合起来，从而互为促进、良性循环。如对美国、日本等发达国家和地区，注重技术出口并带动机电产品及设备出口，以不断改善我国的对外贸易产品结构；对广大发展中国家和地区，注重生产设备线的出口，推广成熟技术。注意运用许可证贸易、联合研究、技术援助、工程项目、技术服务、成套设备、管理合同等多种技术出口手段。通过技术出口，实现技术、产品、设备、劳务、资源的综合出口并创造综合效益。

（四）产业发展选择方面

中国经济特区企业集团在产业发展选择方面，应当注重高新技术产业、加工产业与第三产业相结合。本着领先国内、赶超世界、多元拓展的原则，通过引进开发创新，促成产业的调整和升级。一方面，要注重发展高新技术，包括中间技术和实用技术，形成技术产业群的主体。另一方面，适度保留部分高水平、高层次的加工工业，还可以“两头在外”的方式赢得部分国际市场并创造效益。同时，充分发展以金融、信息、通信、交通、房地产、仓储、旅游、服务业为主要内容的第三产业，交叉投资，综合发展。特区企业集团必须形成新的资产结构、运作机制和管理方式，不断提高自身的金融化、信息化、科技化水平。强化服务能力、适应能力和创新能力，形成技工贸金融纵向一体化的新型结构，才有可能大面积地辐射国内外市场。

（五）生产要素配置的选择方面

中国经济特区企业集团在生产要素配置的选择方面，应当注重人才交往、资金流通与资源互补相结合。应当以更广的视角，从更高的层次、更宽的领域，以更大的开放度实现人、财、物国际范围的优化配置、重新组合和广泛交流。经济特区企业集团已经注重从国外招聘留学生和外籍人才，形成一种更好的人才选拔、交流、流动机制，并逐步要求在科研、开发、管理、销售诸方面形成中外人才携手合作的局面，使其知识互补，渠道沟通，并有利于特区企业集团向多元化的跨国公司发展过渡。在资金市场上，经济特区还应当提高国内资金和国际资金的融通能力，用好用活自有资金和国际资金。不断提高企业股份化程度，通过法规完善证券市场，扩大B股发行量，并强化企业集团内部资金融通能力。充分运用亚太区域的东京、中国香港、新加坡等金融中心，畅通海内外资金的融通渠道。在资源配置上，亦可根据亚太地区和经济特区的具体情况，互通有无，扬长避短，综合利用，实现比较利益。

第六章

经济特区产业发展战略

经济特区产业的成长有其特殊性。但作为一个经济区域，其产业发展又具有普遍性，即区域产业发展的基本特性。因此，在讨论经济特区的产业发展战略时，对产业分类与产业结构演变以及对区域产业结构一般的理论分析是必要的。

第一节　产业分类与产业结构演变

一　产业分类

一般来说，产业是指具有某些相同特征的企业集合。产业分类则是指依据经济分析的一定目的，选择某些特定的特征，将各类企业划分成不同的集合。不同的产业分析目的可以有不同的产业分类法，而不同的产业分类法所对应的产业结构层次也就不同。正是这种“产业规定的实用性”原则，为产业分类及研究各种类型的产业结构奠定了基础。以下是几种主要的产业分类法。

（一）两大部类产业分类法

这是马克思在《资本论》中研究社会再生产过程中社会总产品的实现问题时所创立的一种产业分类方法。为了研究社会总产品既实现价值补偿又实现实物补偿，马克思在实物形态上把社会生产分为两大部类：把生产生产资料的产业部门划为第Ⅰ部类，生产生活资料的产业部门划为第Ⅱ部类。同时在价值形态上把社会总产品分为不变资本C、可变资本V和剩余价值M三大部分。依据两大部类产业分类法，马克思对社会再生产顺利进行的条件进行了科学分析，深刻揭示了社会再生产实现时两大部类产业间的实物和价值构成的比例关系。但这一分类法有很大的局限性，如有些产业部门像运输、商业、服务业等部门难以简单划归两大部类的任一类产业，有些非物质生产部门如教育、卫生等没有包括在两大部类中，有些商品具有生产资料和生活资料双重属性，其产业的归属也难以确定。

（二）三次产业分类法

三次产业分类法是产业结构研究中具有经典意义的分类法之一，其代表人物是费希尔（A. G. B. Fisher）和克拉克（C. G. Clark）①。三次产业分类法以经济活动与自然界的关系作为产业分类标准，将全部经济活动划分为三类：产品直接取之于自然的物质生产部门为第一产业；加工取自自然的物质生产部门为第二产业；繁衍于有形财富生产活动之中的无形财富的生产部门为第三产业。具体说，第一产业指广义农业，包括种植业、畜牧业、狩猎业、渔业、林业；第二产业指广义的制造业或工业，包括采矿业、制造业、建筑业、运输业、通信业，以及煤、电、水等工业部门；第三产业指广义的服务业，包括商业、金融、贸易、饮食、旅游，以及科学、教育、卫生、政府等公共行政事业与其他公益事业等。三次产业分类法是一种有效的产业经济分析工具，尽管它还存在着许多难以自圆其说的矛盾，如采矿是直接取之于自然的产业，理应划入第一产业，却把它划归第二产业等。但由于它的实用性强，已被许多国家广泛采用。② 1985 年，中国国家统计局在对国民经济产业分类时，第一次

---

① 1935 年，费希尔在《安全与进步的冲突》一书中比较系统地提出了三次产业的分类方法和分类依据，但未能在此基础上总结出规律性来。克拉克则在配第和费希尔的基础上，于 1940 年在其《经济进步的条件》一书中，运用三次产业分类法研究了经济发展同产业结构变化之间的规律，从而开拓了产业结构理论应用性研究的领域，使三次产业分类法得到广泛普及。参见毛林根《产业经济学》，上海人民出版社 1996 年版，第 23 页。

② 目前有人把信息业从第三产业中独立出来，称为第四产业。如美国经济学家 M. U. 波拉特在《信息经济：定义的测量》一书中，把信息部门从国民经济各部门中逐一识别出来，并将信息部门分为一级信息部门和二级信息部门。然后利用波拉特方法测度信息部门对国民生产总值的贡献。参见周振华《现代经济增长中的结构效应》，上海人民出版社 1995 年版，第 426—427 页。

基本上采用了三次产业分类方法。

（三）标准产业分类法

标准产业分类法是指以统一国民经济统计口径为目标，由权威机构编制和颁布的一种方法。1971 年，联合国为统一世界各国产业分类颁布了《全部经济活动的国际标准产业分类索引》，把全部经济活动分为 10 大类，每个大类分为若干中类，每个中类又分为若干小类，最后将小类分解成若干细类。每个层次每类产业规定了统一的统计编码。联合国颁布的标准产业分类与三次产业分类保持着稳定的相关联系。它分类中的大类产业很容易组合成三次产业：第 1 类为第一产业；第 2—5 类为第二产业；其余则为第三产业。这样对产业结构的分层次研究和各国产业结构的比较研究提供了非常方便的条件。

（四）生产结构产业分类法

这是以研究再生产过程中产业之间的比例和关系为目的的产业分类方法。由于这里的产业边界是以它在再生产过程中的地位和性质为根据而确定的，没有统一的规范。因此，不同的经济学家根据不同的分析目的，形成了多种分类方法。其中有代表性的有德国的霍夫曼（W. G. Hoffman）产业分类法和日本产业结构审议会使用的生产结构分类法。① 霍夫曼分类法是基于研究工业化及其阶段的需要，分类的目的在于区分消费资料产业和资本资料产业。霍夫曼正是依据这一分类，研究出著名的霍夫曼定理和霍夫曼系数。②

（五）以资源集约度为标准的产业分类法

这里的资源是指资本、劳动、土地、技术和知识等生产要素。根据各产业对资本、劳动、技术不同依赖程度，可划分为劳动密集型产业、资本密集型产业和技术密集型产业。劳动密集型产业指资本有机构成水平较低，生产的产品中活劳动尤其是体力劳动占较大比重的产业，如食品、服装、服务业等产业。资本密集型产业指资

① 关于联合国标准产业分类法和生产结构产业分类法的具体分类情况，参见毛林根《产业经济学》，上海人民出版社 1996 年版，第 24—28 页。

② 霍夫曼定理指在工业化过程中霍夫曼比例是不断下降的。

$$\text{霍夫曼系数即霍夫曼比例} = \frac{\text{消费资料工业的净产值}}{\text{资本资料工业的净产值}}$$

本有机构成水平较高，生产的产品中物化劳动（资本投入量）所占比重较大的产业，如钢铁、化工、机械等产业。技术密集型产业指产品的技术含量高，脑力劳动所占比重较大的产业，如航天、电子计算机、光学仪器等产业。随着科技进步，某一资源密集型产业会发生动态变化。

（六）产业功能分类法[①]

产业功能分类，是从产业链的角度出发，着重考察各产业间的关联程度和方式，以社会再生产过程中产业的相对地位、作用和功能为标志，将区域的全部产业划分为主导产业、辅助产业和基础结构三大类。

主导产业：它是决定区域在全国地域分工体系中的地位和作用的部门，是整个地区经济发展的支柱和核心。

辅助产业：它是围绕主导产业发展起来的协作配套部门，与区域主导产业具有密切联系，因主导产业的不同而有所不同。一般而言，辅助产业分为前向联系产业、后向联系产业、侧向联系产业和下向联系产业四个组成部分。前向联系产业是为主导产业提供产后服务的产业；后向联系产业是为主导产业提供产前服务的产业；侧向联系产业是为主导产业提供产中服务的产业；下向联系产业也称区域自给产业，它担负着向主导产业所在地区居民提供消费用品、便利群众生活的重任。

基础结构：它是为发展社会生产和保证生活供应而提供公共服务的部门、设施、机构的总体，包括生产性基础结构、生活性基础结构和社会性基础结构三部分。

按照产业功能分类法，任何一个区域的产业结构，都可以分解组合为主导产业、辅助产业、基础结构三个大类。这种区域产业结构模式，称为地区经济的三环同心圆结构。

二 影响产业结构的因素分析

产业结构指国民经济的内部构成及其各组成部分相互之间的结合方式。它是经济体系中各次产业之间和各次产业内部的构成和结

① 陈栋生主编：《区域经济学》，河南人民出版社 1993 年版，第 63—64 页。

合的总称。具体说，它包括经济体系中的各次产业、各个部门、各种行业和企业所属的种类、所具有的性质、所形成的规模和它们在国民经济中所占的比重、所处的地位及其对于其他经济成分所产生的影响等内涵。一个经济体系的产业结构是客观存在的，它是经济体系的一种客观构成。同时，产业结构又是发展变化的，它随着社会生产力的发展而发展。一个经济体系的产业结构能够体现出该经济体系的社会生产力发展水平，而产业结构的合理与否对于经济体系的发展则又起着一定的促进或阻碍作用。合理的产业结构有利于经济的顺利发展，产业结构不合理，经济发展就会受到阻碍。

研究影响产业结构的根本原因，目的在于全面把握产业结构的状态和发展演变趋势。一般说来，决定和影响一个国家或地区产业结构的主要因素有需求结构、资源供给结构和对外贸易结构几方面。

（一）需求结构对产业结构的影响

生产满足需求，需求促进生产，需求和需求结构的变动必将引起生产和生产结构的相应变动。而生产结构本质上就是产业结构，因而需求结构是决定和影响产业结构的重要因素之一。需求包括投资需求和消费需求，相应的需求结构主要包括以下方面。

1. 投资结构

投资结构是指资金投向不同产业方向所形成的投资配置量的比例。不同方向的投资是改变已有产业结构的直接原因。对新的需求投资将形成新的产业而改变原有的产业结构，对部分产业投资将推动这些产业比未投资的那部分产业以更快速度发展而影响原有产业结构。对全部产业投资，但投资比例不同，则会引起各产业发展程度的差异，导致产业结构的相应变化。

2. 积累和消费结构

积累和消费结构实质上是指积累与消费的比例。由于一定时期内国民收入是个定量，如果不考虑外资引进等因素，则投资量（积累）与消费量此消彼长。当投资比例提高时，相关的生产资料产业将得到较快发展，产业结构会产生相应变动；当消费比例提高时，居民消费需求扩大，将刺激消费资料产业部门的较快发展，并同时波及与之相关的生产资料产业部门的需求变化，同样会推动产业结构的变动。当然，积累与消费的比例不是随意确定的，需要考虑人口、社会文化、经济实力水平、经济发展目标等诸多因素，以实现生产和消费的良性循环为前提。

3. 个人消费结构

个人消费结构是指个人在衣、食 、住、行、文化、娱乐、保健和旅游等方面的消费支出比例。它对消费资料产业部门的发展将产生直接影响，并间接影响为消费资料产业提供生产资料的生产资料产业部门，从而影响产业结构的变动。这种变动规律就是“恩格尔定律”，即随着人均收入水平提高，人们在食物消费方面的支出比重趋于减少。消费结构由购买食品等基本消费转向购买各种电器等耐用消费品以及转向娱乐、旅游等。这无疑改变了消费资料产业的内部结构，进而改变整个国家的三次产业结构。

4. 中间品和最终品需求结构

中间产品的需求结构决定生产中间产品产业内部结构，最终产品的需求结构决定生产最终产品产业的内部结构。中间需求和最终需求比例变动将会促使社会生产的产业结构发生相应变动。专业化协作水平与专业化程度越高，最终产品对中间产品的依赖程度越大；生产资源利用率越高，相同产出的最终产品对中间产品消费需求就减少，反之就增大；最终产品的性能和制造技术越复杂，则对中间产品的需求量越大。

（二）资源供给结构对产业结构的影响

资源供给结构是指自然资源、人力资源、资本资源、技术结构的拥有状况及各自供应价格之间的比例关系。

1. 自然资源

自然资源是相关产业发展的物质基础。通常情况下，一国或一地在发展产业时都注意发挥其资源优势，优先发展同本国或本地可开发利用的丰富资源相关的产业，以积累资金进一步发展其他产业。当然，自然资源对一国或一地产业结构的影响程度，在不同经济发展阶段会有所不同。一般说来，经济技术比较落后，则资源供给结构能在较大程度上左右一国或一地的产业结构。随着经济的发展，生产技术水平的提高，则资源状况对该国或该地产业结构的演化所起的作用趋小。因为相关产业发展所缺资源可以通过进口或开发新资源来弥补，而技术的进步使新资源的开发成为可能。

2. 人力资源

人力资源指具有一定劳动技能的劳动者的供给量。人力资源对产业结构的影响主要表现在劳动者素质与人力资源供给结构两方面。一方面，劳动者素质（包括身体素质、知识结构、生产技能等）的高低，在很大程度上影响着产业发展进而影响产业结构成长。低质量的劳动力必然阻碍产业结构向更高阶段发展，而高质量的劳动力因其拥有现代技术和良好的文化素养，必将加快推动产业结构的优化进程。另一方面，人力资源的供给结构也会影响产业结构的发展变化。通常地，劳动力资源供给充足，其价格低廉，从投资收益角度考虑，投资者就会向劳动密集型产业多投资，从而促进该类产业的发展；如果劳动力资源供给短缺，其价格较高，当劳动力的边际产出率小于资金的边际产出率时，投资者就会因工资上升导致生产成本增加而趋向投资于资本密集型产业，从而推动资本密集型产业的较快发展。

3. 资本资源

资本资源指可供投资的资金量及其价格水平。一般说来，一国可供投资的资金规模主要取决于国内储蓄，而国内储蓄量大小又受制于人们的收入水平。收入水平低，其储蓄倾向小，可供投资的资金就少，必然制约产业尤其是资本密集型产业的发展。相反，收入水平高，储蓄量增大，资金供给充裕，其使用成本下降，有利于资金流向技术、资本密集型产业，推动产业结构的演化和发展。当然，外资的引进也可改变一国的资本资源状况。但是，即使引进外资，也存在融资价格的高低而直接影响外资的产业投向，从而改变已有的产业结构。

4. 技术结构

从技术角度看，一国的产业结构表现为一定的生产技术结构。技术结构的进步与变化都会引起产业结构的相应变动：能源利用率的技术水平提高，会减少一定规模加工产业的能源需求量，相应的能源产业部门的供给规模会相对缩小；新工艺、新技术的出现，会导致新产业部门产生，同时使使用原有的技术、旧工艺的产业部门衰退，尤其是产业关联度大的高新技术出现，会引起产业结构的重大变化。如电子计算机技术的发展，使工艺全盘自动化成为可能，也为信息产业的蓬勃发展开辟了道路，从而又进一步推动了电子计算机产业的迅速扩张。

（三）对外贸易结构对产业结构的影响

随着生产社会化、资本国际化、经济一体化的发展，国与国之间的经济交往活动日趋频繁，国际贸易已不再是仅仅作为调剂余缺的手段而对各国产业结构带来越来越重要的影响。一国的对外贸易结构对其产业结构的影响主要有两方面：进出口贸易和国际技术转移。进出口贸易有利于发挥自己的比较优势，获得比较利益。资源、商品、劳务的出口对国内相关产业的发展起推动作用；国内短缺资源、劳务的进口，可以弥补国内生产该类商品的产业不足。同时，某些新产品的进口还有助于借以开拓市场，为本国发展同类产业创造条件。当然，某些商品的进口可能会抑制国内相关产业的发展。国际技术转移指通过各种方式使生产技术、技术诀窍等在各国间流动和转让。成套设备及其先进技术的引进，不仅使进口国相关产业的技术水平有较大的提高，而且可促进引进国新兴幼稚产业的较快成长。

三　三次产业结构的演变趋势

迄今为止，在三次产业结构演变规律的研究方面做出杰出理论贡献的代表人物，当数英国经济学家克拉克（Colin Clark）和美国经济学家库兹涅茨（Simon Smith Kuznets）。克拉克考察了经济发展中劳动力在三次产业间的分布规律；库兹涅茨在克拉克研究的基础上，进一步揭示出经济发展中国民收入在三次产业间分布结构的变化趋势。

（一）配第—克拉克定理

克拉克依据费希尔[①]的三次产业分类理论，在大量收集和整理若

① 英籍新西兰澳塔哥大学费希尔教授是三次产业划分理论的创始人。1935 年，费希尔出版了《安全与进步的冲突》一书。他在书中提出人类生产活动的发展史（实际上就是产业发展史）可以分为三个阶段：第一阶段的生产活动主要以农业和畜牧业为主，第二阶段以工业大规模的迅速发展为标志，第三阶段以资本和劳动力大量流入旅游、科教、文艺、保健、政府等服务领域为特征。与上述三个阶段相对应，便形成了以农业、工业和从事非物质生产的社会服务行业为第一、第二和第三产业的三次产业划分理论。

于国家经济统计资料的基础上，按年代秩序，分析了劳动力在三次产业之间转移的趋势：随着经济发展，人均国民收入的提高，劳动力先由第一产业向第二产业转移，当人均国民收入进一步提高时，劳动力又向第三产业转移。劳动力在三次产业间的分布状态是，第一产业减少，第二、第三产业增加。其根本原因是随着经济发展，各产业间出现了收入（附加价值）的相对差异。正是这种差异，促使劳动力由较低收入的产业流向较高收入的产业。由于克拉克上述观点渊源于17世纪英国经济学家威廉·配第（W. Petty）关于不同产业之间相对收入上的差异会促使劳动力向能获得更高收入的部门转移的思想，所以，也有人把克拉克发现的随着经济发展劳动力在三次产业间的移动规律称为“配第—克拉克定理”。

（二）库兹涅茨对三次产业结构演变的进一步研究

针对克拉克意识到但未作进一步研究的促使劳动力在三次产业间转移的相对收入差异是如何变化的问题，库兹涅茨在克拉克研究的基础上，进一步收集和整理了20多个国家的统计资料。从劳动力和国民收入在产业间的分布变动入手，对伴随着经济发展的产业结构变化做了深入的分析，得出了劳动力和国民收入在三次产业间分布结构的演变规律①：第一产业实现的国民收入或国民生产总值，随着经济发展、年代的延续，在整个国民收入中的比重（或称之为国民收入的相对比重）同第一产业劳动力在全部劳动力中的比重（或称为劳动力的相对比重）一样，处于不断下降之中；第二产业国民收入的相对比重，大体上是上升的，但第二产业劳动力的相对比重则大体上不变或略有上升；第三产业劳动力的相对比重，几乎在所有的国家均呈上升趋势，但国民收入的相对比重未必与劳动力的相对比重同步上升，综合来看，是略有上升但不是始终如一地上升。

（三）近期研究三次产业结构演变趋势的新进展

克拉克和库兹涅茨对三次产业结构演变规律的研究是以19世纪

① 库兹涅茨的三次产业分类是：A为第一产业，即农业部门，包括种植业、林业、渔业及狩猎业等；I为第二产业，即工业部门，包括矿业、制造业、建筑业、电力、煤气、供水、运输、邮电等；S为第三产业，即服务部门，包括商业、银行、保险、不动产、政府机关、国防及其他服务业。参见毛林根《产业经济学》，上海人民出版社1996年版，第48页。

末、20世纪初至50年代欧美主要发达国家的统计资料为基础。在进入21世纪之际，他们的结论是否依然有效？近年来三次产业结构演化有何特点？对此，日本经济学家中本博皓以20世纪70年代前后欧美主要发达国家以及亚洲的日本的统计资料为基础（见表6—1、表6—2），对近年来三次产业结构的变动趋势做了分析，从而不难看出近期三次产业结构演变的特点：第一产业劳动力及国民收入相对比重在60年代继续下降，进入70年代这种趋势似有减弱。这表明第一产业在三次产业中的地位日趋缩小，但劳动生产率有较大提高。第二产业劳动力及国民收入相对比重进入60年代后均呈下降趋势。这表明第二产业尤其是传统工业作为经济发展的主要推进器的地位开始下降，这是近年来产业结构演变的一个非常重要的特点。第三产业劳动力及国民收入相对比重保持着不断上升的态势，且比重都超过50%。这一现象称之为"经济服务化"，日益受到经济学界的重视。综上所述，近二三十年来三次产业结构虽然出现了一些新的变动特点，但基本上没有脱离克拉克和库兹涅茨所归纳的三次产业结构演变规律的框架。换言之，克拉克、库兹涅茨关于三次产业结构演变规律仍具有普遍指导意义。

表6—1　　**各产业劳动力相对比重的变化**　　单位：%

国家	年份	第一次产业	第二次产业	第三次产业
日本	1960	32.5	27.8	39.7
	1980	10.3	34.8	54.9
美国	1960	8.6	30.6	60.8
	1979	3.6	30.2	66.2
联邦德国	1960	13.8	47.7	38.5
	1980	5.8	45.0	49.2
英国	1960	2.6	45.8	51.6
	1980	1.6	37.4	61.0
法国	1960	20.6	37.7	41.7
	1979	8.8	35.4	55.8

资料来源：转引自毛林根《产业经济学》，上海人民出版社1996年版，第53页。

表 6—2 **从国内生产净值（NDP）看产业结构的变动** 单位：%

	部门	农业部门			工业部门			服务部门		
	时期	期初	期末	变化	期初	期末	变化	期初	期末	变化
日本	1962—1965	13.1	11.3	-1.8	37.2	35.8	-1.4	49.7	53.0	3.3
	1966—1970	11.1	7.8	-3.3	35.9	38.7	2.8	53.1	56.6	3.5
	1971—1974	6.6	6.6	—	37.9	37.2	-0.7	55.5	56.2	0.7
美国	1962—1965	4.1	3.6	-0.5	36.1	36.8	0.7	59.8	59.6	-0.2
	1966—1970	3.5	3.1	-0.4	37.0	33.4	-3.6	59.4	63.6	4.2
	1971—1975	3.0	3.7	0.7	32.6	30.9	1.7	64.4	64.6	0.2
英国	1962—1965	3.7	3.6	-0.1	44.6	44.1	-0.5	51.7	52.5	0.8
	1966—1970	3.0	2.7	-0.3	43.4	42.1	-1.4	53.6	55.3	1.7
	1971—1974	2.6	2.7	0.1	40.1	38.8	-1.3	57.2	58.5	1.3
联邦德国	1962—1965	4.9	4.3	-0.6	54.4	54.1	-0.3	40.7	41.6	0.9
	1966—1970	4.2	3.1	-1.1	53.3	54.6	1.3	42.5	43.3	0.8
	1971—1975	2.9	2.7	-0.2	53.5	47.8	-5.7	44.6	50.1	5.5
法国	1962—1965	8.9	7.3	-1.6	43.7	43.1	-0.6	47.4	50.5	3.1
	1966—1970	7.1	6.2	-0.9	45.4	43.9	-1.5	47.6	49.9	2.3
	1971—1974	5.8	5.1	-0.7	43.8	43.3	-0.5	50.4	51.7	1.3
意大利	1962—1965	15.3	13.3	-2.0	36.1	34.9	-1.2	48.6	51.7	3.1
	1966—1970	12.7	8.8	-3.9	35.0	42.2	7.2	52.3	48.9	-3.4
	1971—1975	8.4	8.5	0.1	41.3	41.0	-0.3	50.3	50.5	0.2

资料来源：转引自毛林根：《产业经济学》，上海人民出版社 1996 年版，第 54 页。

四 产业结构政策

由于经济发展中的产业结构演化是有规律的，因此，人们可以充分利用这一规律，通过相应的政策措施来加快产业结构演化进程，从而达到缩短一国工业化过程以推动经济高速增长的目的。

（一）产业结构政策的定义

关于产业结构政策的定义，由于人们研究的侧面不同，因而所作的界定也不同。以下评介几种有影响的看法。[①]

① 毛林根：《产业经济学》，上海人民出版社 1996 年版，第 95—96 页。

“赶超论”认为，产业结构政策就是为向最佳产业结构（为实现经济增长和填平同发达国家的差距所最理想的产业结构）接近所需要的政策。这种观点是基于后起国如何赶超先发国的角度来定义产业结构政策。提出这种观点比较典型的是较早提出产业结构政策的日本审议会。日本实施产业结构政策，促进该国经济高速增长的实践似乎证明了该种观点的权威性。但是，这种观点把先发国排除在产业结构政策的视野之外则是片面的。因为，保持产业之间的协调发展，实现产业结构的现代化和高度化，是任何国家经济发展过程中所面临的共同问题。事实上，世界各主要发达国家都不同程度地采取过产业结构政策，以此来协调和改善各自的经济结构。

“市场缺陷弥补论”将产业结构政策界定为弥补市场缺陷的政策。如日本的小宫隆太郎认为，产业政策（狭义的）的中心课题，就是针对在资源分配方面出现的“市场失败”采取的对策，是在价格机制下，针对资源分配方面出现的市场失败而进行的干预。由于弥补市场缺陷的政策很多（如财政政策、货币政策等），显然，把弥补市场缺陷的政策都纳入产业结构政策是不妥当的。另外，将产业结构政策的作用限定在市场失败的范围之内，意味着把产业结构政策仅仅看作是一种事后调节手段，实际上是主张产业发展取向宜由企业自由化竞争来决定。显然，这是发展中国家不能接受的。因为，很难想象，二战结束后的日本政府如果不对当时弱小的汽车工业实行重点扶植的倾斜政策，不会有今天日本汽车出口量占世界市场第一的优势地位。

“计划论”认为，产业结构政策就是计划，是政府对未来产业结构变动方向的干预。如美国的阿密塔伊·艾特尹奥利认为，产业结构政策就是计划，这只是采用了一个“温和、更加悦目的名词”。又如美国的玛格里特·迪瓦尔则认为：部门政策——鼓励向一些行业部门投资和不鼓励向其他部门投资——仍然是产业结构政策讨论的中心。很显然，将产业结构政策与计划等同是不足取的。至于将投资倾斜政策概括成产业结构政策也不妥，因为投资倾斜政策只是产业结构政策的一部分而不是全部。

"国际竞争力论"则认为，产业结构政策就是为了加强本国产品的国际竞争力的政策。如美国学者查默斯·约翰逊认为产业结构政策是政府为了取得在全球的竞争能力，打算在国内发展或限制各种产业的有关活动的总的概括。这种观点把产业结构政策的目的界定为提高产品的国际竞争力，将政策的作用对象界定为各产业的合作或限制，是值得称道的。但是，若将"政府活动总和"视为政府对各类经济活动的政策、法令总和的话，实际上是将财政政策、货币政策、贸易政策等都囊括于产业结构政策之中，这无疑是不适当地扩大了产业结构政策的边界。

上述几种观点分别从不同的角度阐述了产业结构政策的含义，由于角度不同，其内涵各异。我们知道，任何一类经济政策，都有特定的政策目标、政策作用对象、政策作用范围，乃至政策的特定手段等。一般说来，这些因素应在经济政策的概念中有明确的界定。产业结构政策作为经济政策的一种，当然也不例外。因此，我们试图对产业结构政策作如下定义：所谓产业结构政策，是指一个国家或地区依据本国或本地区的产业结构演化趋势，通过对产业之间的资源配置和对各产业内部组织结构的干预，实现一定时期内加速推进产业结构有序转换和高度化演进目标的经济政策。

（二）产业结构政策的功能

由于产业结构政策形成的逻辑基点是基于适应经济发展战略需要和弥补市场运行缺陷的需要，因此，产业结构政策的基本功能是促进产业结构的有序转换和高度化，保持现代经济持续、稳定和较高增长率的发展。具体说来，产业结构政策具有促进创新、促进产业结构转换、协调各产业之间的比例关系的功能。

1. 创新功能

根据熊彼特的创新理论，创新就是引入一种新的生产函数，从而提高经济的潜在产出能力。具体来说，创新表现在三个方面：一是带来新商品和劳务的创造；二是在既定的劳动力和资金条件下，提高原有既定生产要素的商品和劳务产出量；三是具有扩散效应，即以创新的产业带动整个经济的加速发展。产业结构政策的核心功能是创新，即以创新推动产业结构的调整与发展。

一是对落后的传统产业、弱小产业的政策扶植，不仅采取资助和保护措施，而且更注重采取促进其研究、开发的政策措施。通过技术、管理与组织等创新，提高其生产效率。

二是对未来新兴主导产业的培育，重点是促其采用先进技术和工艺，迅速创新和形成新的生产函数。而创新在该产业部门的有效积聚，又通过产业间的技术关联“链”，向有关产业部门传递和扩散，从而又带动这些产业部门的创新。

三是产业结构的调整政策，在调整长线产品与短线产品产业关系时，其创新功能不仅表现为政策对短线产品产业技术创新的促进作用和产业素质的提高，而且还表现为政策也推动着其他产业对短线产业产品的利用率的提高。正是产业结构政策的这种创新作用，使原来比例不合理的产业结构趋向合理化、协调化。

2. 转换功能

产业结构政策除了具有创新功能之外，还具有加速产业结构的演进，促进产业结构转换的功能。所谓产业结构的转换，是指产业结构按照合乎其规律的发展方向，从较低类型结构向较高类型结构的转变。例如，劳动密集型产业结构向资源密集型产业结构的转变，资源密集型产业结构向资本密集型产业结构转变，资本密集型产业结构向技术密集型产业结构转变，轻型产业结构向重型产业结构转变，重型产业结构向高加工度产业结构转变等。

实现产业结构的转换主要依靠两种力量，即市场力量和政策干预力量。当市场需求发生变化时，价格信号会引导资源在包括新兴产业在内的产业间流动，从而逐渐导致产业结构的转换，这种转换依靠市场的自我调节机制就是市场力量。一般说来，依靠市场力量实现产业结构的转换过程是比较缓慢的。因为，产业结构在市场机制作用下对需求结构做出反应并进行自我调整需要有一个过程。而产业内的垄断、技术和资本壁垒的存在，使市场机制的调节作用可能受阻乃至失灵，从而使产业结构转换更为缓慢。因此，需要政策的干预力量来推动产业结构的转换。政府通过实施强有力的产业结构政策，对具有高关联度、潜在高增值率的“幼稚产业”进行扶植和保护，促其崛起和壮大，并通过其“强关联”纽带，有序地将其他产业融汇成强大的产业结构转换力，从而大大加速产业结构的转换进程。此外，受产业结构政策的不断诱导和直接影响，促使主导产业部门在更迭中不断提高技术集约化程度，来推进产业结构的高度化演进。

3. 协调功能

除了创新功能和转换功能之外，产业结构政策还具有协调社会再生产过程中包括产业间比例关系在内的产业间的相互关系，并使之合理化的功能。主要表现为：

首先，产业结构调整政策具有兼顾支柱产业与从属产业关系，以支柱产业的发展带动从属产业发展的功能。

其次，由于基础产业在产业结构中很大程度上决定着其他产业的效率，故产业结构的调整政策将能源、原材料、交通运输等基础产业与其他产业的比例关系作为重点。当某一基础产业比较薄弱时，就给予政策扶植与调整。

再次，产业结构中的瓶颈产业，是产业结构政策协调的重点。瓶颈产业实质上就是某些重要而又发展滞后的产业，形成了产业关联中的一个“窄口”。通过向瓶颈产业实施倾斜政策，来推动其发展，从而使瓶颈产业与其他产业的比例失调得以缓和或消除。

此外，产业结构政策具有促进不同层次产业协调发展的功能。在一定的经济发展阶段上，产业结构内各产业因不同的增长速度和不同的作用而处于不同的地位，形成产业间有序的排列组合。因而，产业结构呈现出明显的层次性：从纵向来说，有基础产业、支柱产业和主导产业的等级；从横向来看，在每一同等级产业中，又有重点产业与一般产业的区别。产业结构政策依据不同产业的地位、作用及其现状，分清轻重缓急和主次，对新兴的具有高增值率的未来主导产业进行重点培育；对薄弱的基础产业进行扶植；对衰退产业进行援助和调整。通过这些政策措施，促使不同层次的产业间保持协调发展。

第二节　区域产业结构一般分析

区域产业结构表现为区域内各种类型的产业部门之间的比例关系。包括三次产业之间，基础产业部门与非基础产业部门之间，农轻重之间，兴旺部门与停滞部门及与衰退部门之间，主导专业化部门与一般专业化部门、辅助部门与地方自给性部门之间，劳动密集型部门与资本、技术、知识密集型部门之间的比例关系。任何区域，必须有一个合理的产业结构，才能保证其经济顺利发展。

评价一个区域的产业结构合理性的标准主要有三：一是能充分发挥区位优势。只有合理的产业结构才能够最充分有效地利用该地区各种有利于经济发展的自然条件、社会经济条件等来发展地区经济。二是结构的整体性与系统性。表现在能够以该地区主导专业化部门为核心，把该区域众多的产业部门组织成一个由生产、分配或技术联系结合起来的、部门间比例协调的相辅相成的整体，以最大限度地获得聚集经济效益。[①] 同时还表现为区域的产业结构建立在合理的地域分工基础上。它既是全国地域分工中一个不可缺少的组成部分，自身又可以细分为几个相对独立完整的低层次产业结构，形成多层次的分工系统。每个区域的产业结构既是系统内的一个组成部门，又有相对的独立性、完整性。如此才能使区域产业结构像有机体中的各组成部分那样具有自我调节的应变能力。三是产业结构的先进性。先进的产业结构才能保证地区经济兴旺发达。而起关键作用的是该地区主导专业化部门的先进性。主导专业化部门愈先进，就愈有能力推动地区经济发展。由于先进的产业部门会随着时间的流逝逐渐老化，因此，要保持产业结构先进性，就需要不断淘汰旧部门，创建新部门，保持活跃的新陈代谢机制。事实上，合理

---

① 聚集经济效益指在一个地区生产系统中，每个企业都因与其他关联企业接近而改善了自身发展的外部条件，并从中受益。整个系统的总体功能大于其各个组成部分功能之和，其超出部分被称为聚集经济效益。参见周起业等《区域经济学》，中国人民大学出版社 1989 年版，第 64—65 页。

的产业结构同时包括三个层次的产业部门，即处于发展最前沿的兴旺部门，它们是当前区域产业结构的主体部分；第二线的后备部门，它们是面向未来的创新产业部门，它们可能仅仅是进口替代部门，但以后将逐渐取代前一部门成为地区产业结构的主体部门；因老化而渐趋衰退的正在接受改造以取得新生，或正在创造条件准备向低梯度转移的衰退部门。没有这样的纵深配备，地区产业结构就会逐渐丧失其新陈代谢能力，就失去了合理性。

一　区域专业化部门

在区域产业结构的种种比例关系中，最重要的是专业化部门，尤其是主导专业化部门的构成及其与非专业化部门的比例关系，它是能否实现产业结构高级化的关键所在。

尽管对专业化部门的界定，经济学界长期争论不休[①]，但多数人基本达成如下共识：把一个地区内那些直接或间接地为外区提供商品或劳务的产业部门统称为区域专业化部门。区域专业化产业部门是区域经济的核心。这是因为：首先，专业化部门是建立在地区优势的基础之上。它能否顺利发展不仅会影响该地区整体经济发展，而且还会影响到国家全局乃至波及世界经济。比如美国玉米带区域的玉米生产如果大幅度减产，则不但会影响全美国农牧业的发展及其出口贸易状况，而且会对世界其他一些地区的畜牧业发展造成不良后果。其次，专业化部门，尤其是其中的主导专业化部门的发展，能够带动地区经济的全面发展。一个区域如果不集中力量重点发展专业化产业部门，而把过多力量分散于发展自给性或辅助性产业部门，其结果不仅会损害专业化产业部门的发展，而且自给性与辅助性产业部门的发展也会因此而受到限制。再次，只有大力发展专业化产业部门，迅速为地区经济积累更多的资金，才能从区外输入先进技术，输入本地区需要而又难以生产的种种生产资料和消费资料，扩大投资，增加就业。所以西方发达国家把区域专业化产业部门称为基础部门，视为地区兴旺发达的基础。

① 周起业等：《区域经济学》，中国人民大学出版社 1989 年版，第 284 页。

由于专业化产业部门的确定难以直接、准确地量化，故西方经济学家一般用区位熵[①]间接确定一个部门是不是地区专业化部门及其专业化水平。

区位熵指一个地区特定产业部门所雇用的职工人数占地区职工总人数百分数与该部门在全国雇用的职工人数占全国职工总人数的百分数之间的比值。用公式表示：

$$q_{ij}=\frac{e_{ij}/e_{ii}}{E_{nj}/E_{ni}}$$

式中 q_{ij}为 i 地区 j 部门的区位熵；e_{ij}为 i 地区 j 部门的职工人数；e_{ii}为 i 地区的职工总人数；E_{nj}为全国 j 部门的职工人数；E_{ni}为全国的职工总人数。一般来说，当区位熵 $q_{ij}<1$ 时，表明 i 地区 j 部门的发展水平低于全国平均水平，只是一个自给性部门；当 $q_{ij}=1$ 时，表明 i 地区 j 部门的发展水平与全国平均水平一致；当 $q_{ij}>1$ 时，q 值愈大，则说明 i 地区 j 部门的专业化水平愈高。

值得注意的是，在使用区位熵指标判断地区特定部门的专业化水平时，应结合考虑以下几点：一是该国 j 部门产品在全国能否基本上达到产销平衡。如果不平衡，则需对 q 值做出新评价。二是 i 地区的消费结构是否和全国一致。如果不一致，也需对 q 值进行调整。三是 i 地区 j 部门的劳动生产率是否与全国的劳动生产率水平以及地区总的劳动生产率水平相一致。如果不一致，则应考虑该部门能否作为该地区专业化部门。

在确定地区专业化部门过程中，区别一般专业化部门和主导专业化部门[②]尤为重要。因为在地区所有专业化部门中，只有主导专业化部门才能在地区经济中起主导作用，才能带动地区经济全面发展。一个主导专业化部门在带动全局经济发展上的推力大小，还取决于它自身是否属于兴旺产业，能否代表世界经济发展的潮流，有无远大的发展前途。一个专业化部门要成为地区主导专业化部门，

---

① 周起业等：《区域经济学》，中国人民大学出版社 1989 年版，第 285 页。

② 在确定主导产业的选择基准上，区域经济学家与产业经济学家看法不尽一致。产业经济学家对主导产业的选择准则大致有：（1）产业连锁效果准则；（2）收入弹性准则；（3）生产率上升率准则；（4）动态优势比较准则。具体内容参见毛林根《产业经济学》，上海人民出版社 1996 年版，第 105—113 页。

必须具备以下条件：

（1）区位熵很高，q 值一般应大于 2，生产主要为外区服务。

（2）在地区生产总值中占有较大比重，能够在一定程度上主宰该地区经济发展。

（3）该部门与地区内多数部门之间存在着生产或非生产上的联系。这种联系愈广泛、愈深刻，则该主导部门的发展就愈有可能通过聚集经济与乘数效应的作用带动整个地区经济的发展。

因此，在考虑区域经济发展战略和规划时，最为关键的是依据地区优势，确定区域专业发展方向，特别是选择区域主导产业部门，并确定在各个发展阶段上的发展规模。

一般说来，依据地区优势确定主导产业的决策依据主要有以下方面。

第一，选择那些对实现地区经济发展目标可以做出最大贡献的产业部门。在多个可供选择的地区主导产业部门中，比较而言，总会有一些产业部门的发展较其他产业部门更有效地促成该地区长远发展目标的实现。例如，一个地区在较长时期内确定的发展目标是最大限度提高就业率，那就必须根据这一目标，对多个可供选择的部门进行排序，从中选择那些在不损害全局总体利益的前提下，利用相同的投入，可以创造更多就业机会的产业部门作为主导产业部门。

第二，选择那些符合世界经济发展潮流的最有前途的产业部门。近百年来，世界上产业结构演变的总趋势是第一产业在劳动生产率迅速提高的基础上比重日趋下降，第二产业停滞不前，第三产业的地位则迅速上升。以美国为例，1870 年，在美国产业结构中，劳动力的相对比重分别为第一产业 50%，第二、第三产业各 25%。到 1900 年，三个产业部门大致各占 1/3。1971 年，第一产业下降至 4%，第二产业为 31%，第三产业则上升至 65%。[①] 当前信息业、金融业、科学技术部门已成为发达国家的地区经济发展的主要支柱产业部门，它们既是地区经济高度发达的产物，又成为推动地区经

① 罗清和：《经济发展中的产业战略——以深圳为背景对产业发展的应用分析》，中国经济出版社 1999 年版，第 161 页。

济进一步发展的条件。第二产业中也有一批能代表世界经济与科技发展潮流的部门，主要是一些处于创新阶段的高技术密集型部门。如航天与航空工业、电子与电讯业、办公室自动化、科学仪表业、高级化工产品与高级材料、生物技术等。只有这些产业才能成为地区产业结构优化的坚实基础。但同时应看到，这些高技术产业在布局上都是技术、资本与信息指向的。[①] 一个地区失去了在第三产业上的优势，就不可能建立起第二产业的创新优势。

第三，选择地区主导产业部门时必须尽可能使该地区的限制因素得到最有效的利用。所有限制地区经济发展的资源因素可统称为稀缺资源。一个区域特别是严重短缺某种布局因素的区域在选择主导产业方向时，必须优先选择那些耗用同等数量的稀缺资源可以创造更多价值的部门。要得到地区稀缺资源配置的最优方案，可采用下例中的线性规划方法。

假定某地区在发展 P_1、P_2、P_3 三个重点产业部门方面都占有优势，即都有可能成为主导产业部门。而该地区在规划期内，每年可用于发展生产的水与土地资源有限。在可能增加用于发展的水与土地资源总量中，每分配一个单位给新的产业部门，就必须分配若干单位给相应发展的辅助部门和自给性部门。假定该地区在计划期内可能为三个产业部门增加的用水量为 600 单位，用地量为 1000 单位，不能完全满足三个部门同时发展的需要。为此，必须做出抉择，按照地区发展目标，把有限的水与土地资源用来创造最大的经济效益。

调查得知，P_1 部门每生产单位产品需要用水 1 单位、用地 2 单位，可创利 150 元；P_2 部门每生产单位产品需用水 1 单位，用地 1 单位，可创利 100 元；P_3 部门每生产单位产品需用水 1 单位，用地 4 单位，可创利 220 元。假设该地区把可提供的有限的水与土地资

---

① 产业布局的指向性，是指任何产业部门在生产布局上都要求满足某些特定的条件。但布局条件完全具备的地方客观上是不存在的，存在的只是比较最优的地方。在给特定产业部门确定最优区位时，先假定所有具备某些有利条件的地点，就是拥有某种区位优势的地点都会对产业部门区位产生一种引力。而产业部门的最优区位就在引力的合力为最大的一个方向上。这个方向就是该产业在布局上的指向。参见周起业等《区域经济学》，中国人民大学出版社 1989 年版，第 14—15 页。

源用来创造最大的利润，则 P_1 部门的新增产量为 X_1 单位，P_2 部门的新增产量为 X_2 单位，P_3 部门的新增产量为 X_3 单位，据此可建立以下目标函数：

$$Z = 150X_1 + 100X_2 + 220X_3$$

需要满足的约束条件：

$$1X_1 + 1X_2 + 1X_3 \leqslant 600$$

$$2X_1 + 1X_2 + 4X_3 \leqslant 1000$$

$$X_1 \geqslant 0 \quad X_2 \geqslant 0 \quad X_3 \geqslant 0$$

用单纯形法求出最优解为 $X_1 = 400$，$X_2 = 200$，$X_3 = 0$。此时用水、用地的分配与各部门创利情况见表 6—3。

表 6—3　　**某地区稀缺资源分配与创利**

部门	产量	稀缺资源用量		创利数（元）
		用水	用地	
P_1	400	400	800	60000
P_2	200	200	200	20000
P_3	0	0	0	0
总　计		600	1000	80000

采用上述最优方案，计算得知每个单位的用水和用地可创利都是 50 元，全部稀缺资源可为该地区创利 80000 元，利润最大。如果发展 P_3 部门，虽然每生产单位产品创利最大，高达 220 元，但为此而耗用的稀缺资源也最多，用水和用地共 5 单位。按最优方案，每耗用 5 单位稀缺资源应创利 5 × 50 为 250 元。这样，P_3 部门每生产单位产品净亏 30 元，生产越多，亏损越大。故与 P_1、P_2 相比，P_3 不宜在本地区发展。①

二　区域非主导专业化产业的协同发展

强调地区主导专业化部门在区域经济发展中的重要作用，并不

① 周起业等：《区域经济学》，中国人民大学出版社 1989 年版，第 286 页。

能因此而贬低非主导专业化部门、非专业化部门的作用。过分突出专业化部门的作用而低估发展非专业化部门的意义，同样会给地区经济发展带来不利后果。地区专业化部门，包括主导专业化产业部门在内，如果没有众多的辅助部门、服务部门与地区自给性部门的扶持、协助，是不可能长期顺利发展的。试想，一个以高度技术密集型工业为主导产业部门的地区，如果没有强大的科研、文化机构做后盾，没有信息、银行、商业机构、公共设施与许多协作单位与之配合，没有坚实可靠的自给性部门提供生产与生活必需品，没有对科技人才的强大吸引力，该地区经济将会是寸步难行的。由此可见，没有非主导专业化产业的扶持、协助，主导专业化产业是不可能顺利发展的。

因此，在主导产业与非主导产业之间需要经常保持一种协调发展的关系，才能促使整个区域经济健康发展。这种协调发展主要表现在：（1）主导产业是专业化部门，非主导产业是多样化部门。主导产业与非主导产业协调发展，实质上是在区域范围内将专业化和综合化发展结合起来。（2）主导产业是核心产业，在地理分布上是相对集中的；非主导产业是外围产业，在地理分布上是相对广泛的。主导产业和非主导产业协调发展，实质上是在区域范围内将产业集中布局和分散布局结合起来。（3）主导产业对规模经济的要求高，具有大规模生产的特点；非主导产业对规模经济的要求低，具有非大规模生产的特点。主导产业与非主导产业协调发展，实质上是在区域范围内将大中小型企业发展结合起来。

片面专业化还会削弱地区抵御经济周期波动的能力，使经济出现大起大落现象，造成经济发展的困难。同时也难以适应国内外经济发展的潮流，及时地、平稳地调整其产业结构。根据工业生产生命周期理论①，任何先进的工业部门都会随着时间的流逝而老化衰退。因此，区域必须适时调整其产业结构，才能保持兴旺。

实践证明，只有专业化与多行业协同发展，才能使地区人力、

① 工业生产生命周期理论为美国哈佛大学教授弗农首创。该理论认为，各工业部门，甚至各种工业产品都处在不同的生命循环阶段上。它们和生物一样，在发展过程中必须经历创新、发展、成熟、衰退四个阶段。

财力、物力得到最充分利用，也同样有利于积累资金。扩大出口固然对地区发展多积累资金很重要，但如果一个地区能多发展自给性产品生产，以替代从区外输入的进口商品，即使不能增加出口，也同样可以扩大顺差，取得与增大出口同样的效果。

三　区域产业结构的演进机制

区域产业结构演进的规律表现为与区域经济发展阶段紧密相连。就是说，处于不同经济发展阶段的区域，具有不同的主导产业和产业结构。一般说来，处于工业化和现代化初期的地区，其产业结构变动以资源导向为主，围绕自然资源开发、利用和初步加工发展起来的农业、轻纺工业和采掘业在经济发展中起着主导作用；处于工业化和现代化中期的地区，其产业结构变动以结构导向为主，即由轻纺工业向重化工业倾斜，电力、钢铁和机械制造业等资金密集型产业在经济发展中起着主导作用；处于工业化和现代化后期的地区，其产业结构变动以技术导向为主，其中，以汽车、家用电器、住房为代表的享受资料产业和计算机、生物工程、海洋工程、激光技术、宇航技术、新能源和新材料为代表的高新技术产业迅速发展，在整个产业结构中的比重越来越大，直到占据主导地位。

在区域产业结构演进过程中，支配其运动的机制主要是由市场机制（“无形的手”）和政府干预（“有形的手”）组成。

（一）“无形的手”——区域产业结构演进的市场机制

区域产业结构演进的市场机制，是指在市场经济条件下，区域经济运动本身所具有的一种内在的自行调节力量，这种调节力量能够促使区域产业结构由不协调趋于协调。市场机制这只“无形的手”对区域产业结构的调整，主要是通过价格机制来实现的。首先，完善的市场机制是诸生产要素在区域间自由流动的条件。通过流动，各种生产要素可以找到发挥自身最大效用的“最佳区位”，在那里集聚了一批资源配置效益最高的部门和企业，该区域由此形成全国范围内的优势产业或优势产业群。其次，完善的市场机制是价格体系趋于合理的条件。在价格体系合理的基础上，通过竞争，表现出某些产业迅速发展，在地区经济中的比重上升；某些产业发展迟缓甚至衰落，在地区经济中的比重下降。再次，竞争机制促使各产业尽可能地采用最先进的生产技术和管理方法，最充分地发挥资源的作用，推动产业结构的升级。

当然，强调市场机制在区域产业结构演进中的重要作用，并不等于说市场机制这只“无形的手”是万能的。事实上，单纯依靠市场机制对区域产业结构自行调整，具有很大的局限性。这是因为：（1）市场机制对区域产业结构的自行调节，是通过价格机制来实现的。要保证价格信号不会发生失真、扭曲乃至误导，在客观上要求市场必须是完全竞争的。而完全竞争的市场在现实中是不存在的。（2）市场机制对区域产业结构的调整，要求市场活动的主体——企业能够对此做出及时、灵敏的反应，这在客观上要求有一个健全、完善、对称的信息系统。而现实中的信息系统往往是残缺不全的，信息不完全、不对称是普遍的现象。（3）市场机制运作是对企业、地方政府建立在“理性经济人”假设的基础上的，而现实生活中大量非经济因素以及较为普遍的非理性经济行为的存在，使得市场机制对区域产业结构的自行调整作用受到很大约束。（4）由于区域产业结构的变化程度具有不确定性，市场机制的自行调整过程十分缓慢，且这种调整属于事后调整。因此，调整开始时，实际上已经给经济造成了一定的损失。这就需要在充分发挥市场机制对区域产业结构自发调节作用的同时，还需要借助于政府的行政干预这只“有形的手”，来加快产业结构演进的进程。

（二）“有形的手”——区域产业结构演进的政府干预

区域产业结构演进的政府干预，是指中央政府从整个国民经济发展目标出发，为从总体上及时地、积极地协调区域产业结构所采用的经济杠杆及产业政策的总称。政府干预对区域产业结构的调整，主要是通过产业结构政策来实现的。首先，中央政府主动地、积极地深入到区域社会再生产过程的内部，根据具体情况，从全国大背景下确定各大区域产业发展的方向、重点、规模和速度，对全国区域产业结构的分工配置勾画出一个大体的轮廓。其次，中央政府通过运用财政、信贷、税收、价格、工资等经济杠杆，甚至采取经济立法措施，保护和扶持新兴产业的发展，缩小和遏制某些特定产业的发展，从而引导区域产业结构向着国家规划的目标演进。再次，中央政府从宏观经济的角度为区域产业结构的市场机制调整创造良好的宏观环境。即国家有计划、有步骤地调节国内社会总需求和总供给的矛盾，保证社会总需求和总供给的基本平衡，使市场诱导有利于向着政府的意图倾斜。这样，在区域产业结构调整上，形成政府意向和市场诱导两者同向化。

如同单一的市场机制自行调整存在着局限性一样，单纯依靠政府干预区域产业结构也有其局限性。这样，一方面需要中央政府从宏观上对区域产业结构进行直接调控，以克服和弥补市场机制调整作用的缺陷；另一方面需要市场机制从微观上对区域产业结构进行间接调整，以克服行政调控作用的不足。实践证明，只有把市场机制和行政干预两者有机地结合起来，彼此配合，密切联系，才能完成区域产业结构向合理化方向演进的任务。

四　区域产业结构的高级化发展

产业结构的高级化是指产业结构伴随着经济发展而变化的成长过程，这种变化表现出有序的阶段性。虽然经济发展水平和发展阶段不同的国家和地区，其产业结构的变动具有不同的特点。但有一点是共同的，即产业结构与速度、效益有着密切的相关关系。产业结构的高级化，就是向促进速度、提高效益、向更高一级的产业结构推进。在改造二重结构①、促进产业结构高级化的实践中，形成了如下一套相关理论。

（一）动态比较费用论

这是日本的经济学家针对李嘉图的“比较成本”学说提出的。根据李嘉图“比较成本”理论，发达国家应将其产业结构的重点放在资金、技术密集型和需求收入弹性高②的产业，而不发达国家，

① 二重结构是指在一国或一个地区的产业结构中，现代化的产业部门与传统的非现代化产业部门同时并存，且在两大产业部门之间存在相当大的断层。这种双重的非同质的产业结构是落后国家和地区的基本特征之一。

② 需求收入弹性是指在价格不变前提下，某种产品需求增加率与人均国民收入增加率的比率。参见毛林根《产业经济学》，上海人民出版社1996年版，第86页。

只能重点发展如农业、原材料等需求收入弹性低的初级产业。“动态比较费用论”认为，李嘉图式的国际分工势必使现有的发达国家与落后国家的收入差距进一步扩大。而实际上，产品的比较成本是可以转化的。在国际贸易中一时处于劣势的产业，从发展的眼光看，有可能转化为优势产业。关键是对那些有潜力、对国民经济有重要意义的劣势产业采取扶持政策。经过政府一段时期的扶持和保护，这些产业可以发展成为有竞争能力的出口产业。“动态比较费用论”兼收了李嘉图比较成本理论和李斯特扶持幼小产业理论的合理内核，其核心在重点发展传统的具有相对优势但技术层次较低的产业的同时，必须扶持有发展前途的新兴产业，使之逐渐发展成为主导产业。二战后的日本，正是在这一理论指导下不断更新发展其主导产业，从而促进其产业结构高级化的。

（二）雁行产业发展形态论

这是日本经济学家赤松研究日本棉纺工业发展史时提出的理论。如图6—1所示。

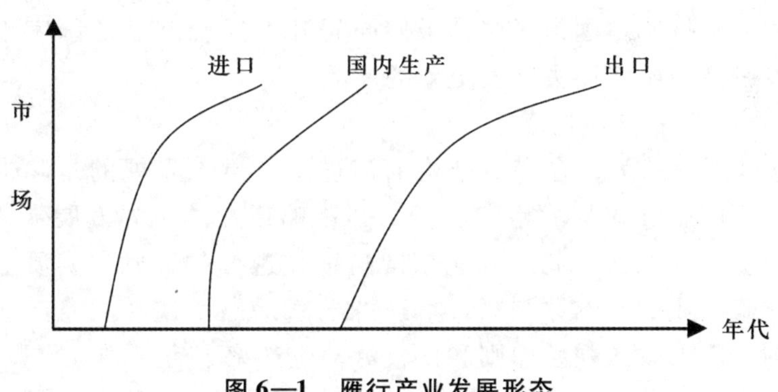

图6—1　雁行产业发展形态

资料来源：毛林根：《产业经济学》，上海人民出版社1996年版，第90页。

赤松发现，19世纪60年代末至70年代初，日本现代棉纺工业尚未发展起来，西方棉纺织品大量涌入日本市场。这是第一只雁的形态——进口浪潮。国外棉纺织品的大量进口，开辟和拓展了日本国内棉纺织品的市场，为其发展棉纺织工业准备了市场条件。此时，国内市场与近代技术和低工资成本的结合，促进了本国棉纺织业的产生和发展。这是第二只雁的形态——国内生产浪潮。随着国内棉纺织品生产规模的扩大，低工资和规模经济的优势使日本的棉纺织品价格具有较强的国际竞争力，此时日本的棉纺织品便大量出口，这是第三只雁的形态——出口浪潮。据此，赤松认为，后进国家的产业应遵循进口—国内生产—出口的模式，促进其产业结构的高级化，即采取“进口替代”的发展战略加快工业化的进程。

（三）产品循环论

这是美国企业问题专家弗农提出的。与雁行产业发展形态论不同，产品循环论是以本国工业开发的新产品在国内市场上的出现为出发点。所谓产品循环，是指新产品开发—国内市场形成—出口—资本与技术出口—进口—开发更新产品—……这一依次循环上升的过程。每一个循环包括四个过程：第一过程为新产品面世，扩大国内市场直至饱和；第二过程为该产品出口，开拓国外市场；第三过程是随着国外市场的形成，出现资本和技术出口，与当地廉价劳动力及其他资源结合；第四过程是国外生产能力的形成，使该产品以更低的价格打回本国市场，结果使原先开发这种产品的国家不得不放弃该产品的生产而去开发更新的产品。

（四）非平衡增长论

这种理论认为，在产业结构的演进中，重点发展的是起带头作用的先导产业（也称战略产业[①]），以战略产业的优先发展带动整个国民经济的发展。因此，产业结构高级化遵循的原则，实质上就是选择战略产业的基本原则。日本经济学家提出了选择战略产业的两个原则：需求收入弹性原则和比较劳动生产率上升原则。

需求收入弹性原则是指选择产品需求收入弹性较大的产业来重点发展。需求收入弹性是指需求量对收入变动的相互反应，用需求

---

① 所谓战略产业，指关系到国民经济发展和产业结构高级化的关键性、全局性、长远性的产业。从这个意义上说，战略产业包含主导产业，但不完全等同于主导产业。因为，作为关键性、全局性、长远性的产业还包括“瓶颈产业”。“瓶颈产业”是指产业产品在国内市场上供不应求，且已严重制约其他产业和国民经济发展的产业。由于其严重影响产业结构的合理化和高级化，故将其归为战略产业是十分必要的。参见毛林根《产业经济学》，上海人民出版社1996年版，第94页。

收入弹性系数表示：

$$需求收入弹性系数=\frac{需求量的增长率}{收入额的增长率}$$

战略产业应当选择需求弹性大、需求增长快的产业。

比较劳动生产率原则是指某产业国民收入的相对比重与其劳动力的相对比重的比例。用公式表示：

$$比较劳动生产率=\frac{某产业国民收入的相对比重}{某产业劳动力的相对比重}\times 100\%$$

战略产业应当选择比较劳动生产率提高的可能性较大的产业。

（五）相关分析法

相关分析法是从方法论的角度来研究产业结构的演进，目的是要揭示产业间的关联性以及产业结构与其他结构之间的动态关系。换言之，研究产业结构，不仅要研究产业系统内部各产业之间的动态关系，而且要综合考察产业结构与就业结构、教育结构、投资结构、进出口结构、空间结构等各种结构变动的相关性。如图 6—2 所示。

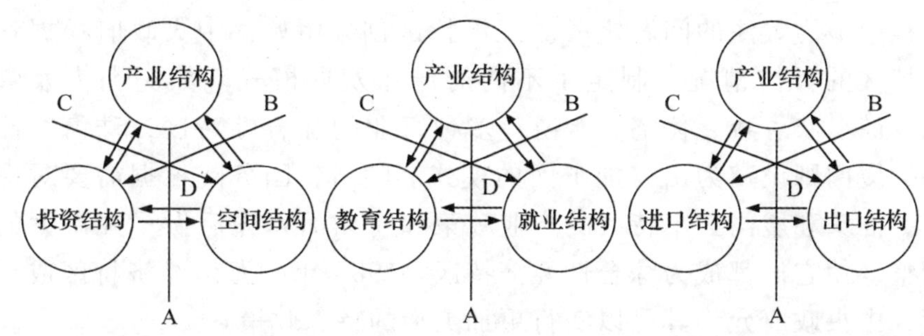

图 6—2　产业间的关联性、产业结构与其他结构间的动态关系

资料来源：周起业等：《区域经济学》，中国人民大学出版社 1989 年版，第 287 页。

图 6—2 中每组循环关系中，三种结构相互关联、相互影响。只有在 ABC 交叉的 D 点上，才能综览各种结构间的平衡及其变动，揭示各种结构变动的内在联系，从而把握产业结构变动的机制。

以上几种理论基本上构成了现代产业结构的理论体系。“动态比较费用论”主要从国际分工的角度论证了产业结构高级化的必要性与可能性；“雁形产业发展形态论”与“产品循环论”分别从不同角度提出了参与国际分工、实现产业结构高级化的基本途径；“非平衡增长论”与“相关分析法”则进一步解决了如何实现产业结构高级化的机制问题。实践证明，这一结构理论对战后日本改造二重结构，推动经济高速增长，实现产业结构的高级化，增强整体经济实力，提高在国际分工中的地位起到了重要的指导作用。因而这一理论体系对21世纪中国经济特区的产业结构调整和重新布局，从而实现经济特区产业结构高级化无疑有一定的借鉴作用。

第三节 中国经济特区产业结构现状和产业政策

中国经济特区的产业发展方向始终是中央政府在创办经济特区过程中最为关注的问题之一。经济特区创办伊始，中央政府根据各个特区的具体情况，制定了不同的产业发展模式。如深圳为兼营工、商、农、牧、住宅、旅游等多种行业的综合性特区；珠海、汕头、厦门则设定为出口加工区的模式。随后，国务院根据需要对珠海、汕头和厦门三个特区的产业政策和特区面积先后做了几次大的调整，使它们都成为综合性经济特区。1988年，海南经济特区成立后，中央政府允许其可以实行更加灵活的特殊政策。

一 经济特区产业结构现状

（一）经济特区产业发展的三个阶段

中国经济特区创办30多年来，其产业发展大致可分为奠基阶段、扩张阶段、创新与发展阶段。

第一阶段，时间从1980年至1985年，这一阶段为经济特区产业的奠基阶段。各个经济特区集中力量进行以创造良好的投资环境为重点的基础设施建设。据统计，截至1985年底，4个经济特区累计完成基本建设投资76.3亿元（人民币，下同）[①]。开发出建设用地约60平方公里，兴建了一批工业厂房、商业楼宇、旅游设施和居民住宅。与此同时，各经济特区依据国家赋予的优惠政策，积极利用外资，引进先进技术，推动以工业为主的经济迅速发展。到1985年底，特区实际利用外商直接投资总计11.7亿美元，占全国实际利用外商直接投资总额的1/5。4个特区有近900家新工厂投入生产，引进了一批较先进的技术和设备。其中有的接近国际先进水平，有的填补了国内空白。1985年，经济特区工业总产值达到48.6亿元，比建立特区前的1979年增长了5倍以上。其中深圳经济特区发展最快，共吸引了3.5亿美元的外资和5亿元人民币的内联投资，建立了包括电子、轻工、纺织、食品、建材、机械、石化等行业在内的770多家工厂。年产值达25亿元，比1979年增长39倍。有一批产品已经进入国际市场，从而为建成现代化综合性经济特区奠定了良好的基础。

第二阶段，时间从1986年至1992年，这一阶段为经济特区产业的扩张阶段。在这一阶段，特区社会生产力迅速发展，经济规模迅速扩大，经济实力不断增强，引进和利用外资项目的水平明显提高，外贸出口大幅度增长，经济的外向化程度逐步增强。1992年，经济特区的工业总产值达857.86亿元。其中发展最快的深圳特区工业总产值达371.38亿元。5个特区共批准外商投资项目5385个，协议利用外资金额87.1亿美元，实际利用外资金额19.4亿美元，分别比上年增长109%、168%和81%。深圳、珠海、厦门三个特区外商投资企业的工业产值均分别占全市工业总产值的50%以上，其增幅均高于全市工业产值的平均增幅；外贸出口迅速增长。据海关统计，1992年，中国5个经济特区的出口额总计123.8亿美元，比1991年增长24.2%，占全国出口总额的14.5%。这一阶段，伴随着经济规模的迅速扩张，特区的经济结构发生了显著变化。深圳、珠海、汕头、厦门4个成立较早的经济特区均在不同程度上逐步实现了以下几方面的转变：一是从来料加工逐步转变为自行设

---

① 本节所采用的资料除注明出处外，均来自高尚全、迟福林主编《增创新优势——中国经济特区的进一步发展》，中国经济出版社1996年版，第四章。

计、生产为主；二是从转手贸易逐步转变为“外接单、内生产”和发展“两头在外”，逐步形成进料—加工—增值—出口的外向型经济模式；三是从主要收购内地产品出口逐步转变为自己兴办实业，实行工农技贸相结合、自产产品出口为主；四是从间接远洋贸易逐步转向直接远洋贸易。通过这一阶段的发展，形成了工业以吸引外资为主、产品以外销为主的工贸结合的特区外向型经济。

第三阶段，时间为1993年以后，这一阶段为经济特区产业的创新与发展阶段。经济特区依据已经变化了的内外部条件，在进一步改善投资环境，更有成效地吸收外商投资的基础上，不断创新，寻求和创造自身的发展优势，将区域地理优势与自身产业发展优势有机地结合起来，通过积极地、稳定地参与国际分工和交换，依据国际市场的变化和要求，实现区域产业结构和产品结构的调整和升级，推动外向型经济由速度效益型向结构效益型的转变。从长远的发展的观点来看，这一阶段至关重要，它直接关系到中国经济特区能否保持其在全国改革开放和现代化建设中的地位和作用不变，更关系到在新的世纪里经济特区的发展是否具有坚实的基础和充足的后劲。

（二）经济特区产业结构的现状

中国经济特区在短短的30多年里，坚持建设资金以利用外资为主、产品销售以出口为主的外向型经济发展战略。在经济迅速发展的同时，逐步形成了以工业为主，工贸技结合，外向型、城市型经济为基本特征的产业结构。

1. 三次产业快速发展，尤其是工业超高速发展

在5个经济特区中，除海南外，其余4个特区已经形成第一产业比重较小，第二产业占主导地位，第三产业比重迅速上升的工业主导型产业结构。1999年，各个特区三次产业产值构成比重分别是：深圳为1.2∶50.5∶48.3；珠海为5.2∶52.0∶42.8[①]；汕头为10.1∶49.3∶40.6；厦门为4.6∶53.7∶41.7；海南为37.4∶20.2∶42.4。其中汕头特区1991年调整扩大了特区面积，因其所辖农村区

① 珠海数据为1998年统计数据。

域相对较大，故第一次产业产值比重较高。海南特区建设起步较晚，又是在以农业为主的基础上发展起来，因而产业结构尚未完成以农业为主体向工业化的转换。5 个特区的产业发展呈现出如下轨迹：第一产业比重逐年下降，第三产业比重逐年增大，第二产业比重稳中有升。海南特区 1994 年第三产业比重达到 46.5%，首次超过第一产业（29.6%），位居第一，改变了海南产业以农业为主体的格局。如果参照世界银行对中等发达国家三次产业产值比重的描述，即第一产业为 15%，第二产业为 38%—40%，第三产业为 45%—47%，深圳、珠海、汕头、厦门 4 个经济特区经过短短的 30 多年发展，其产业结构就已经达到或超过中等发达国家产业结构的水平。这也说明，在经济特区发展的第二阶段，特区经济在总量增长、规模扩张的同时，其经济素质也得到了迅速的改善和提高。

在经济特区产业结构成长过程中，尤为值得注意的是，在第一次产业内部农业生产正逐步朝着集约化和外向型方向发展。特区农业基本改变了传统的农业观念，粮食种植业已经不再是农业中的主流。如深圳特区兴办了 150 多个具有一定规模的蔬菜、禽畜、水产、水果四大鲜活生产基地，并从国外引进了一批优良品种和无菌挤奶、工厂化养猪养鸡、养殖水产品、蔬菜无土栽培以及肉类、饲料加工等先进生产设备和技术。农业商品率达到 95% 以上，农副鲜活产品除满足特区市场需求外，还大量出口到香港市场。汕头经济特区在重点发展果蔬、禽畜和水产养殖及农、水产品的出口加工生产，逐步形成从种养到加工出口的“一条龙”的外向型市场体系的同时，加强农、水产品的加工增值研究。通过开发名、优、新、特产品打进国际市场，提高经济效益。由于在发展创汇农业的同时，正在逐步形成一种城市型的、以鲜活农副产品为主的农业生产部门。除海南经济特区外，其余 4 个经济特区的产业结构在不同程度上带有城市型经济的特征。

2. 形成了门类比较齐全、技术比较先进、外向型的轻型工业结构

经济特区创办以来，通过外引内联，引进了一批比较先进的技术设备，形成了以“小型、轻巧、新颖”为基本特征的产品结构，

轻工业产值在工业总产值中占主导地位。深圳已经形成电子、轻纺为主，食品、机械、仪器仪表、化工等35个行业，技术较为先进，外向型的轻型工业结构；珠海建成了以电子、轻纺、食品、建材、机械为主，有30多个行业的工业体系；厦门在原有的较为完备的工业体系的基础上，通过引进外资和技术改造，形成了电子、机械、化工、食品、纺织、建材六大支柱产业群。其中，特区以彩电、录像机、电话机、收录机为龙头的电子工业发展较快，产值居各行业之首，成为全国的电子产品出口基地。1993年，5个特区国内生产总值占全国的3.16%，实际利用外资占全国的13.61%，外贸出口总值占全国的15.62%。全国外贸出口总值占国内生产总值的2.93%，特区则占到14.44%。这表明特区经济的外向型程度高出全国4倍多，特区经济的外向型程度大大高于全国。

深圳经济特区较其他几个特区发展最快，发展层次也最高。1999年，深圳工业结构已经改变了长期以来的轻工业占主导地位的格局，在全年完成工业总产值2025.73亿元（现价，下同）中，轻工业总产值为957.60亿元，重工业总产值为1068.13亿元，轻重工业产值占工业总产值之比为47.3∶52.7。高新技术产业已经成为深圳新的经济增长点。1999年全年高新技术产品产值819.79亿元，占限额以上工业总产值的40.5%，高新技术产品出口额51.33亿美元。全年累计实际利用外资27.54亿美元，比上年增长7.9%。其中外商直接投资17.78亿美元，增长6.9%。①

3. 外贸出口额不断增长，出口产品结构逐步改善，产业结构的外向化程度明显提高

统计数据显示，各特区产业结构在其外向化演变中，产生了明显的变化：一是出口商品结构发生了深刻变化。在经济特区出口商品构成中，工矿产品的出口比重大幅度提高，农副产品的出口比重迅速下降。1986年深圳的工矿产品出口占出口比重为60.1%，到1992年上升到85.34%；1986年珠海、汕头农副产品的出口比重分别为40.1%和43.1%，1992年则大幅度下降为8.27%和14.78%。

① 深圳市统计信息局：《关于1999年深圳市国民经济和社会发展的统计公报》，载《深圳统计信息年鉴2000》，中国统计出版社2000年版。

厦门经济特区 1990 年出口商品构成中，农副产品出口比重从 1987 年的 53.24% 下降到 28.24%，工矿产品出口比重则从 45.22% 上升到 58.54%。二是在经济特区出口的工矿产品中，除了深圳经济特区以外，其他几个特区轻工纺织产品占绝对比重。如珠海 1991—1992 年轻工纺织产品出口分别占 86.04% 和 83.64%。深圳经济特区则比其他几个经济特区产业结构成长更快一些。目前，深圳工业结构基本上已经改变了以轻工业为主的格局，由此而来，出口产品结构也相应发生了显著变化。到 1999 年，机电产品出口额为 166.37 亿美元，占全市出口总额的比重达 59.0%。与此相应，深圳外贸出口市场表现为一方面对美国、中国香港、德国、英国、意大利、加拿大等美欧发达国家和地区的出口规模维持较快增长；另一方面对东南亚地区和澳洲地区的出口也不断扩大。就贸易方式来看，一般贸易和“三来一补”贸易出口增长迅速，分别比上年增长 11.4% 和 15.7%，进料加工贸易出口则下降 2.0%。远洋贸易作为深圳近年拓展出口贸易的重点之一，也得到迅速发展。1999 年，深圳远洋贸易出口额为 51.68 亿美元，比上年增长 41.5%，占全市出口总额的比重从上年的 13.8% 提高到 18.3%。[①]

在产业结构外向化的演变过程中，中国经济特区依据国际产业结构的变动趋势，积极参与国际分工和国际交换，选择了劳动密集型以及劳动密集型与技术知识密集型相结合的产业发展道路。充分利用劳动力资源丰富和成本较低的优势，形成了以电子、轻纺、食品、机械、化工、建材、仪器仪表等为主的出口支柱产业群。通过吸引外资、引进国外先进技术、重点发展出口为主或加工出口为主的轻型工业，逐步改变出口商品的构成，以工业制成品替代农副产品和矿产品等一些初级产品的出口。以增加出口来推动特区经济的外向化发展，基本改变了过去那种产业结构以国内市场供需状况为发展依据的局面。目前，各经济特区的三次产业发展是基本协调的，其经济发展在实现总量和规模扩张的同时，经济素质也在不同程度上得到提高。

---

① 深圳市统计信息局：《关于 1999 年深圳市国民经济和社会发展的统计公报》，载《深圳统计信息年鉴 2000》，中国统计出版社 2000 年版。

目前，经济特区的产业结构正处在更大规模地利用外资和引进先进技术、进一步优化产业结构、深层次地参与国际分工与国际经济大循环的阶段。这一阶段的发展状况，将直接关系到特区能否率先实现现代化的宏伟目标。

二　经济特区的产业政策

中国经济特区的产业政策所涉及的范围较广，主要包括以下几方面的内容。

（一）经济特区产业发展的基本原则

中国经济特区产业发展的基本原则包括由国家规定的各个特区发展的基本模式和对建立特区产业结构的基本要求。在创办特区的起始阶段，国务院就在每个特区实施方案的批复中规定了各特区发展的基本模式。如深圳应发展成为一个“兼营工、商、农、牧、住宅、旅游等多种行业的综合性特区”；而厦门经济特区应当建设成为“以工业为主兼营旅游、商业、房地产业的综合性、外向型经济特区”。随着特区经济的发展，国家在1986年对特区产业结构的发展提出了明确而又具体的规定：特区产业结构以具有先进技术水平的工业为主，工业投资以吸收外资为主，产品以出口为主，外汇收支平衡，并有结余。同时对特区产业发展也提出了具体对策。

（1）坚决压缩基本建设投资规模，优先安排外向型工业项目，继续抓好已开发区域内水、电、交通、通信等基础设施的完善配套。

（2）根据扩大出口的要求，认真筛选工业项目。着重发展用先进而适用的技术装备起来的传统工业，力求技术起点较高，产品能更好地外销。随着工业技术实力的不断增强，还要有重点、有选择地发展技术密集型、知识密集型项目和高科技产业。各特区要从实际出发，建立合理的产业结构和产品结构，以中小型项目为主，着重发展精（密）、小（型）、轻（巧）、新（颖）的产品。

（3）继续搞好“内联”，推动特区外向型工业的发展。“内联”应当以技术水平和经营管理水平较高、产品具有外销潜力的内地企业为主要对象，以增强对外资、国外技术的吸收能力和消化能力为目的。“内联”企业的产品都应当以出口为主。

（4）积极开拓国际市场，发展直接远洋贸易。

（5）以提高经济效益为中心，切实加强企业管理。

（二）经济特区外资政策

中国经济特区外资政策主要包括两个方面：一是以改善特区投资环境为宗旨的各项政策。比如在硬环境方面，各特区均注重对基础设施的建设和改造。在软环境方面，健全经济立法，提高办事效率，加强人才培养，克服政出多门、办事拖拉的现象，尽量简化投资洽谈、项目审批、工商登记、银行开户和其他行政管理的办事程序。二是以加强外资投向引导的产业导向政策，即通过采取倾斜的有差别的优惠政策，加强对外资投向引导，鼓励外资和先进技术投向国民经济最需要发展的部门。这些主要表现在由国家及其各种经济管理部门制定和颁发的一系列政策和法规中。

在经济特区外资政策中，有相当大一部分是由政府直接控制的、带强制约束力的、以法规形式出现的外资产业导向政策。外资产业导向政策不仅是特区外资政策，而且还是特区产业政策的核心。特区外资产业导向政策的制度和实施经历了一个逐步发展的过程。1986 年之前，主要是从行政规定和税收优惠两方面实施对外资投向的引导。1986 年 10 月，国务院为了进一步改善投资环境，鼓励外商来华投资，颁布了《关于鼓励外商投资的规定》。这是中国利用外资方面的重要法规。这部法规首次明确地体现了中国政府对外商投资实行产业导向的政策，在对外商投资企业全面施行优惠的基础上，尤其是强调对引进先进技术的生产企业和产品出口生产企业给予特殊的优惠待遇。这部法规所包含的优惠政策大致可归纳为如下三类。

1. 对所有外商投资企业的优惠

外商投资企业出口产品免征工商统一税；简化其产品出口领取许可证手续和进口本企业生产所需物资免领许可证，由海关凭合同验收；允许外商投资企业在外汇管理部门监管下相互间调剂外汇余缺；国家银行对外商投资企业开办现汇抵押业务，贷放人民币资金；保障企业的生产经营自主权，允许企业依照国际惯例管理企业；对外国投资将其分得利润再投资于产品出口企业或先进技术企业，并经营5年以上，经税务部门核准，可全部退还其投资部分已缴纳的企业所得税税款。

2. 对产品出口企业和先进技术企业的优惠

免缴国家对职工的各项补贴；降低场地使用费；对企业所需水、电、运输工具和通信设施，按当地国营企业收费标准收费；对企业需要的短期周转资金及其他信贷资金，由中国银行审核后优先贷款；企业汇出其所分得利润时，免缴汇出额的所得税。

3. 对出口占其产值70%以上的企业的优惠

按照现行税率减半缴纳所得税，在已按15%税率征收的地区，减按10%的税率缴纳企业所得税；对先进技术企业，按照国家规定减免所得税期满后，再延长3年减半缴纳企业所得税。

《关于鼓励外商投资的规定》这一法规的出台，标志着中国外资产业导向政策基本实现了从以行政规定与税收优惠相结合的方式向以税收优惠为主要内容的单一法规形式的重大转变，并为相关的配套法规的制定奠定了基础。

（三）经济特区高新技术产业政策

为了促进经济特区高新技术及其产业发展，加快传统产业的技术改造，各个经济特区地方政府根据各自的具体情况，分别制定和颁布了有关政策和法规。例如，1991年5月深圳市政府颁布的《关于加快高新技术及其产业发展的暂行规定》，对高新技术及其产业和高新技术产品做了详细明确的说明，同时制定了对高新技术及其产业认定的基本标准。这项由特区地方政府颁发的行政法规，在税收、金融信贷、项目建设用地、购置住房和科技人才的人事变动等诸方面对高新技术及其产业的发展给予优惠和扶持。其中，在税收方面，采取了极为优惠的倾斜政策。如经营期在十年以上的高新技术企业，从获利年度起，第一年和第二年免征所得税，第三年至第八年减半征收所得税；按规定减免所得税期满后，凡当年企业出口产品产值达到当年产品产值70%以上的，经税务部门审查核定，减按10%的税率征收所得税；列入国家级和列入中央各部委、省级试制订计划的项目报经税务部门审批后，根据不同情况，从试制销售之日起，免征产品税、增值税1—3年，等等。类似上述由各特区地方政府制定的规定，对经济特区的技术结构、产业结构和产品结构的合理化、高级化发展，无疑起到了重要的推动作用。

第四节　中国经济特区转型时期产业政策选择

一　转型时期特区经济发展面临的障碍因素

中国经济特区经过30多年的发展，现已经进入一个新的转折时期。特区在其经济的外向化发展过程中，依然存在着一些不可忽视的障碍因素。这些障碍因素概括起来表现在以下两方面。

（一）特区经济发展的内外部环境障碍

就国际背景而言，转型时期的中国经济特区在更大规模地吸收和利用外资方面，较之以往，其国际环境并没有发生太大的变化，依然是以"亚洲四小龙"为代表的一些新兴工业国或地区的低加工型产业结构转型为背景的。这在某种程度上将会影响到来特区投资的外资投向和外资的技术含量。在国际政治、经济形势影响下，国际资本出现了一系列不利于中国吸引外资的新的分流趋势。尤其是1997年下半年在亚洲爆发的金融风暴，对中国经济发展产生巨大影响。此次金融危机从东南亚肇始，北移韩日、西走欧美，股市指数从香港到澳洲，从纽约至拉美，当即反应，同涨同跌。东南亚货币危机对中国经济的影响主要有三：一是贸易转移。在世界市场上，就劳动密集型产品如服装、鞋、玩具等而言，中国同印尼、菲律宾和泰国有着激烈竞争。此次危机这些国家货币以40%以上大幅度贬值，无疑会使发达国家经营该类商品的进口商从中国转向这些国家。二是外商投资转移。此次危机毫无疑问会使外商投资于该地区的速度放慢，包括中国在内。尽管外商投资转移对中国国内固定资产投资总水平的影响相对较小，但对以利用外资为主的经济特区而言，影响却甚巨。三是中国在国际资本市场上的融资成本将上升。中国企业像其他东南亚国家企业一样，为获得贷款付出较高的风险成本。在世界证券市场上，这些企业受欢迎的程度将会有所下降。[①] 这些使经济特区以吸引外资和扩大出口为主要内容的外向型经济发展战略的实施面临十分严峻的挑战。

从国内环境来看，经济特区所处的内外部环境条件均发生了很大变化。在外部环境方面，以上海浦东新区的开发为标志，中国全方位开放新格局的形成，加大了经济特区发展的外在压力 。

1990 年 4 月 18 日，中国政府向全世界宣告加快开发上海浦东。中共十四大为上海及浦东的发展描绘出如下宏伟的战略蓝图：“以上海浦东开发区为龙头，进一步开放长江沿岸城市，尽快把上海建成国际经济、金融、贸易中心之一，带动长江三角洲和整个长江流域地区经济的新飞跃。”[②] 上海浦东新区的开发开放标志着中国改革开放进入一个崭新的历史发展时期。1991 年 8 月，李鹏总理指出：“浦东的建设是中国今后 10 年开发的重点。”[③] 1994 年，江泽民总书记在视察上海时明确指出：“开发、开放浦东不仅关系到上海的发展，而且是中国改革开放的重要标志。”[④] 如果说在 20 世纪 80 年代，经济特区作为中国改革开放格局中的最高层次，其特殊的优惠政策，优越的地理位置，使经济特区成为中国改革开放的一枝奇葩，那么进入 90 年代以后，特别是 1992 年邓小平南方谈话以来，中国的对外开放实际上进入了一个新的发展时期。在加速建设上海浦东开发区的同时，通过进一步开放长江沿岸城市和东北、西北、西南等沿边城市，原有的开放格局已经发生了变化，形成了一个由沿海、沿江、沿边三大开放地带构成的由外及内、内外纵横发展的全方位开放格局。在开放层次上，享受特区政策的地区陆续增加，开办保税区的政策已经在几个地区相继实施，如上海浦东、天津港保税区和大连保税区等。这些都说明了原有的开放层次结构有了新的变化，不再单纯是一个由东向西、从南到北的在开放层次上由低到高的层次结构。这一实际上包含着吸引外商投资战略思想变化即

---

① 刘遵义：《东南亚货币危机对中国经济的影响》，《深圳商报》1998 年 2 月 16 日《经济瞭望周刊》。

② 江泽民：《中共十四大政治报告》。

③ 吴玉民主编：《中国经济特区 21 世纪发展战略研究》，华南理工大学出版社 1996 年版，第 13 页。

④ 同上书，第 320 页。

由以往的地区倾斜发展战略转变为以产业倾斜为主、地区倾斜为辅的两者相结合的发展战略的新的开放格局，在很大程度上改变了经济特区原有的外部政策环境。或者说削弱了因特殊政策而产生的区域相对优势，全方位开放的新格局对外商投资的流向必然产生较大的影响，进而影响到经济特区今后吸收和利用外资的规模。

就经济特区内部环境而言，特惠政策普惠化，使经济特区在政策优势上处于特区不“特”的不利局面。

20世纪80年代特区经济奇迹的取得，说到底有两个因素：一是特殊的区位优势，二是特殊的政策优势。而后者对经济特区来说尤为重要。在80年代的梯度开放格局中，经济特区处于开放的最前沿，享有中央给予的一系列有别于内地的特殊政策和灵活措施。在税收征管、土地使用、外汇管理、银行信贷，劳动用工、人员出入境等方面都拥有相当优惠的政策。在经济活动、经济管理体制和政策方面“特事特办、新事新办”，享有许多自主权，包括项目审批权、进出口权、外汇管理权、人员因公出国赴港审批权和其他经济管理权等。然而，随着新的全方位开放格局的形成，过去经济特区独享的许多优惠经济政策已逐步惠及非特区，有些地方（如浦东）甚至享有比经济特区更特的政策（如最先允许浦东的外资银行经营人民币业务）。当年经济特区创办之时，中央只给政策不给钱，只能靠自己“杀出一条血路”，而浦东开发，中央既给政策又给钱，优势显现。此外，中国为迎接“入世”而对对外经贸政策进行了调整和统一。这些使经济特区未来的发展不可能再走过去主要依靠政策优惠的路子。同时，随着全国社会主义市场经济体制目标的确立，特区的改革从“跳出现行体制之外”变为“回到现行体制之内”。20世纪80年代至90年代初，当全国还处在计划经济为主的旧体制框架内时，作为经济特区，中央允许其走“市场取向”的改革之路。因而特区的经济运行机制处在全国旧体制之外，具有较大的灵活性、自主性、超前性和试验性。90年代以后，当中央提出全国建立社会主义市场经济体制的改革目标时，特区的改革就从“体制之外”走向“体制之内”，原有的体制之外的灵活性、自主性、超前性和试验性大打折扣，失去原有的优势。

此外，随着改革开放的不断深入，一些原来并不凸显的隐性矛盾在改革开放新格局中日趋显现出来。其中较为突出的矛盾是特区与内地、经济较发达地区与经济落后地区的贫富差距越来越大，这令经济特区未来的发展不可能像20世纪80年代那样重点谋求自身发展，而是要放在全国“共同富裕”的新格局中求发展。换言之，20世纪80年代国家强调的主要是鼓励部分有条件的地区先富起来，而未来的重点将逐步转向强调富裕地区要“为促进和带动全国其他地区的共同发展、共同繁荣做出新的贡献”（江泽民语），这将成为中国今后长期的政策基调。经济特区得改革开放之先，占尽天时、地利、人和，在全国的大力支持和自身的艰苦努力下，经济得到迅速腾飞，成为有目共睹的较早富裕起来的地区。面对国家政策的调整，经济特区未来的发展必然面临新的选择。而且，随着产业结构的调整及劳动力成本的提高，经济特区面临经济运营成本上升、竞争力下降的巨大压力。20世纪80年代经济特区产业发展承接中国香港、中国台湾、韩国等地产业结构转型换代，主要是劳动密集型产业。这在当时全国数以百万计的低质、廉价劳工南下特区及特区低地价、低房租的支撑下，经济发展仍具有强劲的活力。进入90年代以后，特区产业结构面临从劳动密集型产业向技术密集、知识密集、资本密集型产业转换。在此过程中，一方面由于素质低下的廉价劳工难以适应转型要求，经济特区不得不以较高代价招揽人才；另一方面随着经济的发展，劳动力成本不断上涨，再加上地价、房租不断攀升，从而使特区经济运营的综合成本大为提高。如深圳80年代劳工工资仅相当于香港的1/10，进入90年代中期以后，深圳劳工工资已提高了一倍多，只相当于香港的1/5左右。深圳的房租地价也随着“九七”香港的回归而不断攀升，现与香港相差无几，有些黄金地段的地价已超过香港的平均地价。生产成本的提高将严重影响到特区产品在国际国内市场上的竞争能力。

（二）经济特区产业结构成长中的障碍

经济特区在进一步优化产业结构，实现产业升级方面存在着以下值得注意的问题。

一是总体上各经济特区间的发展存在着相当明显的差距。而各经济特区与世界发达国家和地区相比，其产业结构的差距更大。表现为第二、第三产业相对劳动生产率的比值偏低。以深圳为例，其第二、第三产业劳动生产率比值仅为0.37，而世界发达国家和地区的这一比值一般都大于1.0。[①] 另外，第三产业发展相对滞后还表现为劳动就业比重低，产业内层次发展不平衡。低层次部门的发展快于高层次部门的发展，金融、保险、信息咨询等行业发展相对迟缓。

二是在区域经济增长同国际市场区域出口生产体系与国际分工交换之间，尚没有形成一种积极的、稳定的依赖关系。各经济特区的出口依存度都不同程度上带有“虚”的成分。这一方面固然与各经济特区相对较小的生产总量有关，另一方面也是各种人为措施刺激的结果。区域经济增长对国际市场的依托关系尚不稳固，从而区域产业结构与国际产业结构没有形成一种稳定的、积极的分工交换关系。

三是至关重要的，即在各经济特区普遍存在着工业发展水平不高的问题，现有工业结构层次较低，工业外延发展未能与内涵的提高同步。具体表现为：第一，产品档次总体水平不高。拳头产品和优势产品不多，高新技术产品占工业品中的比重太低，而技术含量少、附加值低的劳动密集型产品比重相对较高。高新技术工业产值占工业总产值的比重，除了深圳以外，其他几个特区普遍较低。即使是工业较为发达的深圳，这一比重到1999年也仅为40.5%，这还不排除高新技术产品产值统计数据重复计算的可能。第二，整体技术水平较低，技术进步尚未成为工业发展的主要动力。经济增长主要是依靠劳动力和资金的大量投入。据有关资料表明，深圳市1995—1998年全市技术进步对经济增长的贡献率为51.2%左右，仍大大低于发达国家60%—70%的水平。[②] 第三，工业企业专业化协作程度低，行业企业间的联系松散，生产专业化程度不高。且没

---

① 高尚全、迟福林主编：《增创新优势——中国经济特区的进一步发展》，中国经济出版社1996年版，第64页。

② 彭南林：《知识经济与深圳新的经济增长点》，《特区经济与港澳台经济》1999年第12期。

有形成规模经济，进而在总体上影响了对先进技术的消化、吸收和创新。

二 转型时期特区产业政策选择

（一）特区产业结构调整的方向选择

在进入21世纪之际，中国经济特区从总体上看，仍处于大力发展“以工业为主，工贸结合”的外向型经济，以建立和强化“综合性经济特区”的各项功能的阶段。特区经济之所以仍然要选择“以工业为主”而不是“以贸易为主”或“以第三产业为主”的发展战略，主要是基于这样的考虑。

其一，就一般而言，产业结构的升级包括两方面的内容，或者指的是第二、第三产业产值构成比重的变化，或者指的是速度效益型增长转向结构效益型增长。但是，无论如何，产业结构的升级首先是以发达的第二产业为基础的。这不仅要求在产值构成比重上第二产业产值构成占主导地位，而且要以工业结构的高度化为条件。经济特区要实现产业结构的升级，即从结构上完成目前的“二、三、一”模式向“三、二、一”模式的转变，基本的途径是要通过大力发展工业来推动商贸和第三产业其他部门的发展，从而使第三产业的发展有一个相对稳固的基础。但是，包括深圳在内的早先成立的4个经济特区的工业发展水平尚未达到这一要求，不仅没有完成工业化的进程，甚至还没有走出“劳动密集型”阶段。换言之，特区目前档次较低的工业结构，尚不能直接成为产业结构升级和实施“以贸易为主”或“第三产业为主”发展战略的坚实、稳固的基础。海南经济特区工业水平更为落后。因此，特区目前的主要任务仍然是发展工业，尤其是发展外向型工业。

其二，大力发展外向型工业，推动产业结构的不断调整，正是特区动态的潜在优势之所在。在全方位开放和社会主义市场经济体制建立的过程中，特区不“特”的成分在逐步上升。特别是随着中国加入世界贸易组织，必将加快中国经济国际化的进程。经济特区的特殊政策优势逐步淡化的趋势也更加明显。在这一背景下，经济特区只有充分利用自身的潜在优势，通过发展和调整已经形成的外向型工业经济结构，积极稳定地参与国际分工和国际交换，造成在外向型经济发展中的利用国际资源和占领市场方面领先一步的动态优势。

其三，走“以工业为主，工贸结合”的发展道路，正是综合性经济特区实现多目标、多功能，发挥其“四个窗口”作用的基本途径。经济特区通过吸收和利用外资，引进国外先进技术和管理方法，扩大出口，增加外汇收入，发展外向型经济，不仅为内地在改革和开放方面积累了经验，而且也带动和促进特区以外地区的建设和发展。从目前的发展情况看，深圳、珠海、汕头、厦门4个特区都是按照原有的区位优势形成地域分工的：深圳、珠海面向港澳，背靠珠江三角洲；汕头毗邻港、澳、台，以潮汕地区为发展依托和腹地；厦门以与台湾、金门隔海相望的闽南金三角为发展依托。因此，只有大力发展以工业为主，工贸结合的外向型经济，才能使每个特区成为各自区域中具有多项功能的增长极，对周边地区产生强有力的辐射作用，促进区域经济迅速发展。在此基础上，随着特区外向型经济的进一步扩大和发展，通过经济特区的中介和传导作用，带动这些区域不断参与国际分工和交换，逐步实现现有的由区位优势形成的地域分工向以国际市场为依据的区域分工的转换。

其四，走“以工业为主、工贸结合”的发展道路，并不否认经济特区第三产业的相对超前发展。经济特区在新的发展时期，要想更大规模地吸收和利用外资，不仅基础设施产业如供电、供水、通信、运输和其他公共设施要超前发展，而且为生产服务的商业贸易、金融保险、信息咨询等行业或部门也必须加快发展。

总之，转型时期经济特区产业结构调整和发展仍应以建立轻型、外向和具有先进技术水平的工业结构为主要方向。同时在大力发展第三产业的过程中，应注重其产业内部的层次调整。具体来说，就是要通过更大规模地引进外资和国外先进适用技术，推动目前的以劳动密集型加工工业为主体的粗加工型产业结构向以知识密集型、技术密集型加工工业为主体的精加工型产业结构的转换。以此进一步调整出口产品结构，实现以出口粗加工产品为主向以出口精加工、高附加值产品为主；以出口劳动密集型产品为主向以出口知识技术密集型产品为主的转变。通过扩大生产要素和产品的国际交换，使区域产业结构成为国际产业结构体系中的一个有机组成部分，从根本上实现特区外向型经济由速度效益型向结构效益型的转变。

（二）特区产业结构调整的政策选择

转型时期的特区产业政策必须围绕着“产业倾斜”这个中心来制定和实施。总体上讲，深圳、珠海、汕头、厦门 4 个特区的产业结构调整目标是逐步完成由目前的“二、三、一”模式向“三、二、一”模式的结构转变。海南由于特区建区时间较晚，工业化发展程度相对较低。因此，产业结构调整和升级的重点在于加快工业化的发展进程，实现三次产业均衡、协调发展的转换。

就深圳、珠海、汕头、厦门 4 个特区而言，目前产业结构政策的重点，在于各次产业内部的结构调整和转换，即运用产业倾斜发展政策，依靠先进适用的科学技术改造三次产业，将结构调整和规模扩大有机地结合起来，以不断提高产业素质来促进产业规模的扩大。具体来说：

第一产业的发展政策，应该建立在这样的认识基础上：特区可以没有农村，但不可以没有农业。特区农业的发展要以现有的创汇农业和城郊农业为基础，依靠优惠政策和科技进步，特别是加大对科技的投入，使其结构从以往的种植业为主转向多业并举，多种经营，推动特区农业朝着现代化、集约化经营和外向型方面不断地、迅速地发展。

第二产业或工业结构的调整和转换，是特区产业结构调整或升级的关键所在。对此，要大力实行倾斜的调整政策。一是把发展拳头产品和优势产品当作调整整个工业结构的突破口。对已经是或将被列为拳头产品和优势产品扩建和技改项目或重点生产企业的扩建、技改项目，应从投资、税收、用汇、建设用地等向其倾斜。二是除继续实施以税收优惠为基本手段的特区外资产业导向政策，对“技术先进型”“产品出口型”的三资企业实行政策倾斜外，还应进一步采取税收优惠和市场优惠即进一步向外资让出部分市场，加大特区外资政策对外资技术构成的导向力度。三是特区高新技术产业的发展，应该与国家产业技术政策以及国家高新技术产业的布局有机地协调起来，以期得到国家在人才、技术和资金等方面的支持。此外，特区地方政府也应该在诸项政策方面向区域内高新技术产业进一步倾斜。四是采用优惠的倾斜政策鼓励企业间的兼并或专业化分工、协作，形成以特区出口战略重点企业或产业为核心，企业协作配套、协调发展的企业组织结构。五是对现有的产业布局做适当调整，逐步向腹地或周边地区疏散一部分能耗大、技术落后、污染严重的企业。同时严格把好审批关，此类项目一般不再在特区立项。

第三产业作为特区未来的支柱产业，理应加大政策倾斜的力度。除应该继续实行基础设施产业包括供水、供电、运输、通信、公共交通和其他社会公共设施超前发展的倾斜政策外，还应大力扶持金融保险、信息咨询等先导性行业，加快其现代化的步伐。对投资规模较大的基础设施建设项目，应该采取更加灵活的措施，扩大吸收和利用外资的规模。例如，特区可以利用“自借自还外债”的特殊政策，在某一时期内以银行贷款、商业贷款或证券筹资等形式来间接利用外资，如厦门高崎国际机场的建设；还可以借鉴海南“成片承包，综合开发”的经验，允许外商投资建设某个基础设施项目。政府给予其特许的经营权限，让其在此经营期内独享其利，待经营期满后再转让给特区地方政府管理运营。

在制定和实施特区产业政策的过程中，有两点需要着重指出：一是关于外资政策。对于外向型经济特征的经济特区来说，资金不足将是一个长期的无法回避的现实问题。因此，在特区各项产业政策中，外资政策过去是今后仍然是极其重要的部分。它不仅涉及特区社会再生产过程的主要方面和主要过程，而且产业结构政策、产业技术政策和产业组织政策都必须通过相关的外资政策得以体现和落实。这就要求各级政府必须根据特区经济发展的不同阶段，在不断发现、研究和解决新问题的过程中，逐步加强和完善我国的外资立法。二是关于特区产业技术政策。大力发展高新技术产业，努力占领高新技术产业的制高点对每个经济特区来说固然重要。但是，高新技术产业的发展，需要大量的资金投入，大量的高科技人才和高级熟练工人，还需要一定的高科技产品的国际市场。对经济特区来说，能否在吸收外资中引进高科技还是一个不确定因素。因为高科技作为一种无形资产，是企业的再生之本，外商一般不会轻易地转让它。因此，各个特区在制定和实施产业技术政策时，应该根据自己的实际情况，有选择、有区别地进行，切忌一哄而上不顾实际片面追求发展高科技产业。

第五节　中国经济特区21世纪产业发展模式选择

中国经济特区经过30多年的发展，其经济发展水平已经跨入中国发达地区之列，其产业结构也比其他地区相对进步一些，基本上与现有的经济发展水平相适应。但是，随着特区经济发展战略目标的重新定位，现有的产业结构又表现出相对的滞后性。以区域产业结构合理化的要求来衡量，与发达国家发达地区的产业结构相比较，还存在相当大的差距。特别是立足于参与国际分工、进入国际大市场这样的大背景，重塑现成的产业布局，将事关经济特区能否实现新的经济发展战略目标的大局。

经济特区未来产业布局的重塑必须建立在对现有产业结构的调整基础上。其基本指导思想是：以科技进步为推动力，加大对传统产业的技改力度，重点建设和发展高新技术密集型产业，使三次产业结构逐步合理化，并向高级化发展。

一　利用先进技术和新技术加大对现有传统产业的改造力度

中国经济特区现有的产业结构布局，是在改革开放后短短30多年的时间这样一个特殊历史条件下形成的。出口加工区模式的选择，使经济特区自一开始，第二产业就占据了产业结构中的主导地位。但由于特区原有的工业基础十分薄弱，因此，在工业结构内部，二元结构的特征依然十分突出。一方面较发达的现代工业如电子及通信设备制造业等显示出现代工业发展的强劲势头，另一方面传统工业在承接“亚洲四小龙”的产业转移过程中也得到了迅速发展，而且在整个工业结构内部居于十分重要的地位。因此，特区产业结构布局重构的重点问题，是首先解决好工业内部的二元结构问题。即使是经济发展水平高于其他几个特区的深圳经济特区，其工业内部的二元结构仍然十分明显。

因此，经济特区未来的产业布局，应当通过技术进步和设备更新，使传统产业获得新发展，提高其素质，注入新的活力。在传统产业与现代产业并存还将持续较长的时期内，利用新技术、新设备逐步缩小二元结构之间的差距，首先使传统产业中的优势产业基本上转移到现代技术基础上来，在部分产品、主要生产设备和关键生产工序上接近世界的先进水平。这样，一方面能较快地改变目前产业结构与产品结构的落后性，另一方面为未来新兴产业的开发奠定深厚的基础。

二　着力发展高新技术密集型产业，使之成为特区新的经济增长点

世界经济发展史证明，发达地区生产发展的前途，主要不在于扩大同种产品的数量，而在于不断开发新产业、新产品，发展新品种，创造新的使用价值，满足区内外日趋发展的多样化的需求。仅仅依赖于几种传统产业、产品是满足不了时代发展的要求的。即使某些传统产业具有很大优势，由于区内外情况的不断变化，其优势地位不可能永远保持。经济特区得中国改革开放先行优势，其经济发展水平领先于其他地区。要继续保持这种在国内的领先地位，就必须在科技产业化与高新技术产业发展方面先行一步。特别是要跟上当代世界新技术革命的潮流，充分发挥在产业结构成长方面的“后发优势”，借助于世界发达国家和地区的创新成果，实现产业结构成长的历史跨越。

三　加快第三产业发展速度，使之成为特区21世纪的支柱产业

经济特区的产业结构成长应当顺应世界产业发展趋势，遵循产业结构演变规律，立足于现实，着眼于未来，加快第三产业的发

展，尤其是加大信息产业的发展力度。因为由现代科技进步导致的以信息经济为特征的高技术化和服务化，已经成为国际产业分布调整的动因。在新技术革命条件下，国民经济发展正处于以物资和能源为基础向以知识和信息为基础的转变过程中。换言之，处于国民经济发展的结构框架的重心从物理性空间向知识性空间转变的过程中。这种转变过程即所谓“信息化”。因此，把信息产业作为特区未来第三产业发展的主轴，以信息产业带动金融、贸易、商业、房地产、旅游及其他社会服务等产业部门的发展，将是顺应时代发展潮流的理性选择。当代新技术革命不仅促进了工业内部结构的变化，而且使整个产业结构正在发生重大变化。

四　重新认识特区农业的地位和作用，加快特区农业产业化发展进程

经济特区建立以后，受传统农业观影响，政府在制定产业发展政策时，往往表现出对农业的忽视。突出表现在随着新城区的开发和工业用地的增加，农业可耕地面积不断减少，如深圳农业耕地面积由1979年的53.21万亩下降到1996年的7.66万亩，年均负增长10.8%。农业现代化程度不高，农业生产基本上仍未摆脱传统的耕作方式，其生产潜力仍未得到发挥。农业在三大产业结构中的比例与整个经济发展不协调，农业比重下降速度过快，比例过低。如深圳农业在国内生产总值中的比重急剧下降，由建特区前1979年的37%下降到1996年的1.7%[①]，其下降速度之快，连农业高度发达的美国和英国也望尘莫及。例如，深圳第一产业国内生产总值的相对比重从1990年的4.1%下降至1996年的1.7%仅花了7年时间，而美国和英国相应从4%下降至2%就整整花了27年。[②]

经济特区农业这种极不正常的衰退，已严重妨碍了特区国民经济协调顺利发展。如深圳一方面不断想方设法发展外向型农业增创外汇，以满足特区外向型经济发展的需要。另一方面又不得不花大量外汇进口农产品生活资料，以保证人民生活所需。就经济特区目

① 《深圳统计信息年鉴1997》，中国统计出版社1997年版。

② 陶继侃等主编：《世界经济概论》，天津人民出版社1995年版，第35页。

前的经济发展水平而言，经济特区所需的农业生产资料和生活资料，完全可以不依赖于自身而得到满足。然而，中国经济特区肩负着全国现代化建设“试验场”的历史使命。中国农业要实现现代化，其根本出路在于走农业产业化发展道路。通过农业产业化发展，解决农村经济的规模化生产与农村剩余劳动力的转移问题，以及在满足国内对农产品需求的基础上使中国更多的农产品走向国际市场。这是一项艰巨的任务。中国农业人口众多，农业劳动生产率极低，且各地差异甚大，发展极不平衡。要实现农业产业化发展，绝不是一朝一夕的事情，更不可能一蹴而就。因此，经济特区作为中国改革开放的“窗口”和“试验场”，应当义不容辞地承担起这一历史重任。

根据经济特区目前实际情况，特区农业发展应调整战略思路，采取如下发展战略。

（一）“新三高农业”发展战略

“新三高农业”是针对我国目前大力推广的“高产、高质、高效”三高农业提出来的。经济特区作为全国改革开放最早的地区，其经济已具备相当实力，且特区作为中国改革开放的“试验场”，应为全国农业现代化探索出更佳途径。因此，特区农业发展应该在更高的起点上为全国农业现代化建设起示范作用。

根据1994年联合国环境与发展大会提出的可持续发展战略，即以生态学理论为基础，兼顾人类的长远利益和现实需要制定的社会发展战略，经济特区农业应该以“高价值含量、高环境效益、高技术含量”为发展目标，即大力发展“新三高农业”，加快农业现代化进程。“新三高农业”是在现行的“三高农业”基础上发展起来的，其中高价值含量与高环境效益是两个并重的发展目标，二者不可偏废，它们是衡量生产系统和技术优劣的标准。因此，“新三高农业”既不是向低效益的传统农业的回归，也不能破坏生态环境片面追求高经济效益，而必须依靠现代科学技术，通过科学技术这种潜在的、间接的生产力在农业生产中的物化，实现高价值含量和高环境效益的目标。

（二）开放型农业发展战略

开放型农业包含三层含义：一是注重外向开拓。开放型农业的发展目标是以国际国内市场需求为导向，充分利用国际国内两种资源，通过不断扩大的国际经济技术合作和农产品贸易，利用国际资源的转移机制，获取参与国际分工应该分享的利益。并以此为基础，引进高新技术和先进的现代化设施装备农业。加快外向型农业的发展，以更多的名优特新农产品打入国际市场，扩充农副产品的出口创汇能力。二是以市场为取向。市场经济是交换经济，通过国家、地区、生产者之间的经济交换和市场贸易，使社会资源达到最优配置，使生产力得到迅速发展，使交换各方同时获利。开放型农业正是利用这种交换机制，充分发挥经济特区的比较优势，大幅度提高农业资源的利用效率。三是农产品高度商品化。开放型农业的基本特征就是打破自给和半自给的封闭生产体系，摒弃安于现状、自求平衡的传统农业的旧观念。建立以国际国内市场需求为导向的“技—贸—工—农”型现代化产业体系，大力推进农业商品化和专业化进程，培育有比较优势的主导产业和拳头产品，加速农业结构调整和升级，创造农业生产的高效益。[①]

中国经济特区毗邻香港、澳门、台湾，处在国内市场与国际市场的交汇点。因此，一方面，特区农业生产解决本地人民生活所需固然重要。但另一方面，在特区建设中外汇比较短缺的情况下，利用特区特殊的地理位置优势，发展出口创汇的外向型农业则显得更为迫切。目前深圳和珠海已分别成为香港和澳门农副产品市场的重要生产基地，外向型农业已粗具规模。今后还应进一步提高其农业的外向度，改变农业粗放经营方式，实行集约化经营，通过农业适度规模和集约化经营来提高农产品产量和质量，满足两个市场对数量不断增长和对质量不断提高的需要。在集约经营方式上，可采取专业大户规模经营和企业集团联合经营。前者的特点是让一些有专业技术特长的农户，或独户、或联户，实行资金、技术、劳动力联合，集体承包、大面积种植，实行一业为主，多种经营。后者的特点是由企业集团以建立农产品商品生产基地为目标，实行集约化生产。

① 蒋和平、温思美：《珠江三角洲经济区发展高科技农业的模式选择》，《港澳经济》1995 年第 11—12 期。

（三）“三色农业”发展战略

“三色农业”是指：以调整产业结构，改造传统种植业，实施三维立体的生态“绿色农业”；以微生物工程农业和细胞工程发酵为主体的“白色农业”；以海洋捕捞、养殖和海洋生物综合开发利用为主体的海洋“蓝色农业”。

所谓“绿色农业”，即农业要跳出以传统种植业为中心的框框，农业发展要靠多种经营，实施农、林、牧、工、商相结合的发展新模式，推行农业三元结构工程，以林牧助农，农林牧业兴工，以工保农，形成良性循环的农林牧（养）渔工商全面发展，实现“新三高农业”的可持续发展战略。

所谓“白色农业”，即以基因工程、细胞工程、微生物工程为基础，以微生物工程发酵为主要特征的工厂化、高技术化、规模化的新型农业产业部门。地球生物包括动物、植物和微生物三大类。动、植物在传统农业中已得到充分开发，而微生物则是人类尚未充分开发利用的一种资源。目前，只有微生物发酵生产单细胞蛋白饲料一项已粗具规模。有人估计，一座年产 10 万吨单细胞蛋白工厂，只需千亩土地，就能生产出相当于 180 万亩耕地生产的大豆蛋白，这已是国际上公认的解决蛋白质资源的重要途径。这对于耕地奇缺的经济特区来说，无疑是最佳选择。

所谓“蓝色农业”，即海洋立体农牧业。海洋生物占地球生物资源的 80%。海洋生物优化组合的多样性和生物利用的多极性是海洋生物产品的显著特点，它们是多糖、琼脂及多种工业原料的来源，是多种肥料及高效杀虫剂的原料，是畜牧业和养殖业饲料的来源，也是多种稀有化学元素的生物活性物质及药品工业的原料来源。海洋捕捞和养殖业直接为人类提供大量食品。以近海生长的海藻为例，它加工成食品和营养品后，年产量相当于世界小麦总产量的 15 倍。若将海洋藻类和其他浮游生物加工成食品，每年可养活大约 300 亿人口。①

经过多年的发展，中国经济特区的科技水平总体上领先于内地，

---

① 梁广文：《走向 21 世纪的中国生态学》，载《中国生态学会第五届全国会员大会论文集》，广东，1996 年。

且科技生产力的物化过程短。虽然特区耕地面积小，但濒临大海，有较长的海岸线。特别是香港、澳门回归后，随着深港、珠澳经济一体化的发展，特区将拥有辽阔的海域和丰富的海洋生物资源，这为发展“三色农业”提供了广阔的前景。

（四）异地农业发展战略

异地农业，是指在本地区范围之外从事农产品的生产和开发。特区农业要想取得长足的发展，突破自身的某些限制，选择异地农业发展战略，不失为一条长久之计。这一方面有利于解决特区因工业发展造成耕地不足的矛盾；另一方面，能有效地发挥经济特区的“窗口”和“扇面”作用。尤其是通过发展异地农业，在内地某些落后地区投资，帮助和带动落后地区加快经济发展，这对缩小贫富差距，解决地区发展不均衡问题有着十分重要的现实意义和长远的历史意义。

在实施发展异地农业战略中，可以考虑由特区地方政府财政支持，组建若干农业开发集团，如畜禽开发集团、水产开发集团、果菜开发集团以及商品粮生产基地等，在粤北山区、湖南、江西、贵州、广西等地，建立相应的农产品商品生产基地。这样，经过15—20年的开发建设，中国经济特区农业可望达到世界一流水平。

第七章

特区经济发展模式：从外向型到开放型

在市场经济条件下，国际分工与各国和地区经济的不平衡发展，产生并加强了国际经济关系。一方面，社会分工超出了国界，出现了国际分工；另一方面，国际分工的不断深化，又导致不同国家之间、地区之间经济发展的不平衡。同时，由于自然资源禀赋及资本、劳动力、技术等生产要素的不同，造成了国家之间、地区之间经济实力的差别。一个国家或地区要改变经济现状，就必须进行国际交往，利用其他国家或地区的优势来弥补自己的不足。国际经济关系的互融性和相互依赖性，要求一个国家或地区必须实行外向型经济发展战略。1987 年世界银行对一些外向型经济和内向型经济国家的统计调查表明，外向型经济国家的国内生产总值增长率、实际国民生产总值人均增长率、资本—产出增长比率、制造业就业占总就业人数百分比等指标都大大高于内向型经济的国家。发展外向型经济是当今世界经济发展的潮流。经济特区作为生产国际化、资本国际化的产物，走外向型经济模式的发展道路，就成为必然选择，并随着外向型经济的不断发展，最终走向开放型经济模式的发展道路。

第一节　外向型经济的内涵

一　外向型经济的含义

关于外向型经济的概念，迄今为止，国内外经济学界尚无统一的定义。外向型经济最早是西方经济学家在研究第二次世界大战以后某些发展中国家或地区发展经济的成功经验时总结出来的。最初提出的是“出口导向型经济”，特指发展中国家的一种经济发展战略，后来逐渐发展为“外向型经济”，泛指经济发展的一种模式。例如，美国学者阿尔伯特·费萨罗认为：外向型经济是一种政府主导型的出口与内需兼顾的发展战略；瑞典经济学家克利斯特·冈纳森则认为：外向型经济就是出口导向型经济；而另一位美国学者耶鲁大学教授 T. H. 斯里尼瓦森认为：外向型经济是一种出口导向和进口替代并存的发展战略①；等等。

国内学者对外向型经济的理解也无统一的认识，大多数观点同国际上流行的看法类似，其主要观点有以下几种：外向型经济是实行出口导向战略的区域经济；外向型经济是以出口创汇为中心，相对于封闭经济的经济格局；外向型经济是出口贸易额占国民生产总值比重高的经济，即出口贸易额应占国民生产总值的30%以上才算外向型经济；外向型经济是以外向发展为目标，带动国内经济发展的经济；外向型经济是经济国际化程度较高的经济。②

上述观点虽然不同程度地反映了外向型经济的某些特征，但并不能确切地说明外向型经济的内涵。例如，把出口导向战略视作外向型经济是不完整的。因为，出口导向战略一般指工业发展的局部性战略，不能作为经济发展模式的外向型经济。又如，以出口贸易额占国民生产总值的比重来定义外向型经济，实际上也是没有说服力的。如果以出口贸易额占国民生产总值的30%以上来衡量，那么，只有个别国家和地区如新加坡、中国香港才能算是外向型经济，而外向型经济程度很高的日本、美国则只能算是内向型经济。再如，以国际化程度较高的经济来定义外向型经济，虽然反映了外向型经济的本质特征，但这种表述也不够明确。正因为如此，1987年《世界银行发展报告》对外向型经济阐述了如下观点：一个国家或地区的经济是否属于外向发展，是由这个国家的政策和体制对进

---

① 庄季希、卢少辉主编：《外向型经济概论》，中国经济出版社1992年版，第23页。

② 同上书，第24页。

出口贸易所采取的态度及开放程度来确定的，政策和体制是否有利于出口的发展，是判断外向型经济的主要标志。所以，经济体制是否确立为以国际经济融合为目标对外向型经济而言具有更为重要的意义。

因此，对外向型经济的理解，应该从总体经济关系入手。首要的是建立健全市场机制，以便使国内经济体制与世界经济体制协调吻合，这是外向型经济的基础。其次要制定外向发展的战略政策，使国内经济与国际经济紧密联系，将各种生产要素投入到国际经济体系之中去，多层次地参加国际交换和国际分工。此外，还应该注重发展开放的经济文化体制，能容纳百川，以便保证外向型经济的顺利发展。

根据以上分析，笔者认为，下述定义①比较全面地反映了外向型经济的内涵及其本质：所谓外向型经济，是指一个国家或地区为推动本国或本地区的经济发展，以国际市场需求为导向，以扩大出口为中心，根据比较利益原则，积极参与国际分工和国际竞争所建立的经济结构、经济运行机制和经济运行体系。

二 外向型经济的基本内容

（一）以国际市场需求为导向

外向型经济以国际市场为目标，其经济供给的方向是以国际市场需求结构的发展和变化作为自己经济活动的依据。供给过程的生产行为无论是在国内完成或在国外完成（如通过跨国公司、跨国财团的联合生产、联合经营等），最终都必须满足国际市场的需求。随着国际市场需求结构和需求层次的变化，外向型经济将依照国际市场的惯例和要求对供给结构做出相应的调整。

（二）经济结构与国际分工相适应

外向型经济结构的建立，是以国际经济的基本内容和发展为依据，积极参与国际分工。发展外向型经济，实际上就是按照国际专业化分工协作的客观要求，建立适应国际分工要求的产业结构，使

① 庄季希、卢少辉主编：《外向型经济概论》，中国经济出版社 1992 年版，第 26 页。

一国或地区的经济发展能够加入到国际分工的行列中。这就要求占主导地位的产业和部门在生产工艺、技术水平、质量管理等方面达到国际先进水平，以保持强大的国际市场竞争能力，促进和带动国民经济的外向化发展。

（三）经济运行机制与经济活动相适应

外向型经济在客观上要求建立和健全市场经济秩序，以国内或地区内稳定的商品经济秩序为基础，在国内适度竞争的基础上，组织力量参与国际市场竞争。完善的市场机制和指导性宏观决策系统对外向型经济的建立至关重要。在此基础上，合理的组织结构，具有自主权的经济实体，自由的经济环境，经济化的产业和外贸政策，构成了外向型经济的基本框架。

（四）外贸管理体制以经济手段为主

外向型经济要求外贸管理体制以经济手段为主，外向型经济的活力来自于企业是自负盈亏、自主经营、责权利结合的经济实体，能够直接参与国际市场的激烈竞争。在经营管理体制上，要求外贸部门有较为宽松的管理制度和高效率的办事能力，使外贸部门成为企业迈向国际市场的推动力而不是阻力。

三 外向型经济与内向型经济的区别

外向型经济是相对于内向型经济而言的。所谓内向型经济，是指以本国的生产要素和市场为对象，发展本国经济的运行机制和经济运行体系。内向型经济可分为闭关自守型和进口替代型两种。闭关自守型经济采取闭关锁国的经济政策，对外资和外贸实行严格的限制。进口替代型经济是在关税和行政限制等高保护措施的条件下，建立起本国的民族工业，制造那些需要进口的加工工业产品，使其具有与进口产品竞争的能力，并能在国内市场上替代进口品。

外向型经济与内向型经济相比，其区别主要表现在以下方面。

（一）面对的市场不同

内向型经济以国内市场为主要对象，满足国内市场的需求。实现供给与需求的基本平衡，是内向型经济国家经济发展的基本目标。外向型经济面向国际市场，国际市场的变化将引导外向型经济国家的经济发展方向。这就要求外向型经济国家的经济结构和经济运行体制适应国际经济和国际市场的要求。

（二）利用国际经济优势方向不同

在利用国际经济优势上，内向型经济表现为吸收外国的先进技术和利用有限的外资，来发展本国的民族工业；外向型经济则根据国际市场的需求变化，努力发掘本国生产要素的优势，生产出有竞争力的产品打入国际市场，参与国际分工，从而获取较大的比较利益。

（三）贸易的主要方向不同

内向型经济采取进口替代的发展策略，引进技术、设备和资金的目的，是为了增强民族工业的实力，使本国产品替代进口品；外向型经济主要以发展出口产业为目标，以出口来带动整个国民经济的发展。

（四）贸易政策不同

内向型经济倾向贸易保护，奉行闭关锁国政策或实行程度不同的高关税政策和行政约束；外向型经济则采取“中性”贸易政策，既不歧视出口，也不歧视进口。表现为对本国产品和外国产品一视同仁。既重视出口生产，又不忽视内销生产。

四　外向型经济的衡量标准

外向型经济除了具有质的规定性之外，还可以从量的规定性上进行分析。不过，作为一个经济体系，外向型经济很难用一个综合计量指标来反映。外向型经济同内向型经济的本质区别在于实施政策的不同。因此，衡量外向型经济的标准应当从反映政策倾向的指标入手，综合反映这种政策所产生的综合后果的指标，形成一个指标体系。

（一）“中性”贸易政策①

衡量外向型经济的贸易政策和工业政策是否中性，可用“名义

① 所谓“中性”贸易政策，是国际上通用的一种以经济的贸易制度的“偏倚”来衡量是不是外向型经济的评价方法。该方法把外向型经济的贸易政策看作是一种“中性”的、不偏不倚的政策，对出口和进口替代一视同仁。其内涵是：所有贸易政策和工业政策的综合效果是对一切可贸易产品的生产给予同等的待遇。参见庄季希、卢少辉主编《外向型经济概论》，中国经济出版社 1992 年版，第 36 页。

保护率”和“实际保护率”作为指标。“名义保护率”以国内价格占国际价格的百分比来表示，期限不计。用可进口商品的名义保护率与可出口商品的名义保护率的比值大小可测算贸易制度的偏向。比值等于“1”，表示贸易制度不偏向出口也不偏向进口。比值大于“1”，即可进口商品的名义保护率高于可出口商品的名义保护率，表示贸易制度有一种对替代进口有利的偏向。

“实际保护率”是指按国内价格计算的单位产量的增值价值与国际价格计算的单位产量的增值价值的差别，以二者的差值与后者的百分比表示，其计算公式为：

$$\text{实际保护率} = \frac{V' - V}{V} \times 100\%$$

式中，V′为按国内价格计算的单位产量的增值价值，V 为按国际价格计算的单位产量的增值价值。

实际保护率的数值可正可负，取决于按国内价格计算的单位产量增值价值与按国际价格计算单位产量的增值价值的大小，即 V′与 V 之间的大小比较。实际保护率比名义保护率有更为广泛的应用，它反映的是与生产中增值价值相一致的保护，而不是对整个成品的保护。

（二）国内出口比值

国内出口比值是用来衡量外向型经济按国际市场需求来安排生产活动所达到的程度。用公式表示为：

$$\text{国内出口比值} = \frac{\text{年出口贸易额}}{\text{年国民生产总额}} \times 100\%$$

这一指标反映的是外向型经济究竟在多大程度上实现了以国际市场的需求为导向。

（三）对外贸易依存度

对外贸易依存度是衡量对外贸易在国民经济发展中的作用的数量指标，该指标主要反映国民经济对对外贸易的依赖程度。其计算公式为：

$$\text{对外贸易依存度} = \frac{\text{进出口总额}}{\text{国民生产总值}} \times 100\%$$

（四）产业国际相关比值

产业国际相关比值是指产业产品出口额占本部门产值的比重，

它反映一个国家或地区产业体系参与国际分工的程度。比重越高，表明该国或该地区参与国际分工的程度越深，外向化程度也就越高。用公式表示为：

$$产业国际相关比值 = \frac{产业产品出口额}{该产业产品生产总额} \times 100\%$$

由于主导产业的发展能够带动其他相关产业部门的发展，故主导产业的国际相关系数更为重要。例如，日本经济在 20 世纪 80 年代的出口依存度大约为 15%，而其作为主导产业的机械工业的产业国际相关比值却达到了 60% 以上。这说明日本经济已高度参与了国际分工，国际专业化水准达到了很高的水平。

（五）国际出口比值

国际出口比值是通过出口贸易额占世界贸易额的比重这样一个贸易结果，来反映一个国家或地区经济的出口产品产业、经济结构、管理体制和经济政策所组成的经济运行机制对国际市场的适应和成熟度，主要反映该国或该地区对外贸易在世界贸易中所占据的地位。其计算公式为：

$$国际出口比值 = \frac{年出口贸易额}{年世界贸易额} \times 100\%$$

第二节　外向型经济特征与分类

一　外向型经济特征

透视一种经济发展模式的内在属性，应从基本经济关系入手。与内向型经济相比，外向型经济在生产、流通、分配、消费诸方面具有一系列不同的特征。全面认识这些基本特征，有助于深入理解外向型经济的内涵。

（一）生产方面的特征

1. 生产要素国际化

内向型经济利用国内资源、原料、资金、技术来发展国民经济，对外贸易实质上只是起着调剂余缺的作用。它严格限制制成品和各种生产要素的进口，形成了生产要素的国内循环。外向型经济生产的产品是为了满足国际市场的需求，为了使产品具有国际竞争能力，就必须利用优良的生产要素组合形式。廉价的原料、先进的设备和技术是降低产品成本、提高产品质量所不可缺少的。因而外向型经济并不像内向型经济那样自成循环体系，而是使生产要素的利用通过国际交换来实现。这对于资源缺乏的国家尤为重要。日本和“亚洲四小龙”的经济发展充分证明，生产要素只有国际化，才能取得产品优势。只有加强同世界各国的经济联系，积极利用外资，引进先进技术和设备，进口优质的原材料和中间产品，外向型经济才能在激烈的国际市场竞争中立于不败之地。

2. 生产过程国际化

任何一种经济发展模式，都面临着为谁生产、怎样生产、生产什么、生产多少的问题。在内向型经济中，生产是为了满足本国或本地区的需要，生产过程一般也建立在国内分工和地区内部分工的基础之上。外向型经济则不同，其生产不仅仅是为了满足本国或本地区的需要，而且主要不是为了满足内部需要，而是为了满足国际市场的需要。相对于国内市场需求的导向作用来说，国际市场的需求导向对生产起着更为重要的调节作用。如果说内向型经济中生产商品的目的是为了用它换取价值相同而使用价值不同的国内商品，那么，外向型经济中生产商品的目的主要是为了用它换取价值相同而使用价值不同的国际商品。

与此相适应，外向型经济中生产过程的基础，不仅仅是国内或地区内部的分工，而且还在于程度不同地参与了国际分工。这种分工在当代不仅表现为各个产业部门之间的分工，而且越来越鲜明地表现为各个产业部门内部的分工，以至形成了工艺、产品和零部件生产的国际专业化。例如，美国的波音 747 客机约有 450 万个零部件，其中占飞机造价的 50%、飞机总重量的 70% 是在 7 个国家的 16000 多家公司生产的；而欧洲的 A－300B 空中客车有 50% 左右的配件是在美国公司制造的，每架飞机中美国生产的零部件价值达 400 万美元以上。[①] 由此可见，外向型经济的产品生产过程，往往是

① 张敏如等：《特区经济教程》，广东高等教育出版社 1993 年版，第 115 页。

超越国界的。一个产品的不同零部件可能在不同的国家内生产和组装，甚至一个零部件的若干道加工工序也完全可能在几个国家内分别完成。国内和地区的生产过程，只不过是世界生产过程的一个有机组成部分。

3. 产业结构偏向国际市场需求结构

由于外向型经济中的生产受到国际市场需求的导向和国际分工的支配，其产业结构尤其是在产品结构上表现出对于国际市场需求结构不同程度的偏向。国际市场需要什么就生产什么，已成为外向型经济发展模式运转的轴心。以此建立起来的产业结构，一般具有较强的动态适应性。并且，与内向型经济中各大产业部门的均衡发展不同，外向型经济并不要求生产门类齐全或产品品种齐全，而只要求根据本国或本地区的相对优势来确定产业部门的建立与发展顺序，由此，往往形成倾斜型的生产结构，使得优势产业在本国或本地区得到优先发展。

（二）流通方面的特征

1. 国内市场体系和国际市场体系相互衔接沟通

在外向型经济中，国内市场体系不再处于孤立隔绝状态，而对国际市场体系产生了较强的依赖性，成为国际市场体系的一个构成部分。同样，国际市场体系以各国的外向型的市场体系为基础，其运行状态也受到各国市场的连带影响。

2. 生产要素及其产品流通以国际市场为广阔的空间

在外向型经济条件下，不仅产品在国内外是双向流动的，而且原材料、资金、劳动力、技术、信息、中间产品等生产要素也是双向流动的。即既存在着生产要素及其产品的“大进”，又存在着生产要素及其产品的“大出”。国内市场供求的均衡，必须通过要素与产品的国际循环得到实现。

3. 生产要素的配置与产品的流通受国际价格机制的调节

当国内投资的收益率低于国外时，资金倾向于向国外转移；反之，当国内投资的收益率高于国外时，外国资金便会流向国内。其他生产要素及产品的流向和流量也随着国内外价格差异的变化而呈现出由低向高移动的趋向。在生产要素与产品的流入与流出中，国际供求关系的变动与国际竞争的程度直接影响着生产要素和产品的价格，使之与国际价值趋于一致。

（三）分配方面的特征

由于内向型经济是一个基本封闭的经济系统，作为这一系统所产生的国民收入，也相应地在本系统内的政府、企业与个人之间进行分配。各国分配制度的差异，固然会导致国民收入分配结构的差异，但不会造成国民收入的跨国分配。而在外向型经济中，由于在生产方面参与了国际生产过程，在流通方面产生了各种生产要素与产品的流出与流入，这种情况必然导致分配过程相应地跨出国界，在国际范围内进行，并由此形成国民收入在国际上的转移。

1. 资金流动对国民收入分配的影响

在外向型经济中，国外资金的流入，参与了国民收入的创造过程，也就相应地要求参与国民收入的分配过程。但是，作为投资的报酬，这部分利润既可以转化为国内的新增投资，也可以回流到国外。后一种情况实质上是初次分配对国民收入的一种扣除。同样，流出资金所产生的利润既可以就地转化为新投资，也可以回流到国内。后一种情况实质上是参与国际分配对国民收入形成的追加。

2. 劳动力流动对国民收入分配的影响

在外向型经济条件下，劳动力的输出和输入，也必然会导致国民收入分配方式的变化。国外的技术人员、管理人员以及员工流入国内工作，由国内向他们支付劳动报酬，实际上直接参与了国内的分配过程。国内的技术人员、管理人员以及员工流向国外工作，同样也直接参与了所在国的分配过程。由于劳动力的国际流动所引起的分配过程的相互交织，结果总会产生国民收入的流出和流入。

3. 商品的流动对国民收入分配的影响

在外向型经济中，无论进出口产品是生产资料还是消费品，一般都要通过价格、成本、利润、租金、税收、津贴等形式参与国内外的初次分配和再分配。如对出口产品给予信贷优惠和财政补贴，对进口产品征收高额关税，在分配方面采取诸如此类的措施，都会影响国民收入的数量及其在各个产业部门以至各类劳动者之间的分配份额。

显而易见，外向型经济的分配过程不同于内向型经济的主要特征在于：国民收入在国际上的转移比较频繁；可供国内分配的国民收入的数量具有较大的弹性；国内居民所分享的国民收入份额受到国际分配过程的制约。

（四）消费方面的特征

一种经济的消费模式，从根本上来说决定于该种经济的生产方式。内向型经济的生产、流通、分配过程既然以国家为界限，消费过程也就相应地表现为消费对象主要来自国内。国内能够生产什么就消费什么，消费方式的演变很少受到其他国家的影响。外向型经济的消费模式，与外向型经济的生产、流通、分配过程相适应，表现出如下特征。

1. 消费对象国际化

在外向型经济条件下，消费对象不仅来自国内，而且来自国外。对此，罗莎·卢森堡曾经做过一段精彩的描述："德国国民不管在生产上或日常消费上，每一步都免不掉依赖其他国家的产品。如我们吃俄国谷物制成的面包，匈牙利、丹麦及俄国家畜的肉类；我们消费的大米，是从东印度及北美运来的；烟草是从荷属东印度群岛及巴西运来的；我们还从西非获得可可豆；从印度获得胡椒；从美国获得猪油；从中国买到茶叶；从意大利、西班牙、美国买到水果；从巴西、中美洲、荷属东印度群岛买到咖啡……"① 消费对象的国际化，在当代成熟的外向型经济中有了更进一步的发展。例如，像美国这样一个经济大国，国内的消费性电子产品50%以上由国外供给，其中彩色电视机90%由国外生产。

2. 消费结构偏离国内生产结构

在外向型经济中，通过消费品与消费性劳务的国际交换，使得国内的消费结构可以突破生产结构的限制而相对独立地发展。这种情况在石油输出国表现得十分典型。如中东地区的生产结构基本上都建立在石油开采和加工的基础上，而生活必需品则在很大程度上依赖进口。据1986年《阿拉伯统一经济报告》所列资料，20世纪

---

① ［德］罗莎·卢森堡：《国民经济学入门》，生活·读书·新知三联书店1962年版，第18—19页。

80 年代上半期，中东阿拉伯国家的生活消费品的自给水平粮食仅为 40%，油料作物为 39%，糖料作物为 38%，豆类作物和畜产品为 78%，其余均由世界市场供给。[①]

3. 消费方式受“国际示范”作用的影响较强

在外向型经济中，随着对外交往的逐渐扩大，必然导致后发展国家对发达国家较高层次消费方式的模仿。这种“国际示范”作用，引起人们的消费欲望、消费观念、消费手段发生迅速的变化。

二　外向型经济类型

不同国家和地区在地理环境、幅员大小、资源储量、产业基础、劳动力素质、经济发展水平、社会文化背景等具体社会经济条件的差异及所处的不同国际环境，使得外向型经济在不同的国家或地区表现出不同的特点。这些国家或地区往往根据自己国家或地区的经济现状和经济环境，选择适合于本国或本地区经济发展的贸易政策和工业政策以及与外向型经济相关的财政、货币、信贷等政策，从而决定了这些国家或地区在外向型经济发展战略上目标和途径以及侧重点不同，使外向型经济的外向程度、范围、外向化进程等具有不同的特点，形成各具特色的外向型经济。

关于外向型经济的分类，迄今为止，尚未形成一个统一的分类方法。目前较为流行的分类方法有下列几种。[②]

（一）学术界分类法

国际经济学界一般将发展中国家和地区的外向型经济分为三类。

1. 坚定的外向型经济

坚定的外向型经济在经济和贸易方面实行完全开放或近乎完全开放式的政策。简言之，就是在国际经济往来中实行一种非歧视政策。这种政策集中表现在贸易制度和产业发展政策两方面。在贸易制度方面，体现为对贸易不进行人为的控制或只进行轻微的控制，不采用或很少采用直接控制和发放许可证的办法，并维持一定的汇

---

① 张敏如等：《特区经济教程》，广东高等教育出版社 1993 年版，第 119 页。

② 庄季希、卢少辉主编：《外向型经济概论》，中国经济出版社 1992 年版，第 32—35 页。

率水准，使可能的进口实际汇率和出口实际汇率保持基本一致。在产业发展政策方面，体现为不保护或轻微保护本国和本地区的产业。对外资的进出不加限制，因而外资在本地经济发展中起着重要作用。新加坡、中国香港属于坚定的外向型经济。

2. 基本外向型经济

基本外向型经济采取以发展出口为目标，以出口推动经济增长的策略。与此同时，对内部市场实行有条件的保护，以维护本国或本地区内的新兴产业，通过采取一定的关税政策和其他手段限制进口，来维持新兴产业的发展。一般说来，属于基本外向型经济的国家或地区都经历了一段由“进口替代”到以“出口导向”为特点的外向型经济发展道路。它们由内向型经济向外向型经济的过渡，主要是通过充分利用汇率、利率、税率、价格等经济杠杆的作用，来发挥市场机制的调节功能，减少行政干预，使企业能够在平等的条件下参与国际市场的竞争。但是，与实行完全开放式政策的坚定的外向型经济不同，基本外向型经济采取的是以保护国内工业来奠定工业基础的方法，待到国内或区内市场饱和后，才开始实行“两头在外”“大进大出”的出口导向的外向型经济。韩国、台湾地区属于基本外向型经济。

3. 一般外向型经济

一般外向型经济的国家或地区通常采取“进口替代”和出口相结合，同时注重外向发展的战略。这类国家或地区由于国内市场广阔或工业基础薄弱，因而对内销生产较为重视。但对本国或本地区市场的实际平均保护率较低，实际保护率的上下幅度也较小。允许有限度地使用直接控制和发放许可证的办法，对出口贸易有一定的直接奖励和优惠，但并不抵消对进口的保护，对进口贸易的实际汇率略高于对出口贸易的实际汇率。同时较为重视与国际经济体系的协调。印度尼西亚、马来西亚、泰国、哥伦比亚、巴西等国属于一般外向型经济。

（二）世界银行分类法

世界银行把外向型经济划分为两类：坚定外向型经济和一般外向型经济。这种分类方法把坚定外向型经济和基本外向型经济合为一体，其主要目的在于强调经济政策的一致性。实际上，坚定外向型经济与基本外向型经济的主要区别在于基本外向型经济并未完全放弃对内部市场的保护以及对新兴产业和传统产业的扶持。

（三）其他分类法

1. 从参与国际再生产过程的方式与程度来划分，大致上可以分为资源出口为主型外向型经济、生产加工为主型外向型经济和经济活动全面国际化外向型经济

（1）资源出口为主型外向型经济。资源出口为主型外向型经济的先决条件是，本国或本地区拥有一种或几种重要的自然资源，但加工能力薄弱，其他资源比较贫乏。这种情况迫使这些国家或地区大力发展具有优势的自然资源的生产和出口，换取充裕的外汇以后再进口本国或本地区所缺乏的其他自然资源、技术、设备和消费品，以此求得经济的发展和国民经济的平衡。可以说，发挥资源优势，出口初级产品以参与国际分工和交换，是资源出口型外向型经济的主要特点。

以资源出口为主的外向型经济，有利于充分发挥本国或本地区的优势，通过资源与初级产品的大规模出口和制成品的大规模进口，促进国民经济的迅速发展。但是，这种外向型经济受世界市场资源和初级产品价格波动的影响较大。尤其是在当代科学技术迅猛发展的条件下，发达国家对于资源和初级产品的进口依赖性相对减弱，这就使得这种外向型经济表现出明显的脆弱性。中东地区的石油输出国，是当代资源出口为主型外向型经济的典型代表。

（2）生产加工为主型外向型经济。生产加工为主型外向型经济的前提条件是，本国或本地区的工业基础较好，并拥有较为丰富的劳动力资源，但其他资源相对短缺。在这种基本经济格局下，许多国家或地区着眼于国际经济循环，从国外进口本国不能生产或生产有限的原料或中间产品，加工、装配成适合外销的制成品后再行出口，以此带动国民经济的发展。这种外向型经济的主要特点在于“两头在外”，即资源来自于国际市场，最终产品销往国际市场。

与以资源出口为主型外向型经济不同，以生产加工为主的外向型经济的关键部门及其关联部门的生产与出口，在整个国民经济中

占有举足轻重的地位，起着国民经济增长“发动机”的作用。由于国内生产和加工能力成为经济外向程度的基础，因此，这种外向型经济一般都要经历如下发展过程：进口阶段—进口替代阶段—出口扩张阶段。第二次世界大战后走上外向型经济道路的新兴工业化国家和地区，大多采取的是生产加工型外向型经济发展战略。“亚洲四小龙”是生产加工型外向型经济的典型代表。

（3）经济活动全面国际化型外向型经济。相对于以资源出口为主和以生产加工为主的外向型经济而言，经济活动全面国际化型外向型经济，是一种发展程度更高的外向型经济。这种外向型经济的主要特点是，国内再生产过程全面同国际再生产过程相衔接，资金、原材料、劳动力、技术、信息、中间产品及其最终产品全面地参与国际循环，国民经济运行既依赖于世界经济，又给世界经济以较大的影响。具体表现为商品的国际化、资本的国际化、生产的国际化和科学技术的国际化。美国、日本、英国、法国等都属于这一类型。

2. 从参与国际市场的方式来划分，可分为贸易型外向型经济、资本型外向型经济和资本贸易混合型外向型经济

（1）贸易型外向型经济。贸易型外向型经济的主要特征，在于对外贸易流量占国内商品总量的比值相当高，即贸易依存度高；而国际资本流量占本国总资产的比重相对较低，也就是资本依存度较低。“亚洲四小龙”、澳大利亚、新西兰、马来西亚等国家和地区属于这种类型。

（2）资本型外向型经济。资本型外向型经济的主要特征与贸易型外向型经济相反，即资本依存度高，而贸易依存度相对较低。美国属于这一类型。

（3）资本贸易混合型外向型经济。资本贸易混合型外向型经济的特征是，兼有资本型与贸易型两种外向型经济的主要特点，即资本依存度和贸易依存度都高。日本、德国属于这种类型。

3. 从外向型经济发展模式上来划分，主要分为科技领先型外向型经济、资源驱动型外向型经济和结构优化型外向型经济

（1）科技领先型外向型经济。这种外向型经济借助科技优势，

在国际竞争和经济技术合作过程中，充分利用国际分工的有利因素促进国内经济的发展。通过科学技术的领先地位，维持其高速的经济发展，并在国际分工体系中起主导作用。采用这种发展模式的国家，其经济发展状况在很大程度上左右着世界经济的发展，决定着世界经济格局。生产力高度发达、工业基础雄厚、技术先进的国家，大多采用这种发展模式。美国、德国、法国、英国、荷兰等国属于这种类型。

（2）资源驱动型外向型经济。资源驱动型外向型经济以本国丰富的自然资源为基础，发展相应的初级产品生产并由此带动出口贸易，进而向制造业等高技术领域发展，使经济朝外向化方向发展。一般来说，采取资源驱动型外向型经济发展模式的国家或地区资源丰富、国土辽阔、人口较少，其自身的资源及生产能力相比国内市场容量相对较小，对国际市场的依赖性较大。因而在外向化发展过程中，以资源为基础发展初级产品的生产，出口农产品和矿产品，并通过进口设备和材料，引进外资和技术来发展本国的制造业。加拿大、澳大利亚就是这种类型的典型代表。

（3）结构优化型外向型经济。结构优化型外向型经济是指自然资源比较贫乏，经济发展起点较低的国家和地区，利用本国廉价劳动力优势，以轻纺工业为出口的支柱产业，提高其在国际市场上的占有份额，以此带动重工业及化学工业、机电工业的发展，大力发展高加工度和高附加值的产业，逐步增强在科技、资本密集型产业中的竞争能力的经济发展模式。这种结构优化的特定含义，是指由于资源匮乏、原有经济结构不合理、技术不发达的国家或地区，通过对经济政策的调整和经济布局的重新选择而形成优化型的经济结构，不能简单地与经济结构不合理相提并论。日本、“亚洲四小龙”是结构优化型外向型经济的典型代表。

第三节　外向型经济发展模式

对经济模式的认识，是在 20 世纪 40 年代以后。随着发展经济学和现代经济增长理论的发展，一些专家学者在研究某些国家和地区的经济发展和增长问题时，把这些国家和地区的经济发展道路归纳为一种模式，主要用于研究这些国家和地区的经济发展战略。从认识论的角度来看，经济模式有广义与狭义之分。广义上的经济模式，通常是指一个国家或地区作为一个自然、经济和社会有机体的整体发展方式。它包含物质基础和上层建筑诸多因素，如社会形态、政治制度、经济体制、经济政策、科学技术、文化教育、民族特性、自然地理条件等。主要研究在这些因素相互作用情况下，经济发展的总趋势和规律。狭义上的经济模式，是指一定的生产力水平下的经济运行方式，主要包括生产力要素的优化组织、经济管理体制、经济政策、经济结构、市场机制以及经济发展的基本途径。本书讨论的特区外向型经济模式，就是这种狭义的发展模式。

一　外向型经济模式的内涵

外向型经济模式是以国际市场需求为导向，以拓展国际市场为着眼点的经济发展战略模式。就一个国家或地区而言，如果其社会总需求和总供给的基本平衡是通过本国或本地区的自我循环来实现的，那么，这种经济发展战略模式就是内向型经济发展模式；如果其经济的正常运转和基本平衡主要是通过国际市场来实现的，那么，这种经济发展模式就是外向型经济发展模式。

比较而言，外向型经济模式在以下几个方面区别于内向型经济模式：

一是理论依据不同。一般说来，外向型经济模式所依据的理论是比较利益理论，认为经济的发展应当依靠国际范围内的资源优化配置和发挥本国或本地区经济的优势才能达到预期的目标。而内向型经济模式所依据的理论是经济保护理论，认为必须对国内的民族工业加以保护，以促进国内工业的发展。实施内向型经济模式的国家或地区一般实行高估本币和关税及非关税壁垒措施，来阻止外国商品进入本国或本地市场。

二是发展途径不同。外向型经济模式主要是通过国际市场，充分利用国外资源和生产要素，并发挥本国或本地区的资源优势，采取以出口为导向的经济发展途径，使本国或本地区经济融入国际经济体系之中，在国际经济的竞争中谋求发展。而内向型经济模式则立足于国内的经济环境，力求通过国内的资源及其生产要素的配置和流通来完善本国或本地区的经济，从而达到经济发展的目的。

三是贸易功能不同。外向型经济模式以出口为导向，以此带动整个国民经济的发展。因此，对外贸易起着先导的作用。通过对外贸易，把本国或本地区富有竞争力的商品打入国际市场，实现商品的价值，获得商品的增值，从而促进本国或本地区经济的发展。内向型经济模式则由于割裂了国内市场与国际市场的联系，其经济基本上不受国际价值规律的调节与制约。开展对外贸易只限于进口国内必需的先进设备和原材料，出口也只是为了换取外汇，贸易的基本功能是互通有无、调剂余缺。

四是产业转换机制不同。外向型经济模式在客观上要求必须根据国际市场需求的变化来调整产业结构，为了占据国际市场，必须以国际市场上需求增长率最高的产品产业作为本国或本地区的主导产业。这就促使国内经济结构与产业结构的不间断调整，以适应国际市场商品结构频繁的变化和发展。在内向型经济模式下，产品的更新换代，完全依靠国内市场的引导，故产业结构转换能力极低。尤其是在计划经济体制下，许多产品往往是几十年一贯制，根本无视市场的存在，更不用说市场引导产业发展。

五是政企行为准则不同。外向型经济模式要求政府行为具有开放性、规范性、竞争性和创造性；企业行为必须按国际惯例和国际通用标准来经营管理，并以国际市场为导向，积极发挥参与国际分工和国际竞争的主体作用。而内向型经济模式下政府机构和功能的确定，主要依据国内特定的政治制度、政治体制、经济发展水平以及文化条件等。企业生产主要立足于解决国内市场的需要，受保护政策的庇护，企业往往缺乏创造性和参与市场竞争的能力。

外向型经济模式具体规定了外向型经济的发展目标、战略措施，为一国或地区的外向型经济的活动提供了依据和途径，把一国或地区的发展纳入到统一的模式中，对经济的发展起着巨大的组织作用。外向型经济发展模式的核心，在于奉行贸易外向、扩大出口的政策，确立以出口为导向的经济结构和经济运行机制。它以增加出口贸易额及其在国民生产总值中的比重作为具体目标。出口贸易额及其占国民生产总值的比重的增大，意味着经济已经较为深入地融进了国际经济关系之中，表明了经济外向的成分在不断扩大，是外向型经济模式取得成效的重要标志之一。

二　外向型经济的区域模式

由于受自然的、历史的、人为的等多种因素的影响，各地区之间的经济水平存在着巨大的差异，经济发展不平衡已成为绝对的规律。不同的经济区域采取与本区域条件相适应的经济增长和经济发展战略，能够高效率地发展本地区的经济。外向型经济的区域模式是以一国或地区经济整体向外向型经济发展为前提的，与外向型经济的区域有所不同。外向型经济的区域的整体经济模式可以是外向型的，也可以是内向型的。因为一国或地区可以达到区域和区域之间的市场融通，本国或地区内部形成统一的大市场。而对外贸易则采取保护主义措施，割断国内市场与国际市场的联系。外向型经济的区域模式则是指在一国或地区实行外向型经济模式的情况下，其所属区域采取的依附于总体经济模式的外向型区域经济模式，它最明显的特征是其外向发展是以国际市场为目标，旨在通过国际经济往来促进经济的发展。

一般说来，一个国家或地区外向型经济的发展，都是通过选择市场经济较为发达和客观条件较好的区域实行外向型经济发展战略，然后逐步向后进地区延伸和拓展。例如，日本在建立本州岛现代工业半个多世纪以后才开发北海道；美国自建立东北部工业区以后，经过100多年才开发西南地区。一个国家或地区的经济发展越不平衡，国内市场层次越多，外向型经济的区域模式的作用就越显著。它既可以是一国或地区外向型经济模式先进和更为开放的组成部分，也可以是该国或该地区经济体制改革的试验区。自由港、自由贸易区和出口加工区是外向型经济区域模式的几种基本形式。不过，不同的国家或地区可以根据自身的情况，对不同区域采取不同的发展模式。

并不是所有地区都适宜于建立外向型经济模式的。发挥区域优势、提高区域经济效益、实现区际分工与协作以及对后发展地区实施补偿，是建立外向型经济区域模式应该遵循的几项基本原则。

（一）发挥区域优势原则

建立外向型经济区域模式，必须根据自然资源、经济资源以及生产要素的区域分布，选择相应的经济机制和经济结构，引导区域外向型经济的形成和发展。利用区域的经济优势，确立能够充分发挥区域内资源优势的主导产业，并按照产业关联原理，发展与国际直接或间接高效率运转的产业群体。只有在区域优势得到充分发挥的基础上，才能得到外向型经济资源在全国或全地区的有效配置。外向型经济所面对的是竞争激烈的国际市场和变幻无常的国际经济环境。因此，一方面，应该防止不顾区域优势，盲目建立统一的产业结构和产业群体，避免造成资源的巨大浪费；另一方面，要努力开发、发掘区域内的优势产业，科学地进行区域优势产业的生产组合，以形成具有国际竞争力的产业群体。

（二）提高区域经济效益原则

建立外向型经济区域模式的首要目标，在于提高区域经济效益，进而带动整个国民经济效益的提高。因此，在建立外向型经济区域模式的过程中，要保证效率的提高，就必须进行区域性产业结构的调整。大力发展适合于外向型经济的出口产业，由此形成外向型经济区域的主导产业和支柱产业。产业结构外向化发展，是区域经济外向发展的标志。外向型经济区域模式必须根据比较利益的原则、国际分工的格局和国际市场需求结构动态变化的趋势，调整区域的产业结构体系。外向型经济的发展实践表明，仅仅靠改革对外贸易体制和管理办法来求得国内市场和国际市场一体化是远远不够的，根本在于确立重点扶持的出口产业和优先发展的战略产业。

（三）区际分工与协调原则

不顾客观条件的制约，盲目发展各类产业，只能是违背市场经济分工与协作的原则，造成社会财富的巨大浪费，从而阻碍区域经济的增长。在建立外向型经济区域模式时，应该在充分发挥各个区域资源优势的情况下，大力发展区际的分工与协作。通过分工与协作，实现区际和区域内的专业化生产。尽可能避免“大而全”或“小而全”的经济结构，尤其是避免出现区际产业结构雷同化趋势，造成内部市场的恶性竞争。

（四）补偿后发展地区原则

随着外向型经济区域模式的不断发展，在外向型经济区域提高经济效益的同时，必然造成区际经济发展的不平衡，势必拉大区际经济发展水平的差距。保持适度的经济差距，对后发展地区而言，可以起到示范和激励作用。但是，当区际经济发展水平差距扩大到一定程度以后，就会阻碍社会经济的整体协调发展。一方面，经济区域发展差距的不断扩大，会使国民经济区域结构严重失衡；另一方面，不断扩大的差距反过来又会阻碍先进的外向型经济区域模式产业结构外向化的调整。因此，在外向型经济区域模式发展过程中，为促使区际经济协调发展，政府通过一定的财政补贴，补偿经济发展相对落后的地区是完全必要的。当然，补偿政策的实施，必须以不损害先进的外向型经济区域的经济效益为前提，更不能建立在抑制和损害发达地区经济利益的基础之上。补偿原则的贯彻，必须使补偿同落后区域内部的经济增长机制有机结合、统一起来，使外部人力、物力和财力的补偿充分发挥效用。

三　外向型经济发展模式选择依据

（一）外向型经济发展模式的国际经验

总结国际上外向型经济发展的经验，概括起来表现为如下几方面。

1. 选择外向型经济发展模式必须充分发挥本国或本地区的比较优势

由于世界各国自然资源禀赋、社会历史条件、经济发展水平等方面存在着巨大的差异，因而各国在选择外向型经济发展模式时，都非常注意发挥自身的比较优势。例如，美国和西欧一些经济发达国家凭借其科技方面的雄厚实力和领先优势，普遍选择技术导向型发展模式。这些国家生产力水平很高，工业基础雄厚，技术先进。它们利用本国科技优势，集中力量发展电子、计算机、航空航天等高技术产业。以此参与国际竞争和国际经济技术合作，力图保持其科技领先优势，维护其在国际分工体系中的主导地位，获取较大的比较利益。据有关资料统计，1970—1983 年，美国高技术产品在出口制成品中的比重从35%提高到44%，高技术产品出口额从103 亿美元上升到579 亿美元。[①] 中东地区的国家和加拿大、澳大利亚等国则充分利用本国明显的资源优势选择资源导向型发展模式；日本、韩国、新加坡等国和香港、台湾地区则注意发挥自身丰富的人力资源优势和利用国际资源选择出口替代（或称为出口导向）模式，在较短的时间内实现了经济起飞。

2. 选择外向型经济发展模式必须把发挥本国比较优势同捕捉国际机遇结合起来

20 世纪中期，随着第二次世界大战的结束，一些发展中国家和地区紧紧抓住当时国际经济分工变化所提供的机遇，把发挥自身优势和利用国际机遇结合起来，充分发挥本国或本地区的相对比较优势。围绕扩大出口及时调整自己的产业结构，提高产品的国际竞争能力，从而赢得巨大的后发性利益。例如，在 20 世纪 60 年代，韩国、中国台湾等一些新兴工业化国家和地区利用经济发达国家结构调整的有利时机，积极发展劳动密集型出口导向产业。到 70 年代后期，逐步取代了日本作为劳动密集型出口商品主要生产国的地位。1979 年新兴工业国和地区的纺织品、服装出口已经超过日本的两倍。1975—1980 年，日本 165 个行业中，有 44 个劳动比较密集的行业比较优势被新兴工业国和地区所代替。[②]

3. 选择外向型经济发展模式必须注重比较优势的适时转移

一个国家或地区所具有的自身比较优势并不是绝对不变的。世界各国成功的外向型经济模式特别注重比较优势的转移。随着本国或本地区优势的变化，及时进行模式的转换。例如，亚洲新兴工业化国家和地区，在开始外向型经济发展时选择的都是劳动密集型产业发展模式。然而，这种产业优势是建立在低劳动力成本基础之上

① 庄季希、卢少辉主编：《外向型经济概论》，中国经济出版社 1992 年版，第 64 页。

② 同上书，第 67 页。

的。随着经济的发展，国民收入的提高，劳动力价格水平也在不断提高，因而其劳动密集型产品的国际竞争力削弱，优势逐步丧失。在这种情况下，这些国家和地区没有停留在原来劳动密集型产业的水平上，而是依靠劳动密集型产业发展所带来的资本积累和技术进步，促使产业升级，向结构优化型模式转换，开发和建立资本和技术密集型产业。这种转换实质上是要努力挖掘潜在的已经萌芽的经济优势，通过建立更加高级的产业来塑造更为先进的外向型经济结构格局。

（二）中国选择外向型经济模式的依据

中国是一个发展中国家，人口多、底子薄，生产力布局和经济发展水平不均衡。这就决定了中国发展外向型经济必须根据自己的实际情况，选择由点到面、多层次、多样化、综合型的外向型经济梯度发展模式。

1. 梯度发展

中国经济是一个典型的大国经济。东西部经济水平的巨大差异，南北发展的严重失衡，制约着全国现代化发展的进程。中华人民共和国成立后的30年计划经济发展实践以及非经济因素的影响，决定了中国实行对外开放、发展外向型经济不可能一步到位。为了避免因对外开放可能造成的社会震荡，降低改革开放的交易成本，中国需要采取积极稳妥的外向型经济发展战略模式。根据东部、中部、西部三大地带呈梯度发展的态势，确立由点到面、由东南沿海到西北内陆、由经济特区到沿海开放城市到沿江及沿边地区、从东部到中部到西部、梯度发展的外向型经济区域模式。在经济特区与沿海地区率先发展外向型经济，实施沿海经济外向发展战略的同时，发挥全国各地产业优势，共同推进外向型经济的发展。

2. 多层次发展

多层次发展是梯度发展战略的具体化，即根据不同地区的具体情况，实行不同的发展战略，确定不同的区域模式，分层次、有步骤地发展外向型经济。建立区域模式，首先应该正确分析和认识区域内部及其各行业间产业结构的不同层次。然后从实际出发，充分发挥和利用区域内各行业的比较优势，明确区域内哪些方面具备了外向发展的潜力和条件，最终选择适合经济发展水平的区域模式。

3. 多样化发展

中国生产力布局的非均衡态势，决定了在选择外向型经济发展模式时应该采取多种方式。与其他外向型经济国家和地区相比，中国具有潜在容量巨大的国内市场。即使在国民收入水平较低的情况下，巨大的国内市场需求为规模经济的建立和发展提供了相当大的市场容量。中国现有工业体系较为完整，资金密集型产业具有一定的基础和规模，技术密集型产业也有一定的优势。因此，在选择外向型经济发展模式时可考虑以下几种形式。

（1）加工导向模式。加工导向模式即“两头在外”的发展方式，它比较适合中小企业劳动密集型产业的发展，技术密集型产业也可采用这种方式。

（2）出口替代模式。出口替代模式是中国现阶段发展外向型经济采取的主要形式。这是由中国目前经济发展的主要矛盾决定的。中国建设资金短缺，工业结构高级化与农村剩余劳动力向非农业转移对资金的争夺异常激烈，资源的人均拥有量也不高。因此，要加快经济发展，需要依靠引进技术、利用外资和国际资源来解决问题。然而，引进是有前提的，即必须拥有足够的外汇。通过采取对产品深加工，经过多次增值后出口的办法，可以有助于解决发展中所需的外汇问题。

（3）结构优化模式。结构优化模式是中国外向型经济进一步发展的主攻方向。产业结构的升级是外向型经济持续发展的动力。竞相发展技术密集型产业已经成为当今世界经济和科技发展的大趋势。中国如果忽视发展技术密集型产业，将会进一步拉大与发达国家的距离。因此，必须充分利用中国现有的科技实力和已经领先的科技领域的优势，集中力量发展技术密集型产业，创造出有自己特色的高附加值产品打入国际市场，使产品具有较强的竞争能力，解决中国产业高级化方面的矛盾，带动其他产业的发展和进步。

4. 长期发展

中国确立外向型经济发展模式应该立足于长期发展。经济特区以及沿海开放地区实施外向型经济发展战略，如果只是为了解决沿海同内地争原料、争市场的问题，无疑不利于全国外向型经济发展战略的实施。从整个战略部署来看，出口创汇虽然考虑了多种形式，但在具体落实鼓励措施时，更多地集中在“两头在外”的方式上。“两头在外”的方式虽然有其长处，但也阻滞了国内原材料的投入，使产业关联度较高的间接出口形式得不到发展，净外汇收入减少，弱化了产业间和区域间的联系。中国由内向型经济向外向型经济的转变需要一个较长时期，这是由原先的计划体制的僵化性决定的。因此，在确立外向型经济发展模式以及具体实施步骤中，应当包含逐步由内向型经济模式向外向型经济模式转变的过渡政策。包括各个时期制度改革的次序，在发展中调整模式的内容和方式，逐步向外向化发展。

第四节　中国经济特区外向型经济发展实践

中国实行对外开放的基本国策是在20世纪70年代末80年代初的事情。为了减少改革开放的摩擦成本，中国采取了以经济特区作为改革开放的“试验场”和“窗口”，由此拉开了外向型经济发展战略的序幕。

经济特区的首要标志是对外开放，这是与中国经济发展的整体战略紧密相关的。事实上，中国选择了梯度开发的经济发展战略。本着从沿海向内地逐步推进的原则，先从东南沿海地区发展起，进而发展中部地区，并带动西北地区，最终实现全国整体经济的腾飞。在东南沿海地区建立经济特区，是实施整体经济发展战略的重要组成部分。要加强与世界经济的联系，就必须在经济特区实行更大程度的开放，大力发展外向型经济。

一　利用外资成绩斐然

中国经济特区一贯坚持特区建设资金以外资为主的方针，在吸引和利用外资方面取得了巨大成就。以深圳经济特区为例，从1979

年到2015年，累计从50多个国家和地区引进外商投资（协议）项目64695项，协议利用外资14693534万美元，实际利用外资9520109万美元。具体情况见表7—1、表7—2和表7—3。

表7—1 深圳利用外资签订协议（合同）项目（1979—2015） 单位：项

年份	总计	按投资方式分					
		对外借款	外商直接投资				外商其他投资
			合计	合资经营	合作经营	外商独资	
1979	169		37	7	30		132
1980	303		33	4	24	5	270
1981	578		70	13	39	18	508
1982	577		66	11	47	8	511
1983	878		253	92	149	12	625
1984	988	5	334	188	134	12	649
1985	1203	40	282	192	73	17	881
1986	454	31	224	152	64	8	199
1987	334	13	310	231	62	17	11
1988	694	4	591	443	93	55	99
1989	711	5	647	473	94	80	59
1990	796	6	757	434	100	223	33
1991	986	6	951	534	122	295	29
1992	1561	1	1553	822	227	504	7
1993	3257	2	3255	1735	358	1162	
1994	2223	2	2221	1049	208	964	
1995	1638	5	1633	764	109	760	
1996	999		999	491	38	470	
1997	1786		957	454	30	471	829
1998	1915		1391	513	31	844	524
1999	1558		797	321	15	461	761
2000	1835		1130	339	24	766	705
2001	1860		1501	396	18	1087	359
2002	2191		1917	361	8	1544	274

续表

年份	总计	按投资方式分					
		对外借款	外商直接投资				外商其他投资
			合计	合资经营	合作经营	外商独资	
2003	2573		2254	333	6	1913	319
2004	2954		2718	356	9	2352	236
2005	2938		2797	308	12	2469	141
2006	3167		3105	269	7	2827	62
2007	4225		4200	215	8	3975	25
2008	3052		3046	139	11	2896	6
2009	1509		1498	114	1	1382	11
2010	1929		1929	124	1	1800	
2011	2513		2513	149	2	2360	
2012	2428		2428	134		2289	
2013	2056		2056	180	5	1870	
2014	2490		2490	266		2222	
2015	3367		3359	488	2	2861	8
累计	64695	120	56302	13094	2161	40999	8273

资料来源：1. 根据《商务部、国家统计局关于印发〈外商投资统计制度〉的通知》，从2004年开始外商投资统计制度发生变化：一是不再包括“对外借款”，且外商直接投资的统计口径缩小；二是对外公布的数据为经商务部核准的外商直接投资数据。2. 本表数据根据深圳市统计局《2016年深圳统计年鉴》第302页整理，表中2004年开始的总计数据是将外商直接投资和外商其他投资加总计算。

表7—2　　**深圳协议利用外资额（1979—2015）**　　单位：万美元

年份	总计	按投资方式分					
		对外借款	外商直接投资				外商其他投资
			合计	合资经营	合作经营	外商独资	
1979	2984		1790	851	939		1194
1980	27122		23966	1021	13966	8979	3156
1981	86360		86360	442	72636	13282	
1982	18028		17546	643	14498	2405	482

续表

年份	总计	按投资方式分						
		对外借款	外商直接投资				外商其他投资
			合计	合资经营	合作经营	外商独资	
1983	33451		29355	8052	17605	3698	4096
1984	64564	1962	53342	21240	31704	398	9260
1985	102647	19320	79323	18544	58046	2733	4004
1986	51360	22474	24396	9776	13189	1431	4490
1987	64893	7812	56675	10993	7370	38312	406
1988	48739	4500	43021	25163	9310	8548	1218
1989	48904	576	46945	25120	11501	10324	1383
1990	69344	1062	67899	18869	16099	32931	383
1991	115158	5038	108611	35419	23072	50120	1509
1992	251774	1188	249496	75010	65597	108889	1090
1993	497737	800	496937	211828	71588	213521	
1994	298649	15521	283128	92731	47632	142765	
1995	359654	13347	346307	125589	63561	157157	
1996	168000		168000	99879	26192	41929	
1997	176896		135387	63177	10224	59657	41509
1998	274571	42093	203475	78016	8484	115293	29003
1999	223018	64077	121017	16345	7242	96585	37924
2000	263996	43671	173813	28374	11926	128739	46512
2001	400393	50527	272318	43530	82902	145184	77548
2002	518626	38735	354400	61955	5952	202075	125491
2003	582896	55570	484687	124831	11157	335571	42639
2004	484044		412131	103316	13546	281272	71913
2005	568852		525097	68065	2375	437181	43755
2006	633698		526410	93298	6117	412952	107288
2007	872725		857155	63948	-3985	787701	15570
2008	733197		728283	97963	2007	608434	4914
2009	351610		355805	81851	-1622	257953	-4195
2010	558978		565197	44503	271	508625	-6219

续表

年份	总计	按投资方式分					
		对外借款	外商直接投资				外商其他投资
			合计	合资经营	合作经营	外商独资	
2011	748890		763307	121168	11803	616702	-14417
2012	626361		626184	83049	1284	519688	177
2013	670003		670003	122240	911	541041	
2014	1089537		1089537	123337	840	950075	
2015	2605875		2559531	323952	-697	2189932	46344
累计	14693534	388273	13606834	2524088	735242	10032082	698427

资料来源：根据深圳市统计局《2016年深圳统计年鉴》第306页整理，表中2004年开始的总计数据是将外商直接投资和外商其他投资加总计算。

表7—3　**深圳实际利用外资额（1979—2015）**　单位：万美元

年份	总计	按投资方式分					
		对外借款	外商直接投资				外商其他投资
			合计	合资经营	合作经营	外商独资	
1979	1537		548	192	356		989
1980	3264		2755	252	1891	612	509
1981	11282		8618	1073	5427	2118	2664
1982	7379		5771	1114	3823	834	1608
1983	14394		11316	1906	6077	3333	3078
1984	23013	1962	18640	8008	5990	4642	2411
1985	32925	13585	17989	6993	10316	680	1351
1986	48933	10860	36450	5124	30241	1085	1623
1987	40449	12436	27379	8489	17826	1064	634
1988	44429	14430	28716	9644	10085	8987	1283
1989	45809	15563	29252	16852	7182	5218	994
1990	51857	12360	38994	26849	4917	7228	503
1991	57988	17184	39875	27330	5185	7360	929
1992	71539	25808	44879	20554	8716	15609	852
1993	143217	43762	98900	48165	15097	35638	555

续表

年份	总计	按投资方式分						
		对外借款	外商直接投资				外商其他投资
			合计	合资经营	合作经营	外商独资	
1994	172959	47367	125046	49312	21388	54346	546
1995	173545	42556	130989	33120	28003	69866	
1996	242242	37177	205065	89228	26776	89061	
1997	287168	57095	166112	53271	20771	92070	63961
1998	255222	55717	166357	73762	22354	67561	33148
1999	275422	64077	177839	74848	18954	82556	33506
2000	296839	43671	196145	71789	19102	103061	57023
2001	360277	44527	259080	59076	56621	139157	56670
2002	490220	49511	319101	79480	39550	149642	121608
2003	504213	57928	362344	115245	20850	193915	83941
2004	361226		234994	48868	6281	169650	126232
2005	401713		296872	50807	8299	230996	104841
2006	485271		326852	56623	2609	252313	158419
2007	465497		366220	64843	1334	295550	99277
2008	478845		403018	43441	2038	354971	75827
2009	428243		416001	54993	551	342234	12242
2010	446942		429724	63281	1292	341964	17218
2011	483617		459921	48409	1367	397391	23696
2012	525712		522944	81675	3949	418054	2768
2013	547192		546789	79900	1340	461585	403
2014	580469		580469	80834	163	484416	
2015	659260		649733	57037	1719	581450	9527
累计	9520109	667576	7751697	1612387	438440	5466217	1100836

资料来源：根据深圳市统计局《2016 年深圳统计年鉴》第 310 页整理，表中 2004 年开始的总计数据是将外商直接投资和外商其他投资加总计算。

在投资方式上，外商直接投资（协议）项目 56302 项，协议投资金[illegible]6834 万美元，实际投资 7751697 万美元，分别占总量的[illegible]%、81.4%。在投资方向上，第二产业一直是外商投资的重点领域，其中工业投资占主导地位。尤其是20世纪90年代中期以来，随着特区经济的发展和生活水平的提高，第三产业日益兴起，外商投资方向虽然仍以第二产业占绝对大比重，但第三产业的投资比重不断加大（见表7—4、表7—5）。

表7—4 深圳市三次产业协议利用外资结构变化 单位：%

年份	1995	2000	2010	2015
第一产业	0.12	0.04	0.06	0.06
第二产业	65.64	82.14	18.60	4.41
第三产业	34.24	17.82	81.34	95.53

资料来源：根据深圳市统计局《2016年深圳统计年鉴》第306—307页整理。

表7—5 深圳市三次产业实际利用外资结构变化 单位：%

年份	1995	2000	2010	2015
第一产业	0.25	0.05	—	—
第二产业	69.79	75.02	38.31	12.68
第三产业	29.96	24.93	—	—

资料来源：根据深圳市统计局《2016年深圳统计年鉴》第310—311页整理，2010年与2015年第一产业和第三产业实际利用外资数据空缺。

在资金来源上，港澳地区一直是深圳外资的主要来源地。其在实际利用外资中所占比重一直保持在60%—70%（见表7—6）。

表7—6 **深圳市利用外资来源地比较**

年份	1995	2000	2010	2015
实际利用外资（亿美元）	17.35	29.68	42.97	64.97
香港、澳门（%）	60.60	62.17	72.19	86.41
日本（%）	18.48	1.72	0.65	0.67
台湾（%）	4.01	1.33	0.40	0.12
其他（%）	16.91	34.78	26.76	12.80

资料来源：根据深圳市统计局《2016年深圳统计年鉴》第313页整理。

外资的引入，不仅带来了大量的外汇资金，支援了特区以及内地经济的发展，更重要的是，大批外资企业的建立，在引进高新技术和国际上各种先进的管理经验、引进竞争机制、提高特区企业的整体素质、促进特区与内地的改革开放等方面，起到了不可估量的作用。

二　对外贸易节节攀升

对外开放的关键，就是要以国际市场需求为导向，通过各种经贸活动来带动国民经济的发展。经济特区充分发挥毗邻港澳台、信息灵通、交通便利的优势，大力发展国际贸易和转口贸易，努力拓展国际市场，使进出口贸易不断发展。以深圳为例，对外贸易一直保持强劲的发展势头。1980—1998 年，进出口总额年平均增长速度为 43.4%。其中，“六五”时期年均增长 136.9%，“七五”时期年均增长 33.2%，“八五”时期年均增长 19.8%。即使在 1997 年受东南亚金融风暴的影响，中国外贸出口受到严重冲击的情况下，1998 年，深圳全市外贸出口额仍达到 263.96 亿美元，比上年增长 3.0%，并再创历史最高水平，占全国外贸出口总额的 14.4%，贸易顺差达 75.2 亿美元。2015 年，外贸进出口总额 4424.59 亿美元，其中出口总额 2640.39 亿美元，分别占全国和广东省出口总额的比重为 11.6% 和 41.1%，出口总额连续 23 年居内地城市首位。比 1990 年增长 2558.87 亿美元，比 2000 年增长 2294.76 亿美元，比 2010 年增长 598.55 亿美元。占全省出口总额的比重从 1990 年的 36.72% 提高到 2015 年的 41.1%。深圳主要年份进出口贸易情况见表 7—7。

表 7—7　**深圳主要年份进出口贸易情况**　单位：万美元

年份	1980	1985	1990	1995	2000	2010	2015
进出口总额	1751	130632	1570136	3876960	6393982	34674930	44245863
其中：出口总额	1124	56340	815165	2052736	3456333	20418355	26403895
进口总额	627	74292	754971	1824224	2937649	14256575	17841968

资料来源：根据深圳市统计局《2016 年深圳统计年鉴》第 324 页整理。

从深圳的发展历程来看，中国经济特区的对外贸易发展可以概括为四个转变。

一是进口产品以生活资料为主逐步转变为以生产资料为主。经济特区建立初期，进口商品以消费品为主。1985 年以来，特区进行了调整与整顿，将重心放在以出口工业为基础的外向型经济发展上。进口商品结构逐步转向以复印机、传真机、计算器、机械设备、半成品等生产用设备、辅助设备及原材料为主。

二是出口产品以内地产品为主逐步转向以自产产品为主和以初级产品为主转向高科技、高附加值的机电产品为主。经济特区建立初期，出口产品主要来自内地。1985 年以后，特区在国内外大力兴办出口创汇基地，实行工贸技结合，使自产产品出口比重不断增加。例如，深圳在 1992 年自产产品出口比重就达到 68%，全市 1000 多种工业产品中，出口产品就有 800 多种，其中 40 多种产品被国家列为替代进口的产品。随着经济特区产业结构不断优化，出口产品结构也不断优化。高科技含量和高附加值的机电产品已经成为特区的主要出口产品。1998 年，深圳高科技产品产值达到 655.18 亿元，占工业总产值的比重达 35.4%，居全国领先地位。机电产品出口总值达 153.58 亿美元，占全市出口总值的 58.2%，比上年增长 8.5%。初步形成了以通信、电脑整机和零部件、电器、音像制品、玩具、光学及照相器材、钟表、服装鞋类为主的出口产品结构，有些产品在国际市场上已有一定的知名度，并拥有较高的市场占有率。

三是从转手贸易逐步转变为“外接单、内生产”和发展“两头在外”。把内外两方面的优势结合起来，形成了内地—特区—外商合作的“三点一线”、进料—加工—增值—出口的外向型经济发展模式，逐步参与国际经济大循环，加入到国际分工与合作的行列。

四是从倚重港澳台地区贸易为主逐步转变为增加直接国际贸易。经济特区通过与外商合作、收购销售网络等办法，逐步掌握了国际市场行情和市场渠道，独立开拓国际市场，到国外进行直接贸易。

三　跨国经营逐步拓展

跨国经营是企业以国际市场为舞台，从全球经营战略出发，进行国际规模扩张，取得规模经济的利益。企业从事跨国经营和跨国发展，既是适应自身生产社会化和生产国际化发展的需要，也是适应国际分工的不断深化和竞争日趋激烈的历史大势所驱。中国经济特区企业在海外资金流和全国改革开放大潮的推动下，于20世纪80年代中期开始涉足跨国经营活动。其对外投资活动主要集中在房地产、市场购销、制造业和劳务输出几个重点部门。其中房地产是特区对外投资最早的行业。早在1985年6月，深圳经济特区发展公司在香港组建了新峰企业有限公司，在美国洛杉矶组建了中国长城国际投资有限公司，以房地产经营为主体。这些企业跨国经营一方面拓展了利用外资的渠道与规模，扩大了自己的出口销售市场；另一方面通过与外国企业的密切协作，获得了国外的先进技术和管理经验。更为重要的是，这些跨国公司在跻身海外市场的过程中，通过跨国经营参与国际竞争，增强了企业在市场经济条件下的竞争能力，创造出群体结合的整体化优势，成为推动国内经济融入国际经济大循环的先驱。

当然，由于中国经济特区企业在开展跨国经营方面时间较短，经验不足，从总体上讲，特区企业的跨国经营活动在整个特区经济发展中的地位并不显要，还有许多问题亟待解决。如企业由于自身实力不济跨国经营规模偏小；有些企业缺乏战略性眼光和长远的战略构想；经营布局不够合理，集中在发达国家和地区的多，在发展中国家的企业少；跨国经营缺乏必要的体制保障和政策支持；等等。这些有待于以后进一步完善和解决。

第五节　从外向型走向开放型

开放型经济既是经济发展的内在规律，具有历史的必然性，又是现代经济的重要特征。如果说外向型经济发展模式强调的是对外开放，面向国际市场的话，那么开放型经济发展模式则同时强调对外开放和对内开放、重视国际国内两个市场。对外开放主要包括遵循国际法则和惯例，积极参加国际经贸组织和各类国际经贸交流活动；大力发展对外贸易，占领国际市场；积极引进国外的资金、技术、信息、人才、管理经验；努力推进国内企业向海外发展跨国经营业务；等等。对内开放主要包括打破地区封锁状态，营造国内统一市场；促进国内资金、物资、商品、技术、信息、人才等生产要素的合理流动和组合；等等。在开放型经济条件下，任何一个国家或地区的内部市场，都是国际市场的有机组成部分。

现代经济发展的经验教训表明，任何国家和地区都不可能独立于世界经济体系之外而获得发展，闭关自守只能越来越落后于世界经济的发展。尤其是像中国这样的大国，只能通过开放型经济的发展才能走上富民强国之路。正如中国改革开放的总设计师邓小平所指出的那样："现在的世界是开放的世界。中国在西方国家产业革命以后变得落后了，一个重要的原因就是闭关自守。建国以后，人家封锁我们，在某种程度上我们也还是闭关自守，这给我们带来了一些困难。三十几年的经验教训告诉我们，关起门来搞建设是不行的，发展不起来。关起门有两种，一种是对国外；还有一种是对国内，就是一个地区对另外一个地区，一个部门对另外一个部门。两种关门都不行。我们提出要发展得快一点，太快不切合实际，要尽可能快一点，这就要求对内把经济搞活，对外实行开放政策。"① "我们的经济改革，概括一点说，就是对内搞活，对外开放。对内搞活，也是对内开放，通过开放调动全国人民的积极性。"② "对内经济搞活，对外经济开放，这不是短期的政策，是个长期的政策。"③

一　开放型经济是外向型经济发展的历史必然

全球性的开放型经济格局发端于18世纪的工业革命。由蒸汽机发明而引发的大工业的迅速发展，打破了封建时代以传统农业、手工业为支柱的封闭、半封闭的经济模式。在资本对工业原材料和产品市场急剧膨胀的需求推动下，真正意义上的以国际分工和交换为

① 《邓小平文选》第3卷，人民出版社1993年版，第64—65页。

② 同上书，第135页。

③ 同上书，第79页。

特征的开放型经济逐步形成。商品国际化则是工业革命后世界经济开放的主要表现形式。19 世纪末到 20 世纪初叶，随着自由资本主义向垄断资本主义演进，资本输出比商品输出具有了更加重要的意义，世界开放型经济的重心由商品国际化逐步走向资本国际化。

20 世纪中叶以来，以计算机为代表的新技术革命极大地推动了世界经济的发展。开放型经济向更广更深的领域拓展，出现了整个经济生活都向国际化方向发展的局面。各国在生产、流通、消费等各个领域，在土地、资金、科技、劳动力、信息等各种生产要素方面都需要进行国际分工、协作和竞争。随着世界开放型经济的不断发展，跨国银行、跨国公司等全球性企业的经营业务日益增长。这些企业往往拥有几十亿、几百亿甚至上千亿美元的资产，在国际经济生活中起着越来越重要的作用。一些重要的国际经济协调组织，如国际货币基金组织、世界银行、世界贸易组织等也纷纷成立，在国际经济运作中扮演着重要的角色。国际经济关系的互融性和相互依赖性，使国际分工不断向纵深发展，世界经济也呈现出越来越国际化的特点。这在客观上要求任何国家或地区必须实行开放型经济发展战略。

曾几何时，广大发展中国家在长期遭受帝国主义列强的殖民统治和瓜分掠夺过程中，形成了被动的开放格局。而它们在第二次世界大战结束后纷纷独立时，大都选择了内向型经济的发展模式：或者采取以封闭式的农产品自给自足为特征的初级内向政策；或者以通过“进口替代”达到制成品自给自足为特征的次级内向政策。随着世界经济一体化趋势的发展，发展中国家也纷纷敞开国门，实行以初级产品出口为特征的初级外向政策和以通过“出口替代”促进制成品出口为特征的次级外向政策。这个战略性转变从根本上扭转了发展中国家在世界开放型的经济格局中的被动地位，产生了如“亚洲四小龙”这样的开放度高、经济发达的国家和地区。

二 中国全方位开放格局形成

在世界经济朝着开放型经济蓬勃发展的大背景下，中国从 20 世纪 70 年代末开始，在积极推进对传统的计划经济体制进行改革的同时，把对外开放确立为长期的基本国策。其主要内涵是：积极发展对外经济技术合作与交流，扩大国际经贸往来，吸收国外资金，引进先进技术，努力吸收世界先进的管理经验，大力发展生产力，加速现代化建设的进程。由此，中国结束了由于多种历史因素造成的长期封闭半封闭的状态，转向了开放型经济。

中国的开放型经济实行的是梯度发展战略，这是由中国的国情所决定的。因为实行对外开放需要在经济、技术、资源、交通、通信、生活设施等方面具备一定的条件。这就决定了一般都是选择商品经济较为发达和条件较好的地区先实行外向型经济发展战略，然后向后进地区延伸和拓展。各地区除了在地理位置、自然资源、交通通信、能源供应等硬环境上存在着差异外，还由于受自然的、历史的、人为的因素的影响而存在着经济发展水平、政府办事效率、政策法规、人员素质等软环境方面的差别。正是由于这些硬软环境的不平衡，造成了各地区对外开放程度、速度、规模和方式的差异。根据这些差异，中国采取了沿海—沿边—沿江直至全国全方位开放格局形成的开放型经济梯度发展战略。

沿海地带是中国最早开放的地区，具体又分为三个层次。

一是经济特区。经济特区是中国对外开放的前沿。从1980年起，先后建立了深圳、珠海、汕头、厦门、海南5个经济特区。

二是沿海开放城市。1984年4月，进一步开放天津、上海、大连、秦皇岛、烟台、青岛、连云港、南通、宁波、温州、福州、广州、湛江和北海14个沿海重要港口城市，对它们实行类似经济特区的政策。

三是沿海经济开发区。1985年2月，中央决定把长江三角洲、珠江三角洲和闽南厦门、漳州、泉州三角地区开辟为沿海经济开发区。1988年3月，又进一步扩大了长江三角洲、珠江三角洲和闽南三角洲地区经济区的范围，并把辽东半岛、山东半岛、环渤海地区的一些市、县和沿海开放城市的所辖县列为沿海经济开发区。

在上述三个层次的基础上，1990年6月2日，中共中央和国务院又正式批准上海市开发和开放浦东新区。

继沿海地带开放后，1992年3月以来，中国又进一步开放黑龙江省的黑河市、绥芬河市，吉林省的珲春市，内蒙古自治区的满洲里市、二连浩特市，新疆维吾尔自治区的伊宁市、塔城市、博乐市，云南省的瑞丽市、畹町市、河口市和广西壮族自治区的凭祥市和东兴镇等13个市、镇为沿边开放城市（镇），实施鼓励投资和贸易的政策，加强与周边国家的经济技术合作和贸易，以推动沿边地区的经济发展。

1992年7月，国务院决定进一步对外开放重庆、岳阳、武汉、九江、芜湖5个长江沿岸城市和哈尔滨、长春、呼和浩特、南宁、乌鲁木齐、昆明、石家庄7个边境、沿海地区省会（自治区首府）城市，以及太原、合肥、南昌、郑州、长沙、成都、贵阳、西安、兰州、西宁、银川11个内陆地区省会（自治区首府）城市。至此，中国已经形成了沿海、沿边、沿江和内陆省会（自治区首府）城市相结合的，多层次、多渠道、全方位的对外开放新格局。

1992年10月浦东新区成立，随后国家又相继成立了16个新区：天津滨海新区、重庆两江新区、浙江舟山群岛新区、甘肃兰州新区、广东南沙新区、陕西西咸新区、贵州贵安新区、青岛西海岸新区、大连金普新区、四川天府新区、湖南湘江新区、南京江北新区、福州新区、云南滇中新区、哈尔滨新区、吉林长春新区。

三 经济特区：中国开放型经济的先行区

经济特区是中国改革开放的产物，是中国开放型经济的先行试验区。经过近40年的探索试验，特区经济的开放型特征已经显现出来。

第一，对外引进的资金、技术、设备、信息、管理手段在特区经济发展所需的生产要素与发展资源中的地位举足轻重。

第二，外商投资企业和相当数量的内联企业把出口创汇作为企业的主要任务和战略目标，逐步形成出口创汇的主导产业、重点企业和拳头产品。创汇领域包括外向型农业、外向型工业、国际金融、国际贸易、国际旅游、国际交通、劳务输出、技术输出等领域。并依据原材料、资金、技术的拥有情况，分别采取“外—中—外”（“两头在外”）和“中—中—外”（“三点一线”）的组织运作形式来实现出口创汇的目标。

第三，形成了良好的开放型经济发展的社会经济环境。经济特区在发展外向型经济过程中，按照国际惯例和准则来约束和规范自己，以开放的经济体制、灵活的运行机制、较为完善的法制和宽松稳定的社会政治环境，来保障开放型经济模式的顺利实施。

第四，经济特区与内地联合，共同发展。经济特区积极实施内地—特区—国外“三点一线”的发展战略，横向经济联合已经发展到跨地区、跨行业的双向多边联合。

四　自由贸易试验区：中国全面开放的示范区

经过近40年从外向型经济到开放型经济发展战略的实施，中国已经取得了举世瞩目的成就。目前，中国已经与世界上绝大多数国家和地区建立了经贸关系，外贸出口额已进入世界前列。2017年，中国已成为世界第二大外资引进国和第二大资本输出国。2013年9月，中国（上海）自由贸易试验区成立。2015年，增设广东、天津和福建3个自由贸易试验区。2017年4月1日，辽宁、浙江、河南、湖北、陕西、四川、重庆7个自由贸易试验区正式挂牌运营。中国国内自由贸易试验区数量达到11个。随着条件的不断成熟，中国还会建立更多的自由贸易试验区，这标志着中国已进入全面开放的时代。

第八章

特区经济的宏观调控

市场经济的运行有其自身的客观规律。在不需要外力的作用下能够实现其功能，是市场经济的自我调节。但是，市场经济的自我调节过程往往具有一定的局限性。市场经济的正常运作，客观上要求加强宏观调控。经济特区进行的以市场为取向的改革和建立社会主义市场经济体制的探索，都伴随着政府宏观调控体系的建立和完善。经济特区市场经济的发展，促进了调控方式、调控机制和调控体系的演变，而调控体系的演变等反过来又促进了市场体制的完善。

第一节　市场经济的正常运作需要“两只手”

一　“看不见的手”及其局限性

“看不见的手”是英国古典经济学家亚当·斯密1776年在其著作《国富论》中提出的一条原理。“看不见的手”意指非自觉因素，即市场。亚当·斯密认为，在完全竞争的市场经济条件下，每个生产者、每个个人所追求的都是其自身的利益。当人们这样做时，常常被一只看不见的手引导着去增进所有人的最大利益。亚当·斯密反对政府对经济的干预，认为政府干预经济必将减少财富的增长和不适当使用资源。政府只应创立一种法律机构，以便充分地允许个人行为，这样才能使经济资源得到最合理的利用。“看不见的手”充分体现了亚当·斯密经济思想的中心内容，即自由放任的经济思想。但是，这种思想具有一定的历史局限性。因为市场这只“看不见的手”在有利于经济自由发展的同时，也会对社会资源造成一定的浪费和破坏。

在市场经济中，假定没有任何障碍，那么市场机制的运行就会十分顺利，根本无须外力的干预，仅通过市场调节就完全能够协调整个经济的运行。这正是亚当·斯密所设计的“看不见的手”的作用及境界。然而，这种美好的境界在现实中并不存在。事实上，在现实经济生活中，不仅存在大量妨碍市场自我运行的现象，而且市场的自我运行本身也会产生许多妨碍其顺利调节的因素。由于市场调节更多的是一种自发的、强制的、破坏性的事后调节，因此，这些内生变量和外生变量必然形成市场机制的某些缺陷，即市场机制的局限性。

（一）市场环境缺陷

市场运行的环境包括硬环境和软环境两方面。硬环境是指市场运行的基础设施，及整个社会经济的基础设施，如交通、通信、水电、厂房等生产性和生活性设施建设状况。软环境是指政府对市场经济活动所制定的一系列法律、法规及其管理体制、管理方法、管理手段。此外，政府官员的工作作风、办事效率、廉政与否也是构成软环境的重要内容。市场环境缺陷主要表现为：一是基础设施建设不能满足经济发展的需要；二是市场秩序和市场规则不完善；三是管理经济的法律、法规不健全，政策缺乏连贯性，政府官员办事效率不高等。基础设施不完善，制约了经济发展的步伐；市场秩序和市场规则不健全，必然引起市场运行的混乱，妨碍市场机制的顺畅作用的发挥；法律、法规不完善、不规范，政策朝令夕改，行政官员贪污腐败，就会使市场运行漏洞百出，市场运行缺少强有力的协调。这不但无助于市场的顺畅运行，反而阻碍了市场的运行过程。

（二）市场组织缺陷

市场组织通常是指用于交换的场所、设施、手段。市场组织缺陷表现为交换场所无论是从空间上还是时间上来说都过于狭窄，交换层次较为单一，市场设施不齐备，交易手段比较落后。市场组织不完善，使商品交换缺乏完善的物质基础。因而必然影响商品交换的质量，从而妨碍市场的运行。

（三）市场信息缺陷

市场信息的基本形式有完全信息与不完全信息、公共信息与私人信息、同质信息与异质信息、对称信息与非对称信息四种。[①] 市场信息缺陷主要是指由于在不完全信息和非对称信息条件下，导致市场价格机制失灵或“搭便车”现象的产生。因为，每个市场参加者的经济决策所需要的信息并不是一个恒量，而是一个可以创造的变量。所以，无论是初始信息，还是阶段信息或终止信息，市场参加者都不可能在某一个时点上共同拥有它们。这样，在现实经济活动中不可能存在一个所谓的能够无偿地提供完全信息的拍卖人。更为重要的是，在现实经济中，信息的传播和接受都需要付出成本代价。而市场通信系统的局限性和市场参加者施放市场噪声等客观和主观因素的影响，也将严重地阻碍市场信息的交流和有效的传播。结果，价格信息不可能及时地传递给每一个需要信息的市场参加者，而每个市场参加者所进行的交易活动及其结果也不可能及时地通过价格体系得到传播。因而市场价格不可能灵敏地反映市场的供求状况，市场供求状况也不可能灵敏地随着价格的指导而发生变化，市场机制因此可能失灵。再如，在社会公共产品的供给方面，由于政府难以确切了解每个社会成员的具体能力、需求和偏好方面的信息。这样，社会成员往往愿意表示自身对公共产品的需求不高，以此作为减少或不承担社会公共义务的理由。而政府又不能对那些宣称对公共产品需求不高的社会成员的具体信息进行有效控制，从而使这些社会成员可以在少付出或不付出成本的前提下享受社会提供的公共产品，即所谓的“搭便车”（free rider）问题。研究表明，“搭便车”现象是非对称信息的必然经济结果之一。

市场经济的顺畅运行，必然要求市场信息十分灵敏，才能使各市场主体对市场的变动产生准确的、迅速的反应。否则，市场机制就起不到应有的调节作用。

（四）市场自生的缺陷

市场在运行中往往会遇到它自身所产生的障碍。首先，竞争是

① 谢康：《微观信息经济学》，中山大学出版社1995年版，第55页。

市场运行的客观要求，而市场竞争的结果必然出现垄断。垄断既是市场竞争的对立物，同时又成为市场运行的对立物。竞争是市场运行的基本形式及前提条件，没有竞争就没有价格波动，也就没有价格信号，因而也就难以引导社会生产。因此，没有竞争，就不可能有真正的市场运动。但是，竞争又必然产生出它的对立面即垄断。由于竞争的充分展开，一部分经营好、有优势的企业脱颖而出。而那些条件差、经营不善或决策失误的企业则被淘汰，从而使一部分企业集中了大量的资金和人才，同时也占有越来越大的市场份额。在接下来的竞争中，这些企业占有更大的优势，因而较容易地打败其他竞争对手。如此下去，必然形成一些特大企业。它们在某个行业、某个部门甚至在全国经济中都有可能形成垄断地位。垄断对市场运行的不良影响主要表现为：一是在价格高于边际成本时，消费者不得不支付超过成本的价格，并且还得不到最大满足的产品数量，消费者剩余的损失大于垄断者的受益；二是垄断企业凭借垄断地位而获得安全与较高利润时，由于缺乏强大的、足够的竞争压力，企业没有破产的危险，容易助长低效率；三是垄断组织为了维护垄断价格而限制产量，是对资源有效配置的边际条件的一种偏离。因此，竞争所造成的垄断，严重阻碍了市场经济的顺畅运行。

其次，整个市场的调节呈事后调节状态。市场机制的调节，可分为事前调节和事后调节。所谓事前调节，是指根据经验与预测，通过市场信号，使市场主体能够进行预测和计算，对将来经济运行有意识地加以调节，以防止不良后果的发生。所谓事后调节，则是在市场发生不良变动之后，再进行调节。事前调节可以防止一些有害运动的发生，而事后调节则是在有害运动发生之后再进行补救。即使这种补救十分有效，但不良后果已经发生。实际上，每一个市场主体都在进行事前调节。至于调节是否到位，采取的应变措施是否有力，则另当别论。但是，由于各市场主体利益的独立性，以及企业的收集分析及处理信息的能力有限，真正做到十分准确地预测市场运动的前景，是相当困难的。即使是一个国家，尽管拥有各种先进的工具、手段及物质条件，都不可能真正准确地预测市场的变动情景，更何况是一个企业。因此，企业的预测，只是在市场运动过程中不断修正自己的预测及决策，不断提出新的方案来预测真正的市场运动的前景。相对于事前调节而言，事后调节则比较有效。因为市场运动过后，必然使各市场主体都看到了市场的变动，因而会立即做出反应，以适应市场的变动。例如，当市场上供求关系不一致时，在供大于求的情况下，生产厂商马上就会根据这个信息做出决策：将资金与劳动力转移到市场供不应求的产品生产上来，以避免损失，获取利润。反之，在供不应求的情况下，生产者则会把资金和劳动力从市场供大于求的产品生产部门撤出，转而投向市场供不应求的产品生产部门。因此，市场调节的形式，主要是采取事后调节。不过，事前调节与事后调节的界限并不明确，对现阶段的事后调节，就是对下阶段的事前调节。

由于事后调节是在已经发生了变动的情况下的调节，因而必然造成浪费。因为，市场运行中出现的障碍，市场自身的解决办法，就是通过某些企业利益的损失（有时甚至是破产）来实现的，这就必然造成社会资源的巨大浪费。比如，在市场供大于求时，就是通过使超过需求的那部分供给得不到实现，从而使生产这些多余产品的企业及商品生产者与经营者受到损失而实现的。在市场供不应求时，又是以价格上扬，从而使消费者利益受到损害而吸引供给的增加来实现的。因此，市场调节的过程是一个充满冲突、充满损失、充满痛苦的过程。市场调节的这种自发性、强制性，必然造成社会资源的浪费。换言之，市场机制的顺畅运行，是以社会资源的一部分浪费为代价的。

二 “看得见的手”是矫正市场失败的必然选择

市场运行过程中的事后调节造成的资源浪费，表明了事实上市场在其运行过程中对运行结果的无能为力，即市场失败。虽然这种浪费在某种意义上可以说是合理的（从社会的角度来看，这种浪费是不合理劳动的浪费），但它毕竟是对社会资源以及对人类劳动的浪费，具有破坏性。因此，需要采取各种办法来减少这种浪费，使市场的运行付出尽可能少的代价（要根除这种浪费是不可能的，因为市场的运行就是以社会资源的一定的浪费为条件的）。作为市场主体的企业，是不可能担当调节市场这个角色的。因为企业如果能够充当，那么就不会造成自身的损失了。因此，需要有一只“看得见的手”来对市场的运行进行调节。这只“看得见的手”就是政府。比如，政府有能力也有可能完善市场运行的环境，特别是完善软环境；政府也有可能完善市场秩序与市场规则；政府更有可能制定出完善的管理经济的法律法规，并严格地执行这些法律法规。此外，政府还有可能采取各种措施，防止市场运行过程中自身出现的问题。如垄断，政府可以通过法律来反对垄断，保护竞争。

因此，市场运行的局限性，需要政府的介入。“看得见的手”——政府对市场的调节，是矫正市场失败的必然选择。

第二节　宏观调控是特区经济发展的内在要求

一　传统体制下政府角色的错位

建立有效的宏观调控体系是中国经济特区社会主义市场经济体制建设的重要内容。毫无疑问，它的成因既包含了市场经济发展的一般规律，又有其自身的特性。如果说西方市场经济发达国家的宏观调控起因于矫正“市场失败”的话，那么社会主义的中国经济特区，建立新型的宏观调控体系则首先着眼于对原有传统计划经济体制的改革，是扬弃传统的政府管理职能和方式而走向制度创新。

在传统的计划经济体制中，政府组织经济的最大特点是对企业进行直接管理。政府按照行业设置众多的经济管理部门，直接指挥、调度、管理企业的生产、经营。每个管理机构的内设机构，基本上也是以产品为对象设置的。政府设置的综合性经济部门，主要是用指令性计划的方式直接组织全社会的生产、流通和分配。传统体制中政府职能和管理方式的这种特点所带来的弊端主要表现为：一是政企职责不分。政府直接组织指挥生产、分配，对企业管得过死。企业没有自主权，一切都等靠要。生产原料靠分配，基建资金、技术改造资金、企业留利靠分配，生产由国家下达计划，产品由国家统一调拨。企业无权也不必根据市场需要组织生产与经营，更不能根据自身的经营状况进行分配。二是经济体制中的弊端辐射到行政体制上，造成经济管理部门林立，职能交叉重叠，扯皮推诿现象严重。三是宏观经济主体与微观经济主体混淆，造成政府宏观调控薄弱。在传统体制中，政府把主要精力都投放在如何组织生产与经营上。这样，一方面政府没有更多的精力去研究宏观调控；另一方面也是更重要的方面，由于宏观经济与微观经济的主体或者说调控者与被调控者都是政府，这种体制的制约，使其无法有效地行使宏观调控职能。其结果是，宏观管理薄弱，管理体制不严密，管理手段不健全。产业政策的制定和执行也没有明确的监督管理部门。经济综合部门只忙于分钱、分物、批指标，陷入大量的具体审批事务之中。

在传统的计划经济模式中，主体是权力，政府唱主角，企业唱配角，企业处于从属和被支配的地位。政府既是社会管理者，又是直接投资者；既要控制宏观的规模与结构，又要负责微观的投入与产出。这就从根本上抑制了市场调节作用的发挥，违背了经济规律，挫伤了企业的积极性，约束了企业的发展。而在市场经济体制下，市场的主体不是政府，而是广大的生产者和消费者。政府的职责主要是为企业提供服务，利用价值规律为市场机制的形成和发育创造条件，为市场的公平竞争提供法律保障。

二 “两手”合力是特区市场经济发展的内在要求

中国经济特区创办以来，坚持以市场为取向的改革方向，肩负着为全国经济体制改革探路的重任。在建立社会主义市场经济体制的改革过程中，特区宏观调控体系的建立，实际上是对政府职能进行破与立的辩证统一。建立社会主义市场经济体制，意味着要摒弃传统的计划经济体制，充分发挥市场对资源配置的基础性作用，使经济活动遵循价值规律的要求，适应供求关系的变化，通过价格杠杆和竞争机制的功能发挥，促使经济充满生机与活力。但是，强调市场的作用，并不意味着否定计划的功能，更不是完全排斥政府的作用。经济发展实践表明，现代市场经济都是政府宏观调控的经济，完全自由的市场经济并不存在。经济特区选择市场经济体制，是特区外向型经济发展战略的客观要求。在建设资金以外资为主、产品销售以外销为主的经济发展模式中，如何与国际接轨，按照国际惯例办事，就成为经济特区必须解决的首要问题。选择市场经济体制，是因为市场在配置资源和调节经济活动方面具有许多优势和长处。在计划经济体制依然存在的情况下，如何充分发挥市场的优势，就显得格外重要。

但是，如前所述，市场经济也有其自身的弱点和消极方面。由于受短期利益和局部利益驱动，市场对经济活动的调节有一定的盲目性、自发性乃至破坏性，价格信号对市场供求关系的反应再灵敏也是滞后的。而且，社会经济活动的某些方面单靠市场是管不了或者管不好的。比如，单纯的市场调节可以解决微观平衡问题，但解决不了宏观平衡问题。由社会总供求失衡引起的经济衰退和通货膨胀，市场对此无能为力而必须由政府宏观调节加以解决。市场机制只能反映现有的生产结构和需求结构，而不能有效地反映国民经济发展的长远目标和结构，国民经济发展的长期问题需要政府根据经济社会发展的全局加以安排。有些部门的生产具有较强的外部联系，社会效益与私人效益之间存在较大差异，因而单纯的市场调节不能实现资源的合理配置，许多公共消费品难以通过市场机制来进行分配。很多社会事业发展领域，包括城乡公共设施建设、环境保护和生态平衡，单靠市场作用难以达到目标，必须由政府进行有意识有计划的调控。政府实施宏观调控和计划指导的作用，在于纠正市场失败，弥补市场不足，维护市场秩序，保证市场机制正常发挥作用。

中国经济特区建立新型宏观调控体系的要求，既反映了现代市场经济的一般规律，又反映了特区市场经济发展的特性。首先，中国现有的5个经济特区创办时经济底子薄弱，资源十分匮乏。要促使特区经济高速增长，并走在全国的前列，赶超世界先进水平，不可能单纯依靠市场自发作用完成资本积累来建设能够支撑经济持续快速发展的基础设施，而必须有计划、分步骤地进行建设。因此，一方面，要放手让“看不见的手”调节微观经济运行；另一方面，还要用“看得见的手”调节宏观经济运行。只有“两手”合力，才能有效地实现资源合理配置和最佳利益，实现政府的生产力布局的意图，推动特区经济持续、快速、健康地发展。

其次，中国经济特区作为全国改革的“试验场”和对外开放的“窗口”，肩负着探索建立社会主义市场经济体制的历史使命和与国际资本打交道的艰巨任务，这需要加强宏观调控以降低改革开放的成本。特区在改革传统的体制、建立新的市场经济体制过程中“先行一步”，由于无经验可循，因而承担着极大的改革风险。无论是市场体系的培育、现代企业制度的建立，还是市场价格机制的形成，都牵一发而动全身。涉及复杂的利益关系调整，必然遭到既得利益者的抵制。从计划经济到市场经济是具有深远意义的重大历史转折，凡重大转折总会伴随着风险。加强宏观调控，妥善处理各种利益冲突，则可以减少改革风险，降低改革摩擦成本，使这种转折尽可能安全平稳地进行。同时，中国对外开放的基本思路是参与国际分工，进入世界市场。“大胆吸收和借鉴人类社会创造的一切文明成果，吸收和借鉴当今世界各国包括资本主义发达国家的一切反映现代社会化生产规律的先进经营方式、管理方法”① 来发展社会主义。在这一点上，特区先行，吸收、借鉴和利用都存在一个“有所引进、有所抵制”的选择问题，需要运用政府的权威和力量。

再次，中国经济特区是一个所有制结构多层次性、利益主体多元化的地区。强调效率优先，兼顾公平在次。为了避免单纯依靠市场调节可能导致收入分配中严重的两极分化，保证经济特区的社会主义发展方向，必须发挥政府宏观调控的重要作用。

三　经济特区市场经济宏观调控的目标

强调政府宏观调控的重要作用，并不意味着政府可以恣意妄为。政府对经济的调节目标，从形式上看，就是保证市场经济的顺畅运行。从内容上讲，包括两方面的内容：一是节约社会劳动时间或社会资源；二是合理配置社会劳动时间或社会资源。具体来说，宏观

① 《邓小平文选》第3卷，人民出版社1993年版，第373页。

调控的目标可分为如下几个层次。[①]

（一）社会总供给与总需求的平衡

社会总供给（社会产品的总供给），是指一个国家或地区物质生产部门的劳动者，在一定时期（通常为一年）内生产出来的物质资料及劳务的总和。从价值形态看，社会总供给表现为社会总产值扣除同期所耗费的生产资料价值的余额部分（国民收入）。从物质形态看，社会总供给等于在一定时期内生产的全部物质资料减去同期所耗费的生产资料。社会总需求是指一个国家或地区在一定时期内（通常也是一年）的消费需求与投资需求的总和。在中国，社会总需求表现为消费基金和积累基金。在西方国家，社会总需求则表现为消费支出加储蓄（投资支出）。

社会总供给与总需求的平衡，就是指积累与消费的总需求与国民收入的总供给之间的平衡。用公式表示为：

总供给 = 总需求　　　或者

国民收入 = 积累基金 + 消费基金

社会总供给与总需求的这种平衡，是在封闭条件下的平衡。在开放的条件下，产品的进口和国内资本的流出都会对总供给产生影响，产品的出口和外资的进入也直接影响到总需求。产品的进口意味着国外对国内或区内产品的供给，国内或区内资本的流出则意味着国内或区内资金对国外的供给。产品的出口意味着国外对国内或区内产品的需求；外资的流入则意味着外资对国内或区内的投资需求。这样，总供给与总需求的公式相应变为：

总供给 = 国民收入 + 进口 + 国内资金流出

总需求 = 消费需求 + 积累需求 + 出口 + 外资

因此，在对外开放的条件下，社会总供给与总需求平衡，实际上就是指：

国民收入 + 进口 + 国内资金流出 = 消费需求 + 积累需求 + 出口 + 外资

总供求平衡与否对经济顺畅发展至关重要。总供求失衡对经济发展会产生极为不利的影响。当总供给小于总需求时，投资品的分

---

① 金建：《中国社会主义市场经济导论》，中山大学出版社 1993 年版，第 279—286 页。

配必然违反最优配置原则，其突出表现为投资品的过分分散使用与普遍的短缺。当总供给大于总需求时，又会使大量产品价值得不到实现，物质上得不到补偿，因而造成资源的浪费。

（二）社会宏观经济结构平衡

一般来说，宏观经济结构平衡主要包括以下几个方面。

一是工业与农业结构的平衡。就是说，工业与农业的总投入与总产出应该相适应，其增长速度应该互有保证。不过，这种平衡或相适应并不是说工业与农业的总投入与总产出相等。事实上，无论是绝对值还是增长速度，工业比农业都要大得多或快得多。

二是农、轻、重的平衡。这实际上反映了农业消费资料、工业消费资料与生产资料三者之间的平衡。农业一般理解为提供消费品中的农业部分，而轻工业则提供消费品中的工业部分，重工业则提供生产资料。只有这三个方面平衡了，整个国民经济才能顺利运行。

三是三次产业结构平衡。所谓三次产业结构平衡，是指三次产业的发展应该遵循产业发展规律，顺应产业发展的趋势，而不是指绝对量。三次产业发展的基本趋势是：第一、第二产业在国民经济中的比重逐步缩小，第三产业所占的比重逐步扩大。

此外，各产业内部结构的平衡、需求结构与供给结构的平衡、积累结构与消费结构的平衡，对国民经济的影响也不能忽视。只有结构平衡与总量平衡结合起来，才能实现真正的平衡。

（三）社会资源的有效与合理配置

一般而言，人类从事社会生产的目的就是为了解决满足人类自身的需求问题，包括生存需求、享受需求以及发展需求。就整个人类而言，这种需求是无限的，因而对社会用来满足这些需求的产品及劳务的需求也是无限的。这就决定了社会用来生产这些产品或劳务的物质资料即资源的需求也是无限的。但是，相对于人类的需求而言，资源本身是有限的，呈现出稀缺性。同时，某个时期某个阶段所能提供的资源更是十分有限。因为，资源的拥有状况、技术条件及生产能力等诸多因素制约着资源的供给。许多自然资源如土地、矿藏等，由于自身的不可再生性特点所决定，其供给量不仅在技术没有重大突破的情况下不会有显著增加，即使技术出现重大突破，其供给量也不会无限增加。一些物化设备如机器、厂房、生产设备等，其供给量不仅会受到生产它们的技术条件的限制，而且还受到生产它们的自然条件的制约，其供给量也是十分有限的。劳动力资源的供给，由于只有与其他资源的供给成比例才能成为现实的资源，而其他资源的供给有限性，决定了劳动力资源供给的有限性（虽然在某个时期，某个国家或地区往往出现不同程度的失业，但是，失业并不意味着劳动力资源的绝对过剩）。

相对于人类需求的无限性而言，资源供给的有限性（稀缺性）表现得尤为突出。因此，如何充分地、合理地、有效地配置资源，实际上就是经济学中的一个选择问题。总的说来，资源的配置应该遵循如下原则：一是使资源能够以人们需求的重要性顺序来配置，把资源首先配置到人们最需要满足的方面；二是把资源配置到效益最高的部门与企业，使资源能够发挥最佳效果；三是使资源使用者尽可能采用先进的生产技术与管理方法，以便最充分地发挥资源的效用。具体而言，包含三层含义：第一，在不考虑多种用途的前提下，确定资源的使用方向与数量。在资源供给有限的情况下，多生产某种产品意味着另一些产品的少生产。因此，生产者必须考虑生产的机会成本。根据资源配置按需要的重要性顺序来满足的原则，重要的需求先满足，哪一种产品的生产需要付出的机会成本小，就把资源配置到哪里去。第二，在考虑多种用途的前提下，确定资源的使用方向和数量。其基本原则是：资源应该配置到能够发挥最大效用的地方，使有限的资源在国民经济中得到最佳利用。具体来说，当同种社会需要可以由不同产品或不同企业的生产来满足时，社会应当选择耗费资源最少的产品或生产过程。当不同种的资源都能够满足同一生产过程时，社会必须尽可能用较为丰裕的资源来替代较为稀缺的资源。当同种有限资源能够加入不同生产过程时，社会必须尽可能将有限的资源用于能够发挥最大效用的生产过程中。第三，资源应当尽可能有效地加以利用，杜绝浪费。资源必须杜绝闲置，也不能用来生产实际上并不需要的产品与劳务，更应该避免因生产组织与布局不完善所带来的资源的浪费。

（四）保持低通货膨胀率

保持较低通货膨胀率与物价总水平的相对稳定，是现代经济发展的基本目标之一。通货膨胀实质上就是物价的一定程度的持续上升。通货膨胀的重要原因之一，就是货币发行过量，造成物价的上升。通货膨胀与物价上涨有着密切的关联。根据需求推动理论，通货膨胀会造成消费膨胀，从而迫使物价上涨。从成本推动理论看，通货膨胀导致工资上升，从而使产品成本增加，造成物价水平的上涨。因此，必须控制通货膨胀与物价总水平的过快上涨。否则，既不利于经济的健康持续发展，也不利于人民生活的稳定与提高。一方面，因为通货膨胀率过高，实际上就是经济发展过热、过快。这必然加剧原有的结构矛盾，使交通、运输、原材料等“瓶颈”产业更加紧张。同时物价上涨过快，必然加大成本，推动价格的再度上扬。另一方面，高通货膨胀率，实质就是货币贬值，这是对消费者的一种无形损害。物价上涨过快，必然影响到人民的生活水平，造成社会的不稳定。

当然，政府调节的目标，并非是要杜绝通货膨胀与管制物价不变，而是要保持适度的通货膨胀率与物价的相对稳定。因为零通货膨胀率或通货膨胀负增长，同样会对经济发展产生不利影响。在现实经济生活中，完全的无通货膨胀是不可能的。因为，经济发展本身必然导致一定程度的通货膨胀，而适度的通货膨胀对经济的发展是有利的。同样，对经济的协调，也必然引起价格的一定程度的变动。如果价格不变，使市场起不到调节经济的作用，也不利于经济的发展。

（五）实现充分就业

在市场经济条件下，失业是一个普遍现象，也是一个令人头疼的问题。如何解决劳动力的充分就业，成为各国政府的执政目标之一。因为，大量的失业人口至少会产生两大问题：一是社会不稳定。一般来说，失业率越高，社会就越不稳定。因为大量失业人口，必然带来众多的诸如救济问题、社会公平问题、犯罪问题等社会问题。二是社会资源的浪费。劳动力是最有用的社会资源，由于大量劳动力的失业（中国叫待业或下岗），使这些资源得不到利用，实际上就等于闲置或浪费了。因此，政府对经济的宏观调控，必须把充分就业作为一个重要的目标来加以考虑。

不过，实现充分就业，并不意味着每个劳动者在同一时间都有事可做。因为，随着经济的发展和科学技术的进步，结构性失业在一定程度上是有利于经济的发展的。一定程度的失业率，往往对经济的发展会起到推动作用。正因为如此，一些市场经济发达国家在考虑就业问题时，把在低于一定程度的失业率（通常大约为2%）的就业，视为充分就业。中国目前失业人口不少，而且，随着市场经济体制的建立，每年还会有数以千万计的劳动者加入失业大军的行列。经济特区作为改革开放的先行区，其经济发展已经达到一定的水平。因此，在加快自身经济发展的前提下，如何更多地考虑消化内地的过剩劳动力的就业问题，是经济特区对内地前期支援特区发展的一种回报。同时，也是消除经济特区与内地摩擦的一个重要方面。

（六）减少社会的不公正与不平等

市场经济是以效率优先为基本原则的。在市场经济条件下，社会的不公正与不平等呈现出加大趋势。因为，市场经济具有优胜劣汰的机制，这必然使那些能力较强的人在竞争中获胜，而那些能力较弱者则在竞争中被淘汰出局。在现实社会中，绝对的公正和平等是不存在的。即使是在社会主义市场经济中，也不可能存在。只要劳动还是谋生的手段，社会就不可能使每个社会成员都平等地获得消费资料及其他权利。

如果社会的不公正与不平等差距过大，则会带来许多问题：不利于发挥社会成员的积极性；影响平等竞争，妨碍市场机制作用的发挥；扩大社会的不合理面（因为不公正与不平等或多或少地形成有一部分人对另一部分人的某种程度上的剥夺）；增加社会保障与福利的困难。因此，政府对此必须进行调节，使社会不公正与不平等降到最低。就特区所在地政府而言，应该在依法行政的前提下，保证社会分配的公正、社会成员就业机会的平等和社会成员劳动权利的平等。

第三节 经济特区宏观调控主体重新定位：切实转变政府职能

要实施有效的宏观调控，关键是要有合格的调控主体。政府作为宏观调控的主体，在传统的计划经济体制下，无论是其管理体制，还是其机构设置，都带有浓厚的产品经济色彩，明显适应不了社会主义市场经济条件下宏观调控的需要。经济特区宏观调控体系不是在现成的市场经济基础上建立起来的，而是在市场经济体制建立和完善的过程中，切实转变政府的管理者职能和所有者职能而逐步建立起来的。

经济特区对在社会主义市场经济体制下政府职能的转变，提出了“政企分开、政事分开、宏观管好、微观放开”的原则，对政府作为社会管理者、国有资产所有者和经济宏观调控者的角色明确定位。作为社会管理者，政府应该制定各种必要的法律或规定，培育和促进各种要素市场的运作，形成比较完善的市场规则和秩序，保证各类企业和个人能够公平地进行竞争。作为国有资产所有者，政府应把经营国有资产管理职能从政府主管部门分离出来，由国有资产管理机构进行管理，政府对企业的管理由微观的直接管理转变为间接管理。作为经济的宏观调控者，政府应该通过搞好经济发展预测、总量平衡调控、重大结构与生产力布局规划，合理确定战略目标，制定并运用相应的经济政策，引导和调节整个国民经济的协调发展。

一 转变政府管理者职能

市场经济要求政府必须从生产经营活动中退出来，不再作为生产经营的主体。政府对企业经济行为无权直接干预，而是作为市场秩序的公共维护者，超越于具体的生产经营活动之上，从社会公正的角度调节生产经营活动中双方当事人的行为。企业作为市场的主体，具有自主经营、自负盈亏、自我发展、自我约束的商品生产者和经营者的合法地位。市场经济有其自身的游戏规则。如果把市场经济比喻为一场体育比赛，政府的角色应该是裁判员，而不是也不应该是运动员。

转变政府管理者职能，其目的是为了确立企业的市场主体地位。为此，经济特区按照政企分开的原则，削减政府有关部门管理企业的职能权限，落实企业自主权，为建立现代企业制度铺路。例如，深圳自1985年开始，编制部门逐步削减对企业的机构编制管理，1988年基本取消对企业机构编制管理的职权。全面落实企业生产经营决策权、投资决策权、产品定价权、进出口经营权等14项经营自主权，使企业真正成为自主经营、自负盈亏、自我发展、自我约束的商品生产和经营单位，成为独立享有民事权利和承担民事义务的企业法人。取消企业与政府之间的行政隶属关系，改变国有企业长期套用行政级别的做法，按照国际通用的指标体系，将国有企业按规模大小和经济效益高低划分为三类九级，企业有关待遇与企业的类级直接挂钩。弱化政府有关部门的审批职能，如“三资”企业进口的生产设备、原材料和其他非许可证管理的自用物资，完全放开，由企业直接到海关申报进口，无须经过审批。新设立的企业凡是符合特区产业政策和有关规定的，不需层层审批，直接到工商管理部门核准登记。实行企业无行政主管部门的改革，政府综合经济部门的主要任务是：加快建立和健全国民经济宏观调控体系，加强调查研究和制定国民经济、社会、科技发展的战略和方针政策，加强政府的社会管理职能，做好综合协调工作。政府其他管理部门则面向全社会不同所有制、不同组织形式的经济实体，实行全行业管理和统一办事标准，为所有企业创造平等竞争的外部市场环境。

二　转变政府所有者职能

市场经济条件下的政府具有双重职能：一方面，政府作为政权的代表，行使社会管理者的职能；另一方面，政府作为国有资产的代表，行使资产所有者的职能。在传统的计划经济体制下，长期以来，政府对国有资产的所有权和经营权合二为一。政府既是国有资产的产权代表，又是国有资产的直接经营者。政府严格按照计划分配国有资产，承担资产盈亏的无限责任。而作为资产经营者的企业，实际占有、使用资产，却不负盈亏责任。其必然结果是，国有资产经营效率低下或者大量流失。

为了改变上述状况，经济特区按照所有权和经营权“两权分离”的原则，转变政府所有者职能。紧紧抓住理顺产权关系这条主线，对国有资产管理进行了深层次的改革，形成了“国有资产管理委员会—国有资产经营公司—国有企业”的新架构，进而形成了产权运营主体多元化、相互竞争、相互促进的新格局。这意味着政府与企业、大企业与下属企业之间的关系，由过去的上下级行政关系变为以资产为纽带的产权关系，真正体现了在市场经济条件下，政府管好所有权、放开经营权、行使宏观调控权的改革要求，促进了企业自主经营、自负盈亏机制的建立，企业则在产权明晰、责任明确的条件下，充分利用所拥有的各种资源和生产要素发展壮大自己，确保国有资产的安全和增值。

三　建立务实、廉洁、高效的政府系统

政府职能的有效发挥，是建立在政府机构的合理设置基础之上的。传统体制下的机构设置，往往是因人设“庙”，从而导致机构臃肿，人浮于事。而且，受传统社会行政组织结构和传统管理方式的影响，政府部门热衷于微观管理，习惯运用行政审批手段即设置各种关卡的办法，来“加强”对经济活动的管理。致使审批环节和办事程序越来越多，手续越来越烦琐，行政效率越来越低，工作的随意性大，从而助长了官僚主义和衙门作风。中国以往虽然也多次进行过机构改革和调整，但这些改革和调整大都只是在机构的裁减和隶属关系的转移上做文章。原有的机构虽然撤了，但原有的职能却没有转移或消失，原有的领导方式和工作方式也没有转变。结果是，机构改革总是走不出“精简—膨胀—再精简—再膨胀”的怪圈。

经济特区成立以后，十分注意吸取以往历次机构改革的经验教训，一开始就注重以转变职能为中心，结合“三定”（定机构、定职能、定编制）理顺关系。依据政企分开和“精简、务实、廉洁、

高效”的原则，把机构和人员编制规定下来。按照决策（咨询）、执行、监督三大体系结构模式来设置和完善政府管理机构，通过明确各部门机构的工作职能、任务和职责范围，从而较好地避免了机构改革的盲目性，增强了科学性。减少了部门林立、机构重叠、职责不清、人浮于事、相互扯皮、相互推诿等现象。

中国经济特区围绕转变政府职能为中心积极推进机构改革的实践，主要体现在以下几个方面。

第一，适应政企职责分开的要求，精简专业经济管理机构。例如，深圳根据企业多元化和市场调节比重大的特点，早在1981年第一次机构改革中，就将建筑、物资、粮食、外贸、商业、供销等专业经济管理部门转为经济实体。这一改革，不仅大大减少了政府专业经济管理部门，而且使计划经济条件下那种行政条条干预、直接管理的职能失去了生存的土壤，扩大了企业的自主权。

第二，适应所有权与经营权“两权分离”的要求，建立和健全国有资产管理机构。例如，深圳在1987年成立国有资产投资管理公司以后，为了避免国有资产垄断经营，形成平等竞争的有利环境，保证国有资产的安全和增值，又先后将建设集团和物质集团改造为国有资产经营公司，形成国有资产经营三分天下的新格局。

第三，适应强化宏观管理和监督职能的要求，探索建立大行业、大系统的综合管理体系。如深圳在1984年初第二次机构改革中，把市计划委员会改为社会经济发展委员会，负责制定特区经济社会发展规划，搞好特区经济建设的综合平衡和经济信息的传递；设立工业发展委员会，统管工业发展（包括外引内联）和企业管理工作，等等。在此后的几次机构改革中又不断调整、完善这类具有宏观调控职能的机构。同时，建立健全政府有关委员会、小组等准决策机构（不作为政府的一级管理层次），其主要职能是协调政府审议重大事项、搞好协调、加强监督。另外，建立大行业、大系统的综合管理体系。1988年，深圳第四次机构改革把交通运输系统有关的局合并为一个运输局，建立“一城一交”的管理体制；把工业、贸易和引进外资等有关机构合并起来，统一成立经济发展局，建立“大经济”管理体制；把农、林、牧、副、渔五个部门的机构合并，统一成立农业局，建立“大农业”管理体制；把新闻出版、广播电视和文化等部门合并，统一成立文化局，建立“大文化”管理体制；把高等教育、普通教育、成人教育等机构合并，统一成立教育局，建立“大教育”管理体制等。这种大系统管理方式，有效地精简了人员和机构，明显地加强了政府的协调功能，减少了部门之间相互扯皮的现象。

第四，适应提高行政效率的要求，精简政府管理层次。经济特区建立初期实行的是“政府—委（办）—局”三级管理体制。由于管理层次较多，致使权力分割、职责不清、环节过多、运转缓慢、效率不高。为了保证政府机关运转协调、政令畅通、提高效率，特区通过政府机构改革，撤并了中间层次，明确机关委、办、局为一级，直接对市政府负责。同时明确机关内机构为处，不再设科。这样，减少了中间环节，统一了机构名称，促进了机关工作效率的提高。

第四节　经济特区宏观调控体系及其运行机制

一　经济特区宏观调控体系

经济特区对市场经济的宏观调控，是一个完整的体系。在这个大体系或系统中，包含有不同的子系统。一般来说，根据各个子系统的功能与行为方式不同，可以把宏观调控系统分为四个联系紧密、相互作用的子系统：决策控制系统、政策调节系统、信息反馈系统、监督保障系统。

（一）决策控制系统

经济特区宏观调控的决策控制系统，是通过制订各种纲领性、指导性规划或计划来体现政府管理经济的意志与能力。它能发出的决策控制指令是进行各种宏观调控活动的主要依据。决策控制系统的主要内容包括三个方面：一是对经济总量的控制，也就是实现总供给与总需求的平衡；二是对经济结构的控制，即实现结构平衡；三是重大政策的调控。由于中国经济特区管理机构与所在地区行政机构合二为一，因此，特区决策控制系统的最高权力机构是同级人民代表大会，最高行政机构为同级政府，主要办事机构为计划局。这是经济特区宏观调控体系的神经中枢。

经济特区决策的制定，主要以计划或规划为基本形式。在制订计划或规划时，必须遵循如下原则：

第一，计划必须尽可能反映市场经济的客观要求。计划是对未来经济发展的一种预测，带有很强的主观性。如果计划与客观实际差距甚远，不仅不能协调市场经济的正常运行，反而会阻碍市场的顺畅运行。当然，强调计划的客观性，并不意味着计划与客观实际完全一致，而是强调尽可能一致。因为，在现实生活中，真正准确反映客观经济活动的计划是没有的，也不可能做到。如果计划真的能够准确反映市场的变化，那么市场调节就失去了存在的意义。

第二，计划必须具有弹性。由于计划不可能完全真实准确地反映客观实际，因而计划只能是粗线条的、有弹性的，一旦出现变动因素，便于计划修改。

第三，计划必须以中长期为主。短期计划（如年度计划）由于可变因素很多，往往呈现出很大的随机性与不确定性，因而比较难以制订。而中长期计划（如五年计划或十年规划）一经制订，就应该相对稳定。在没有大的变动项出现的情况下，中长期计划一般不要随意修改。

（二）政策调节系统

政策调节系统，是指政府为了实施其宏观调控目标而采取的各种相互关联、相互作用的政策及其关系的总和。包括大量的宏观经济政策，如财政政策、信贷政策、税收政策、金融政策、投资政策、产业政策、价格政策、技术政策、收入政策、就业政策、工资政策、社会保障政策等。其中，财政政策与金融政策在众多的经济政策中占主导地位。

财政对市场经济的调节主要集中在对社会总供给与总需求的调节上，具体通过税收、预算、财政补贴、政府支出、折旧、发行国债等参数来进行。

税收是财政的最主要的调节参数。政府对税收参数的运用，主要是按照各市场主体的经济收入额、经济流转额、财产拥有额及某些特定的经济行为，分别规定不同形式的税种及税目，按累进的、比例的、优惠的、各种弹性的与非弹性的税率，利用开征、减免或修订某种税收和提高或降低有关税目的税率与起征点等形式，通过税收总量及结构的变化，调节投资规模和消费基金的增长，抑制社会总需求或刺激有效需求，对总供给的增加产生刺激或抑制作用，并对社会总需求结构与总供给结构发生协调作用。

预算是财政调节参数中最具有计划性的一种基本参数，是按照年度制定和调整的一种预先调节参数。预算的调节作用主要表现为：财政收支规模、收支差额、收支结构。预算分中央预算和地方预算，其中中央预算担负更重要的任务。预算差额（有赤字、盈余、大体平衡三种形式）对供求总量有直接的调节作用。当总需求膨胀时，预算盈余可对需求起到抑制作用；当有效需求不足时，预算赤字对总需求能起刺激作用；当总供求大致平衡时，预算平衡对维持两者的平衡有重要作用。

财政补贴又称转移支付，是调节社会需求与供给总量平衡与结构平衡的重要参数。财政补贴包括物价补贴、投资补贴、利息补贴、职工生活补贴等，还可分为生产性补贴和消费性补贴两类。生产性补贴可以增加生产者的收入，从而增加其投资能力与供给能力。因此，生产性补贴的主要功能是增加供给，调节供给。消费性补贴实际上是提高消费者收入，因而对刺激总需求的增加有直接的作用。同时，还可对消费结构或需求结构起调节作用。

政府支出就是政府投资或购买，它也是调节社会总供求的重要参数。当社会总供给过多，即有效需求不足时，政府就竞相购买，从而扩大需求；当总供给不足，即总需求膨胀时，政府则进行投资，刺激供给的增加。此外，政府支出还可调节供求结构，如供给结构不合理时，政府可投资短线行业或购买长线产品，从而调节供求结构。

折旧是国家通过提高或降低折旧率来加速或减缓固定资产的补偿，从而调节社会总需求与总供给的总量及结构的重要财政参数。对国有企业而言，如果折旧基金不上缴国家，提高折旧率意味着企业收入增加或投资能力增强，这相当于减税，从而可增加供给。反之，降低折旧率，这意味着减少企业收入，从而弱化供给能力。对不同行业实行不同折旧率，可起到调节供给结构的作用。

国债是区别于银行信用的一种财政手段，也是财政调节参数中具有补偿性特征的一种特殊的调节手段。由于国债的流通可为中央银行开展公开市场业务，灵活调节货币供给量，因此，国债具有财政与金融两种调节参数相结合的特点。国债有三种具体形式：国家向企业及个人借债，国家向中央银行借债，国家向国外借款。这三种形式通过国债发行偿还的数量及国债利率的调整，影响个人及企业拥有的货币量及购买力，影响国债持有者的收入与支出，从而协调社会总需求与总供给的关系。

金融政策对市场经济的调整，主要是指中央银行通过调节货币供给量及调节市场货币流通量，从而协调社会总需求与总供给的关系，使市场能输出符合国民经济发展目标要求的价格、利率等信号，从而引导与调节企业的经济活动。因此，金融政策的主要功能，是调节货币供给量，因而金融政策实际上就是货币政策。调节货币供给量主要依据货币流通及商品价值实现的关系，按照社会总产值或国民收入增长率来调节货币供给量。当市场供不应求时，中央银行按社会总产值或国民收入增长率调节货币供应量，对过度的市场需求起到两方面的抑制作用：一是抑制消费品需求的不正常增长，即相对减少供给量，抑制需求。二是抑制生产资料需求的盲目增长。当市场供给过剩时，中央银行又可增加货币供给量，从而使投资需求加大，增加供给，达到供求平衡。

中央银行对货币供给量的调节，主要是通过事前调节、事后调节、特殊手段调节三种形式。

（1）事前调节。即把货币的发行量严格地与社会总产值和国民收入相适应。也就是说，货币供给量的增长要与社会总产值和国民收入增长水平相适应。这就要求货币的发行必须坚持经济发行，杜绝财政发行。货币的发行权集中在中央银行手中，其他任何机构不能以任何方式迫使或代替中央银行超额发行货币。同时，还必须硬化中央银行与其他银行的信贷关系。

（2）事后调节。即在货币发行量既定的情况下，通过多种随机性机制调节货币供应量。中央银行的事后调节主要有三种政策（工具）：

一是存款准备金制度。存款再创造是现代银行体系的一个重要功能。就是说，银行在吸收原始存款的基础上，通过资产业务（如增加贷款和购买证券等）可以创造出派生存款。如果存款准备率为零，则存款再创造的倍数趋向无穷大。如果存款准备率大于零，则派生存款倍数受法定存款准备金比率的限制。派生存款的计算公式为：

$$派生存款 = 原始存款 \times \left\{\frac{1}{法定准备率} - 1\right\}$$

由上述公式可以看出，存款的扩展能力可由法定准备率的变动来调节。存款准备率越小，存款扩大的倍数就越大，反之则越小。如果中央银行要紧缩银根，可提高法定存款准备率，以降低存款的扩张能力。如要增加货币供给，则可降低存款准备率，以提高存款的扩张能力。

二是再贴现率。一般商业银行及其他金融机构主要通过两种方式向中央银行贷款，一种是通过票据的贴现方式，即将各种票据（如国库券、短期公债、短期商业票据等）在中央银行进行再贴现，通过再贴现而获得贷款。另一种是以自己所拥有的政府证券或其他财产做担保，通过有支付能力的担保向中央银行贷款。这两种方式都叫再贴现，为此而向中央银行支付的利息叫再贴现率。显然，再贴现率可以控制贷款规模。提高再贴现率可控制信贷规模，减少投资需求，从而抑制社会总需求的膨胀。降低再贴现率则可增加商业银行对中央银行的贷款，从而扩大投资能力，增加供给。

三是公开市场业务。公开市场业务是指中央银行在证券市场上公开买卖各种有价证券（如公债、国库券等），以调节货币供给量的活动。当需要放松银根时，中央银行可在公开市场上买进有价证券，以增加市场上的货币供应量。当需要紧缩银根时，中央银行则可以在公开市场上出卖有价证券，以减少市场上的货币供应量。与再贴现率相比，公开市场业务的优势在于：一方面，公开市场业务每天在进行，且参与者众（包括国家、金融机构及非金融企业、劳动者个人都参与），因而对货币供给量的调节比较及时、灵活、有效。另一方面，公开市场业务可以避免因调整存款准备率与再贴现率而引起的金融与经济的全局性的震荡。同时，还可使金融机构及其他企业洞悉中央银行的意图，及时采取应变措施。

中央银行在运用一般性调节机制的同时，还可使用一些特殊手段来调节货币供给量。主要包括：利用中央银行作为全国经济、金融财政活动的枢纽地位，获取较权威的信息来指导各金融机构的活动；对不同的部门、企业实施择类性调节，如消费者信用管制、优惠利率、预缴输入保证金等；直接信用调节，即以直接行政命令的方式对信贷总量进行调节，如规定各专业银行的贷款最高限额及存款利率的最高上限；专门业务指导。

（三）信息反馈系统

信息在经济活动中具有三方面的功能[①]：或者具有市场信号的意义，或者具有减少不确定性进而确定决策的经济关系的作用，或者发挥经济管理功能。

市场信号可以显示社会稀缺资源配置的有效程度。社会稀缺资源配置的方向是否合理，手段是否有效，决策结果是否经济，等等，这些内容都需要以某种可以获取的形式显示出来。在这里，经济信息充当了资源配置有效程度指示器的角色。在市场经济中，充当资源配置指示器的经济信息系统就是市场价格体系或价格机制。

信息可以估计或确定经济关系。因为，只要决策的结果不是唯一的，不确定性就会自然地出现。不确定性的减少，有赖于信息的获取，减少不确定性或获取信息的目的，是为了在减少不确定性的条件下建立起能够适合未来变化的决策模型。

为了制订符合某种结果（目标函数）的经济计划，或者为了预测个体决策可能产生的结果，有必要为延伸到未来的各种关系建立一个体系，这些延伸到未来的各种关系必须以过去的观察结果为基础而给出某些数量的内容。在这里，过去的观察结果就是经济信息。没有经济信息，经济管理者就无法给出决策所需要的各种经济

① 谢康：《微观信息经济学》，中山大学出版社1995年版，第52—53页。

关系。由于基于信息处理而获得的经济关系的质量直接影响到决策水平的高低，所以，人们把握已有经济信息的能力较大程度上决定了决策的经济效用。决策者决策质量的评估依然需要通过反馈决策结果的信息来实现。在现实经济活动中，信息还是厂商企业经营管理的手段或工具。经济信息具有厂商企业经济绩效的原始记录卡的作用。具体来说，经济信息能够原始地反映厂商企业运行过程的所有现象和问题。如厂商企业经营状况、经济部门生产效率、产业结构等。这类经济信息往往是以厂商企业经济档案资料的形式出现的，它们是厂商企业或经济控制部门管理发展的客观历史记录。此外，经济信息可以指导人们在经济管理过程中的注意力。当人们了解这种过程或状况是如何发展时，就能够相应地做出管理决策的反应。

宏观经济过程的控制和调节是依据一定的信号来进行的，这种信号就是使有关管理部门做出反应的信息总和。信息的正确与否直接关系到决策的正确与否。因此，建立与健全宏观调控体系的信息反馈系统，对于有效地进行宏观调控就显得格外重要。为此，一方面，需要建立宏观经济变量的指标体系。根据经济发展变化的特点，分析中长期以来经济变量的情况，从中筛选出一些确实能够反映整个经济波动情况的指标，由此构成一个完整的指标体系。同时，根据宏观经济波动的节奏变化，将指标进行分类，确定各类指标变量的大小，然后有针对性地加以调节。另一方面，要加强信息网络建设，强化信息中心的作用，实现信息传递、信息分析的现代化，提高信息的质量。

（四）监督保证系统

监督保证系统是监督和保证政府对经济进行有效调节的系统。虽然在整个宏观调控系统中，监督保证系统属于一个辅助性系统，但其存在的意义至关重要。因为，只有借助它，宏观调控才能发挥有效的作用。

为此，需要建立一个完善的、规范的、可操作性强的法规体系，实现对经济实体行为的事前、事中及事后的有效约束。通过立法来维护各宏观管理部门与机构的相对独立性，避免职责不分、相互干扰。同时，宏观管理部门对经济的调节应该符合法律程序，避免主观随意性，保证经济政策的相对稳定性与连续性。此外，还应该强化监督、检查司法及执法部门的职能，严格把关与审定经济活动是否符合有关政策、法令，使政策、法令真正落到实处。与此同时，还应该做到司法公正，执法严格，奖罚分明。

二　经济特区宏观调控机制

（一）宏观调控的形式

进行宏观调控可以采取多种形式。一般来说，主要有两种。

1. 直接调控

直接调控是指政府对经济活动与经济运行直接介入。即不通过中间环节，把调控主体的作用直接施加于被调控的客体。具体来说，直接调控主要是依靠行政手段或指令性计划，以数量控制为特征，强制约束微观经济主体的经济活动，使其符合宏观目标。直接调控的方式主要有三种：一是政府直接控制市场。一方面，政府直接规定市场的范围、规模；另一方面，直接规定市场的管理与组织。同时，政府还直接控制市场商品的存量与流量，并对流通渠道加以控制。实际上，这是国家操纵市场、包办市场的方式。二是政府直接经营管理企业。政府对企业的直接调控，就是政府对企业的经营决策，人、财、物以及产品销售等直接进行规定，企业作为政府的附属物没有自主权。三是政府直接规定市场信号。政府直接规定价格、工资及地租等市场信号，规定其变化的方向、速度及幅度。

2. 间接调控

间接调控是指政府通过中间环节对经济活动与经济运行施加影响。这个中间环节主要是市场。具体来说，间接调控主要是依靠经济手段，以影响市场价格为特征，通过改变利率、税率、汇率等价格参数，间接影响生产、投资、消费、储蓄等经济行为。政府对市场进行调控，使市场发生相应变动。市场变动的信号引导企业改变经营决策，从而走上政府调控所希望走上的道路。政府对中间环节的调控，是通过间接的手段如财政、税收、货币等调控市场，引起市场结构的变动，从而使市场信号发生变化。

比较而言，间接调控比直接调控更有利于经济发展。这是因为：第一，间接调控更符合经济发展的自然过程。一般来说，经济发展有其内在的自然过程，任何超经济的外力作用都会打断其自然过程，对经济发展造成不利影响。第二，间接调控更符合市场经济的调节要求。市场经济的调节，是通过市场信号的变化引导企业。直接调控绕开市场，直接干预企业，必定影响市场信号对企业的引导。间接调控则可以把政府的指令转变为市场信号，更容易为企业所接受。第三，间接调控更符合企业发展的要求。企业发展要求其具有自主的选择权，直接调控的强制性，实际上剥夺了企业的自主选择权。间接调控则把政府的调控要求转变为市场信号，而市场信号并非单一的。因此，企业有选择的余地，从而更有利于企业根据自身的情况去决策，增强企业的活力。

当然，强调间接调控的重要性，并不意味着直接调控一无是处。当经济发展处于非常时期（如政局动荡、爆发战争等），往往必须通过直接调控才能达到目的。

（二）特区宏观调控机制

1. 宏观调控间接化

在市场经济条件下，政府的宏观调控总体上是以间接调控为主。经济特区自创办以来，一直坚持以市场为取向，其经济体制与经济结构均有别于内地，这主要缘于经济特区改革开放的广度与深度不同。中国经济特区的诞生，是中国改革开放的必然产物。经济特区处在中国对外开放的最前沿。坚持开放，参与国际经济大循环，发展外向型经济，是经济特区发展的战略目标。中国经济特区早在建立初期，就明确提出资金来源以外资为主、产品销售以外销为主、经济运行机制以市场调节为主的外向型经济发展战略。与此同时，特区的改革一直走在全国的前列，特别是按照“以市场调节为主”的模式来进行方方面面的经济体制改革。这不仅为全国建立社会主义市场经济体制这一战略目标的选择进行了成功的试验，而且形成了特区经济的独特之处。

一是独特的社会经济结构。主要体现在：经济结构中多种所有制并存。既有国有企业、集体企业、内联企业等公有制经济成分，又有“三资”企业、“三来一补”企业、私营企业、民间科技企业等非公有制经济成分，市场主体比内地更多元化。同时，非国有企业所占比重较大。如1994年，深圳非国有工业企业占工业企业总数的80%左右，其产值占工业产值的87%。①

二是与世界经济的较强关联度。经济特区作为全国对外开放的“窗口”，对外经济技术交流频繁，经济发展外向化程度高。目前，外商投资已经成为特区经济发展的重要力量。比如深圳，外商投资企业的工业总产值占全市工业总产值的近70%，全市工业出口产品产值占工业总产值的60%以上。② 这表明特区与国际市场、国际金融机构、国际销售网络联系紧密，特区经济与世界经济关联度较强，特区经济已经开始融入到世界经济之中。

2. 经济杠杆与其他调控手段有机结合

在社会主义市场经济条件下，政府的宏观经济管理职能不同于计划经济体制下政府对企业的微观经济决策的干预。政府的宏观调控，是以不妨碍市场的运作并充分发挥市场的力量为前提的。即以市场机制为基础和以适应市场经济的方式来进行的。经济特区宏观调控的具体过程，在此基础上充分演绎了特区经济条件和基础要求宏观调控间接化的内在必然性，构成了特区宏观调控的鲜明特色。

第一，充分发挥计划的协调功能，建立与完善覆盖经济特区的指导性计划。市场与计划，作为社会稀缺资源配置的两种基本手段各有短长。市场经济并不排斥计划。经济特区建立一开始，在中央“只给政策不给钱”的大背景下，特区建设所需要的物资、资金、外汇供应以及特区的产品销售属于计划范围内的甚少，因而特区无须制定直接调配人、财、物的指令性计划体系。经济特区对计划手段的运用，以指导性计划为主。经济特区指导性计划的内容主要包括：特区经济发展战略和中长期规划、特区产业政策、投资政策、财政政策及货币政策等。这些内容虽然对特区市场主体的行为不构成直接约束，但能够提供权威性的信息给他们，供他们在生产经营

① 邵汉青主编：《探索者之路》，海天出版社1995年版，第152页。

② 同上书，第153页。

中正确抉择。

例如，1982 年，深圳经济特区根据中央的意图和自身的实际，制定了《深圳经济社会发展大纲》，确定把深圳经济特区建设成为以工业为主、工贸并举，兼营农、牧、商业、金融、旅游、房地产等综合性外向型经济特区。1986 年，深圳根据中央的要求和特区从奠基初创阶段进入开拓成型阶段发展的实际，制定了《深圳特区发展外向型经济的工作纲要》。《纲要》对现有经济结构进行了调整，确定新阶段的目标、任务和措施，强调要“上水平、求效益”，使深圳经济特区沿着以工业为主、综合经营的外向型经济的方向迅速发展。1990 年，深圳根据特区经济新的发展变化和未来发展的要求，对经济结构再次进行调整。把深圳未来的发展目标明确为以先进工业为基础，第三产业和高新技术产业为支柱，农业现代化水平较高的综合性经济特区和外向型、多功能的国际性城市。30 多年的实践证明，深圳经济特区所制定的整体发展战略、阶段性经济社会发展规划和产业政策基本上是正确的，计划的协调功能在特区的宏观调控中发挥了重要作用。

第二，综合运用各种经济杠杆，努力使经济杠杆的作用方向与宏观经济调控方向保持一致。特区经济 30 多年的发展历程，可以说是一个不断探索、总结如何运用各种经济杠杆进行调解、引导各类市场主体的经济行为，由直接控制为主转变为间接控制为主，从而实现政府宏观调控目的的过程。

例如，经济特区建立初期就开始了物价改革。1984 年，深圳经济特区已经基本上取消了指令性价格，初步形成了一套以市场价格、浮动价格和计划价格相结合，以市场价格为主体的物价运作体系。通过该体系的建立及运作，达到政府对生产、交换、分配、消费各个再生产环节进行调控的目的。对政府直接管理的商品价格，运用价值规律和平均利润率规律控制价格的涨落，主要发挥国有企业平抑市价的主渠道作用。其具体原则是：提高企业自我消化能力，有合理利润的不提价；单项品种核算亏本，综合核算有合理利润的不提价；短期出现亏本，全年总账有合理利润的不提价；需要降价的适时降价。其具体要求是：企业以综合经营补单项亏损，以外贸补内贸，以果补菜，以长期之盈利补短期之亏损，实现自我消化。对放开的价格，政府在遵循价值规律、大胆放开搞活的基础上，加强间接调控，不搞简单的“收回”。其具体做法是：理顺作价办法，实行“差率管理”[①]；增加商品的供给数量，调控价格的涨落；对放权给部门、企业自行定价的部分商品和服务，政府不予以直接控制，只要求企业按照规定原则或相关品种、类（项）的价格水平，相应安排具体价格，明码标价，明标实价，便于监督；实行行业协调价格的制度和办法，禁止垄断价格与哄抬物价；由工商行政管理部门、消费者协会、物价监督员和大众传播媒介对物价进行广泛的监督。

第三，利用行政管理手段对经济失衡进行干预，保持特区经济总量基本平衡和经济结构动态优化。主要是针对特区投资需求、消费需求和人口流动等容易发生过热的现象，进行不同的干预和调控。

一是压缩基建规模，调整投资结构。以深圳经济特区为例，1986 年全国经济特区工作会议后，特区根据会议精神，大力压缩基建规模，采用行政命令手段砍掉高层楼宇建筑项目 51 个，压缩基建投资 20 多亿元，重点压缩宾馆、酒楼的兴建。1988 年底至 1989 年底，为了坚决贯彻中央关于“治理、整顿”的指示，深圳经济特区停建缓建项目 280 个，建筑面积 302 万平方米，压缩基建投资 26 亿元。[②] 此后，为了更有效地控制基建投资，深圳实行了投资项目建设许可证制度，保证了工业、交通、能源和口岸等基础设施的建设。投资需求过热得到控制，投资结构得到优化。

二是控制消费基金膨胀，抑制过度消费需求。针对特区企业工资、福利相互攀比和铺张浪费等消费需求过热现象，政府严格规定企业平均工资增值率要低于劳动生产率的增长，坚决制止滥发奖

---

① 差率管理，就是规定合理的进销差率、购批差率、厂批差率、批零差率、地区差率、综合差率、综合毛利率和利润率，直至产品档次差率。并根据实际变化的情况而随之变化，以变应“变”，保护经营者、生产者的诚实劳动和合理利润，维护消费者的合法权益，合理调节生产者、经营者和消费者三者之间的关系。

② 邵汉青主编：《探索者之路》，海天出版社 1995 年版，第 157 页。

金、财物等现象。严格控制社会集团购买力，使特区工资性支出和社会集团购买额均大幅度下降，消费需求过热的现象得到有效控制。

三是控制人口膨胀，减缓供给压力。随着特区经济的快速发展，大量内地人口涌向特区。2015 年末，深圳常住人口 1137.89 万人，其中户籍人口 354.99 万人；珠海常住人口 163.41 万人，其中户籍人口 112.45 万人；汕头常住人口 555.21 万人，其中户籍人口 550.46 万人；厦门常住人口 386 万人，其中户籍人口 211.15 万人；海南常住人口 910.82 万人，其中户籍人口 886 万人。[①] 人口增长过快，给经济特区总供给增加了很大压力。为此，政府在对调入特区人口努力控制数量、提高质量的同时，加强对暂住人口的管理与控制，严格清理“三无”（无合法证件、无固定居所、无正当职业）人员，严禁超计划生育。

四是清理整顿公司，改变流通领域混乱状态。经济特区成立以来，各类公司如雨后春笋般地出现，难免良莠混杂，给特区经济造成不利影响。为了提高特区内公司的素质，避免或减少流通环节和流通领域中的各种违法乱纪现象，经济特区对那些不规范的甚至是非法经营的公司坚决进行清理整顿。该合并的合并，该注销的注销，该取缔的取缔。1988 年底，深圳市列为清理整顿对象的公司 3222 家，至 1989 年底，撤并公司 730 家，查处、取缔非法经营和无证经营企业 267 家。[②]

第四，利用法律手段，保障特区市场竞争的公平性、有序性和有效性。经济特区创办以来，在大力提倡依法治市、依法行政的基础上，力图运用法律手段管理经济，努力使特区经济按照市场经济的游戏规则运行。特区建立之初，根据引进外资和开展对外经济技术合作的需要，特区制定了出入境人员管理、涉外经济合同、技术引进、企业登记、土地管理、劳动工资和商品房产管理等一批单行法规，尽可能将特区经济活动纳入法制管理的轨道。深圳、海南、厦门等特区充分利用全国人大常委会所授予的立法权优势，结合本

① 5 个地区 2015 年的国民经济和社会发展统计报告。

② 邵汉青主编：《探索者之路》，海天出版社 1995 年版，第 158 页。

地区的实际情况制定、健全和完善有关市场主体、市场运行规则、城市管理、社会保障等方面的法规与行政规章。运用这些法规与规章来规范特区经济运作程序，约束市场主体的经济行为，调节各种经济纠纷，打击各种经济犯罪，有效地促进了特区经济的高速、协调、健康发展。

第九章

经济特区转型与“中国模式”研究

经济特区作为中国改革开放的先行先试者，经过30多年的探索实践，现已成长为一种区域发展模式即经济特区模式。传统经济特区“利他”的设区背景决定了经济特区充当改革开放的“窗口”和“试验田”的基本功能，经济特区是全国的特区而非经济特区的特区。当经济特区成功探索的社会主义市场经济体制成为全国改革开放的目标取向时，传统经济特区的历史使命基本完成。中共十八届三中全会的召开，标志着我国进入全面深化改革开放的新的发展时期。上海自由贸易（试验）区的建立，则标志着我国经济特区的发展进入转型期。

第一节　经济特区转型

20世纪80年代中国创办了深圳、珠海、汕头、厦门、海南五个经济特区，经过30多年发展，五个经济特区都取得了巨大的经济成就。2016年，五个经济特区土地面积42982.06平方公里，实现本地生产总值31268.27亿元（人民币，下同），财政总收入5730.02亿元，进出口总额35462.4亿元，以占全国0.44%的土地面积，创造了全国4.25%的国内生产总值，3.59%的地方财政收入，14.57%的进出口总额。尤其是深圳特区发展最快：2016年，深圳本地生产总值（GDP）19492.6亿元，人均GDP达16.7万元，分别居内地大中城市第四位和第一位；从1980年到2016年这37年期间，深圳本地生产总值年均增长率高达27.98%，人均GDP年均增长率达到15.86%。具体见表9—1。

表9—1　　2016年5个经济特区主要经济指标

地区	土地面积（平方公里）	GDP（亿元）	GDP占全国的比重（%）	财政收入（亿元）	财政收入占全国的比重（%）	进出口总额（亿元）	进出口总额占全国的比重（%）
全国	9600000	744127	—	159552	—	243344	—
深圳	1997.3	19492.6	2.620	3136.42	1.966	26307.01	10.811
珠海	1732.33	2226.37	0.299	292.37	0.183	2753.05	1.131
汕头	2199.04	2080.54	0.280	137.08	0.086	562.39	0.231
厦门	1699.39	3784.25	0.509	1083.34	0.679	5091.55	2.092
海南	35354	4044.51	0.544	1080.81	0.677	748.4	0.308

资料来源：根据5个特区2016年度《国民经济与社会发展公报》和《2016中国统计年鉴》整理。

我国经济特区不仅仅指上述五个以经济特区命名的特区，全国各地享受特殊政策的科技开发区、经济开发区、出口加工区、保税区、边贸区等都属于经济特区的范畴。根据特区创办时间，中国经济特区可分为传统特区和新特区两大类。前者是指20世纪80年代创办并以经济特区命名的深圳（1980）、珠海（1980）、汕头（1980）、厦门（1981）、海南（1988）五个特区；后者包括90年代以后成立的上海浦东新区（1990）、天津滨海新区（2005）、喀什经济开发区（2010）、上海自由贸易（试验）区（2013）、广东自由贸易（试验）区（2014）、天津自由贸易（试验）区（2014）、福建自由贸易（试验）区（2014）、辽宁自由贸易（试验）区（2017）、浙江自由贸易（试验）区（2017）、湖北自由贸易（试验）区（2017）、河南自由贸易（试验）区（2017）、陕西自由贸易（试验）区（2017）、四川自由贸易（试验）区（2017）、重庆自由贸易（试验）区（2017）以及国家级高新区、经济开发区、出口加工区、保税区、保税港区等。

5个传统经济特区引领中国改革开放的第一波浪潮，并形成以深圳经济特区为重心的珠江三角洲经济圈；新特区中上海浦东新区和天津滨海新区分别促进了长江三角洲和环渤海湾经济圈的形成。11个自由贸易试验区的成立，则标志着全国全方位开放格局的形成。随着改革开放进入全面深化的转型时期，经济特区功能需要进行重新定位。

一　传统经济特区的基本功能

世界经济特区的最初形式是自由港。20世纪50年代末，出口加工区作为经济特区新形式在世界范围内逐步发展，从70年代开始，在发展中国家和地区蓬勃兴起，风行亚、非、拉、中东及地中海国家和地区，韩国、新加坡、利比里亚、塞内加尔、哥伦比亚、智利、埃及、叙利亚等国家都相继创办。[①] 到70年代末，除澳洲大陆和中国大陆外，出口加工区几乎遍布全世界。一些发展中国家或地区经济因此取得长足发展，以“亚洲四小龙”为典型代表，韩国、新加坡、中国香港和中国台湾经济高速增长均得益于此。与此同时，70年代末的中国经济发展停滞，计划经济弊端凸显。中共十一届三中全会的召开，标志中国进入改革开放的新时期。然而，改革毫无经验且存在巨大风险。在这种时代背景下，中国借鉴国际经验创办了第一批经济特区即传统经济特区。传统经济特区基本功能有四：对外开放的窗口功能、改革的试验功能、对非特区的示范功能、特定的政治功能。

（一）对外开放的窗口功能

邓小平在特区创办之初就强调要把经济特区和全国改革开放紧密联系在一起。1984年邓小平第一次视察经济特区时指出：“特区是个窗口，是技术的窗口，管理的窗口，知识的窗口，也是对外政策的窗口。”[②] 30多年来，传统特区作为对外开放的窗口，大力引进外资，吸收外资企业先进的技术和管理经验，实现了特区经济的

① 钟坚：《世界经济特区的发展态势及其经验》，《华中师范大学学报》（哲学社会科学版）1994年第6期。

② 《邓小平文选》第3卷，人民出版社1993年版，第51—52页。

快速发展。

（二）全国改革的试验功能

改革存在风险，改革不成功可能会造成重大经济损失甚至社会动荡。因此，在全国大规模改革之前进行小范围试验能有效规避改革的潜在风险。经济特区地处改革开放前沿，比较容易吸收国外先进的管理经验，而且旧的体制束缚较小，加上中央赋予的特殊政策，最适宜充当改革开放“试验田”的角色。改革成功了，经验可以推广全国；改革失败了，影响仅限于较小范围，不会对全国产生大的负面影响。

（三）对非特区的示范功能

创办传统特区，主要目标是通过特区的发展对全国发挥示范、带动作用。深圳特区经过30多年发展，从一个边陲小镇发展成为现代化国际性城市的典范。从20世纪90年代初开始，深圳一些产业逐步向东莞等周边地区转移，带动了周边地区经济的发展。深圳还通过投资和帮扶的方式，帮助贵州、新疆喀什等地区发展经济。

（四）特定的政治功能

深圳、珠海、汕头、厦门、海南五个传统特区的设立无不包含着维护国家主权、促进祖国和平统一的政治愿景，对推动香港和澳门的主权回归、促进海峡两岸和平统一，以及港澳主权回归以后继续保持其繁荣稳定，维护国家统一和稳定南海局势发挥了重要作用。①

二　转型时期经济特区功能转换

（一）传统特区功能的重新定位

传统特区经过30多年的发展，其功能已基本完成了它们的历史使命。一是随着我国开放程度不断提高，从特区开放、沿海开放、沿江开放到沿边开放的整体区域发展的格局已形成，传统特区对外开放的窗口功能已经完成。二是随着改革开放不断深入，传统特区不再是体制改革试验的首选地，且一些诸如统筹城乡发展之类的改

① 罗清和等：《新时期经济特区还要特下去》，《深圳大学学报》（人文社会科学版）2008年第6期。《新华文摘》2009年第4期全文转载。

革也不可能放在传统特区进行。传统特区试验田的作用逐渐削弱，其他地区争夺改革试验的积极性不断高涨。三是传统特区通过制度变迁与移植、产业的集群和梯度转移、知识技术的溢出等效应，促进了几个经济增长带的成长，同时形成极具特色的中国区域发展模式，从这一角度说，传统特区的示范功能效果显现。四是在香港和澳门主权陆续回归，台湾局势相对稳定的大背景下，传统特区政治功能正逐渐淡化。

中共十八届三中全会的召开，标志着我国进入全面深化改革开放新时期。新的时代背景对经济特区的功能提出了新的要求，传统特区设立之初的功能定位与当前发展要求不适应是其继续发展面临的主要矛盾。传统特区的基本功能决定了设区目的的“利他性”，意味着传统特区是全国的特区，特区在享有“试错”特权的同时，承担的是降低全国改革开放的风险成本并为其铺路搭桥的历史使命。新时期有两个原因促使“利他性”定位发生根本改变。

一是特区的“试验”不再是为全国试验，更多以自身发展为目的。新时期特区“试验”是在自身发展的基础上兼具经验推广作用。随着改革开放的深化，新创办的特区不再跟传统特区一样采用统一政策，其目标设计均有因地制宜的特点。例如，2010 年创办的喀什经济开发区，着眼于西部地区，以边境开放以及发展西部地区为主要目的；2013 年创办的上海自由贸易（试验）区以扩大服务贸易开放为主要目的。当一些地区需要为深化改革而试验时，可以在当地设立新特区达到目的。新特区政策的地域化特点越来越鲜明，对传统特区的制度移植需求减少，传统特区“利他性”功能逐渐削弱。

二是国内市场化程度提高，区域竞争显现。改革开放初期，经济特区可以政府主导构建的“增长极”形式，激活发展动力，带动大范围的市场化改革；在转型时期，市场化程度不断提高，以政府扭曲资源配置来发展经济的方式会逐步减少，社会资源会向高效率的地区流动。因此经济特区要保证在自由市场中的竞争力，先要以自利为目标，再在此基础上与其他区域展开合作。

转型时期改革开放已进入全面深化期，经济特区首先要考虑的是自身发展问题。此时，经济特区既是全国的特区，更是经济特区自身的特区，即经济特区功能逐步由“利他性”向“互利的自身成长性”转变。

（二）新特区的功能定位

与传统经济特区相比，新特区本质上并无差别，都是实施特殊政策的经济性区域，只是在新时期被赋予了新的内涵。

首先，创办传统特区是为了解决我国对外开放和市场经济发展问题，主要目的是降低改革开放的风险成本，新特区除具备一定的试验和示范功能外，主要目的是解决区域经济协调发展的问题。传统特区着眼于沿海地区的发展，“让一部分人、一部分地区先富起来”；新特区则从国家发展的总体战略出发，着力解决设区地的经济发展，探索实现“共同富裕”的道路。因此，新特区不仅分布在具备对外开放优势的东部沿海地带，也包含中部地区和西部欠发达地区。它从两个方面促进区域的均衡发展：一是发达地区出现资本回报减少、规模不经济等问题，新特区通过出台特殊政策，利用产业的层级转移这一途径，促进要素在特区聚集；二是新特区与发达地区合作，通过学习和模仿机制，提升新特区本地的技术水平，促进经济发展。

其次，国家给予传统特区更多的是特殊政策，包括优惠政策和特殊权力；对于新特区不仅有政策上的支持，还有资金上的支持，因而新特区具备更快的发展速度。例如，部分新特区固定投资拉动作用显著：2013 年，喀什经济开发区固定资产投资率达到 101.3%，比 2010 年提高 29.2%；滨海新区固定资产投资率达到 62.8%，比 2005 年提高 20.4%；浦东新区固定资产投资率为 26.0%，比 1992 年降低 47.9%；[①] 深圳特区固定资产投资率为 17.2%，比 1979 年降低 16.9%。[②] 可见新特区在享受特殊政策的同时，还有大量政策性资金投入，而传统特区乃至设立较早的新特

① 王兰：《“十一五”以来滨海新区固定资产投资简析——与深圳特区、浦东新区优势潜力对比》，《天津经济》2014 年第 2 期。

② 根据喀什地区 2010 年、2013 年《国民经济和社会发展统计公报》《天津滨海新区统计年鉴 2013》《上海浦东新区统计年鉴 2013》整理。

区（如浦东新区），投资的拉动作用在逐年减少。

最后，国家给予传统特区的特殊政策相同，如税收减免政策，这些政策在传统特区中具有普适性，政策的可移植性较强；新特区的特殊政策充分考虑各特区的实际发展情况，不同特区特殊政策也不同。新特区充分考虑区位因素，探索不同地区差异化改革，承担为改革探路、为体制创新积累经验的先行先试任务。例如，新设立的12个国家综合配套改革试验区可归纳为六个方向：一是探索开发开放，如上海浦东新区、天津滨海新区、深圳综合配套改革试验区、义乌国际贸易综合改革试点；二是统筹城乡发展，包括重庆、成都全国统筹城乡综合配套改革试验区；三是“两型”社会建设，包括武汉城市圈、长株潭城市群；四是探索新型工业化道路，如沈阳经济区国家新型工业化综合配套改革试验区；五是探索农业现代化道路，如黑龙江省“两大平原”现代农业综合配套改革试验区；六是探索资源型经济转型，如山西省国家资源型经济转型发展综合配套改革试验区。这些新特区因地制宜，有明确的设区目的和改革方向，便于进一步精细化改革。

因此，立足于特区本地，探索不同地区的差异化改革，促进区域协调发展是转型时期新特区的功能定位。

第二节 经济特区模式

“模式”一词在《现代汉语词典》中的解释是：某种事物的标准形式或使人可以照着做的标准样式。从哲学的角度来看，“模式”还可以被定义为事物内在机理的展开，它以各种不同的方式系统地体现着事物的本质属性。综合来看，“模式”主要有三层含义和特征：一是内在性，即模式是一个事物内在本质的展现；二是外在性，即模式有许多外在的表现形式；三是可借鉴性，即模式可以供学习与借鉴。

随着发展经济学和现代经济增长理论的发展，一些专家学者在研究某些国家和地区的经济发展和增长问题时，往往把这些国家和地区的发展经验与路径归纳为一种模式。改革开放以来，我国出现过多种发展模式，如农村的大包干①、城市的经济责任制②、苏南模式③、温州模式④、顺德模式⑤，等等。但这些模式对全国只产生阶段性和局部性影响，没有成为全国普适模式。对全国经济体制和经济发展产生长远和全局性影响的是经济特区，经济特区已成为中国发展的一种新模式。

一　经济特区模式的内涵

经济特区并不是我国的首创，它最早可追溯到16世纪50年代中期，自意大利1547年宣布将里窝那港宣布为“自由港”以来，

---

① 1978年，安徽凤阳县一些生产队将集体的土地、农具、耕牛和生产任务包干到组，年终分配时实行“上交国家的、留给集体的、剩余的归自己”的分配制度。小岗村则更彻底，实行包干到户，大包干应运而生。大包干是对人民公社旧体制的突破，到1982年，几乎覆盖全国。据统计，1983年初，全国有93%的生产队实行以大包干为主的责任制。参见卞国福《“大包干”：我国农村第一部改革的成功模式》，《理论建设》1998年第5期。

② 经济责任制指企业内部经济责任制，它是一种责、权、利相结合，以提高企业经济效益为目的的企业经营管理制度。1984年，《中共中央关于经济体制改革的决定》拉开了国有企业改革的序幕。经济责任制是国有企业改革的根本所在。通过经济责任制可以从两个方面来解决国有企业改革中的关键问题，一方面通过对经济管理主体的约束来要求其依法依照经济规律来进行经济管理，另一方面通过对国有竞争性组织的规定来实现其管理水平的提高。

③ 苏南模式，通常是指江苏省苏州、无锡和常州等地区通过发展乡镇企业实现非农化发展的方式。由费孝通在20世纪80年代初率先提出。其主要特征是：农民依靠自己的力量发展乡镇企业；乡镇企业的所有制结构以集体经济为主；乡镇政府主导乡镇企业的发展。苏南模式是“地方政府公司主义模式”“能人经济模式”和“政绩经济模式”，本质上是“政府超强干预模式”。

④ 温州模式是指浙江省东南部的温州地区以家庭工业和专业化市场的方式发展非农产业，从而形成小商品、大市场的发展格局。小商品是指生产规模、技术含量和运输成本都较低的商品。大市场是指温州人在全国建立的市场网络。20世纪80年代中期的改革开放初期，“温州模式”与同时期的“吴川模式”并驾齐驱，在当时便以“北有温州，南有吴川”享誉全国，引起全社会的普遍关注。经济形式家庭化，小商品生产大都是以家庭为单位进行的；经营方式专业化，有家庭生产过程的工艺分工、产品的门类分工和区域分工；专业生产系列化；生产要素市场化，按市场的供需要求组织生产与流通，资金、技术、劳动力等生产要素，均可自由流动；服务环节社会化。

⑤ 改革开放初期形成的“顺德模式”，是典型的集约型经济增长模式，是以集体经济为主、以工业为主、以骨干企业为主的“三为主”的经济发展方式。20世纪80年代，在“顺德模式”的主导下顺德完成了从农业社会到工业社会初始化的发展。

世界经济特区已经历了近5个世纪。由于各国设立特区的目的、条件等存在差异，因此经济特区称谓也不同，如自由港、自由贸易区、出口加工区、开发区、保税区、科学工业园等，但其本质相同，都是在主权国家或地区的领土范围内划出特定区域，采取某些特殊的政策，提供良好的投资环境，引进先进技术、管理经验以及资本来促进本国或本地区的经济发展。早期经济特区主要在发达国家以“自由港”“自由贸易区”的形式存在，目的是通过自身地理位置优势来发展国际贸易和转口贸易，如香港自由港、科隆自由贸易区等；二战以后世界经济开始全面复苏，一方面部分发达国家将高污染、高能耗的劳动密集型产业逐渐转移到经济欠发达国家或地区，另一方面这些新兴工业化国家和地区也为了谋求自身经济发展和政权稳定，创办以出口加工工业为主的经济特区，如新加坡裕廊工业区、韩国釜山出口加工区等；20世纪70年代以后，经济特区则主要以发展高科技、知识密集型产品为主成立科学园区，如美国的硅谷、日本的筑波科学城等；80年代经济特区逐步走上全面发展的道路，大多以综合性特征为主，如中国深圳经济特区等。实践表明，经济特区是随着资本主义的不断发展而产生和发展的，是商品经济和国际贸易发展的必然产物。

社会主义国家创办经济特区中国是首次，没有经验可循，故先选择条件较好的小范围区域建立经济特区，在特区内尝试各种改革措施，目的是发挥改革开放的“窗口”和“试验田”作用，而非追求特区自身的经济发展，这是中国经济特区与世界经济特区的重要区别。经济特区作为改革开放的“试验田”“窗口”和“排头兵”，围绕“经济建设”这个中心，成功地大规模引进国外资本、先进技术和管理经验，引领经济高速增长，开创性地把市场经济与社会主义结合起来，逐步建立起比较完善的社会主义市场经济体制，大大促进了全国的经济发展。

经济特区作为改革开放的先行者，经过30多年的探索实践，已逐渐上升为一种发展模式即经济特区模式。经济特区模式可以概括为在国家社会资源非均衡分配的前提下，特区发展遵循高速增长的不平衡发展途径，主要依托特殊政策优势，将经济特区的发展经验循序渐进移植到其他地区的发展模式。通过设立经济特区优先推动区域中心城市的经济发展，使之成为区域的增长极。待特区自身实力壮大、条件成熟后再带动周边地区乃至全国的发展。随着中国经济进入新常态，经济特区也进入了转型升级的关键时期，我国面临的新形势是潜在经济增长率的下降，因此需要寻找新的经济增长点，进一步推进改革的深化。在转型时期的经济特区虽然继续承担着改革开放试验田角色，但是更为重要的是通过设立经济特区，找到新的经济增长点、推动区域的自身发展才是设立特区的主要目的，新特区的主要功能已发生了实质性的转变。通过设立新特区，因地制宜地赋予相关特殊政策，吸引要素聚集，推动经济发展，先利用极化效应吸引资金、技术、人才等生产要素，再利用扩散效应向特区外扩散这些生产要素，从而带动周边地区的经济发展。在短时期内，经济特区因快速发展可能扩大区际差距，但从长远看，特区与非特区之间的协调发展是由不均衡逐渐走向均衡的过程。

深圳作为经济特区模式的典范经过30多年曲折而辉煌的发展，从一个边陲小镇发展成为现代化的国际性大都市，工业生产突飞猛进。资料显示，改革开放初期的1978年深圳工业产值为7092万元（人民币，下同），1981年增加到1.6亿元，2000年首次突破千亿达到1086亿元，2003年再次以强劲的增长势头突破5000亿元达到5100亿元，2013年工业年产值更是突破万亿大关，高达1.5万亿元。[①] 2016年深圳工业经济继续保持平稳较快的发展态势，全市规模以上工业增加值突破7000亿元大关，达7199.5亿元，同比增长7%。其中深圳工业百强企业作为龙头企业，是推动工业经济发展的主要力量，工业百强企业累计实现工业总产值15259.2亿元，同比增长5.8%，占全市规模以上工业总产值的56.8%。累计实现工业增加值4328.4亿元，占全市规模以上工业增加值的60.1%，同比增长8.2%，高于全市工业平均增速1.2个百分点。[②]

深圳依靠自主创新，逐渐探索出以市场为导向、以企业为主体、以高新技术产业为基础、产学研资紧密结合的科学发展道路，成功

① 《深圳市统计年鉴》（1978—2013）。

② 深圳市经济贸易和信息化委员会、深圳市统计局2017年3月20日发布。

实现特区发展翻天覆地的历史巨变。深圳经济特区成就的原因有三：第一，借助政策优势，不断提升经济实力。作为改革开放的"窗口"和"试验田"，特殊政策对经济特区的重要性不言而喻，中央通过一系列支持特区发展的政策引导资源流向特区，特区利用这些优惠政策吸引外资，达到发展经济的目的。第二，借助区位优势，不断增强国际竞争力。深圳毗邻香港，区位优势显现。有着"东方之珠"之称的香港是国际金融、贸易、航运、信息和旅游中心，深圳利用香港的经济辐射作用，借鉴香港的经验和做法，带动经济迅速发展。同时，深圳作为内地与香港"一国两制"的接合部，也为香港主权的顺利回归和长期繁荣稳定创造有利条件。第三，借助人才优势，不断提高创新能力。特区政府高度重视人才，以"千人计划"为引领，实施"孔雀计划"，在日趋激烈的国际国内人才竞争中赢得优势，引进高层次人才，为特区的发展提供了强有力的人才保障。

二　经济特区的作用机理

通过设立经济特区来推动区域中心城市或地区的经济增长，使之优先成为区域经济增长的极点，待经济特区自身经济实力壮大后再带动周边地区经济的发展。经济特区对区域经济发展的影响是通过极化效应和扩散效应来实现的。

（一）经济特区的极化效应

极化效应表现为资金、人才、技术等生产要素向中心城市聚集的过程。经济特区作为特殊区域和普通地区产生的极化作用的原因略有不同，普通地区产生极化作用的力量主要靠市场机制的作用，而经济特区除了市场机制以外还有特殊制度安排的因素。

1. 基于市场机制下的生产要素聚集

生产要素总是从利润率较低的地区向利润率较高的地区转移，这是市场经济条件下生产要素流动的基本规律。设立经济特区的地区一般具有明显区位优势和较好的经济基础，相对于周边地区来说，这些地区经济相对较好，产业相对齐全，基础设施建设相对完备，因此能吸引众多的要素聚集在此。要素的聚集形成一定的规模后就会产生外部规模经济和聚集经济效应，即企业的空间聚集所带来的额外的经济效益和成本的节约，主要表现在众多企业对基础设施等不可分物品的共享、中间投入品的共享、劳动力的共享和信息的共享所带来的成本节约。聚集经济效应的发生会进一步吸引生产要素的聚集，从而进一步推动特区经济的发展。

2. 基于特殊制度安排下的生产要素聚集

制度是影响生产要素聚集、经济增长的重要变量。经济特区建立在实施特殊政策的基础之上，而特殊的政策正是一种特殊的制度安排。特殊政策以优惠政策为核心，优惠政策则是能直接给投资者带来经济利益的政策，如税收优惠、土地价格优惠等。相对于周边地区，经济特区便形成了一个政策洼地，企业家们为了降低生产成本到特区投资，形成了生产要素在特区的聚集。深圳特区发展的初期正是靠特殊的政策吸引包括港资和台资在内的外资企业来深圳落户。

（二）经济特区的扩散效应

扩散效应是经济中心周围的地区随着经济中心地区经济的扩张而从中获得资本、人才、技术等生产要素，推动本地经济的发展。在政府调控和市场机制的作用下，经济特区能在相对较短的时间内吸引要素的聚集壮大自身的经济，然后发挥扩散效应，推动周边地区经济的发展。经济特区的扩散效应主要通过产业梯度转移机制、制度移植模仿机制、技术溢出机制发挥作用。

1. 产业梯度转移机制

产业梯度转移是以企业为主体的市场经济活动，随着经济中心经济的发展，中心区的一些产业产生了迁移到周边或其他地区的动机，这一动机源于生产要素过度聚集所造成的外部不经济、劳动力等要素成本上升的压力、企业向外围地区扩张和经济中心地区产业结构升级换代的要求。产业梯度转移的基础是转出地和转入地在经济发展水平和产业发展水平上的差距。

经济特区随着自身经济的发展，本地市场逐渐饱和，土地、劳动力等生产要素价格逐步攀升，从而导致区内企业生产经营成本上升。由于特区发展初期为了发展自身经济，引入了较多高污染、低附加值的产业，当特区经济发展到一定水平之后便产生了产业结构升级换代的要求，这些低端产业开始向周边地区迁移以获得生存空间。由于部分产业的迁入，迁入地的产业结构进一步完善，产业的关联效应使得相关产业得到发展，从而推动迁入地的经济发展。以深圳为例，创办特区初期主要依靠港资和台资兴办的“三来一补”企业和一些低端的制造业来发展经济。随着深圳经济的发展，到了20世纪90年代，深圳的“三来一补”企业大量向东莞、惠州地区迁移，特别是东莞地区，目前已经成为全国最大的“三来一补”企业聚集地，极大地推动了东莞的经济发展，这与深圳特区的产业转移是分不开的。

2. 制度移植模仿机制

制度移植模仿机制指的是制度安排落后地区向制度安排先进地区学习，即通过移植和效仿先进的制度安排并予以本土化，用于促进本地区经济的发展。制度的移植和模仿能降低制度安排落后地区的制度变迁成本，即降低制度搜寻成本，缩短制度变迁所需的时间，吸收制度优势地区在制度变迁过程中的经验和教训等。

制度变迁存在潜在的风险，一套合理的制度能促进经济的发展，反之则会阻碍经济的发展。制度变迁过程也是一个不断“试错”的过程，存在着风险，降低制度变迁风险的一个较好办法就是把制度变迁的范围限制在一个较小的区域内，待新的制度安排被证明适应经济发展的时候再推广到其他地区。特殊政策和特殊管理体制是经济特区存在的基础，经济特区本身就有先行试验权，甚至具有“试错权”，这使得经济特区的制度变迁拥有一个相对宽松的政治环境。同时，经济特区担负的改革试验的任务必然要求制度的变迁，因此与周边地区相比，经济特区处于制度安排的高地。

当经济特区建立一套成熟的制度后，由于这些制度不具有排他性，因此其他地区能够以较低的成本进行制度移植和模仿，然后结合本地区经济发展的实际形成有利于本地区经济发展的制度安排，这样能有效规避制度变迁的潜在风险和节约制度变迁的成本。

3. 技术溢出机制

技术溢出机制通常是指技术领先对同行企业及其他企业的技术

进步所产生的积极影响。技术溢出分主动溢出和无意识溢出。主动溢出是指企业的技术指导、转让等行为，而无意识溢出主要是由于企业的科研和培训的外部性引起的，这种溢出是在无意识的状态下完成的。

经济特区对周边地区的技术溢出效应主要通过以下途径实现：一是人员的自由流动。特区内的一些大企业注重研发和员工的培训，一旦这些企业的科研人才和管理人才流入周边地区，流入地的一些企业就会受益于他们所掌握的技术和管理才能。二是企业发展的示范效应。当特区内的部分企业因先进技术和管理经验获得较高利润时，行业内的其他企业对特区内企业的模仿行为会提升周边地区企业的经济效益。三是行业间的上下游关联效应。特区内的一些企业会以供应商、顾客、伙伴等身份与特区外的企业建立紧密的联系，它们往往为了帮助供应商提高产品质量而给供应商提供培训、技术协助等帮助。特区内部分企业与周边地区的企业、研究机构的技术合作关系，也能产生技术溢出效果。

三 经济特区模式与其他区域模式的比较

改革开放以来，我国出现过多种区域发展模式，如东莞模式、苏南模式、温州模式等。这些模式出现在中国的局部区域，产生了阶段性的影响，在很大程度上提升了该区域的经济发展水平。

东莞模式可概括为由“三来一补”起步、以加工贸易为主的外向型经济发展模式，它的发展主要得益于20世纪80年代的香港资本和90年代末台资企业的进入，电子产品及其相关产业迅速成为东莞经济发展的支柱，从根本上改变了东莞长期以农业为主的产业结构，成就了东莞“现代制造业名城”的美誉。苏南模式始于20世纪80年代，以发展农村工业为动力，选择农村集体和大中城市双向依托的发展路径，大力兴办以工业为主的乡镇企业并充分发挥其机制优势带动地方经济的繁荣发展。温州模式也形成于同一时期，它以家庭经营为单位，依托小城镇，以农村年富力强的劳动力为骨干将经济发展和经济体制改革融为一体，形成依靠民间力量、民营经济迅速发展的以家庭和市场相结合为主要特征的区域发展模式，正是这种模式使温州在全国率先成功走上以农村家庭工业为特色的农村工业化道路。经济特区模式与上述区域发展模式相比具有其独有的特点。

（一）背景和目的不同

经济特区在很大程度上可谓顶层设计的产物。特区在国内乃至国际上的地位与中央的战略定位关系紧密，特区的改革与创新上升到国家战略高度，其发展会获得更多的空间。我国建立经济特区是中央高屋建瓴的战略决策，在特区创办之初，中央给予极大的关注，逐渐培育、扶持特区茁壮成长；在特区成长的道路上，党和国家领导人全方位及时给予帮助和指导；在特区发展壮大的过程中，中央的支持和鼓励，有效促进其全面发展。为了推动经济特区的发展和我国改革开放的顺利进行，中国改革开放的总设计师邓小平提出“计划”和“市场”都是调节资源分配的手段，都是为了解放和发展生产力。此外，国务院专门成立了特区办，即特区管理办公室，集中、统一、有效地加强对特区建设的指导。正是中央倾注的这种关怀、鼓舞和指导指引着特区人解放思想、开拓创新，成就斐然。中国建立经济特区的初始目的是为全国提供示范，并非仅仅为了特区自身的发展，而是通过特区进行试验，待其发展成熟以后，推广其成功发展经验，加快我国现代化建设的进程，逐渐形成全方位对外开放新格局。

（二）特殊政策主体不同

特区之“特”在于其特殊政策，即特区拥有国家给予的特殊政策，包括税收、金融方面的优惠，减少土地、设备、厂房的租金，对使用东道主生产资料的外商给予补贴，在经营方式上采用“三来一补”和“三资”企业的方式吸引外资等优惠政策。特殊政策作为特殊资源引导要素快速聚集在特区范围内，形成资源聚集洼地。特区不仅吸引国外生产要素的流入，而且吸引了全国各地的优质稀缺资源，实现快速发展。

（三）创新动力机制不同

特区的发展经验证明，创新是特区发展的灵魂和动力。[①] 伴随特区改革开放的进程，一系列创新如雨后春笋般诞生并推广至全国。特区之所以改革动力十足，究其原因，特区属于中央直接管辖，中央充分授权给特区，把特区改革的成功经验上升到国家层面，继而推广到其他地区。此外，中央赋予特区改革试错权，这在很大程度上激励了特区改革的主观能动性。特区以极大的热情，参与改革的研究、决策和实施，以特区人的智慧和努力推动改革的进程。

虽然非特区各方面的改革试验也一直在进行，如浙江的民营企业发展、东莞的外向型经济发展以及苏南地区乡镇企业改革等，但由于创新缺乏高层政治保护，地方改革往往受到诸多限制。有些地方改革者顾虑重重，一方面是因为缺少来自中央的充分授权及支持；另一方面对于地方政府来说，主要领导人任期是有期限的。他们不必对其主政地区负永久的责任，往往追求短期收益最大化，因此不可避免存在政府行为的短期化，缺乏改革的主动性和创造性。[②]

经济特区模式是一种区域创新发展模式，它的发展有助于区域优势的形成、巩固。不断完善的区域创新系统创造的单位投入产出率不断提高，传统的综合要素对经济增长的贡献则日趋下降，特区发展就是由综合要素推动的外延式扩张不断向由区域创新推动的创新发展转变。

评价区域经济的发展，关键看是否满足“三个有利于”的条件，即有利于生产力的发展，有利于综合国力的增强，有利于人民生活水平的提高。实践证明，经济特区模式显示出旺盛的生命力，符合经济发展的潮流，对周边区域乃至全国的示范和带动作用更强，具有普适性。

① 许经勇：《论经济特区的演变趋势：从政策驱动为主向创新驱动为主转变》，《福建论坛》（人文社会科学版）2010 年第 9 期。

② 乔榛：《中国经济可持续增长的改革动力研究》，《学习与探索》2014 年第 5 期。

四　经济特区模式普适性的理论基础

任何国家和地区在经济发展过程中都存在区域发展水平差异，因此都面临社会资源的空间配置问题。经济特区模式就是采用空间不平衡增长战略解决资源配置问题的具有普适性的发展模式。中国经济特区早期作为东、西方文明的交汇点，从总体上看，特区建设取得了举世瞩目的成就，并成为非特区学习、效仿的标杆。虽然目前非特区的发展与30多年前传统特区发展的起点和时代背景有所不同，但现代化发展的目标和体制、机制上的取向是一致的，因此特区模式具有普适性。

中国经济特区的建设具有坚实的理论基础，如“增长极”理论、“中心—外围”理论以及“梯度转移”理论等。这些理论都强调遵循区域不平衡增长路径可以为区域发展创造机遇，优先利用集聚的资源，达到发展经济的目的。这种不平衡增长不会无休止扩大，一旦核心区域与边缘区域的差距超出可接受的程度，就会自动地培育出新的增长极，打破原有的不平衡，以此维持经济增长的高效率和可持续性。因此，经济特区模式强调不平衡增长是在更高发展阶段上实现平衡增长的发展模式。

（一）经济特区可以更快形成增长极

“增长极”理论是法国经济学家佩鲁[①]（Francois Perroux）在1950年首次提出，该理论针对稀缺资源特别是资本对经济发展的约束作用，强调应更有效率地配置稀缺资源，发挥更大的作用。对于任何国家、任何地区而言，资源的稀缺性毋庸置疑，因此，为了使稀缺资源得到有效利用应该采取不平衡增长战略。“增长极”是产业集聚的中心区域，它也是诱发周边腹地跟进增长的核心区域，主要通过极化效应和扩散效应发挥作用。其中，极化效应是通过发展带动性产业吸引其他经济活动不断地向中心靠拢，形成规模经济优势，同时利用这种优势进一步强化集聚的趋势；扩散效应主要表现

---

① 法国区域经济学家弗朗索瓦·佩鲁针对新古典增长理论的均衡增长观点，最早提出以“增长极”为标志，并以“不平等动力学”或“支配关系”为基础的不平衡增长理论。参见［法］佩鲁《略论增长极的概念》，《应用经济学》1955年第8期。

为增长极的推动作用，通过内引外联不断地向周边区域进行辐射，从而带动其经济发展。增长极可以自发形成，也可以人为创造。对于自发形成的增长极而言，形成的过程比较缓慢，因此，许多国家和地区在经济发展的初期阶段通过采取特殊的政策以加快其形成的速度，缩短时间。在现实经济发展过程中，增长极以生产中心、贸易中心、金融中心或信息中心等形式表现出来，使这些中心区域得到优先发展，然后再利用扩散效应向外扩散，最终提高整个经济的发展水平。改革开放初期，我国区域经济发展极不平衡，为此，中央做出允许一部分人一部分地区先富起来的战略决策，创办经济特区，允许特区利用体制改革优势和政策优势率先发展。由此可以看出“先富后富”理论与非均衡发展战略不谋而合。即使在偏远的西部地区，“增长极”理论仍然有其“用武之地”，如2010年在新疆设立喀什经济特区，利用喀什所在的特殊地理位置，在国家优惠政策辅助下，通过对资金、技术、人才等资源的吸引，借鉴以往的特区发展经验及规律，成为我国西部边疆地区经济发展的又一个增长极。在中国区域经济发展培育的所有增长极中，深圳特区最具有代表性，深圳作为增长极对周边城市和区域的影响作用已充分显现。

（二）经济特区可以更好发挥梯度转移效应

“梯度转移”理论源于美国经济学家弗农[①]（Raymond Vernon）提出的“产品生命周期理论”，该理论也符合非均衡发展的原则，即国家的经济发展在客观上必然会存在梯度差异。它主要强调把经济效益作为目标，优先实施区域发展政策和区域经济布局。根据市场经济一般规律，新科技、新生产力和经济增长点往往首先聚集在经济技术发达的高梯度地区，然后随着时间的推移和经济发展逐渐成熟，依次向中、低梯度地区扩散和转移。高梯度区域通过经济创新活动不断自谋发展，可以加快经济增长由高梯度地区向低梯度地区扩散转移。经济特区生产规模的逐渐扩大致使生产要素供应减少，同时土地价格和劳动力成本上升引起生产成本上升，资本的逐

① 费农认为产品生命周期的变化是产业转移的推动因素，提出了“产品生命周期理论”。参见［美］弗农《产品周期中的国际投资与国际贸易》，《经济学季刊》1966年第5期。

利性就会驱使其自动转移到其他地区，此时就会出现资本和技术等生产要素向周边及其他地区扩散的现象，但这个过程是比较缓慢的。如果低梯度地区在此期间也能够针对性地实行特殊政策来寻求机会，那么就会加快梯度转移的速度，实现跳跃式的发展，最终逐步缩小地区差距、实现经济布局和发展相对均衡的目的。

梯度转移效应往往是通过产业转移来实现的，当经济特区经历了高速发展的时期后，必然会进行产业转型升级，此时的产业转移便是特区进入转型阶段后产业结构演进必然面临的现象，是区域经济共同协调发展的必由之路。当然，产业转移是以区域间的产业梯度为基础的，而梯度的形成源于区域之间在生产成本、人力资源、要素禀赋方面的差异。以深圳制造业为例，深圳周边的制造业发展越强，对深圳特区实现产业转型、产业高端化及经济服务化越有利。因此，从区域经济合作的角度来看，深圳制造业的外迁，是深圳与周边区域合作的出发点。

（三）经济特区能够较快形成产业集聚

克鲁格曼（Paul R. Krugman）通过研究发展中国家的空间发展规划提出了“中心—外围”理论。[①] 该理论认为区域可以划分为两部分——中心区、外围区，中心区是社会经济活动的聚集区域，外围区是指包围中心区并受其影响的区域。首先中心区从外围区吸引大量的生产要素，不断地在科技、文化、制度等方面进行创新，然后中心区的这些创新又会逐渐向外围扩散，引导外围区产业结构的转变，进而促进整个区域的发展。以北京中关村为例，北京是我国科研、高等教育和科技人才的最大聚集地。中关村以高校和科研机构为依托，以研究开发为重点，实行研究、开发、生产、贸易相结合，中关村内的高校和科研机构不仅为中关村的发展提供了技术动力，使得这里的企业能够获得国内最新相关技术，学习、借鉴世界最好的技术，同时向中关村源源不断地输送大量技术人员和管理人员。因此，中关村科技园区吸引了大量高新技术企业聚集于此，并在政府引导下，集聚规模逐渐扩大，对北京地区乃至对全国经济发

① ［美］保罗·克鲁格曼：《克鲁格曼经济学原理》，中国人民大学出版社 2013 年版，第 387—415 页。

展的影响正逐步凸显出来。诺贝尔经济学奖得主西蒙·库兹涅茨（Simon Smith Kuznets）指出，现代经济增长意义上的经济发展将引起社会结构的巨大变化。[①] 区域经济发展本质上是资源优化配置的动态过程，我国经济特区的发展符合这样的发展规律。伴随着我国对外开放逐步深入和国内其他地区自主权逐渐扩大，我国对外开放经过由南向北、从东到西不断推进和扩展，形成了“经济特区—沿海开放城市—沿江和内陆开放城市”的全方位开放格局。当经济特区的示范效应足够大，其他地区借鉴特区模式促进其经济增长是理性的选择，也有经验可循，此时，特区模式进入普适阶段。

经济特区模式强调一国经济特别是发展中国家经济不平衡增长的重要性。特区在不断成熟的过程中会出现核心区域与边缘区域的分化。首先核心区域处于绝对支配地位，配置该区域的稀缺资源，区域差距在经济发展初期必然会有扩大的趋势，然后随着经济发展水平的提升以及经济、社会结构的调整，区域间的相互依存度会日益提高，扩散效应会占据主导地位，作用于边缘区域的开发和发展，并形成新的增长极。经济发展的速度随着增长极向外扩散作用的加强而加快，其最终目的是实现区域经济在更高层次上的共同发展。

五　经济特区模式的完善与发展

经济特区模式以其首创性、科学性、适用性、示范性而具有普适性，经济特区的辉煌成就证明了中国特色发展道路的正确性，同时也应该看到这条具有鲜明“中国特色”的道路仍然面临着多方面的考验，需要不断完善。特区发展是长期的，不能一蹴而就、急于求成，更不能盲目遍地开花。首先，目前我国大部分经济特区还处于试验阶段，特区作为经济、政治、文化以及社会的整体并没有成熟到完美无缺、无懈可击，需要在发展中不断完善。其次，在对特区模式进行移植、模仿过程中，对象的选择是至关重要的，特区模式虽然取得了成功，但并不意味着可以直接复制到其他任何地区。

① ［美］库兹涅茨：《各国的经济增长》，商务印书馆2005年版，第380—392页。

（一）经济特区自身的完善

区域经济发展在不同层次、不同阶段必然形成自身特色的发展道路、方式以及内涵。从整体来看，我国特区改革建设的过程开始于经济领域，而后从经济领域逐渐向其他领域深化。在实现中华民族伟大复兴的新时期，任何经济发展模式都不能固化，必须随着外部条件的变化发展和完善，特区模式也是如此。经济特区的使命远没有终结，而是肩负着更高的要求、更大的责任。可持续发展的要求既强调经济社会发展各方面的联系与协调，也强调人与人、人与社会、人与自然的联系和协调。经济特区的稳步发展，意味着社会的和谐与稳定。一方面，传统特区经过长期发展，积累了较为雄厚的经济技术基础，可以更有力地推进全面协调可持续发展；另一方面，城乡经济的巨大差距、经济发展与人口资源环境不协调等问题更加凸显。如大力推进和谐发展，解决农村城市化、农民市民化的问题；大力推进创新发展加快调整产业结构，提升我国产业的可持续发展问题；大力推进绿色发展，提倡低碳经济，协调经济发展与环境保护的平衡问题；等等。这些问题的解决仍然需要在示范区先进行试验，创出经验后再全面推广。比如上海浦东新区作为高新技术开发区、天津滨海新区被赋予高质量利用外资的试验区、成都与重庆作为统筹城乡发展的试验区以及武汉城市圈作为“两型”社会的试验区等，这些试验区作为培育的新特区正寻求着新的发展，继续肩负着为中国的现代化建设探路的责任和使命。

（二）稳妥推进、因地制宜建立经济特区

经济特区对于整个中国的改革开放意义深远，也是中国区域经济发展的道路探索。因此，在对特区模式普适性的运用上，应稳妥推进、因地制宜建立经济特区，避免出现急功近利、盲目追风的现象。以经济开发区为例，有些贫困地区不顾自身条件适宜与否，假借所谓的政府之手，大力兴建经济开发区，甚至有的地区完全依靠建立“经济开发区”给职工发工资。于是，经济开发区以星火燎原之势迅速完成了“橘生淮南，逾淮为枳”的异化和蜕变，一度盲目模仿之风日炽，最终导致经济开发区半途而废。

因地制宜建立经济特区主要体现在产业的选择上，以当地优势产业或特色产业为指向，避免出现产业选择失当。以海南特区为例，海南在20世纪80年代初期城市人均住房面积位于全国末位，但随着全国开发区热的兴起，把房地产当作重点产业，掀起了兴建住房别墅、高层商住楼的高潮，最终出现许多“烂尾楼”，其根源就在于缺乏科学规划和明晰的产业指向，严重影响了海南特区经济的长远发展。

特色经济本质上是优势经济，由于各地区的区位条件、历史环境和经济发展情况不同，地区发展的优势和制约因素不一样，因此表现在发展战略、发展模式、经济结构等方面必然有所区别。这些区别综合形成各地区的特色，根据区域比较优势，确立特色产业和特色产品生成核心竞争力，进而依托核心产业培育经济增长极，形成基础雄厚的辐射源，逐渐带动其他地区的经济发展。[①] 我国幅员辽阔，各地比较优势不同，很难用“一刀切”的政策适用于所有地区。因此在推进特区建设过程中，要因地制宜，不同地区实施不同的政策，满足不同的需求。

第三节　转型时期经济特区与非特区如何协调发展

转型时期的经济特区面临两大难题：一是经济特区如何找准优势促进自身进一步发展；二是经济特区与非特区如何协调发展。显然，在当前形势下，后者更为社会各界所关注，因为经济特区与非特区的协调发展，不仅关乎我国区域经济的均衡发展，而且关乎收入分配、社会公正乃至政治稳定。

一　经济特区与非特区协调发展的理论基础

经济特区与非特区如何协调发展，国内外学者进行了大量相关的理论研究，这些理论虽然绝大部分并不是直接研究经济特区与非

① 李凌云：《新形势下经济特区的“特区之位”探析》，《特区经济》2008年第8期。

特区的协调发展问题，但都可以应用于这个问题的分析。这些理论主要包括：佩鲁的“增长极”理论、缪尔达尔（Gunnar Myrdal）的“循环累积因果”理论、弗里德曼的“中心—外围”理论以及在弗农的“产品生命周期”理论基础上发展起来的“梯度转移”理论等。值得注意的是，“循环累积因果”理论、“中心—外围”理论以及“梯度转移”理论都分别是对“增长”极理论不同程度的进一步发展。

（一）“增长极”理论

“增长极”理论是由法国经济学家佩鲁在1950年首次提出的，该理论是20世纪40年代末到50年代西方经济学家关于一国经济平衡增长抑或不平衡增长大论战的产物，被认为是西方区域经济学中经济区域观念的基石，是不平衡发展理论的主要依据之一。

继佩鲁之后，法国经济学家布代维尔（J. B. Boudeville）、美国经济学家弗里德曼、瑞典经济学家缪尔达尔、美国经济学家赫希曼（A. O. Hischman）分别在不同程度上进一步丰富和发展了这一理论，使区域增长极理论成为区域经济发展的核心理论依据。[①]

佩鲁认为，经济增长并非出现在所有区域，而是以不同强度首先出现在一些增长点或增长极上。增长极是围绕推进性的主导工业部门而组织的有活力的高度联合的一组产业，它不仅能迅速增长，而且能通过乘数效应推动其他部门的增长。

增长极主要通过极化效应和扩散效应对区域经济的发展产生影响。

（1）极化效应。又称回波效应，是指迅速增长的推动性产业吸引和拉动其他经济活动，不断趋向增长极的过程。在这一过程中，首先出现经济活动和经济要素的极化，然后形成地理上的极化，从而获得各种集聚经济，即规模经济。规模经济反过来又进一步增强增长极的极化效应，从而加速其增长速度和扩大其吸引范围。

（2）扩散效应。又称涓滴效应，是指增长极的推动力通过一系列联动机制不断向周围发散的过程。扩散作用的结果，是以收入增

---

① 冯邦彦、叶穗瑜：《从增长极理论看我国区域经济的梯度开发——兼论西部大开发的推进策略》，《暨南学报》（哲学社会科学版）2001年第7期。

加的形式对周围地区产生较大的乘数作用。扩散效应促成各种生产要素从增长极向周围不发达地区扩散，即通过建立增长极带动周边落后地区经济迅速发展，从而逐步缩小与先进地区的差距。

在经济发展的初期阶段，极化效应是主要的，当增长极发展到一定程度后，极化效应削弱，扩散效应加强。增长极效应是一种多种效应的复合体，如上游下游效应、集聚效应和互利效应等。在此理论框架下，经济增长被认为是一个由点到面、由局部到整体依次递进、有机联系的系统，其物质载体或表现形式包括各类别城镇、产业、部门、新工业园区、经济协作区等。①

“增长极”理论提出后，被许多国家用来解决不同的区域发展和规划问题。20 世纪 70 年代以后，增长极理论曾广泛应用于不发达经济与不发达地域经济发展，成为指导经济发展的重要工具，许多国家试图运用这一理论消除落后地区的贫困，促进各地区经济协调发展。

（二）“循环累积因果”理论

“循环累积因果”理论是瑞典著名经济学家缪尔达尔在 1957 年提出的，后经卡尔多（Nicholas Kaldor）等人发展并具体化为卡尔多—迪克逊—瑟尔沃尔区域经济增长模型。

缪尔达尔在批判新古典主义经济发展理论所采用的传统静态均衡分析方法的基础上，认为市场机制能自发调节资源配置从而使各地区的经济得到均衡发展的观点不符合发展中国家的实际。事实上，长期信奉市场机制的发达国家也没有实现地区的均衡发展。因此，缪尔达尔提出应采用动态非均衡和结构主义分析方法来研究发展中国家的地区发展问题。

缪尔达尔认为，市场的作用一般倾向于增加而非减少地区间的不平衡，经济发展过程首先是从一些较好的地区开始，一旦这些区域由于初始发展优势而比其他区域超前发展时，这些区域就会通过累积因果过程，不断积累有利因素继续超前发展。

在经济循环累积过程中，这种累积效应有两种相反的效应，即

① 颜鹏飞、邵秋芬：《经济增长极理论研究》，《财经理论与实践》2001 年第 3 期。

回流效应和扩散效应。前者指落后地区的资金、劳动力向发达地区流动，导致落后地区要素不足，发展更慢；后者指发达地区的资金和劳动力向落后地区流动，促进落后地区的发展。市场力的作用一般倾向于增加而非减少地区间的不平衡，地区间发展不平衡，使得某些地区发展快一些，而另一些地区发展则相对较慢，一旦某些地区由于初始优势而超前于别的地区获得发展，那么这种发展优势将保持下去。因此发展快的地区将发展得更快，发展慢的地区将发展得更慢，这就是循环累积因果原理，这一原理的作用导致“地理上的二元经济”结构的形成。

区域经济能否得到协调发展，关键取决于两种效应孰强孰弱。在欠发达国家和地区经济发展的起飞阶段，回流效应都大于扩散效应，这也是造成区域经济难以协调发展的重要原因。

佩鲁的增长极理论，主要阐述了增长极对其自身和其他地区发展的积极作用，而忽视了增长极对其他地区发展的消极影响。缪尔达尔的“地理上的二元经济”结构理论，利用扩散效应和回波效应概念，阐释了经济发达地区优先发展对其他落后地区的促进作用和不利影响。

（三）“中心—外围”理论

“中心—外围”理论是阿根廷经济学家劳尔·普雷维什（Raul Prebisch）1949 年提出的一种理论模式，它将资本主义世界划分成两个部分：一个是生产结构同质性和多样化的“中心”；另一个是生产结构异质性和专业化的“外围”。前者主要是由西方发达国家构成，后者则包括广大的发展中国家。1966 年弗里德曼将这一理论模式引入区域经济学的研究领域。

弗里德曼对发展中国家的空间发展规划进行了长期的研究，提出了一整套有关空间发展规划的理论体系，尤其是其“中心—外围”理论。弗里德曼认为，区域可分为中心区和外围区。中心区是社会经济活动的聚集区，一般指城市或城市集聚区；围绕中心区并受其影响的区域称为外围区，包括上过渡区域、下过渡区域和资源前沿区域。上过渡区域围绕核心区，显示出经济上升的趋势；下过渡区域多位于边远的农村，还包括资源枯竭、老工业衰退的区域；

资源前沿区域含有待开发的资源，对区域发展有极大的潜在价值，一般位于两种过渡区域之间。①

一方面，中心区从外围区吸聚大量生产要素，并不断进行创新，包括材料、技术、管理、文化以及社会制度等。另一方面，中心区的这些创新又会源源不断地由中心区向外围区扩散，引导外围区经济社会结构的转换，从而促进整个空间系统的发展。除此之外，中心和外围之间还存在决策的传播、移民的迁徙和投资转移三种基本的空间作用过程。

“中心—外围”理论是解释经济空间结构演变模式的一种理论，其试图解释一个区域是如何由互不关联、孤立发展，到彼此联系、发展不平衡，再到发展极不平衡，最后到相互关联且平衡发展的区域系统。

“中心—外围”理论对经济发展与空间结构的变化具有较强的解释力，对区域规划决策者具有较强的吸引力，在实践中得到了广泛的应用。

（四）“梯度转移”理论

“梯度转移”理论源于美国经济学家弗农提出的工业生产的“产品生命周期”理论。“产品生命周期”理论认为，工业各部门及各种工业产品，都处于生命周期的不同发展阶段，即经历创新、发展、成熟、衰退四个阶段。此后威尔斯（Wells）和赫希哲（S. Hirsch）等对该理论进行了验证，并做了充实和发展。区域经济学家将这一理论引入到区域经济学中，产生了区域经济发展梯度转移理论。与梯度转移理论类似的是日本学者小岛清（Kiyoshi Kojima）提出的雁行模式。

“梯度转移”理论实质上也是一种非均衡发展理论。该理论认为，一个国家的经济发展客观上存在梯度差异。区域经济的发展取决于其产业结构的状况，而产业结构的状况又取决于地区经济部门，特别是其主导产业在工业生命周期中所处的阶段。如果其主导产业部门由处于创新阶段的专业部门所构成，则说明该区域具有发

① 任军：《增长极理论的演进及其对我国区域经济协调发展的启示》，《内蒙古民族大学学报》（社会科学版）2005 年第 4 期。

展潜力，因此将该区域列入高梯度区域。创新活动是决定区域发展梯度层次的决定性因素，新产业部门、新产品、新技术、新的生产管理与组织方法等大多发源于高梯度地区，随着时间的推移及生命周期阶段的变化，高梯度地区通过不断创新并不断向外扩散求得发展。中、低梯度地区通过接受扩散或寻找机会跳跃式发展，生产活动逐渐从高梯度地区向低梯度地区转移，这种梯度转移过程主要是通过多层次的城市系统扩展开来的。该理论主张发达地区应首先加快发展，然后通过产业和要素向较发达地区和欠发达地区转移，以带动整个经济的协调发展。

二　经济特区与非特区发展实践中存在的问题

我国实施区域经济发展战略大致可分为三个阶段：①

第一阶段：20 世纪 50—70 年代。在刚性的计划经济体制下，实行均衡的区域经济发展战略。事实证明，这种均衡战略虽然在中华人民共和国初期取得了某种程度的成功，但由于其违背了比较优势的经济效率原则，加之计划经济本身难以承受的信息不对称，导致这种均衡战略的低效率，并以失败而告终。

第二阶段：20 世纪 80 年代。在改革开放的大背景下，实行以经济特区为增长极的非均衡发展战略。在效率优先的原则下，邓小平倡导让一部分人、一部分地区先富起来。在此期间，我国先后创办了深圳、珠海、汕头、厦门和海南五大传统经济特区，这些经济特区成为事实上的增长极，通过极化效应得到了快速的发展，并通过扩散效应对周边地区乃至全国都产生了积极有利的影响。该战略的成功实施，使我国经济保持了 30 多年连续高速增长，被认为是世界经济发展史上的奇迹。

第三阶段：20 世纪 90 年代至今。在梯度转移理论的指导下，实行非均衡协调发展的战略。也就是在注重区域非均衡发展的同时，越来越注重区域的均衡协调发展。从“八五”计划开始，特别是“九五”后期和“十五”期间，我国实施了一系列与非均衡协调

① 颜鹏飞、邵秋芬：《经济增长极理论研究》，《财经理论与实践》2001 年第 3 期。

发展相关的战略，包括浦东新区的创办、西部大开发、振兴东北老工业基地、中部崛起以及建立不同形式的经济特区，这些都是在非均衡发展基础上的均衡发展。

然而，通过经济特区实施的非均衡发展战略在取得巨大成就的同时，也存在很多无法回避的问题，特别是由于循环累积的原因，致使经济特区与非特区的协调发展方面的问题尤为突出。

（一）经济特区极化作用的负效应明显

经济特区作为区域经济的增长极，其推动型产业带来的规模经济对周边地区劳动力、资金、技术等要素具有强大的极化效应。在这种极化效应大于其扩散效应时，会造成对周边地区发展机会的剥夺，且这种剥夺行为有加剧的趋势，进而使特区与非特区经济发展差异越来越明显，形成“地理上的二元经济”结构。

从长期来看，极化效应也不会总是大于扩散效应，增长的累积性不会无限进行下去，地理上的扩散效应（涓滴效应）将足以缩小区域之间的差距。但问题是这种极化效应大于扩散效应的状态究竟会持续多长时间。增长极的扩散效应虽然不可否认，但漫长的极化阶段也是毋庸置疑的，在这个漫长时间里，区域发展不平衡造成的政治不安定因素也可能增加。

（二）“飞地”型特区出现的概率增加

与传统特区相比，新建特区一般以现代工业或服务业为目标，技术装备和管理方法较为先进，要求具有很强的创新能力，这些产业对于周边区域而言提供的就业机会并不多，经济扩散效应并不明显，结果导致与周边区域发展没有关系的“飞地”型特区的出现，并且可以预见这种“飞地”型特区在长期内产生扩散效应的可能性较小，其不仅没有起到区域经济发展的增长极作用，反而加剧了区域经济发展的不平衡。

（三）地方利益的竞争加剧特区极化效应

改革开放以来，在财税分权和经济考核体制的双重利益驱动下，地方政府间形成了激烈的竞争关系。这种竞争在推动我国经济持续高速增长的同时，其产生的消极影响也越来越严重。

这种地方政府间的竞争自然也包括经济特区政府与非特区政府

间的竞争。在新时期，经济特区虽然依然被赋予先行先试权，依然肩负为全国改革开放的深入充当急先锋的重任，但经济特区在面临其政策比较优势下降和特区不特的挑战下，加强特区自身的发展将是特区首要考虑的目标。也就是说，在激烈的地区竞争态势下，经济特区作为独立的利益主体，首要目标将是其自身如何进一步发展，然后才会考虑与非特区的协调发展。特区政府从自身利益出发，一是利用其特殊的地位，向中央政府继续争取有利于自身的区域政策；二是利用其在区域经济中已有的强势地位，制定有利于自身的地方政策。特区政府的这两种行为都将强化特区对非特区的极化效应，从而进一步剥夺非特区的发展机会。

（四）分割的地区市场阻碍特区扩散效应

经济特区与非特区的协调发展需要靠经济特区对非特区的扩散效应来实现，目前我国市场体系的两种基本格局对这种扩散效应具有明显的阻碍作用。

一方面地方利益驱动下的地方保护主义盛行，形成区域市场分割，严重阻碍商品市场和要素市场的正常流通。另一方面在行政垄断和既得利益集团的控制下，市场机制被严重扭曲，使特区对非特区的扩散效应延迟或根本不会发生，这两种现实的格局均加剧了经济特区与非特区间的不平衡性。

三　经济特区与非特区协调发展的政策思考

缪尔达尔等经济学家认为，要促进区域经济的协调发展，需要政府的有力干预。结合我国经济特区与非特区实践过程中出现的问题，要促进这两者协调发展，关键是要保障经济特区扩散效应的顺利进行。

（一）建立统一公平的市场体系

市场体系以价格为核心，以效率为原则，市场竞争的结果更多的时候是趋向于不均、差异以及这种趋向的加剧。即便如此，市场却是实现经济特区对非特区扩散效应最有效的手段。市场是资源配置的基础，也是区域协调发展的基础。市场壁垒、分割市场、地区封锁是阻碍扩散效应的重要原因。受经济体制改革区域推进的影响，我国各区域的经济市场化程度不一，这也是转轨时期区域经济差异加剧的重要原因。

因此，区域之间一致的市场经济体制环境是实现区域经济协调发展的基本前提。只有消除地区封锁，废止妨碍公平竞争的各种分割市场的规定，打破行政壁垒，建立国内统一市场，从而促进各种要素流动，经济特区对非特区的扩散效应才具备体制基础，两者的协调发展才能顺利实现。

（二）强化政府角色转换与职能创新

政府角色转换和职能创新是一个系统性问题。在中央政府放权的过程中，由于缺乏有效的约束机制和调控手段来规范地方政府行为，地方政府的经济权限被放大，甚至造成地方经济由地方政府主导的事实，进而滋生诸多弊端，如行政壁垒、地方保护、市场限制、恶性竞争、无效投资甚至腐败妄为，最终致使市场被逐出游戏规则。实践证明，政府应当而且仅限于承担四项基本职能，即保护私有产权、提供公共产品、提供基本的社会保障以及公正公平的社会环境。在经济特区自身具有一定的区位和政策优势的前提下，政府主导的经济还会造成周边地区的生产要素向经济特区过度极化和不当极化，致使周边地区的发展机会被人为地剥夺掉。

政府角色与职能创新是市场机制得以发挥作用的基础，是建立统一公平的市场体系，亦即发生扩散效应的基本保证。政府和市场两种力量此消彼长，无论是理论上还是实践上都证明了市场的主导地位是不可动摇的，政府角色与职能创新将是我国未来改革的主要内容之一。

（三）设立经济特区应以比较优势为首要原则

设立经济特区是人为地强化某种比较优势，根据比较优势确定经济特区的形式，地区比较优势的多样性必然导致经济特区形式的多样性。只有建立在比较优势原则上的经济特区，才能最大限度地产生扩散效应，在其自身得到快速发展的同时，带动周边地区的协调发展，避免“飞地”型特区的出现。

设立经济特区所考虑的比较优势原则主要是产业层面的，经济特区应结合周边地区的资源禀赋、要素条件以及经济发展水平来选取其推动性产业，否则“飞地”型特区出现的可能性极大，与设立经济特区的目标背道而驰。

（四）完善经济特区与非特区间的合作机制

经济特区与非特区间的协调发展，必须在它们之间建立合作机制，这种合作机制可以考虑三个层面。第一层面，经济特区政府与非特区政府间进行政策上的合作，将区域经济合作机制上升到法律的高度，制定具有法律效率的区域经济政策和地方产业政策，充分发挥市场机制的作用，促进生产要素地区间的自由流动，这是经济特区与非特区合作机制建立的起点。第二层面，经济特区与非特区之间按照比较优势原则，进行产业合理分工，不能因地方利益而盲目竞争，重复建设，造成资源的无效利用，这是经济特区与非特区合作机制建立的原则。第三层面，经济特区经过一段时期的发展后，有产业结构升级的需要，一些在经济特区失去比较优势的产业和企业面临向非特区的梯度转移，这种梯度转移也正是建立经济特区与非特区合作机制的内容与目标。

第四节 经济特区与“中国模式”

近年来，随着中国经济迅速崛起，“中国时代”逐渐取代“美国时代”成为主流，中国在全球的影响力日益增长，“中国模式”成为国际学术界讨论的热点。

一 关于“中国模式”的讨论

关于“中国模式”的内涵，学术界一直存在分歧。有的学者将“中国模式”与“北京共识”等同；有的学者认为两者之间存在区别；还有的学者避开二者，从经验和模式之别的角度出发重新认识“中国模式”。

雷默发表《北京共识》一文开启了世界对“中国模式”高度关注的序幕，认为“中国模式”即是“北京共识”，把“中国模式”

概括为三大定理：创新、努力、自主发展。[①]

范秋迎认为，"中国模式"等同于"北京共识"。[②] 她认为"中国模式"是以社会主义为取向、以和谐发展为目标，以改革创新为动力、以人本务实为理念的具有中国特色的发展模式。

尹倩认为，"中国模式"在逻辑次序上要高于"华盛顿共识"[③]和"北京共识"。[④]"中国模式"既可以是实践经验，也可以是发展理念，参照的是其他国家或地区的发展模式；而所谓"北京共识"只是发展理念，针对的是"华盛顿共识"，它与"后华盛顿共识"[⑤]、欧洲

① 2004年美国高盛公司高级顾问乔舒亚·库泊·雷默在《北京共识》一文中首次提出并将其定义为：坚决进行革新和试验（如经济特区）、积极维护国家边境和利益（如台湾问题）、不断精心积累具有不对称力量的工具（如巨额外汇储备），其目标是在保持独立的同时实现增长。雷默指出中国通过艰苦努力、主动创新和大胆实践，摸索出一个适合中国国情的发展模式。参见［美］乔舒亚·库珀·雷默（Joshua Cooper Ramo），《北京共识》，英国，《金融时报》2004年5月7日。

② 范秋迎等：《"北京共识"的内涵及启示》，《唐山学院学报》2008年第1期。

③ 1989年，曾担任世界银行的美国经济学家约翰·威廉姆森执笔撰写了《华盛顿共识》，系统地提出指导拉美经济改革的各项主张，包括实行紧缩政策防止通货膨胀、削减公共福利开支、金融和贸易自由化、统一汇率、取消对外资自由流动的各种障碍以及国有企业私有化、取消政府对企业的管制等。1990年由美国国际经济研究所出面，在华盛顿召开了一个讨论80年代中后期以来拉美经济调整和改革的研讨会。与会者就拉美国家已经采用和将要采用的十个政策工具方面在一定程度上达成了共识。这一共识被称作"华盛顿共识"。该共识包括十个方面：一是加强财政纪律，压缩财政赤字，降低通货膨胀率，稳定宏观经济形势；二是把政府开支的重点转向经济效益高的领域和有利于改善收入分配的领域（如文教卫生和基础设施）；三是开展税制改革，降低边际税率，扩大税基；四是实施利率市场化；五是采用一种具有竞争力的汇率制度；六是实施贸易自由化，开放市场；七是放松对外资的限制；八是对国有企业实施私有化；九是放松政府的管制；十是保护私人财产权。

④ 尹倩：《"中国模式"的概念解读》，《唯实》2008年第10期。

⑤ 以美国经济学家斯蒂格利茨为代表的一批西方学者针对"华盛顿共识"提出了"后华盛顿共识"。他们认为，"华盛顿共识"仍然未能关注转轨经济的独特制度特征，未能揭示经济转轨过程中的路径选择和路径依赖特征，对经济转轨国家的指导作用是非常有限的。"后华盛顿共识"强调与发展相关的制度因素，认为发展不仅是经济增长，而且是社会的全面改造。因此，"后华盛顿共识"不仅关注增长，还关注贫困、收入分配、环境可持续性等问题，它还从信息不对称出发，指出市场力量不能自动实现资源的最优配置，承认政府在促进发展中的积极作用，批评国际货币基金组织在亚洲金融危机前后倡导的私有化、资本账户开放和经济紧缩政策。

价值观[①]等是同等程度的概念，都属于发展理念的范畴。因此，相比之下，“北京共识”概念的视角过于狭窄。

沈云锁从发展道路和经验的角度定义“中国模式”，特指中国改革开放以来的社会发展道路或发展经验，是从全球化的角度或世界视野来看待中国社会发展道路，也称为中国道路、中国经验。[②]

李克钦认为，“中国模式”作为一种概念，不能充分体现中国改革开放的全部内涵。“中国经验”更能全面地展现中国发展变化的历史面貌。因为“中国经验”是开放的、包容的、没有定型，并在不断变化和发展。它尊重其他国家的经验选择，不是作为西方经验的对立面而存在，它也不强调自己的普适性。他认为，相对于“中国模式”，“中国经验”提法明显更趋理性、成熟、客观和公正。[③]

笔者认为，“中国模式”是关于中国改革开放以来经济、政治、文化、社会等各领域的发展经验的总结，其中尤其以经济改革为基础。而经济改革的主要推动者和践行者是经济特区，因此以传统经济特区与新特区发展路径所形成的经济特区模式是“中国模式”的基础和核心。

二 经济特区的作用机理是“中国模式”形成的原动力

地区之间经济社会发展不平衡是世界各国尤其是大国共同面临的一个严峻问题，中国幅员辽阔，人口与生产力水平不对称，使得这一问题尤为突出。“中国模式”之所以能够为多数发展中国家甚至少数发达国家所推崇，是因为中国充分考虑到了这个问题，提出“一部分人一部分地区先富起来，先富帮后富，逐步实现共同富裕”的奋斗目标，这符合社会经济发展规律，具有普世价值。为了实现“共同富裕”的奋斗目标，通过设立经济特区来推动区域中心城市

① “欧洲价值观”是基于欧洲传统的社会民主主义价值理念，在强调经济增长的同时，倡导人权、环保、社会保障和公平分配。

② 沈云锁：《中国模式论》，人民出版社 2007 年版。

③ 李克钦：《“中国模式”还是“中国经验”》，《中共南宁市委党校学报》2006 年第 2 期。

或地区的经济增长，使之优先成为区域经济增长的极点，待经济特区自身经济实力壮大后再带动周边地区乃至全国的发展。

经济特区通过极化效应使资金、人才、技术等生产要素聚集，随之在经济中心地区经济扩张过程中，通过扩散效应使资本、人才、技术等生产要素向外扩散，从而推动周边地区经济的发展。特殊的经济政策和特殊的经济管理体制使经济特区逐渐发展成为一种新的区域经济发展模式，成为中国模式的典范。在一定时期内，特区取得了比其他地区显著的成就，占据有利的竞争地位，表现为经济的高速增长，人均收入的巨大提高，综合实力的快速提升。其发展经验不断地被“复制”，从沿海城市到内陆地区，从而推动中国模式的形成。

三　经济特区创造“中国模式”

“中国模式”最基本的内涵是经济发展模式，而经济发展模式的主要推动者是以经济特区为代表的中国发达地区，因此经济特区创造了中国经济发展模式，如图 9—1 所示。

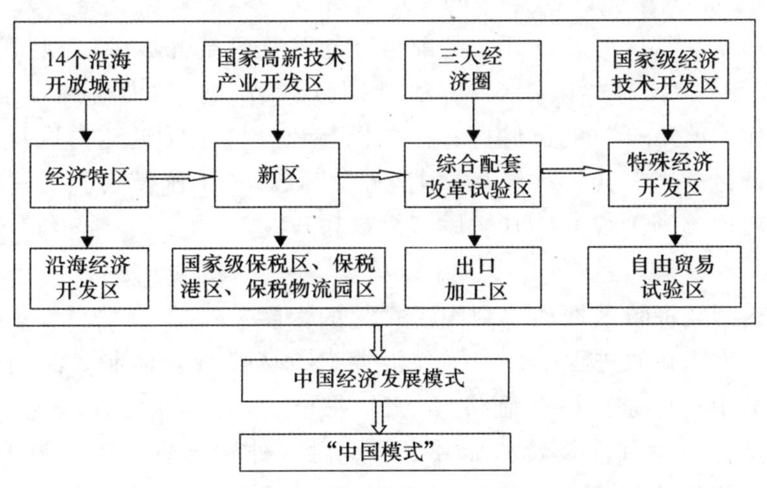

图 9—1　“中国模式”形成路径

经济特区模式是指从传统经济特区到新特区的发展路径，以经济特区命名的传统特区到以新区、综合配套改革试验区和特殊经济开发区为主的新特区是经济特区模式的发展主线。而在这一过程中创办或开放的其他实施特殊的经济政策和特殊的经济管理体制的经济性区域（如14个沿海开放城市、沿海经济开发区、国家高新技术产业开发区、国家级保税区与保税港区、出口加工区、三大经济圈、经济开发区、国家级经济技术开发区以及国家重点开发开放试验区）也属于经济特区的范畴。中国经济发展模式则是对经济特区在发展经济过程中的发展战略、思路、成功的经验和做法的概括和总结。

四 经济特区模式与“中国模式”的实质一致

从创办作为“窗口”和“试验田”的传统经济特区，到开发和开放新区，再到综合配套改革试验区以及特殊经济开发区；从深圳、珠海、汕头、厦门、海南经济特区，到浦东新区、滨海新区，再到逐步开放沿海城市、沿边地区、沿江城市、内陆地区，中国经济发展和现代化建设实施经济梯度发展战略，从“点”到“线”再到“面”。其中做好“点”的文章是关键，经济特区就是“点”的最佳形式。特区是改革开放的前沿阵地，是改革开放的“窗口”和“试验田”，拥有“试错权”，通过试验总结经验教训再逐步推开。特区作为改革开放的试验区，是中国特色社会主义道路的试验，由经济特区这个“点”，推动全国全方位开放。“中国模式”就是在这个过程中逐渐形成的，其实质是改革和开放。

五 经济特区推动“中国模式”的发展

在改革开放进程中，中国积极探索市场经济新体制。深圳等特区根据中央“杀出一条血路来”和“跳出现行体制之外”的精神，率先推行一系列涉及价格、外汇、金融、外贸等领域的体制改革，坚持“引进来”和“走出去”。特区利用特殊的经济政策和特殊的管理体制，坚持对外开放。引进“三来一补”产业，利用各种资源优势，努力发展外向型经济，极大程度上促进了特区经济的快速发展。大量引进外资、技术、管理经验以及管理人才，为特区经济的发展注入新的活力。特区在发展中积累了丰富的成功经验，为其他地区的发展提供了学习和借鉴的榜样。因此，以经济特区为参照对象，各个地区借鉴特区的成功经验，加快自身的发展，从而进一步推动“中国模式”的发展。

“中国模式”是中国改革开放以来涉及经济、政治、文化、社会等各领域的发展经验的总结，其中经济特区模式是“中国模式”的基础和核心。经济特区以“星星之火，可以燎原”之势，经过改革开放30多年的飞速发展，从东部沿海几个城市扩大到整个中国，保税区、保税港区、出口加工区、高新技术产业开发区、经济技术开发区、经济圈、重点开发开放试验区等都已成为一种模式，推动着“中国模式”的形成与发展。

第十章

中国自由贸易区建设与“一带一路”倡议

自由贸易区分为两大类：一类为双边或多边自由贸易区（Free Trade Agreement，FTA），也称为跨境自由贸易区，另一类则为单边自由贸易区，通常也被称作自由贸易园区（Free Trade Zone，FTZ）。前者主要指不同国家或地区之间通过签署双边或多边自由贸易协定，在两个或多个独立关税区域间相互取消关税或其他贸易限制而结成自由贸易区或集团，如美国主导的“跨太平洋伙伴关系协定”（TPP）与美欧主导的“跨大西洋贸易与投资伙伴协议”（TTIP）构成的多边自由贸易区以及亚太自由贸易区、中韩自由贸易区等；后者则为非 WTO 架构下的自由贸易区，通常在所在国家（地区）的海关管辖区范围以外，以贸易为主的经济性特区，如中国（上海）自由贸易试验区等。

第一节　中国跨境自由贸易区发展概况

一　中国跨境自由贸易区建设现状

加快自由贸易区建设，是为应对现阶段经济全球化新趋势和中国经济社会发展现实状况做出的战略筹谋。从中共十七大报告首次提出“实施自由贸易区战略”，到十八大报告强调“进一步加快实施自由贸易区战略”，再到十八届三中全会要求“以周边国家或地区为基础加快自由贸易区战略的步伐，形成面向全球的高标准自由贸易区网络”，显示出中国自由贸易区建设的步伐逐渐加快，正逐步从“旁观者”向“建设者”的角色转变，借此倒逼国内经济体制改革和经济社会协同发展，同时进一步提升中国在国际贸易投资规则制定上的话语权和主导权。

与美国、欧盟相比，中国跨境自由贸易区的建设和发展比较落后。截至目前，中国在建跨境自由贸易区 19 个，涵盖 32 个国家和地区。[①] 其中，中国与韩国、澳大利亚、东盟、新加坡等签署的 14 个自由贸易协定，内地与香港、澳门开展更为紧密的经贸关系合作，以及大陆与台湾两岸经济合作框架协议均已实施；处于谈判中的有中海（中国—海合会）、中澳（中国—澳大利亚）、中挪（中国—挪威）、中日韩自由贸易区协定及中国与东盟的《区域全面经济伙伴关系协定》升级版等。具体见表 10—1。

表 10—1　**中国跨境自由贸易区建设一览表**

	国家或地区协定名称	时间
已签协议的自由贸易区	内地—港澳	2004 年 1 月 1 日生效
	中国—东盟	2004 年 1 月《早期收获计划》（EHP） 2005 年 7 月《货物贸易协议》 2007 年 7 月《服务贸易协议》 2009 年 8 月《投资协议》 2010 年 1 月，中国—东盟自贸区如期全面建成
	中国—巴基斯坦	2008 年 10 月 1 日生效
	中国—新西兰	2006 年 10 月 1 日生效 2008 年 4 月 13 日签署服务贸易协定
	中国—智利	2007 年 7 月 1 日生效 2009 年 10 月 10 日双边服务贸易协定生效
	中国—新加坡	2009 年 1 月 1 日生效
	中国—秘鲁	2010 年 3 月 1 日生效

① 中国经济网（http：//intl. ce. cn/zhuanti/2014/ylyd/index. shtml）。

续表

	国家（地区）协定名称	时间
已签协议的自由贸易区	大陆与台湾的海峡两岸经济合作框架协议（ECFA）	2010 年 1 月 26 日，举行第一次两会专家工作商谈 2010 年 6 月 29 日，两岸两会领导人签订合作协议 2010 年 8 月 17 日，台湾“立法”机构通过《海峡两岸经济合作框架协议》
	中国—哥斯达黎加	2011 年 8 月 1 日生效
	中国—冰岛	2014 年 7 月 1 日生效
	中国—瑞士	2014 年 7 月 1 日生效
	中国—澳大利亚	2015 年 6 月生效
	中国—韩国	2015 年 6 月生效
	中国—格鲁吉亚	2015 年 4 月举行联合可行性研究第一次工作组会议 2016 年 2 月举行自由贸易协定第 1 轮谈判 2017 年 5 月正式签署自由贸易协定
正在谈判的自由贸易区	中日韩 FTA	2013 年 3 月进行首次谈判 2014 年 9 月举行第 5 轮谈判 2015 年 5 月进行第 7 轮谈判 2017 年 4 月举行第 12 轮谈判
	中国—东盟《区域全面经济伙伴关系》	2013 年 5 月开始谈判，2014 年 6 月举行第 5 轮谈判 2016 年 8 月举行第 14 轮谈判，同年 12 月举行第 16 轮谈判
	海合会 FTA	2004 年 7 月开始谈判，2009 年 6 月举行第 5 轮谈判 2016 年 1 月恢复自由贸易协定谈判 2016 年 9 月举行第 9 轮谈判
	挪威 FTA	2008 年 9 月开始谈判，2010 年 9 月举行第 8 轮谈判 2017 年 4 月中挪双方就重启相关经贸安排达成共识

续表

	国家（地区）协定名称	时间
正在谈判的自由贸易区	中国—东盟自贸协定“10+1”升级谈判	2014年9月开始谈判 2015年11月正式签署《议定书》
	中国—斯里兰卡	2014年9月开始谈判，11月举行第2轮谈判 2017年1月举行第5轮谈判
	中国—巴基斯坦自贸区第二阶段谈判	2011年3月开启自贸区第二阶段谈判 2015年1月举行自贸区第二阶段谈判第三次会议，同年4月和8月分别举行第四次和第五次会议 2016年12月举行自贸区第二阶段谈判第七次会议
	中国—南部非洲关税同盟	2004年6月正式启动自由贸易协定谈判
	中国—新西兰自贸协定升级谈判	2017年4月举行第1轮升级谈判
	中国—马尔代夫	2015年12月举行第1轮谈判 2016年9月举行第4轮谈判 2017年3月举行第5轮谈判
	中国—欧亚经济联盟经贸合作协议	2017年4月举行第3轮谈判
	中国—秘鲁自贸协定升级谈判	2016年11月宣布启动升级谈判
研究中	中国—印度	2007年10月完成可行性研究，2010年1月举行贸易合作论坛
	中国—哥伦比亚	2012年5月开始联合进行可行性研究
	中国—蒙古	2017年5月宣布启动自贸协定联合可行性研究
	亚太自贸区	2014年11月11日，习近平出席亚太经合组织（APEC）领导人非正式会议记者会并讲话，会议决定启动亚太自贸区进程
	中国—瑞士自贸协定升级	2017年1月宣布启动中瑞自贸区升级联合研究
	中国—加拿大	2017年4月举行联合可行性研究暨探索性讨论第二次会议

续表

	国家（地区）协定名称	时间
研究中	中国—斐济	2016年11月举行联合可行性研究第二次工作组会议
	中国—毛里求斯	2016年11月宣布正式启动双边自贸协定联合可行性研究
	中国—尼泊尔	2016年3月宣布正式启动双边自贸协定联合可行性研究
	中国—智利自贸协定升级	2016年11月宣布启动双边自贸协定升级联合研究
	中国—摩尔多瓦	2014年12月举行政府间经贸合作委员会第七次会议

资料来源：中国自由贸易区服务网（ http：//fta. mofcom. gov. cn/）。

二　中国跨境自由贸易区发展趋势

当前，经济全球化成为大势所趋，追求更高层次、更高质量的对外开放与经济自由化，已经成为几乎所有国家和地区的战略首选。目前，中国在参与自由贸易区谈判方面已经形成良好开端，跨境自由贸易区的发展出现了一些新的特点和趋势，主要表现为以下三个方面。

（一）自由贸易协定签署步伐加快

2008年国际金融危机以来，全球经济增长步伐缓慢，经济结构进行调整，各国都在寻找新的经济增长动力。建设自由贸易区毫无疑问成本低、风险小，因此，随着区域经济一体化的发展，不断出现以自由贸易协定为主的各种区域贸易安排，发达国家或经济体正在加快推进自由贸易区建设，不断地拓展经贸领域。美国和欧洲主导的TPP和TTIP等大型自由贸易协定，试图制定新型贸易规则以提高贸易规格和门槛。在这一国际背景下，中国自由贸易区的建设也明显加速，于2008年开始先后与新西兰、新加坡、巴基斯坦、秘鲁、哥斯达黎加、冰岛以及瑞士签署自由贸易区协定，数量约占签署贸易区总数的2/3，并开始寻求更多的、更高质量的双边、多边贸易协定谈判。

（二）自由贸易协定内涵更加丰富

WTO因其强有力的处理经济纠纷的手段，在贯彻执行政策方面具有强制力，给成员方带来一定的保障，但约束范围过大使很多国家或地区对此持慎重态度。与以前绝大多数的自由贸易协定只涉及货物贸易方面的内容不同，当今自由贸易协定谈判内容逐渐扩大，不仅涉及贸易、产权，还包括环境标准、农业、竞争政策等敏感领域的内容。以中韩自由贸易协定为例，前后历经10年共14轮谈判，中韩两国于2015年6月1日正式签署中韩自由贸易协定。该协定涵盖了货物、服务贸易、投资和规则共17个领域，包含竞争政策、政府采购、电子商务、环境保护等“21世纪经贸议题”，实现“利益总体平衡、发展全面、高水平”的共同目标。从货物贸易自由化程度来看，协议涉及两国产品税目的90%、贸易额的85%实现自由化，一段时期的过渡后将关税降为零，从而真正实现高水平的货物贸易自由化；协定关于服务贸易方面，中方承诺与韩方在旅游、环境等部门实行开放与合作，韩方则承诺在快递、医疗和建筑设施等行业的市场准入；从国际贸易投资规则来看，中韩首次达成以准入前国民待遇和负面清单方式开展服务贸易和投资谈判，努力与国际高标准贸易规则接轨。

（三）自由贸易区建设由易到难、稳妥推进

中国自由贸易区总体上遵循“审慎稳妥、循序渐进”的推进原则，先立足周边国家和地区，打牢基础后再从双边逐步扩展到多边，范围逐渐扩大。在考虑自由贸易区伙伴成员时，首先选择东盟、香港和澳门地区，它们与内地距离较近、关系较为密切，然后扩展到东南亚和南亚的新加坡、巴基斯坦等国，从亚洲扩展到大洋洲、拉美以及欧洲。目前来看，东亚地区对于我国自由贸易区战略的重要性不言而喻，因此需要以更加主动积极的姿态融入到东亚自由贸易体系建设之中，力图构建层次丰富、布局科学、发展协调的自由贸易合作体系。

三　中国跨境自由贸易区建设面临的瓶颈

中国跨境自由贸易区建设借助“一带一路”倡议创造的开放平

台迎来黄金发展期。然而在“一带一路”沿线地区，有些国家政局不稳，有些地方存在极端势力和恐怖主义势力，这些对“一带一路”沿线跨境自由贸易区的顺利推进会带来极大挑战。例如，希腊、斯里兰卡等国家的政权更迭会影响既有合作项目的实施，缅甸等国家民众对环保的诉求会导致一些项目的停顿和中止，而国际势力对沿线部分国家的干扰也会阻碍双边或多边贸易活动的正常进行。此外，沿线国家的产业基础、经济发展水平参差不齐，自然条件和产业特征也不尽相同。有的处于工业化初级阶段，主要依靠资源开发或初级产品加工发展来维持经济运转；有的已进入中等发达国家水平。经济发展水平的差异可能导致沿线国家之间的经贸政策难以协调，进而限制自由贸易的范围。

第二节　中国自由贸易试验区发展

一　中国自由贸易试验区建设现状

中国自2013年成立中国（上海）自由贸易试验区以来，2015年又在广东、天津、福建成立自由贸易试验区，2017年增加辽宁、浙江、河南、湖北、陕西、四川、重庆7个自由贸易试验区，全国自由贸易试验区数量达到了11个。

自由贸易试验区作为中国新时期改革开放的“试验田”，结合地方特色，尝试充实新的试点内容，为国内全面深化改革开放探索新途径。各自由贸易试验区的定位和目标各有侧重：广东自由贸易区侧重于优化市场、完善法治化营商环境、推进粤港澳服务贸易自由化和粤港澳的深度合作；天津自由贸易区侧重推动实施京津冀协同发展战略，在航运、金融租赁方面发挥优势作用；福建自由贸易区通过整合港口、加强内地的铁路建设，打造重要的海陆交通枢纽，形成对接内地的“三纵六横”便捷交通网，建设成为21世纪海上丝绸之路核心区。

二　中国上海自由贸易试验区的运行成效及示范效应

如果说，30多年前的深圳经济特区是市场经济的试验田，那么，今天的上海自由贸易试验区则是金融自由化的试验田，是继经济特区之后中国特色社会主义市场经济的又一探索，承载着全面深化改革的重任。上海自由贸易试验区建设涉及投资、金融、法律等众多领域，其核心内容包括推动服务业开放、加快金融改革、促进对外贸易的转型升级与实现简政放权。具体而言，上海自由贸易试验区的功能旨在推进服务业扩大开放和投资管理体制改革，推动贸易转型升级，深化金融领域开放，创新监管服务模式，探索建立与国际投资和贸易规则体系相适应的行政管理体系，培育国际化、法治化的营商环境，发挥示范带动、服务全国的积极作用。

2014 年 12 月 12 日，国务院总理李克强主持召开国务院常务会议。会议指出，中国（上海）自由贸易试验区设立一年多来，围绕外商投资负面清单管理、贸易便利化、金融服务业开放、完善政府监管制度等，在体制机制上进行了积极探索和创新，形成了一批可复制、可推广的经验做法。会议部署推广上海自由贸易试验区试点经验，依托现有新区、园区，在广东、天津、福建特定区域再设三个自由贸易园区，以上海自由贸易区试点内容为主体，结合地方特点，充实新的试点内容。2015 年 3 月 1 日起，陆家嘴金融片区、金桥开发片区以及张江高科技片区正式纳入上海自由贸易区版图。扩容后，上海自由贸易区将在更广的改革开放领域和更大的空间范围内，进一步探索以制度创新推动全面改革开放的新路径，走出一条具有中国特色的自由贸易区创新道路，虽任重而道远，却犹可为也。

第三节　自由贸易区与“一带一路”倡议

一　“一带一路”倡议内涵

“一带一路”倡议包括丝绸之路经济带和 21 世纪海上丝绸之路两部分，是世界上跨度最长的经济走廊和最具发展潜力的经济合作带。它发端于中国，横贯中亚、东南亚、南亚、西亚以及欧洲的部分区域，东牵亚太经济圈，西系欧洲经济圈，覆盖约 44 亿人口，经济总量约达21万亿美元，分别占全球63%和29%。[①] 丝绸之路经济带以对外经贸为核心，意在与沿线国家和地区建立从太平洋到波罗的海的运输大通道，进而发展成为连接东亚、中东和次大陆的全面的陆路经贸网络；21世纪海上丝绸之路横贯太平洋和印度洋、中国与东南亚的海岸线、波斯湾和非洲东海岸等地区。“一带一路”作为一种全新的国际关系模式，旨在积极主动地发展与沿线国家和地区的经贸合作伙伴关系，在互利合作的国际大环境中共谋发展和繁荣。

二　“一带一路”倡议的意义

“一带一路”倡议不同于美国的“马歇尔计划”，二者有着本质差别。一方面，中国并非意图借助“一带一路”一跃跻身世界霸权国家行列，而是希望通过帮助“一带一路”沿线国家和地区的经济发展实现“合作双赢”的目标；另一方面，中国的“一带一路”面向全世界，不带有任何政治排他倾向，这与美国奉行霸权主义的目的不可混为一谈。“一带一路”旨在结合中国与沿线国家和地区的利益，借助与沿线相关国家和地区既有的且行之有效的区域合作方式，把近些年来迅速崛起的中国经济与“一带一路”沿线国家和地区的利益结合，重组现有的双边贸易发展关系，进而在多边贸易与地区政治交流上增强睦邻友好关系，实现互利共赢。

因此可以说，“一带一路”是以弘扬开放包容、和平合作、互利共赢的古丝绸之路精神为基础的战略选择，是区域合作以及全球治理新模式的积极探索，具有“开放、包容、互利、合作”的核心内涵，符合时代要求与沿线国家和地区加快发展的愿望，为实现与沿线国家和地区的产业优势互补、经济开放发展创造绝佳的机遇，搭建合作发展的大平台。同时，对中国在国际合作竞争中赢得优势、进一步促进国内改革开放和区域发展，实现中华民族伟大复兴的中国梦奠定坚实的基础。

（一）构建全面开放的发展平台

“一带一路”倡议的区域规划涉及亚洲、中东、欧洲和非洲的

① https：//zhidao. baidu. com/question/371237447871965164. html.

77 个不同的经济体，占中国境外经贸合作区的比例约为 2/3。为实现与沿线国家和地区通过现代化的运输方式和信息网络的互联互通，其核心是进一步的对外开放。丝绸之路经济带侧重于建设连接亚欧的陆路大通道，加大向西开放的力度，实现西部地区经济现代化，最终形成全方位的开放经济体系。21 世纪海上丝绸之路则侧重于中国与东盟国家长远合作发展的战略构想，同时对于深化与东盟的区域经济合作、促进亚太地区的共同繁荣发展具有重要的作用。

（二）化解过剩产能，推进经济转型升级

目前我国经济处于稳增长阶段，面临产业转型升级、产能相对过剩的问题比较突出。“一带一路”沿线大部分国家为发展中国家，经济发展处于上升阶段，其基础设施建设尚不完善，对钢铁、建材、纺织、化工等基础产品需求很大。通过“一带一路”倡议的推进，可将一些过剩产能转移到基础设施建设相对比较薄弱的国家和地区，同时带动部分资金、技术、人才等资源向中西部及东南亚国家转移，培育新的增长极。

（三）缩小东西部地区经济发展差距

我国经济增长的区域分布不均衡，东西部地区经济发展差距较大，对外贸易和投资严重失衡，“一带一路”向西开放，一方面是为完善跟西边国家和地区间持续而重要的合作伙伴关系，扩大这些地区的对外开放水平，使极具特色的当地产业跨出国门“走出去”；另一方面也为我国西部对外贸易和投资提供发展契机，使东西方向开放逐渐呈均衡化的态势，从而促进国内区域全面协调发展。

（四）形成合作共赢的发展格局

“一带一路”倡议开放包容、和平发展、互利共赢的发展理念，可激发区域内发展活力与合作潜力，通过实施区域优势互补加快推进双边、多边跨境贸易、交流合作，建立长期合作伙伴关系。鉴于周边相对落后国家或地区建设“一带一路”的现实困难，将国内的资金、技术等生产要素向沿线区域及发展中国家输出，增强其产业能力，通过亚洲基础设施投资银行（简称亚投行）以及丝路基金，鼓励中国企业走出国门对外投资，达到共同建设、共同发展、共同繁荣的目标。

三 “一带一路”倡议与自由贸易区的内在联系

中国经济正在步入“新常态”稳增长阶段，持续了30多年的人力资源优势已不复存在，部分劳动密集型产业逐渐失去竞争优势，中国部分原材料产业出现过剩产能，国内市场供求不平衡。同时，中国也有一批具备跨国营运能力的大企业，通过与“一带一路”沿线国家和地区共商、共建、共享来完善经济全球化的机制，尽可能避免其带来的负面影响，既能促进中国企业“走出去”，也能惠及沿线国家和地区，共同分享中国的改革红利。

“一带一路”和自由贸易区在某种程度上都是为了促进区域经济的合作与发展。此外，与以前中国实行的对外开放目的不同，“一带一路”不是为了引进外资、技术和管理经验来发展自己，而是通过推进周边国家和地区发展，构建综合、完善的交通体系，深化与沿线国家和地区的贸易和投资合作，积极开展面向东北亚地区的交流互动合作，建设沿线跨区域自由贸易区等举措，使中国改革发展迈上新台阶，实现中国经济的转型升级和区域再平衡。

（一）“一带一路”为自由贸易区提供发展机遇

当前，世界上正在进行着以TPP、TTIP和RCEP为主的具有代表性的全球自贸协定谈判，这些自由贸易协定囊括了全球最主要的经济体，对世界经贸规则、经济和政治格局有着举足轻重的作用。美国以北美自由贸易区为主体，借TPP和TTIP战略谋求北美到欧洲乃至亚洲东部区域，促成“大西方战略”① 的目标；欧盟则意图通过主导TTIP与美国经济融合，从而确保美欧在全球的绝对领导地位；中国与东亚国家积极展开RCEP谈判，提升东亚经济合作水平，从而规避TPP的负面影响。“一带一路”不仅涉及日本、韩国、西欧等部分发达国家，而且涉及中亚、东欧等大部分发展中国家，同时还涉及南亚、西亚、非洲等欠发达的国家。通过采取更为主动的开放性政策，积极发挥中国在区域经贸合作中的领导作用，努力提升中国与欧洲、亚洲和非洲等国家在人才、物资和文化上的交流互

① ［美］兹比格涅夫·布热津斯基：《战略远见：美国与全球权力危机》，新华出版社2012年版。

动，促进“一带一路”沿线国家和地区间利益共同体、命运共同体的形成，“一带一路”战略无疑为此创造了绝佳的发展机遇。

“一带一路”将沿线国家和地区集中于“带”和“路”的区域概念。随着基础设施的互联互通，原先孤立、分散的各个国家被铁路、航路联系起来，逐渐形成共同利益，具备共同的区域特征并负有相同的使命感。目前，由于中国与沿线国家和地区在合作领域、内容和机制等方面存在一定的差异，与沿线国家和地区进一步的多边整合不可避免会面临困难。因此，在短时期内中国与“一带一路”沿线大多数国家和地区以双边关系为基础，沿线国家和地区也会更倾向于单独与中国进行双边自贸协定的谈判，相互之间建立自由贸易区为“一带一路”倡议的推进奠定良好的基础。

中国自由贸易区为新一轮国际合作提供平台，“一带一路”倡议为国家间区域经济合作提供地缘需求，在“一带一路”倡议推进过程中将会不断探索新的合作方式，或设立双边自由贸易区，或构建多边自由贸易区。中国与“一带一路”沿线国家和地区在贸易领域有很强的优势互补性，在货物贸易、能源的合作方面具有很强的吸引力。因此，跨国（区域）合作可以从三方面展开：首先，国与国（区域与区域）之间从贸易政策及合作机制等方面进行深度合作，建立类似于TPP的国际区域合作机制。其次，鼓励国内沿海沿边各省市与“一带一路”沿线区域城市探索建立境外工业园，推动产业向外转移。最后，大力支持本国企业赴境外投资建厂，积极承建当地基础设施建设，或通过参股、控股等形式参与当地的资源开发。

（二）自由贸易区辐射带动“一带一路”

改革开放初期，中国主要实行“迎客式开放”，主要借助优惠政策吸引外资，从而带动经济快速发展。面对当前国际贸易新格局，自由贸易区在继续承担着“迎客式开放”重任的同时，更应在国际贸易投资规则上为中国经济“走出去”进行有效探索，“一带一路”将成为中国经济“走出去”的新起点，并且以“走出去”的强大动力带动开放。此外，“一带一路”倡议的推进需要大量资源支撑，亚投行和丝路基金在一定程度上有助于缓解资金的压力，但这是远远不够的。“一带一路”沿线自由贸易区的开放程度对周围的地区有着虹吸效应，在金融政策、贸易政策、人才政策上的优势会吸引周围城市大量的资金和人才流入。这种虹吸效应解决了发展的资源需求问题，是“一带一路”不可或缺的重要节点。待自由贸易区发展成熟后，其中汇聚的大量资源又会产生巨大的溢出效应，反哺于周边地区，为“一带一路”倡议的实施提供支持。

加快建设自由贸易区，是实现对外战略目标、运筹对外关系的重要途径。设立自由贸易区并不断拓展其规模，目的是探索中国对外开放新的路径和模式，更重要的是通过跨国（区域）自由贸易区建设的探索，在国际经贸规则制定中赢得主动、在竞争中取得主导地位。自由贸易区作为“一带一路”的载体，将进一步增强中国在国际范围内的竞争力。因此，应加强顶层设计，加快开展自由贸易区建设的可行性研究，规划科学合理的自贸区谈判路线图，将中国改革的红利、经济发展的强大动力传递给周边，积极同“一带一路”伙伴国家商讨建立自由贸易区，不仅要努力扩大自由贸易区数量，而且更要讲究质量，逐渐构筑起立足周边、辐射“一带一路”、面向全球的高标准自由贸易区网络。

（三）自由贸易区与“一带一路”倡议相辅相成

自由贸易区与“一带一路”相辅相成，自由贸易区强调贸易自由化，后者注重经济区域一体化，二者将共同构成中国对外开放新格局。建立自由贸易区注重从政策上鼓励国家间的贸易往来，而“一带一路”倡议注重对外投资，把劳动力等生产要素优势逐渐转化为对外投资的资本优势，是长远的、全局性的战略部署，同时侧重于基础设施的建设，为自由贸易的实现打下坚实的基础。自由贸易区作为“一带一路”的重要支点，与其他国际性的战略联盟东亚经济圈和欧盟共同发挥地域优势，在多领域展开全面、深度的经贸合作，进一步提升中国在全球的竞争力和影响力。“一带一路”是长期性战略，时间周期长，空间跨度大；而自由贸易区是先行战略，是一种区域间尝试，在尝试中不断总结经验教训，为区域经济一体化做出贡献。

四　自由贸易区对接“一带一路”倡议实施路径

为顺利推进“一带一路”倡议实施，全方位实现对外开放，沿线国家和地区间的自由贸易区将成为考察的重点。除了对上海合作组织、中国—东盟自由贸易区等既有的自贸区进一步整合以外，为双边、多边跨境贸易交流合作提供一个新平台，从而构建新型跨国（区域）自由贸易区则显得更为重要。这其中包括快速推进以东亚、东南亚为主要经济体的 RCEP 框架协定谈判，亚太自由贸易区（FTAAP）的可行性研究，中国在上海合作组织、金砖国家、二十国集团（G20）等机制下与“一带一路”沿线国家和地区间的经贸协议谈判实现新的突破等。通过签署一系列自贸协定或建立自由贸易区，为中国与“一带一路”沿线国家和地区之间的经济贸易往来提供一个规范、公正和透明的市场经济环境，降低跨区域生产和贸易往来的成本，提高贸易效率，促进双边乃至多边贸易、投资和经济合作。

为顺应世界经贸投资自由化、区域性协定迅速增加和国际贸易标准逐渐高端化等新趋势，一方面，“一带一路”为中国与沿线国家和地区彼此之间充分地利用新的平台、参与国际贸易新规则制定、促进区域经济发展带来了新机遇；另一方面，为保护发展中国家权益以及捍卫已取得的多边贸易成果，中国不仅要积极融入到发达国家主导的经济体系中，进一步扩大对外开放水平，积极参与国际经济新秩序建设，同时也需要引领发展中国家，对相邻的发展中国家提供相应的帮助。

随着全球经济的重心由以前的大西洋地区逐渐向太平洋地区转移，亚太地区的区位重要性不言而喻，亚太区域内的贸易自由化进程也在加快。由于东盟能力有限以及亚太经合组织在推进亚太区域一体化方面的表现欠佳，区域内国家竞相展开双边和次区域合作，一时间造成亚太范围内自由贸易协定数量激增，国家和地区之间的自贸区交错重叠，形成“意大利面条碗”[①] 现象。基于亚太现行区

① Baldwin R. E, “Multilateralising Regionalism: Spaghetti Bowls As Building Blocs on the Path to Global Free Trade”, *NBER Working Paper*, No. 12545, 2006.

域合作机制的缺陷以及潜在的巨大利益的吸引，域内大国争先恐后地插手构建亚太自由贸易区，试图争夺亚太经贸的主导权。2011 年美国在亚太经合组织（APEC）峰会上提出 TPP 作为实现“重返亚太”的方案，2012 年俄罗斯针对美国主导的 TPP 提出了“欧亚太平洋”的合作倡议，同年 11 月东盟同中国、日本、印度、韩国、新西兰以及澳大利亚联合展开 RCEP 谈判，标志着范围覆盖 16 个国家的亚太自由贸易区的建设正式启动。

目前，中国与周边国家的经贸联系日趋紧密，中国有能力也有实力在一定程度上发挥带头引领作用，协助发展中国家通过完善基础设施等谋求自身发展。[①] 依托“一带一路”倡议的推进，在双边和多边层次发挥中国在中国东盟自由贸易区、中国新西兰自由贸易区和中国澳大利亚自由贸易区中的桥梁和纽带作用，积极开展中日韩自由贸易区建设的可行性研究，巩固现有的经济合作基础，进而推进亚太地区经济一体化进程。其中，在双边领域合作上，已签署双边自由贸易协定的国家容易在亚太自由贸易区方面达成共识，有利于达成高水平的亚太自贸协定；在多边领域的合作上，RCEP 谈判将成为亚太自由贸易区建设的重要推动力量。此外，由于 RCEP 的非排他性特征，亚太自由贸易区可以不断吸引其他亚太地区成员加入，最终扩展到整个亚太地区，实现整个亚太地区的经济一体化。

（一）“一带一路”倡议的中心在东亚

任何一个区域经济板块都需要一个强有力的经济增长极，因为增长极可以强化和稳定区域经济联系并最终实现区域性自由贸易区。例如，欧洲的德国和法国、北美的美国作为两个地区的经济核心，对区域经济板块发挥着重要的枢纽作用。亚洲的经济增长极在东亚地区，中日韩三个国家构成东亚的经济中心。目前，由东盟主导 RCEP 最有可能成为亚洲的核心经济圈，它集中了中日韩和东盟，也囊括了南亚大国印度以及大洋洲的澳大利亚和新西兰。因此，中国应在大力维护东盟“中心地位”的前提下，积极发挥自己的地区

---

① 张茉楠：《全面提升“一带一路”战略发展水平》，《宏观经济管理》2015 年第 2 期。

影响力，努力促成RCEP谈判的成功。只有东亚形成了真正意义上的“核心经济圈”，才可能逐步向西扩展，“一带一路”倡议才能早日实现。

（二）合理选择辐射“一带一路”的自由贸易区战略支点

中国在选择自由贸易区支点的合作伙伴时，不能基于短期的利益诉求，必须用一种长远的战略性眼光去看待，并考虑三个因素：一是地理位置（如交通要道或贸易枢纽）；二是政治风险（同中国政治关系比较友好，国内政局比较稳定）；三是经贸潜力（比如其国内市场大，或在贸易上同中国互补性强，或者有中国经济发展迫切需要的战略性资源等）。根据上述标准，中国应根据不同地区合理选择自贸区对象。例如，以色列、海合会可以作为西亚北非地区的支点，印度可以是南亚的支点，格鲁吉亚、摩尔多瓦是连接欧亚大陆的重要支点。欧亚经济联盟和欧盟也应成为中国在“一带一路”自由贸易区建设中的重要战略支点。俄罗斯主导的欧亚经济联盟是一种新的力量中心，同时考虑到独联体地区自由贸易区的内向性特点，中国应与欧亚经济联盟商签自由贸易区，这样既能体现经济互补性，又能在战略上与俄罗斯等国建立协作伙伴关系，共同应对西方的霸权主义。中国是欧盟第二大贸易伙伴，欧盟则是中国第一大贸易伙伴，且二者分别是“一带一路”的起点和终点，双方之间的贸易依赖有助于中国和欧盟缔结自由贸易区，进而促进欧亚经济发展。

（三）“一带一路”倡议具体实施路径

就丝绸之路经济带的实现路径而言，根据区域特征把它划分为三个层级，即中亚经济带、环中亚经济带和亚欧经济带。[①] 中亚经济带位于亚洲中心位置，也是丝绸之路经济带的核心区域，包括哈萨克斯坦、乌兹别克斯坦、土库曼斯坦等五个国家，经济发展水平较为落后，该地区与中国具有能源资源、经贸合作的天然市场需求和巨大的开发潜力。丝绸之路经济带有助于深化中国与中亚地区的能源资源合作，促进区域内部的和平稳定和繁荣发展，

① 李罗莎：《中国参与全球区域经济一体化战略与对策研究》，《全球化》2015年第1期。

最终实现与中亚地区贸易一体化的目标。环中亚经济带地处丝绸之路经济带的中间地段，除了中亚地区以外，还包括印度、俄罗斯、沙特等国家，该地区的石油和天然气资源储备丰富，是中国重要能源进口的来源，具有巨大的经贸合作潜力，而现阶段该地区的主要贸易伙伴为美国和欧盟等发达国家。因此，需要进一步提升中国与该地区的开发合作与贸易往来。亚欧经济带覆盖亚欧大陆的主要国家和地区，包括德国、法国、英国等欧洲国家，埃及、利比亚等北非地区以及环中亚地区，是丝绸之路经济带的完整版图。中国和欧盟地处丝绸之路经济带的两端，分别是亚欧两大经济体和地区经济增长极，欧洲需要中国的投资，从而有助于缓解欧债危机带来的就业问题和财政压力。中国在新型城镇化、产业转型升级和食品安全等方面也需要欧盟在技术方面的支持。目前，中国和欧洲双方正积极推进中欧全面投资协定谈判，并决定在条件成熟时签订更加深入的自由贸易协定。因此，中欧加强交流合作，各自发挥引领带动作用，将有效地推动中国丝绸之路经济带建设的早日实现。

从21世纪海上丝绸之路的实现路径来说，可从维护既有合作平台和探索建立新自由贸易区两方面展开。在既有平台建设上，应积极推进中日韩自由贸易区谈判，拓展在市场开放、投融资体制机制、服务贸易等多个领域的合作空间，提升中国在亚洲地区的经济实力和影响力。[①] 深化与东盟的经济合作，以经贸促进睦邻友好关系的发展，既可以缓解中国东海、南海问题的紧张局势，向世界彰显和平发展、共同繁荣的战略主张，又可以积极发挥中国对东南亚各国的产业溢出效应，加快推进RCEP谈判，为21世纪海上丝绸之路提供制度保障。此外，21世纪海上丝绸之路的推进还要注重港口建设，以沿线的港口为支撑，探索与沿线国家和地区建设自由贸易区，为“21世纪海上丝绸之路”提供先行先试的载体。

---

① 付丽：《世界贸易新规则体系的核心内容及中国的应对之策》，《对外经贸实务》2015年第7期。

第四节　“一带一路”倡议与中国跨境自由贸易区

一　“一带一路”倡议带动跨境自由贸易区发展

自2007年全球金融危机爆发以来，美欧大国将经济结构的重心逐步向实体经济发展方面进行调整，目前谈判的“TPP”和“TTIP”就是把发展贸易和自由贸易区建设作为其经济战略调整的重要载体。我国提出的“一带一路”倡议既涉及西欧、日韩等发达国家，也涉及中亚、东欧等原苏东国家，同时还涉及南亚、西亚、非洲等第三世界国家，若能借此把东亚和欧亚这两大区域连接起来，就有可能与欧盟、北美构成三足鼎立的态势，缓解局部压力。

因此，在新的国际经贸背景下，党中央明确提出实施“引进来”与“走出去”相结合的对外开放战略，实现全面深化改革，努力拓展对外开放的新空间，在更大范围、更广领域和更高层次上参与国际经济技术合作与竞争。为全方位实现对外开放，借助“一带一路”倡议与沿线国家和地区间的建立自贸区，为双边、多边跨境贸易交流合作提供一个新平台。这其中包括快速推进以东亚、东南亚为主要经济体的RCEP框架协定谈判，亚太自贸区（FTAAP）的可行性研究，中国在上海合作组织、金砖国家、二十国集团（G20）等机制下与“一带一路”沿线国家间的经贸协议谈判实现新的突破等。通过签署一系列自贸协定或建立自贸区，为中国与“一带一路”沿线国家和地区之间的经济贸易往来提供一个规范、公正和透明的市场经济环境，降低跨区域生产和贸易往来成本，提高贸易效率，促进双边乃至多边贸易、投资和经济合作。

二　跨境自由贸易区承载“一带一路”倡议实施

我国的跨境自由贸易区建设除了继续承担着对外开放的重任，更应当为中国经济“走出去”战略做出有效探索。借助“一带一路”建设，逐步形成立足周边、辐射“一带一路”区域、面向全球的自由贸易区网络，最终建成“一带一路”自由贸易区。依托跨境自由贸易区提供的新一轮国际合作平台，以及“一带一路”提供的国际合作地缘需求，试图在不断摸索过程中找出适宜的区域合作方式。中国经济与“一带一路”沿线的中亚各国和东南亚、非洲等国家在发展上具有很强的贸易互补性，双方可在产品贸易和资源的开发合作上优势互补。国家之间可就开放贸易政策及其贸易机制等方面进行深度开发与合作，尤其是待中国（上海）自由贸易区经验成熟推广后，可借鉴类似于TPP（跨太平洋伙伴关系协议）的国际区域合作模式；国内沿海沿边各省市可鼓励经济特区、新区与相关国家城市之间采取共建模式，探索建立境外工业园、资源基地，实现产业之间的转移和贸易的流通；至于企业的发展，可利用“亚投行”—“亚洲基础设施建设投资银行”提供的便利大力支持特区、新区以及开发区企业，赴境外投资建厂，承建当地基础设施建设，参与当地资源开发，加快“走出去”的步伐。

三　构建综合交通体系，打造“一带一路”倡议通道

目前来看，“一带一路”倡议主要是针对该区域内的基础设施建设的需求，而我国在基础设施建设（铁路、公路、港口）方面有明显优势，具有很大的发展空间。解决资金瓶颈，需要各类金融机构积极参与。以建设融资机构为平台，为“一带一路”沿线国家和地区基础设施、资源开发、产业合作和金融合作等与互联互通有关项目提供投融资支持，从而加快“一带一路”基础设施建设，这对于金融机构来说同样是不可错过的重大机遇。

四　“一带一路”倡议与国内自由贸易区相互促动链接

中国改革开放大局进入又一个崭新的历史阶段，“一带一路”也将成为中国“走出去”的新契机，我国沿海沿边各省市尤其是特区、新区以及各大开发区首当其冲，将在自贸区和“一带一路”倡议中承担开放“引擎”的重任强势带动开放。

2014年12月经国务院批准以上海自贸试验区试点内容为主体，依次在广东、天津、福建的特定区域加设三个自由贸易园区，结合

地方特色，尝试充实新的试点内容。从“一带一路”的大背景看，新设的广东自贸区、天津自贸区和福建自贸区可以借助自身优良的港口，成为海上丝绸之路的重要支点，连接海上丝绸之路的重要桥头堡，由此我们可以看出自贸区建设仍将是中国改革开放大格局中的重中之重。实施自贸区战略，不仅是我国为顺应全球经贸发展形势实行的积极主动开放战略的重大改革，更是为探索中国对外开放新的路径和模式做出的一种尝试，促进转变经济增长方式和优化经济结构，逐步与全球经济接轨，并在国际经济规则制定与竞争中赢得主动和主导地位。

例如，国家继上海自由贸易区以来，陆续开放广东、天津、福建3个自由贸易区。这符合我国自由贸易区“循序渐进”的发展思路，也体现了自贸区发展“承前继后”的实际需求。广东、天津和福建将实行与上海自由贸易区无差别的负面清单管理模式以及与之配套的外商投资企业设立及变更备案制度。同时，这四大自由贸易区的定位、经济、产业结构也将各有侧重：广东自由贸易试验区包括南沙、前海蛇口和横琴三大片区，侧重于优化市场化、法治化营商环境，推进粤港澳服务贸易自由化和粤港澳的深度合作，注重在高端服务方面有所作为；天津自由贸易试验区，范围涵盖天津滨海新区天津港片区、天津机场片区、滨海新区中心商务区三大功能区域，侧重推动实施京津冀协同发展战略，推动京津冀地区外向型经济发展，在航运、金融租赁方面发挥优势作用；福建自由贸易试验区包括平潭、厦门和福州三个片区，福建作为丝绸之路国内段与海上丝绸之路的交会点，通过整合港口、加强内地的铁路建设，打造重要的海陆交通枢纽，形成对接内地的“三纵六横”便捷交通网，建设成为深化两岸经济合作的示范区和建设21世纪海上丝绸之路的核心区。

2017年4月1日经国务院批准，辽宁、浙江、湖北、河南、陕西、四川、重庆7个自由贸易试验区正式挂牌投入运行。这意味着我国新一轮改革开放将全面展开。

第十一章

从经济特区到自由贸易区：中国改革开放路径与目标的演绎逻辑

中国经济特区的发展伴随改革开放的不同阶段有着不同的表现形式，形成带有各自特色的发展模式。在广义上诸如经济特区、自由港、对外贸易区、保税区、自由过境区、自由贸易区等，它们具有不同的时代特色，扮演着引领不同时期区域发展的重要角色。经济特区是改革开放以来中国最早实行对外开放的“窗口”，自由贸易区是面对新的时代要求，加快构建开放型经济新体制的重要举措。从最初经济特区“摸着石头过河”，率先在计划经济体制下进行市场经济改革，到目前全方位开放的自由贸易区，提出给予“先行先试”，采取“负面清单”管理模式，简政放权，让渡部分中央权力，并将改革范围延伸到经济领域以外，触及改革的“深水区”，中国在不断的探索与实践中寻求一条带有中国特色的对外开放之路。

第一节　中国经济特区到自由贸易区的演进过程

中国改革开放30多年的历史，从某种意义上讲，可以说是从传统经济特区向现代自由贸易区演进的变迁史。改革开放初期创办经济特区，为了降低改革开放的成本，避免出现大的社会震荡，经济特区作为全国改革开放的“窗口”和“试验田”，围绕着如何跳出传统体制——计划经济体制的束缚，探寻有利于经济与社会发展的新体制——市场经济体制。经过十年左右的探索实践，以深圳经济特区为代表的传统经济特区以其举世罕见的发展速度为全国树立了新标杆，即建立社会主义市场经济体制。中共十四大正式确立建立和完善社会主义市场经济体制的目标，由此开启了中华民族伟大复兴的新时代。上海自由贸易试验区的成立，标志着中国改革开放进入全面深化改革的新时期。如果说经济特区的创办体现的是中国特色，即走中国特色社会主义道路，那么自由贸易区的建立则明显体现其普适性，即中国在坚持走中国特色社会主义道路的前提下，已经全面开放融入世界，成为新时期全球化的引领者。

一　创办经济特区：改革开放的突破口

1978 年 12 月中共十一届三中全会确立了改革开放的基本国策，但在如何推进改革开放问题上困难重重，传统计划经济体制的束缚无处不在，加之国家大，人口多，生产力水平低，地区之间发展极不平衡。为了把改革开放的交易成本降到最低，避免出现大的社会摩擦与动荡，首先必须寻找突破口。改革开放的总设计师邓小平同志以其敏锐的洞察力和特有的聪明睿智，做出创办经济特区的英明决策，通过经济特区的“窗口”功能观察世界和了解世界，发挥经济特区的“试验田”功能进行试验，待取得成功经验后逐步推广，对其他地区起到示范作用。1980 年 8 月 26 日，第五届全国人大常委会通过并颁布了《广东省经济特区条例》，批准深圳、珠海、汕头设立经济特区。同年 10 月 7 日，国务院批准成立厦门经济特区。1984 年 5 月 4 日，中央决定开放东南沿海大连、秦皇岛、天津、烟台、青岛、连云港、南通、上海、宁波、温州、福州、广州、湛江、北海等 14 个港口城市。1988 年 4 月 13 日，第七届全国人民代表大会第一次会议通过《关于设立海南省的决定》和《关于建立海南经济特区的决议》。5 个经济特区围绕市场取向进行了一系列改革，其中深圳经济特区最为典型。

深圳经济特区成立之初，面积 327. 5 平方公里，2010 年特区扩容至全市，2012 年 1 月 1 日延伸至汕尾市的深汕特别合作区，总面积 1996. 85 平方公里。下辖罗湖、福田、南山、盐田、宝安、龙岗、龙华、坪山 8 个行政区和光明、大鹏 2 个功能新区，2016 年末，深圳户籍人口为404.8万人，常住人口1190.84万人，户籍人口在常住人口中的比例为33.99%。深圳位于中国南部海滨，毗邻香港，地处广东省南部，珠江口东岸，东临大亚湾和大鹏湾；西濒珠江口和伶仃洋；南边深圳河与香港相连；北部与东莞、惠州两城市接壤。辽阔海域连接南海及太平洋。

1980年，深圳GDP总量2.7亿元（人民币，下同），人均GDP 835元，进出口总额1751万美元，地方财政收入3043万元。到1990年，GDP总量、人均GDP、进出口总额、地方财政收入分别增加到171.67亿元、8724元、1570136万美元和217037万元，分别增长62.58倍、9.5倍、895.7倍和70.3倍，80年代深圳GDP年均增长率为51.81%，举世无双的“深圳速度”被称为20世纪80年代世界经济发展的奇迹。深圳90年代GDP年均增长率为29.87%；2000年至2015年年均增长率为14.97%，具体见表11—1。

表11—1　　**深圳经济特区主要年份主要经济数据**

年份	GDP总量（万元）	人均GDP（元）	经济增长速度（%）	进出总口额（万美元）	出口总额（万美元）	进口总额（万美元）	地方财政一般预算收入（万元）	地方财政一般预算支出（万元）
1980	27012	835	37.55	1751	1124	627	3043	4003
1981	49576	1417	83.53	2807	1745	1062	8787	8411
1982	82573	2023	66.56	2534	1597	937	9163	8815
1983	131212	2512	58.90	78642	6230	72412	15605	15025
1984	234161	3504	78.46	107247	26539	80708	29435	27954
1985	390222	4809	66.65	130632	56340	74292	62894	58651
1986	416451	4584	6.72	184696	72552	112144	74160	68073
1987	559015	5349	34.23	255784	141354	114430	87521	69688
1988	869807	6477	55.60	344277	184949	159328	146521	110992
1989	1156565	6710	32.97	375259	217428	157831	228668	173007

续表

年份	GDP 总量（万元）	人均 GDP（元）	经济增长速度（%）	进出总口额（万美元）	出口总额（万美元）	进口总额（万美元）	地方财政一般预算收入（万元）	地方财政一般预算支出（万元）
1990	1716665	8724	48.43	1570136	815165	754971	217037	198073
2000	21874515	32800	21.25	6393982	3456333	2937649	2219184	2250441
2010	97733062	96184	17.89	34674930	20418355	14256575	11068166	12660668
2015	175028634	157985	9.38	44245863	26403895	17841968	27268543	35216708

资料来源：根据历年《深圳统计年鉴》整理。

二　成立浦东新区：改革开放的进一步推进

以深圳为代表的经济特区在20世纪80年代的成功实践，为全国进一步扩大改革开放树立了标杆。1990年4月18日，时任国务院总理李鹏宣布中共中央和国务院决定开发浦东，1992年10月浦东新区正式挂牌，1993年1月1日浦东新区管委会成立。浦东新区是上海市的副省级市辖区，范围包括黄浦江以东到长江口之间的区域，西南面与奉贤区、闵行区接壤，西面与徐汇区、黄浦区、虹口区、杨浦区、宝山区等区隔黄浦江相望，东北面与崇明县隔长江相望。2009年4月24日，国务院批复同意南汇区行政区域划入浦东新区，以此为起点，浦东开发开放进入了二次创业的新阶段。南汇划入浦东后，浦东新区区域面积达到1429.67平方公里，常住人口550.10万人（2016年），其中外来常住人口234.19万人，是上海市人口最多的行政区，共有38个街道（镇）。目前，浦东新区是国家级综合配套改革试验区、副省级区和国家级新区，也是经济产业最发达的地区之一。1990年，浦东新区成立前GDP总量为60.24亿元，到2012年增长为5929.91亿元，增长了97.44倍。90年代GDP年均增长率为33.32%；2000年至2015年GDP年均增长率为15.38%。具体见表11—2。

继浦东新区之后，国家又相继成立了16个新区：天津滨海新区（1994年3月）、重庆两江新区（2010年6月）、浙江舟山群岛新区（2011年6月）、甘肃兰州新区（2012年8月）、广东南沙新区（2012

年9月)、陕西西咸新区（2014年1月)、贵州贵安新区（2014年1月)、青岛西海岸新区（2014年6月)、大连金普新区（2014年6月)、四川天府新区（2014年10月)、湖南湘江新区（2015年4月)、南京江北新区（2015年7月)、福州新区（2015年9月)、云南滇中新区（2015年9月)、哈尔滨新区（2015年12月)、吉林长春新区（2016年2月)。

表11—2　**上海浦东新区主要经济数据**

年份	GDP总量（亿元）	经济增长速度（%）	进出口总额（亿美元）	出口总额（亿美元）	进口总额（亿美元）	地方财政收入（亿元）	地方财政支出（亿元）
1990	60.24						
1991	71.54						
1992	101.49						
1993	164.00	30.20	25.92	12.02	13.90	10.02	9.53
1994	291.20	28.60	47.35	23.21	24.14	13.68	19.93
1995	414.65	22.00	71.96	39.63	32.33	23.47	38.65
1996	496.47	20.20	80.78	38.75	42.03	31.01	42.56
1997	608.22	18.30	99.01	45.86	53.15	40.32	50.32
1998	704.27	16.80	119.82	52.80	67.02	44.43	55.75
1999	801.36	16.10	153.65	66.67	86.98	44.20	58.45
2000	923.51	16.50	254.86	95.80	159.06	56.40	69.60
2001	1087.53	16.10	297.83	110.22	187.61	83.02	88.30
2002	1244.00	16.70	368.98	136.02	232.96	95.18	120.92
2003	1510.32	17.50	581.33	211.92	369.41	134.80	160.35
2004	1850.13	16.40	808.07	323.78	484.29	134.40	193.58
2005	2108.79	12.10	894.75	372.12	522.63	155.31	198.79
2006	2365.33	13.40	1073.10	444.71	628.39	178.31	222.58
2007	2793.39	15.20	1280.52	528.10	752.42	260.80	287.24
2008	3150.99	11.60	1449.59	604.23	845.36	302.61	370.30
2009	4001.39	10.50	1389.89	576.50	813.39	379.99	475.67

续表

年份	GDP 总量（亿元）	经济增长速度（%）	进出口总额（亿美元）	出口总额（亿美元）	进口总额（亿美元）	地方财政收入（亿元）	地方财政支出（亿元）
2010	4707.52	12.40	1865.62	738.79	1126.83	428.82	524.06
2011	5484.35	11.10	2260.00	888.98	1371.02	500.26	615.24
2012	5929.91	10.10	2398.93	939.83	1459.10	550.30	666.63
2013	6448.68	9.70	2496.08	958.25	1537.83	610.59	738.44
2014	7109.74	9.30	2678.71	1006.10	1672.61	684.51	820.36
2015	7898.35	9.10	16903.70	6019.88	10883.82	788.19	910.22

资料来源：根据历年《上海浦东新区统计年鉴》整理。

三　设立上海自由贸易试验区：改革开放的全面深化

上海浦东新区的成立，为全国树立改革开放新标杆，其后国家相继设立了16个新区，形成全方位、宽领域、高层次的开发开放新格局。2013年9月，中国（上海）自由贸易试验区成立，并于2014年12月通过上海自由贸易区扩容方案，区域涵盖陆家嘴、金桥和张江，共约120.72平方公里。2015年，增设广东、天津和福建3个自由贸易试验区。2017年4月1日，辽宁、浙江、河南、湖北、陕西、四川、重庆7个自由贸易试验区正式挂牌运营。中国国内自由贸易区数量达到11个，在省级行政区划中有1/3建立了自由贸易区，这是中国前所未有的自我开放，是新时期改革开放创新的窗口，更是一场制度变迁的大戏。上海自由贸易试验区成立短短4年，已经释放出巨大的经济发展能量，具体见表11—3。

自由贸易区作为一项全国瞩目、世界关注的改革试验区，其目标是按照国际化、市场化、法治化的高标准进行新一轮的制度创新，构建公平、统一、高效的营商环境，力争开放度最大，开放层次最高，将对我国未来经济发展、创新驱动、转型升级产生深刻而长远的影响。一是产生对外开放的新示范效应。从全球来看，自由贸易区的发展趋势不可阻挡，而我国自由贸易区的发展滞后，与中国全球第二大经济体和第一贸易大国的地位极不相称，今后四大自由贸易区形成的可复制、可推广经验，将示范带动各地区协同发展。二是成为以开放促改革的窗口。自由贸易区建设是我国政府顺应全球经贸发展新趋势，实施更加积极主动对外开放战略的一项重大举措，对于有效利用国际国内两个市场、加快政府职能转变、促进转变经济增长方式和优化经济结构起到积极的作用。三是参与全球经贸合作的平台。国际上投资贸易领域遵循适度自由的原则，只要不是法律禁止的均可自由实行，而我国之前投资贸易领域采取的是行政审批和许可制。通过设立自贸区，不仅能加快中国参与国际经济贸易合作，提高贸易投资的效能管理，还可让中国的制造和服务业逐渐强大起来，使得进入自由贸易区的企业与国际高标准的制造业和服务业对接，推动中国经济全球化进程。

表 11—3　　**上海自由贸易区主要经济指标（2012—2016）**

年份	工业总产值（亿元）	税务部门税收（亿元）	进出口总额（亿美元）	出口总额（亿美元）	进口总额（亿美元）	合同外资（亿美元）	新增注册企业数（家）
2012	727.78	428.96	1130.52	263.42	867.10	16.16	788
2013	646.16	508.27	1134.33	295.03	839.30	19.09	4416
2014	572.70	576.39	1241.00	331.46	909.54	117.95	11440
2015	3901.03	1022.20	1442.28	598.56	843.72	396.26	18269
2016	4312.84		1179.83	348.65	831.18		

资料来源：根据历年《上海统计年鉴》和历年《上海市国民经济和社会发展统计公报》整理。

第二节　经济特区与自由贸易区比较

中国的改革开放是在不断探索中前进的，从改革开放初期的经济特区到如今的自由贸易区，二者的共同点都是为了通过深化改革，促进社会主义市场经济体制的不断完善。与经济特区相比，自由贸易区是对经济特区及其以后改革的深化和进一步发展，二者都是通过改革试验来摸索发展经验，都是在实现目标的过程中风险未知的情况下，通过逐步探索和“试错”不断前进。我国的改革以具体国情为出发点，选取部分试点城市或者区域进行试验，成功后再以点带面。国内新设自由贸易区的重要性堪比当年的经济特区，是中国在全球化经济竞争中主动开展的一场攻守兼备的试验，可谓经济特区的“升级版”，但其本质已发生根本变化。

一　设区背景不同：利他的“窗口”“试验田”与自利的区域发展战略

中国经济特区诞生于1980年，由邓小平同志亲自倡导创办。经济特区始于传统社会主义计划经济模式陷入困境时期，也是我国传统体制进行大变革时期，中国现代化建设的道路处于未知。此时，中国开始学习和借鉴世界发达国家创办经济特区的经验，在改变传统的束缚生产力发展的计划经济体制为社会主义市场经济体制的过程中先行先试，以便为全国提供示范，进而逐步与世界接轨。社会主义国家创办经济特区中国是首次，没有经验可循，为了减少改革成本，先选择改革阻力较小和条件较好的小范围区域建立经济特区，取得成功后，作为一种示范效应，再向全国推广。在经济特区内尝试各种改革措施，目的是发挥改革开放的“窗口”和“试验田”作用，而非追求特区自身的经济发展，带有强烈的“利他”色彩，这是中国经济特区与世界经济特区的重要区别。经济特区作为改革开放的“试验田”“窗口”和“排头兵”，围绕“经济建设”这个中心，成功地大规模引进国外资本、先进技术和管理经验，引领经济高速增长，开创性地把市场经济与社会主义结合起来，才有了全国全方位开放局面和社会主义市场经济体制的确立，大大促进了全国的经济发展。因此，可以说经济特区在一定程度上是为探索新体制而诞生。

当前中国的市场经济体制已经确立，社会各方面的运行机制和管理体制有了一定的基础，自由贸易区战略被提升到前所未有的高度，在中国整体对外开放战略中占据着重要的位置，同时中国也正处于对外开放和深化改革的重要战略机遇期。自由贸易区作为扩大开放、深化改革的区域发展战略，是中国工业化发展阶段、市场经济体制发展和改革的历史必然，也是我国应对已发生显著变化的国际环境与国内形势所带来的各种挑战的重大举措，符合我国开放型经济建设的需要。例如，国内自由贸易试验区以上海、天津、福建、广东等11个自由贸易试验区为代表，作为新一轮改革的支点，强调区域自身的发展，以“自利”为主，推动行政体制改革，促进转变经济增长方式和优化经济结构，实现以开放促发展、促改革、促创新，以期形成可复制、可推广的经验，最终能像当年深圳经济特区一样形成燎原之势；跨国自由贸易区则以中韩FTA、中澳FTA为代表的中国新时期自由贸易区实践，同时借助“一带一路”倡议为国家间区域经济合作提供地缘需求和发展机遇，以全面、高质量和利益平衡为目标，加速贸易投资规则的国际接轨。

二 发展阶段不同:“摸着石头过河”与全面深化改革开放

改革开放初期，中国经济总量在全世界比重较小，人民生活水平比较落后。中央认识到中国的发展离不开世界，于是在十一届三中全会做出把全党的工作重心转移到经济建设上来，实行改革开放。因此，在高度集中的计划经济体制下，为了改革开放，推动我国从封闭半封闭状态走向开放，针对长期实行的僵化的计划经济体制，设立深圳、珠海、汕头和厦门四个经济特区作为改革的“试验田”，探索并建立社会主义市场经济体制，通过改革实现对外开放，然后利用更加开放的市场进一步带动国内改革，可谓“摸着石头过河”的试验。

今日中国已今非昔比，无论是贸易总量还是GDP总量均位居世界前列。资料显示，1978年，中国GDP总量为3645亿元人民币，1986年GDP突破1万亿元，2001年GDP总量突破10万亿元，2014年GDP总量高达636463亿元。1978—2014年GDP年增长量632817.8亿元，年均增长率高达9.80%，尤其是2003—2010年，七年年均增长率为11.3%，2007年中国GDP超过德国，2010年超过日本成为世界第二大经济体。根据国家统计局初步核算，2016年全年国内生产总值为744127亿元，比上年增长6.7%，人均国内生产总值 53980 元，比上年增长 6.1%。①

在经济高速发展的同时，也应该看到从经济改革入手的改革当前所面临的“瓶颈”，表现为政治体制改革滞后、缺乏配套的社会环境和有效的制度环境支撑。目前中国处于全面开放的发展阶段，即在全面深化改革的背景下，自由贸易区以提升开放经济为切入点，全面改革政府管理体制，打破束缚经济发展的体制机制，探索实现更加开放、更有活力的市场，然后用市场来进一步推动深化改革。设立并拓展自由贸易区，是中国顺应全球经贸发展新趋势，实行更多依靠制度创新而非优惠政策的一项重大改革。通过将市场行为的主导权交给市场主体，使管理型政府转变为服务型政府，大胆探索中国对外开放新的路径和模式，促进经济增长方式的转变和经济结构的优化，从而实现以开放促改革、促发展、促创新。更为重要的是通过自贸区探索，将有利于中国经济与全球经济接轨，并在国际经贸领域的规则制定中赢得主动、在竞争中占据主导地位。

三　设区目的不同：探索市场体制与完善市场体制

前 30 多年的改革是要克服低收入阶段实现经济发展的体制障碍，着力解决低效率问题，突出增强经济的竞争性和市场化。当前的全面深化改革需要克服中等收入阶段经济发展所遇到的新体制矛盾，既要继续解决效率问题，又要促进社会公平；既要继续强化竞争性，又要增强社会凝聚力。在继续推进市场化的基础上，更好地发挥政府作用，解决政府效率问题。

经济特区作为我国最早实行对外开放的前沿阵地，没有经验可循，既需要考虑既定的特区建设目标，又需兼顾我国区域经济发展不平衡的客观事实。受资源条件和经济发展水平的限制，经济特区位置选择在经济水平较低、偏居一隅的地区。此外，最初的经济特区主要是单向开放，扩大出口，控制进口，依靠优惠政策吸引外资，带动自身及周边地区的经济发展，为全国向市场经济体制转型、加快对外开放积累经验。

---

① 国家统计局数据中心，中国经济网（http://www.ce.cn/）。

作为新一轮改革开放“试验田”的自由贸易区肩负着我国在新时期加快政府职能转变、积极探索管理模式创新、促进贸易和投资便利化，为全面深化改革和扩大开放探索新途径、积累新经验的重要使命，是国家战略需要。成立自由贸易区是我国平衡改革红利和掌控改革风险的一项重要制度创新，设区的目的在于：对外而言，为了应对全球经济贸易新规则而提前谋篇布局。当前，经济全球化新的发展趋势推动了全球贸易和投资规则的重构，以美国主导的TPP、欧盟主导的TTIP和“多边服务业协议”（PSA）为代表，为避免其对中国造成的负面影响，中国需要及时做出战略调整，在参与全球贸易和投资活动过程中提升国际竞争力，体现出中国作为大国应当承担的大国责任以及参与新国际分工建立新型经济制度的决心。例如，通过推行“一带一路”倡议，设立双边或多边自由贸易区，以弘扬开放包容、互利共赢的合作精神主张沿线国家乃至全世界共同发展，进而逐步积累参与国际多边和区域合作的经验，按照国际新的贸易投资规制与西方发达国家开展贸易谈判与合作，为中国进一步全面参与经济全球化进程提供必要的前提准备。对内来说，为了加快经济转型升级的步伐。中国已进入中等收入国家行列，改革正步入深水区，新一轮的改革开放需要加强顶层设计，探寻新的增长渠道是未来中国经济贸易可持续发展的关键。由于我国地区发展不平衡，经济体制改革不可避免地会牵涉诸如管理体制、财税金融、价格体制、社会稳定等多方面，所以应该适度推进，选择部分经济基础条件较好的地区先行开展试验，为全面深化改革积累经验。因此，自由贸易区的设立能够加快生产要素流动，成为中国企业融入世界创新产业链的桥头堡，推进中国经济全球化进程，实现经济社会的和谐发展。

第三节　新时期自由贸易区发展目标

当前，美国和欧盟借TPP和TTIP自由贸易协定正在搭建引领全球贸易新规则的框架体系，希望通过抢先制定新型贸易投资规则，掌握世界贸易投资规则制定的主导权。美国以北美自贸区为主体，借 TPP 和 TTIP 战略谋求北美到欧洲乃至亚洲东部区域，促成“大西方战略”[①] 的目标；欧盟则意图通过主导 TTIP 与美国经济融合，从而确保美欧在全球的绝对领导地位。TPP 协议由美国主导，目前有 12 个国家参加，并已达成初步协定。其特点为：一是高度的自由化，无论是货物贸易还是服务贸易，全面实施零关税；二是涉及领域十分广泛，不仅涉及货物贸易和服务贸易本身，而且涵盖更多非关税措施，广度和标准都超过 WTO。尽管美国新总统特朗普上任伊始就废除 TPP，坚持美国优先的发展战略，但在国际上围堵中国崛起的企图不仅未变，反而变本加厉。TTIP 不仅是自由贸易协定，更要建立一整套协作机制，最终目标是形成美欧利益共同体，以应对日益变化的国际经济环境带来的新机遇与挑战。TPP、TTIP 以及 PSA 协议都是更高标准、更高水平、更加安全的新自由贸易协定谈判，带动着新一轮区域经济一体化深入发展，也将引领下一波更高水平的全球化，对中国构成很大的国际压力。

但随着经济全球化程度的加深以及国际经贸规则的变化与调整，中国明确提出实施“引进来”与“走出去”相结合的对外开放战略，实现全面深化改革，努力拓展对外开放的新空间，在更大范围、更广领域和更高层次上参与国际经济技术合作与竞争。为全方位实现对外开放，借助“一带一路”倡议与沿线国家间建立自由贸易区，为双边、多边跨境贸易交流合作提供一个新平台。这其中包括快速推进以东亚、东南亚为主要经济体的 RCEP 框架协定谈判，亚太自由贸易区（FTAAP）的可行性研究，中国在上海合作组织、金砖国家、二十国集团（G20）等机制下与“一带一路”沿线国家的经贸协议谈判实现新的突破等。通过签署一系列自由贸易协定或建立自由贸易区，为中国与“一带一路”沿线国家之间的经济贸易往来提供一个规范、公正和透明的市场经济环境，降低跨区域生产和贸易往来成本，提高贸易效率，促进双边乃至多边贸易、投资和经济合作。

---

① ［美］兹比格涅夫・布热津斯基：《战略远见：美国与全球权力危机》，新华出版社 2012 年版，第 37—45 页。

一　构建高标准自由贸易区网络应对 TPP、TTIP

为顺应世界经贸投资自由化、区域性协定迅速增加和国际贸易标准逐渐高端化等新趋势，制定中国自由贸易区战略总体规划，明确未来我国在区域合作中的角色、位置，在区域一体化进程中发挥的作用，谈判的伙伴国范围、开放领域以及开放程度，有利于整体开放格局的构建和开放路径的选择。在坚持多边贸易体制规制的基础上，我国努力促成双边、多边、区域次区域开放，拓展改革开放和国民经济发展的空间，构建全方位、高水平的自由贸易区开放格局，促成中国的自由贸易区战略由分散推向总体布局，有序推进转型。首先，加强“一带一路”经贸合作与自由贸易区网络建设两大战略的对接，通过与沿线国家签订双边、区域自由贸易协定，促进“一带一路”建设。以亚太自由贸易区构建为重点，主导 RCEP、中日韩 FTA 等亚太 FTA 协定谈判，通过与美国和欧盟 BIT 谈判，加强与全球主要经济体合作，探寻亚太区域一体化的整合路径。面向全球，继续加强与拉美国家商谈 FTA，研究中国与非洲 FTA 框架下的合作机制。其次，致力于高标准的自由贸易协定谈判，深度参与新一轮国际经贸规则制定。在深度区域经济一体化的实践中，构建既能体现中国特色，又能够平衡全球各国利益的贸易投资新规则，推动自由贸易区高标准、高水平开放，使得中国发挥在地区性治理平台和规则制定中的引领性作用。

中国与东亚国家积极展开 RCEP 谈判，提升东亚经济合作水平。“一带一路”不仅涉及日本、韩国、西欧等部分发达国家，而且涉及中亚、东欧等大部分发展中国家，同时还涉及南亚、西亚、非洲等欠发达的国家。通过采取更为主动的开放性政策，积极发挥中国在区域经贸合作中的领导作用，努力提升中国与欧洲、亚洲和非洲等国家在人才、物资和文化上的交流互动，促进“一带一路”沿线国家和地区间利益共同体、命运共同体的形成，积极应对美欧的 TPP 和 TTIP 对中国带来的负面影响。

目前，中国与周边国家的经贸联系日趋紧密，中国有能力也有实力在一定程度上发挥带头引领作用，协助发展中国家通过完善基础设施等谋求自身发展。依托“一带一路”倡议的推进，在双边和多边层次发挥中国在中国—东盟自由贸易区、中国—新西兰自由贸易区和中国—澳大利亚自由贸易区中的桥梁和纽带作用，积极开展中日韩自由贸易区建设的可行性研究，巩固现有的经济合作基础，进而推进亚太地区经济一体化进程。其中，在双边领域合作上，已签署双边自由贸易协定的国家容易在亚太自由贸易区方面达成共识，有利于达成高水平的亚太自由贸易协定；在多边领域的合作上，RCEP 谈判将成为亚太自由贸易区建设的重要推动力量。此外，由于 RCEP 的非排他性特征，亚太自由贸易区可以不断吸引其他亚太地区成员加入，最终扩展到整个亚太地区，实现整个亚太地区的经济一体化。

二　加强沿线国家合作，推进“一带一路”倡议实施

传统的自由贸易区主要是为了方便贸易投资，当前跨境自由贸易区战略则增添了些许政治色彩，并逐渐演变成为各国谋划地缘政治、运筹外交关系的重要棋子。“一带一路”虽然强调经济上的合作，但在与沿线国家的经贸合作和经济联系过程中，毫无疑问会输出中国的价值观。中国可借跨国自由贸易区构建，强化在区域经济战略格局中的主要领导地位，在稳固既有贸易伙伴关系的基础上，依托“一带一路”，选择沿线枢纽国家，商谈建设跨境自由贸易区的可行性。在实施过程中要特别注意“一带一路”倡议与中国自由贸易区的协同性，此举不仅有助于消除国际上将“一带一路”视为中国单方面主导安排的偏见和疑虑，更能彰显“一带一路”的一体化效应。

加强与沿线国家经贸合作，首先必须实现“道路联通”，而基础设施滞后是沿线国家和地区普遍存在的现状。在经济增长持续下滑的国际大背景下，大规模的基础设施投资被视为启动有效需求、缓解经济危机的有力工具。中国的基础设施建设具备强劲竞争实力，拥有世界最大的建筑产业，并形成了融资、开发和建设完备的产业链。中国合作伙伴可望为沿线国家提供融资、规划、设备、建设等一揽子解决方案，夯实其经济社会可持续发展基础。此外，除

了道路联通、贸易畅通和资金融通之外，更重要的还有政策沟通，而自贸区谈判本身就是与有关国家进行政策沟通的有效平台。因此，在推进“一带一路”自由贸易区建设过程中，中国对不同谈判对象应采取不同的灵活态度，逐步理解和接纳基于全球价值链和可持续发展的先进理念，制定现代高标准和高质量的贸易与投资政策体系，将自由贸易区新议题和新规则谈判作为深化改革的催化剂，在努力实现产业结构和经济结构转型升级的同时也为地区的规则和秩序重构做出贡献。

“一带一路”沿线国家或地区经济发展水平参差不齐。因此，倡导多元化的发展路径，建设包容开放的经贸关系，不同国家或地区之间可以有所选择地推动符合自身开放需要的经济发展模式和区域合作模式，采取不同形式和不同层次的区域合作试验，寻求对接“一带一路”最佳结合点。在“一带一路”组织合作框架上，以上海合作组织为主，实现多机制结合；在战略内容上，以双边、多边经贸为主、多维度全面推进；在战略推进顺序上，由近及远、先易后难、由点到线再到面，最终实现从区域到全球的规划布局。

三　深化金融体制改革

随着人民币国际化进程加快，人民币于2015年11月30日正式获准作为主要国际储备货币被纳入SDR（特别提款权），代表着新一轮金融改革正式开始，中国金融市场进一步融入国际市场，同时会激发中国对金融系统进行现代化改革，探索在跨境融资、创新型投行、全球金融衍生品交易等新兴业务上，开辟新的市场增长点。一是建立国际金融资产交易平台，发展诸如存托凭证（CDR）、亚洲美元债券、人民币国际债券等金融商品，以满足自由贸易区内外投资者的需求。借助自由贸易区的特殊定位和试验区特色，应当允许交易平台在投资者范围、资金流向、产品创新方式、监管模式等方面参照国际成熟市场通行做法大胆创新，在扩大资本市场对外开放、促进人民币跨境使用、探索管理模式创新等方面发挥其独特作用，建设一个运作规范、公开透明、监管高效的金融资产交易市场。二是推动境内各项制度规则与国际市场接轨。目前，国际上对中央对手方制度[①]、场外交易场内集中清算制度、抵押品管理制度等规则进行了一系列的改革和优化，我们自身的制度建设应该紧跟国际最新的发展形势，早日做到与国际惯例接轨，推动境内金融市场的制度得到进一步完善，同时运用底线思维避免系统性风险，不断提升服务水平和专业化程度，推动我国市场的蓬勃发展。三是集聚境内外中介机构规范市场交易。可以通过自由贸易区平台建设，推动形成市场化、国际化的金融资产交易中介服务体系，吸引全球金融投资中介机构在自由贸易区集聚。逐步建立以自律监管为主、政府监管为辅的综合监管体制和符合国际标准的投资者保护体系，督促市场主体依法依规开展业务，严厉打击市场操纵等违规行为，确保市场规范、安全、有效运行。四是坚定不移加快对外开放进程。为应对来自境外市场的竞争，亟须加快境内市场的对外开放步伐。建议在风险可控的前提下，以自由贸易区为试点，逐步完善相关的法律法规，放宽对境外投资者的市场准入，扩大其可投资的标的范围，逐步消除跨境资本流动的种种障碍，夯实境内流动性中心的地位。

第四节　中国自由贸易区发展的路径选择

发展自由贸易区是中国为顺应全球经贸发展形势所实施的重大改革，更是为探索对外开放新的路径和发展模式做出的一种探索，逐步与全球经济接轨，进而在国际经济规则制定与竞争中赢得主导地位。我国自由贸易区发展路径分为两个方面：一方面在国内建设以上海自由贸易试验区为代表的若干个自由贸易试验园区，为进一步深化改革提供有益尝试和经验借鉴；另一方面与当前和未来重要

---

① 中央对手方（central counter party，CCP），是指在证券交割过程中，以原始市场参与人的法定对手方身份介入交易结算，充当原买方的卖方和原卖方的买方，并保证交易执行的实体，其核心内容是合约更替和担保交收。合约更替是指买卖双方的原始合约被买方与CCP之间的合约以及卖方与CCP之间的合约所替代，原始合约随之撤销；担保交收，是指CCP在任何情况下必须保证合约的正常进行，即便买卖中的一方不能履约，CCP也必须首先对守约方履行交收义务，然后再向违约方追究违约责任。

的经贸合作伙伴在贸易、投资等领域建立跨国（区域）自由贸易区，增强经贸合作伙伴双边、多边经贸活动能力，提升资源跨境配置效率。然而，在自由贸易区战略成效显著、潜力不断释放的关头，围绕自由贸易区战略展开的多边博弈也在加强，风险和挑战日益凸显，因此，有效的路径选择是中国自由贸易区战略成功的关键所在。

一　完善国家自由贸易区战略的顶层设计

虽然我国的改革开放取得了巨大成就，但改革没有完成时，只有进行时。中共十八届三中全会公布了经济体制改革的顶层设计，提出全面深化改革的路线。目前，中国的人均 GDP 已经名列中等收入国家，能否走出中等收入陷阱，更需要顶层设计，汲取国际经验与教训。与此同时，我国仍应坚持以改革促开放的战略。

中国参与全球经济一体化发展的根本途径，即把国家战略顶层设计与自由贸易试验区实践相结合。一方面，国家出台的战略规划为国内自由贸易试验区的建设指明了发展方向；另一方面，通过自由贸易试验区的反馈，其实践经验可为国家战略顶层设计提供符合实际、具有可操作性的方法和路径。随着自由贸易区的扩围与发展，较之以前面积更大、区域更广，新的自由贸易试验区会遇到各种各样的难题。例如，自由贸易试验区内部可能横跨多个行政区域，纵贯更复杂的行政层级，导致管理协调难度加大。为此，建议由国家发改委、商务部等有关部委组成领导小组，把握宏观大局。其下可设立办公室，协调统一负责国家战略顶层设计，强化顶层设计与自由贸易区实践紧密结合，统一部署，统筹兼顾。此外，对国际上制定的一些贸易规则把握不准时，可寻找突破口大胆试错，并及时给予调整，完善纠错机制。针对自由贸易区在授权许可范围内的任何改革措施和创新方案，应该给予鼓励，从整体上把中国改革开放的风险程度降到最低。

二　国内自由贸易试验区先行先试

伴随国际形势变化和新一轮国际投资规则的重塑，负面清单管理模式由于前瞻性强、透明度高、可复制推广等优点，在双边或多边投资条约中正被越来越多的国家所采用。为与国际投资规则体系接轨，促进中国更好地引进外资，应加速负面清单模式的试点与推广。以国内四大自由贸易区为试验田，发现问题、积累经验、改进清单内容并逐步实施推广，实现中国经济平稳过渡，促进改革开放进一步深化。上海、广东、天津和福建四大自由贸易试验区在战略定位上各有侧重：上海自由贸易试验区重在金融创新和科技创新以及推动长三角乃至长江经济带协同发展；广东自由贸易试验区以制度创新为核心，促进内地与香港、澳门的经济融合；天津自由贸易试验区承担着贯彻落实京津冀协同发展的重任；福建自由贸易试验区以“对台湾开放”和“全面合作”为方向，进一步深化两岸经济合作以及建设21世纪海上丝绸之路的核心区，充分发挥对外开放前沿优势。

中国的改革开放已从经济领域逐渐扩展到政治、社会和文化领域，自由贸易区改革最根本的变化在于更大的贸易自由及投资便利。自由贸易区正是收回政府“看得见的手”、减少政府干预经济的有效尝试。因此，更需要稳扎稳打，降低改革成本和风险，在小范围内先行先试，待取得相关经验、条件成熟后再推而广之。针对国际上通行的“高标准”贸易规则，充分发挥其先行先试功能。以上海自由贸易区为例，作为中国第一个真正意义上的自由贸易区，上海自由贸易试验区在开放的程度、规模以及对中国未来经济的影响上，都有着质的飞跃。党的十八届三中全会提出“放宽投资准入，加快自由贸易区建设”，这一举措带来的不仅是更加开放的市场和新的投资机遇，更是一场权力运行机制的革命。上海自由贸易试验区的一大要务就是减少政府对市场的干预，尽可能放宽投资市场的准入条件，从根本上提高市场准入的自由化程度。负面清单管理模式作为上海自由贸易试验区改革的一大亮点，承载了我国政府放开管制、简政放权的决心，也是中国经济与国际贸易体制接轨的重要一步。上海自由贸易试验区成立以来，有20多项成熟的制度已经开始在全国进行复制推广。特别是在投资管理、环境保护以及金融创新方面取得了突破性的实质进展。然而必须清醒的是，无论是上海自由贸易试验区可复制可推广的经验，乃至后续的广东、天津、福建自由贸易试验区，都肩负着深化改革的时代使命，这一深化改革不仅涉及经贸层面的，更重要的是涉及政府职能转变、社会综合治理、法治化营商环境等系统化方面，因而自由贸易试验区扩大不仅是量的增加，更是制度创新质的升级。

三　与“一带一路”倡议紧密对接

改革开放初期，中国主要实行“迎客式开放”，主要借助优惠政策吸引外资，从而带动经济快速发展。面对当前国际贸易新格局，自由贸易区在继续承担着“迎客式开放”重任的同时，更应在国际贸易投资规则上为中国经济“走出去”进行有效探索，“一带一路”将成为中国经济“走出去”的新起点，并且以“走出去”的强大动力带动开放。此外，“一带一路”倡议的推进需要大量资源支撑，亚投行和丝路基金在一定程度上有助于缓解资金的压力，但这是远远不够的。“一带一路”沿线自由贸易区的开放程度对周围地区有着虹吸效应，在金融政策、贸易政策、人才政策上的优势会吸引周围城市大量的资金和人才流入。这种虹吸效应解决了发展的资源需求问题，是“一带一路”不可或缺的重要节点。待自由贸易区发展成熟后，其中汇聚的大量资源又会产生巨大的溢出效应，反哺于周边地区，为“一带一路”倡议的实施提供支持。

加快建设自由贸易区，是实现对外战略目标、运筹对外关系的重要途径。设立自由贸易区并不断拓展其规模，目的是探索中国对外开放新的路径和模式，更重要的是通过跨境自由贸易区建设的探索，在国际经贸规则制定中赢得主动，在竞争中取得主导地位。自由贸易区作为“一带一路”的载体，将进一步增强我国在国际范围内的竞争力。因此，应加强顶层设计，加快开展自由贸易区建设的可行性研究，规划科学合理的自贸易区谈判路线图，将中国改革的红利、经济发展的强大动力传递给周边，积极同“一带一路”伙伴国家商讨建立自由贸易区。不仅要努力扩大自由贸易区数量，而且更要讲究质量，逐渐构筑起立足周边、辐射“一带一路”、面向全球的高标准自由贸易区网络。

参考文献

陈栋生主编:《区域经济学》，河南人民出版社 1993 年版。

陈宗胜等：《新发展经济学：回顾与展望》，中国发展出版社 1996 年版。

常修泽等：《产权交易——理论与运作》，经济时报出版社 1995 年版。

［美］诺斯：《制度、制度变迁与经济绩效》，上海三联书店 1991 年版。

《邓小平文选》第 3 卷，人民出版社 1993 年版。

高尚全、迟福林主编:《增创新优势》，中国经济出版社 1996 年版。

国际经济增长中心：《制度分析与发展的反思：问题与抉择》，商务印书馆 1992 年版。

高同星等主编:《中国经济特区大辞典》，人民出版社 1996 年版。

江泽民:《中共十四大政治报告》。

金建编：《中国社会主义市场经济导论》，中山大学出版社 1993 年版。

罗清和:《经济发展中的产业战略——以深圳为背景对产业发展的应用分析》，中国经济出版社 1999 年版。

李梦梅等:《区域经济前沿》，经济管理出版社 2000 年版。

李向阳:《市场缺陷与政府干预》，中国金融出版社 1994 年版。

厉有为主编：《深圳经济特区的探索之路》，广东人民出版社 1995 年版。

毛林根编著:《产业经济学》，上海人民出版社 1996 年版。

邵汉青主编:《探索者之路》，海天出版社 1995 年版。

沈云锁:《中国模式论》，人民出版社 2007 年版。

陶继侃等主编:《世界经济概论》，天津人民出版社 1995 年版。

吴玉民主编:《中国经济特区 21 世纪发展战略研究》，华南理工大学出版社 1996 年版。

伍海华:《现代经济发展》，青岛出版社 1995 年版。

谢康编:《微观信息经济学》，中山大学出版社 1995 年版。

姚梅镇:《国际投资法》，武汉大学出版社 1987 年版。

张敦富、杨世祺主编:《中国投资环境》，香港吴兴记书报社 1996 年版。

钟坚:《台湾经济性特区的发展与转型研究》，中国经济出版社 1999 年版。

庄季希、卢少辉主编:《外向型经济概论》，中国经济出版社 1992 年版。

张敏如等:《特区经济教程》，广东高等教育出版社 1993 年版。

张敏如主编:《深圳利用外资探索》，广东高等教育出版社 1993 年版。

张思平主编:《十大体系——深圳社会主义市场经济体制的基本框架》，海天出版社 1997 年版。

郑天伦主编:《中国经济特区投资环境》，同济大学出版社 1990 年版。

郑天伦主编:《现代企业制度论略》，黑龙江教育出版社 1994 年版。

周起业等:《区域经济学》，中国人民大学出版社 1989 年版。

周振华:《现代经济增长中的结构效应》，上海人民出版社 1995 年版。

[美] 艾伯特·赫希曼:《经济发展战略》，曹征海、潘照东译，经济科学出版社 1991 年版。

[美] 保罗·克鲁格曼:《克鲁格曼经济学原理》，中国人民大学出版社 2013 年版。

[美] 诺斯:《经济史中的结构与变迁》，上海三联书店 1994 年版。

[美] 科斯:《财产权利与制度变迁》，上海三联书店 1991 年版。

[美] 库兹涅茨:《各国的经济增长》，商务印书馆 2005 年版。

[美] 舒尔茨:《制度与人的经济价值的不断提高》，载《财产权利

与制度变迁》，上海三联书店 1991 年版。

［美］兹比格涅夫·布热津斯基：《战略远见：美国与全球权力危机》，新华出版社 2012 年版。

《列宁选集》第 2、4、27 卷，人民出版社 1972 年版。

《列宁全集》第 30、31、32 卷，人民出版社 1963 年版。

《列宁文选》第 3 卷，人民出版社 1972 年版。

［日］日本和平经济计划会议垄断白皮书委员会：《日本垄断企业集团》，商务印书馆 1983 年版。

A. G. B. Fisher, *The clash of Progress and Security*, London : Macmillan, 1935.

Milton Friedman, *Regional Development Policy*: *A Case Study of Venezuela*, MIT Press, 1966.

后　记

光阴似箭，日月如梭。转眼间从事特区经济与经济特区研究 30 年，弹指一挥间。1988 年秋天，当我来到中国改革开放最前沿的深圳经济特区在中国第一所特区大学——深圳大学攻读政治经济学专业特区经济研究方向的硕士学位时，实事求是地讲，内心既诚惶诚恐，又充满期待，因为在此之前对经济特区完全无知。当时在全国众多高校中，硕士学位点开设政治经济学专业特区经济研究方向，深圳大学是独一无二。1991 年 6 月研究生毕业时应导师张敏如教授之邀留校任教，接替他主讲特区经济学课程。自此与经济特区发展问题的研究结下毕生之缘。1994 年，我主讲的特区经济学课程被评为广东省第二批省级重点课程，也是当时年轻的深圳大学（1983 年建校）唯一一门省级重点课程。教学之余，我所有科研工作都是围绕着特区经济与经济特区发展相关问题进行。从“九五”开始至“十三五”期间，我连续参与主持深圳市哲学社会科学五年规划有关特区经济与经济特区发展的相关课题研究。2003 年，中国区域经济学会委托我主持国务院西部开发办公室委托课题“加快东西部合作的政策研究”，2010 年主持广东省哲学社会科学“十一五”规划项目“新时期经济特区转型研究”，2013 年主持教育部人文社科重点研究基地重大项目“经济特区转型与中国模式研究”。2008 年 11 月，我撰写的论文《新时期经济特区还要特下去》在《深圳大学学报》2008 年第 6 期发表后，分别被《新华文摘》2009 年第 4 期全文转载，中国人民大学书报资料中心主办的《区域与城市经济》2009 年第 4 期全文转载。2010 年，为了庆祝深圳经济特区成立 30 周年，应中国社会科学报编辑之约，我撰写了《新时期转换经济特区功能定位》一文［见 2010 年 8 月 17 日《中国社会科学报》（经济学版）]。某种意义上讲，《特区经济学》这本书是上述教学与科研工作的总结。

《特区经济学》能够成书出版，首先要感谢我的部分研究生为此做的大量工作。他们有的直接参与我主持课题的相关研究，有的对书中有些观点的形成提出了有益的参考意见，有的为收集有关资料付出了辛勤劳动。他们是博士研究生许新华、王方（女）、柯晓、张正锋、张畅、朱金鹏以及硕士研究生欧阳仁堂、周允生、蔡腾飞、尹华杰、何洁琼（女）、潘道远、曾婧（女）、朱诗怡（女）等。其次要感谢深圳市社会科学院的领导及《深圳学派建设丛书》编委会的工作人员，他们为本书的出版提供支持和资金资助。最后要感谢书稿评审组专家，他们为本书最终定稿提出了宝贵意见。

罗清和

2017 年 10 月 18 日